한국 중산층을 위한

전문인
신 학

한국 중산층을 위한 전문인 신학

초판 1쇄 찍은 날 · 2006년 7월 28일 | 초판 1쇄 펴낸 날 · 2006년 8월 2일

지은이 · 김태연 | 펴낸이 · 김승태

편집장 · 김은주 | 편집 · 이덕희, 정은주, 권희중 | 디자인 · 이훈혜, 노지현, 이승희
영업 · 변미영, 장완철 | 물류 · 조용환, 유일용
드림빌더스 · 고종원, 이민지 | 홍보 · 설지원

등록번호 · 제2-1349호(1992. 3. 31.) | 펴낸 곳 · 예영커뮤니케이션
주소 · (110-616) 서울 광화문우체국 사서함 1661호 | 홈페이지 www.jeyoung.com
출판사업부 · T. (02)766-8932 F. (02)766-8934 e-mail: jeyoungedit@chol.com
출판유통사업 · T. (02)766-8931 F. (02)766-8934 e-mail: jeyoung@chol.com

copyright ⓒ 2006, 김태연

ISBN 89-8350-402-1 (03230)

값 16,000원

■ 잘못 만들어진 책은 교환해 드립니다.

한국 중산층을 위한

전문인 신학

김태연 지음

예영커뮤니케이션

추천사1 _이종성 목사(한국기독교학술원 원장)

50년 동안 선교개념이 크게 달라졌다. 1950년까지는 성직자가 비기독교 국가에 있는 불신자들에게 일방적으로 예수 그리스도의 복음을 전하여 교회당을 세우고 그 나라를 기독교 국가로 만드는데 일차적인 목적을 가지고 있었다. 그러나 현대에 이르러 선교운동의 개념이 크게 달라졌다. 간략하게 설명한다면, 선교하는 사람은 누구인가 선교대상은 누구인가 선교지역은 어디인가에 대하여 매우 폭넓게 생각하게 되었다. 그 중 선교하는 주체자에 대해서만 고찰한다면, 그것을 둘로 분류하고 있다. 성직자와 평신도이다. 이 책은 성직자 선교사역에 대해서는 언급이 없으므로 평신도 선교에 관해서만 언급한다면, 평신도를 크게 둘로 나눌 수 있다. 전문인의 선교와 간접적인 선교이다. 이 책은 전문인의 선교에 대하여 매우 심도 깊게 그리고 기성교회가 간과하는 여러 가지 문제점을 지적하면서 선교운동에 대하여 기성교회가 혁명적인 개념개혁을 수행해야 할 것을 촉구하고 있다. 사실 이 때까지 교회는, 특히 한국교회는 교회성장과 발전에만 총력을 기울여 왔다. 그리고 선교의 종사자들은 주로 성직자였으며 평신도들은 단순한 보조자의 위치에서만 참여했다. 이러한 선교신학으로서는 21세기의 선교운동을 이끌어 갈 수가 없다. 성직자들이 감당하기에는 선교대상인 인류와 세계는 너무나도 다양하고 광대하다. 그렇다고 해서 무책임하게 구경만 하고 있어도 안 된다. 교회 전체가 선교운동에 동참해야 한다. 모든 평신도들이 그들의 처소에서 세상직의 전문인인 동시에 선교운동의 전문인이 되어 전 세계교회의 선교전문인의 한 사람으로서 전 세계를 향한 선교운동에 동참해야 한다. 그래야만 모든 신자는 세계를 복음화하는 거룩한 일에 동참하게 된다. 저자는 이 일의 중요성과 정당성과 성스러움을 이 책에서 잘 설명하고 있다. 이러한 이유에서 모든 교인들이 이 책을 읽고 배워 귀한 전문인 선교사가 되기를 바라면서 추천하는 바이다.

추천사2 _정진경 목사(신촌성결교회 원로독사)

    교회성장 둔화의 원인을 종교학적인 측면에서 발견하기란 그리 까다롭지 않다. 교회에 종교적인 이물질과 세속적인 이물질이 들어와서, 교회가 순수한 하나님의 말씀으로 양육받지 못할 때 그 교회는 병들게 되고 , 잘 자라지 못하게 된다. 반면에 순수한 복음이 전파되고 진실한 회개운동이 일어날 때 그로 인해 성령의 역사와 '하나님의 선교(Missio Dei)'는 활발해질 것이다(행2:38).

    복음은 회개의 과정을 거쳐서 토착화되어야 하고, 또 그 순수성이 유지되어야 한다. 회개란 하나의 불연속성을 경험하는 것이다. 윤리만이 아니라 사상과 우상에 대한 불연속성(discontinuity)이다. 복음은 왜 불연속성 내지 충돌을 겪어야 하는가? 종교다원주의 내지 혼합즈의는 왜 교회성장을 저해하는가?

    오늘날의 한국교회는 호소력을 잃고, 왜곡된 교리에 대한 저항력도 상실해 가고 있다. 이제 예수 그리스도에 대한 신앙과 감격도 소멸해 가고 윤리적으로 부패해 가며, 성령의 역사가 감소되면서, 점점 심화되는 한국교회 성장둔화현상을 분석하고, 교회의 건강이 회복될 수 있는 길을 종교적인 측면에서 제시하고 그 대책을 강구한 실제적인 책이 복음주의적인 선교학자에게서 나왔다고 하는 것은 시기 적절하다. 한국적인 신학의 토착화 작업으로 이루어진 것들을 왼 눈으로는 하나 하나 한국신학의 현실을 직시하고 오른 눈으로는 한국신학의 21세기를 예견하는 입장에서 전문인 신학을 소개하는 것은 문제 제기와 함께 해결책을 제시한 이론과 실제가 겸비되어진 시도라고 본다.

물론 저자는 미국이라고 하는 문화권에서 십 수년을 신학을 하였기 때문에 이론적인 깊이 보다는 실용적인 면을 강조한 것이 독일 튜빙겐 대학에서 공부한 필자의 이론적인 면과는 깊이를 달리 할 수도 있다고 본다.

추천인으로서 다시 한번 전체적인 '종교다원주의와 그리스도의 유일성' 에 대한 요약을 하는 것이 저자가 한국이라고 하는 상황에 초점을 맞춘 글을 균형잡힌 감각으로 볼 수 있기 때문이다.

코페르니쿠스적 현대의 신 중심의 신학은 복음적 기독론을 송두리째 거부하면서 타종교의 범신론을 끌어드린 것인 데 이러한 '신중심적' 종교다원주의는 바로 멸망 전 이스라엘의 종교다원주의 내지 혼합주의와 병행되는 것이다. 그들의 멸망은 여호와의 이름을 버렸기 때문이 아니라, 여호와 하나님을 바알과 동일시하는 혼합주의(왕상12:28)나 하나님 곁에 다른 신들을 두는 종교다원주의 때문이었다(왕상 16:30-33, 18:21, 왕하 16:5-18). 신약시대나 오늘도 마찬가지로 그리스도의 개념을 타종교적 범신론이나 다신론을 통해 왜곡하여 다른 그리스도론을 만들어 내면 역시 이스라엘처럼 멸망을 초래하게 되기 때문이며 샤머니즘과 아시아 종교들은 혼합주의적인 성격이 있기 때문이다. 이들은 다신관 내지 범신론으로서 서로 배척하지 않는다. 샤머니즘은 교리도 철학도 없으면서 타종교 속으로 침투해 들어가는 영성이 있고, 그것을 받아들인 고등종교들은 원형적인 세계관과 범신론이라는 공통분모로서 각각 서로 포용한다. 그 뿐 아니라 그들은 다신관을 수용하면서 그것을 그들의 절대자 밑에 종속시켜버린다. 그들에게는 신이나 자연이나 귀신이나 인간 사이에 아무런 본질적인 차이나 대립이 있을 수 없기 때문이다. 아시아 고등종교들 및 샤머니즘이 서로 공존하거나 혼합되거나 상대주의를 취하는 이유가 여기에 있다. 이러한 바탕 위에 기독교 복음이 받아들여지면, 그들의 범신론에 의한 하나님의 성육신이 신의 내재화와 물질화 또는 구체화로 왜곡되어 진다. 따라서, '인간화된 하나님 또는 신화된 인간'이 바로 예수 그리스도라는 의미로서 많은 종교적인 영웅들이 예수 그리스도와 동격화되는 것이다. '다른 그리스도'란 범신론의 '신인 동격사상'이 한국인의 심성과 같이 순하디 순한 백성의 정에 약한 마음밭에 복음으로 뿌려지게 될 때, 전위된 형태인 '그리스도와의 동격사상'으로 변하게 된 경우라고 볼 수 있다. 종말론적인 '기독교 이단'들과 적그리스도 운동은 아시아 범신론과 샤머니즘과의 혼합주의를 극복하지 못함으로 인해 발생한 '파괴된 운동'이다. 한국의 토착화 신학의 시도도 비판적 상황화의 입장에서 보면 이러한 범주를 벗어나지 못하고 만다.

마지막으로 김태연 박사의 저서를 추천하는 것은 최근의 한국 신학의 신자유주의 신학의 위험수위가 육박한 상황에서 적절한 카타르시스를 복음주의자들에게 제시해 주고 있기 때문이다. 『이단자를 위한 한국신학-베짜는 하나님』을 쓴 홍정수 박사는 "만일 신은 계신가하고 누군가가 우리에게 묻는다면, '신은 없다' 고 잘라 말할 수도 있다."고 고백하고 있다. "하늘에 계신 아버지" 라는 개념도 영적 세계나 저 세상에 계신 신령한 분이 아니고 "땅에 있는 인간에게 자비를 베푸시는 구원자"라는 뜻이라고 한다. 그러므로 그는 예수 그리스도의 죽음도 역시 속죄와 면죄를 위한 피흘림이 아니라, "구호를 외치며 투신 또는 분신해 쓰러져 가는 젊은이들의 죽음과 매우 유사하다" 는 것이다. 즉 그는 죽음은 "억울한 희생이 아니라" 말하기 위한 최후수단으로서 선택된 죽음이라는 말이다. 그는 구원의 능력이 예수의 피흘림에 있다고 하는 것을 "마술" 이라 하고, 예수의 죽음이 신의 아들의 죽음이라고 하는 것을 "신화" 라고 한다. 예수의 피가 동물들이 흘리는 피보다도 월등하게 효과가 있다는 얘기가 결코 아니라"고 주장한다.

이와 같이 하나님이 인간에게 베푸신 속죄의 길을 완전히 차단해 버린 홍박사는 예수 그리스도의 부활의 사실성을 부인하고 있다. 예수의 무덤은 '빈 무덤' 이 아니라 '예수의 말씀과 영의 계속적인 현존을 믿는 것' 이라고 하며, 그는 예수 그리스도의 십자가와 부활의 속죄를 위한 역사적 사실을 부인하면서 반기독교적인 해석을 부여한 것이다.

도올 김용옥의 반기독교적인 종교학적 해석에 대해서도 어느 누구하나 이론을 갖추어서 반박하지 못하고 있는 실정에서 단순한 복음을 알고 복음을 타문화권에 나아가서 실천하는 직업의 전문성에 사역의 전문성을 배양받아 사역해야 한다는 저자의 관심은 한국 신학의 패러다임을 바꾼 좋은 시도라고 본다. 비기독교도들과의 직접적인 이론대결은 의미가 없는 것이나 복음주의자들에게 점진적 신학의 완성으로서의 전문인 신학을 시도함으로서 한국교회의 쇄락하는 현실에서 복음주의 교회들을 갱신시키는 타문화권 선교 신학으로 전환시킨 노력을 크게 부여하는 바이다.

이러한 차원에서 저자는 왜곡되어진 다른 그리스도론으로 가는 것이 아니라 성육신적인 그리스도론의 실질적인 복음의 사역을 위한 사명을 일깨워 주므로서 제3의 길로서 화합할 수 있는 길을 제시하고 있다. 보수주의자들은 자신이 추구하는 교리는 맞지만 의견이 다른 사람의 의견을 경청하는 것을 하지 못하는 복음주의의 현실에서 선교에 대한 사명으로서의 전문인 신학을 소개하는 것은 의미 있는 작업이라고 보여진다.

한국종교의 영역에 있어서 기본 핵심사항을 꿰뚫고 분석을 하고 그 대안으로서 선교학적인 입장에서의 상황화 신학으로 까지 발전시킨 것은 1991년 전에 쓴 박사학위 논문을 오늘의 현실에 맞게 수정하고 보완하여 적용한 케이스라고 여겨서 한국신학계에 추천을 하는 바이다.

Recommendation

Just before Jesus' crucifixion He was anointed with expensive perfume by Mary and His response was remarkable. "I tell you the truth, wherever the gospel is preached throughout the world, what she has done will also be told, in memory of her" (Mark 14:9) emphasis added. What an amazing prophecy! At first the focus was upon Jews only, then spread to Gentiles. As many missionaries were from western countries, people in Asian and African countries often saw Christianity as a western religion. Even with this western "baggage" the gospel was preached and churches, schools, hospitals and social welfare institutions were established in thousands of different nations and cultures.

The Korean people are unique in several ways having at least foue indigenous Korean theologies: Confucian, Minjung, Buddhist, and Shamanistic. How would western Christianity be influenced by these groups? How would the gospel of Jesus Christ influence people with other historical, emotional and intellectual backgrounds?

Roman Catholic missionaries came to Korea a century before Horace G. Underwood (Presbyterian) and Henry G. Appenzeller (Methodist), the first resident ordained Protestant missionaries in 1885. Though missionary Malcolm C. Fenwick introduced some new teachings in 1889, he did not identify these as Baptist teachings. The large influx of Baptist missionaries came after the Korean conflict(1950-53). As most Protestant Christians in Korea had been influenced by Presbyterian or Methodist doctrines, the introduction of Baptist teachings confused some and produced a life changing experience for others.

This academic, biblical and culturally sensitive research by Dr. Tae Yon Kim was needed 50 years ago so we are thankful that it is finally being published. This informative publication will enlighten followers of various religious groups in Korea.

"How does indigenous Korean Evangelical Theology compare with western Evangelical theology?" The answer to this important question is included in this new professional contextual theology. Anyone concerned about the growth of the Christian movement worldwide will realize that this book is essential reading for present day missionaries and mission leaders from both the East and the West. I believe you will share my enthusiasm for new insights included in this important book.

Marlin L. Nelson
Missionary in Korea (1956-1996)
President of Midwest Theological Seminary

저자의 변 _코리안 디아스포라를 통한 전문인 선교

9.11사태 이후 세계의 질서에 여러 가지의 변환이 초래됐다. 그후 계속되어진 쓰나미, 카타리나, 파키스탄 지진 등의 일련의 사건을 보면서 세계 최강국인 미국은 인정하든 인정하지 않든 세계는 하나님 앞에서 스스로를 개혁하지 않으면 그 동안의 추종 국가들이 절대적으로 편을 들지 않으리라는 것을 확인하는 계기가 됐다. 거기에 중국이 미국된다고 하는 유언비어는 계속해서 우리의 귀를 자극한다. 하나님 앞에 꼭 들어오는 인격적인 개혁(reformation)이 꼭 필요한 시기인 것이다. 여기서 달하는 개혁이라는 것은 세속주의, 인본주의, 물질주의에 치우친 현재의 저들 교회가 처음 이민 당시의 청교도 정신으로 회귀하는 것을 의미한다. 즉 영자들의 6R 운동과 마찬가지로 자세한 개혁이 필요한 시점이다.

미국이 과거로 회귀하고 싶어도 회귀하지 못하는 가장 큰 이유는 그들의 힘이 너무 비대해졌기 때문이다. 즉 돌이킬 수 있는 가늠자의 기능이 상실되었기 때문이다. 이미 미국 내에 100만 명 이상의 무슬림 미국인들이 깊이 침투해 있는 상황에서 자문화우월주의(ethnocentrism)에 빠진 미국인의 방식만 가지고는 세계를 주도하는 데에 인격적인 한계가 있다. 미국만의 방식이란, 성취동기에 사로 잡혀 세속주의와 종교다원주의와 이신론에 기초한 신앙의 행태 또는 네오콘의 보수주의를 말한다. 심각한 것은 이러한 세속화 앞에 선교적 변증을 감당 못한 미국제 영성(Americanizd Spirituality)의 선교 파도가 한국 땅에도 상륙하여 깊숙이 영향을 미치고 있다는 데에 있다. 한국은 미국의 52번째의 주라고 할 정도로 서구 문명 중심의 세속화가 심하게 진행이 되고 있다. 교회의 권위가 땅에 떨어지고 불교, 천주교 다음에 개신교를 인정하는 한국 사회의 현실에서 한국교회는 갱신이 되어야 할 당위 앞에 놓여 있다.

2008년 이후에 중국은 세계 1위의 경제대국이 되고 한국의 386세대는 중국을 우상으로 섬기고 중국의 삼자 교회와 삼자 신학을 모방하게 될 것이다. 무서운 일이 현실로 벌어지는 것이다. 그때에 한국의 보수적인 교회는 순교를 각오해야 하며 중국이나 북한의 가정 교회와 같이 지하 교회나 새마을 교회로 역전이 되는 상황을 맞을 것이다. 이 일을 막는 길은 생활 가운데 전도자의 신학에 기초한 복음을 세계내화(glocalization)에 기초하여 정립하고 실천하는 일이다. 서구의 입장에서 보면 종족세계내화 (glocaltribulization)라고 볼 수 있다.

그러나, 필자가 생각하는 개혁이라고 하는 것은 인격적인 개혁으로 목회자와 평신도들의 생각의 틀, 세계관(worldview)을 변화시키는 것에 비중을 둔 것이다. 교회 개혁과 전문인 선교에 접근하기보다 전문인 선교를 통한 교회 개혁이라는 개념으로 접근하는 것이 진정한 의미에서 교회 개혁을 이룰 수 있는 발상의 전환이라고 본다. 여기서 전문인 선교를 통해서 교회를 개혁한다고 하는 것은 실제적인 전문인 선교 사역을 통한다기 보다 전문인 선교라는 개념이 어디서 출발했는지에 대해서 목회자들이 바로 이해하고 평신도들을 전문인 선교사로 훈련을 시켜서 모든 평신도들이 기본적인 사역만을 감당하는 차원에서 더 진보해 사역의 차원에서 모두가 선교사가 되는, 즉 하나님의 나라 차원에서 동역자가 되는 것을 이해하는 것이 선결 돼야 한다.

그러할 때, 수동적인 반항 차원에서의 목회자의 목회와 경직된 평신도의 복종적인 자세가 하나님의 왕국 차원으로 승화하게 될 것이다. 그리고 목회자는 세계적인 목회자로 나아가고 위기관리 차원에서 바울처럼 순회 사역을 해야 할 것이다.

문제는, 대다수의 목회자가 변화되기를 싫어한다는 것이다. 행태론적 근본주의에 사로잡혀 제사장적인 사명만을 강조하고, 변화하는 세상 가운데 주체가 되지 못하면서 왜 교인이 줄어드느냐고 볼멘소리만 하고 있다. 이것은 발상의 전환을 통해 과감히 풀 수가 있는 문제다. 세상은 스피드 시대이지만 목회자들에 대한 재교육을 통한 발상의 전환은 시간이 많이 지나야 될 것으로 보인다. 그러나 평신도들에게 지도력을 양성하여 선교 목사가 될 수 있는 길이 적극적으로 열리면 한국교회 성도의 십일조에 해당하는 100만 명을 그리스도의 군사로 바꿀 수 있는 일이 가능해진다. 그 가운데 또 10만 명을 특수 선교 부대로 양성하여 한국의 직장과 사회를 변화시키는 전문인 선교사로서의 사명을 감당할 수 있다면 축복의 통로가 열리게 될 것이다.

이 일을 위해서 신자는 비세속성의 원리(요17:16)에 의거해 그리스도의 군사로 구비되어야 하고, 자신의 직업적 전문성을 가지고 선교의 접촉점으로 삼으며, 그리스도의 제자로서 최종적인 리더십까지 배양 받아 전문인 선교사로 살 때, 비로소 교회 개혁의 진정한 의미에서의 첫 출발이 밝아 오리라고 본다.

본서를 집필하기 위해서 미국에서 기도로 후원해주신 박철 장로님, 장성순 권사님께 진심으로 감사를 드린다. 필자가 한국복음주의신학의 정립에 관심을 가지게 된 영적인 큰 자산이 되었다. 필자가 여기까지 오는 데에는, 한국과 미국의 신학교에서 만난 수많은 '바울 선생님' 들의 가르침을 통해서 가능했다.

14년 전의 논문 후반전을 끝까지 발전시킬 수 있는 마음을 주신 축복의 통로자 故 김인건 전도사님, 어머님 故 윤여정 사모님께 다시 한번 이 땅에 태어나게 하신 것을 감사드린다. 투병 중에도 격려해준 사랑하는 아내 김연화 사모와 아들 김학연에게 기쁨이 되기 바란다. GPI의 김원희 교수님과 워싱턴 GPI의 이관희 박사님 외 GPI 식구 모두에게 감사를 드린다. 그리고 농촌 목회로 수고하는 이병진 목사와 김남희 사모에게 감사함을 전한다. 영성과 전문성을 가지고 쓰임받는 전문인의 시대가 오고 있다. 이 책을 읽는 모든 독자가 앞으로 10년 후의 하나님의 나라를 바라 볼 수 있도록 함께 전문성을 중시하는 사역자가 되기를 바란다.

2년 동안 발간을 미루고 있었으나, 이제는 때가 된 것으로 보인다. 이 책이 발간을 즈음하여 필자가 총무이사로 있는 한국성결신학회에서는 세계한인신학자대회를 열어 신학의 방향성을 다시 점검한다고 한다. 랄프 윈터 (Ralph Winter) 박사가 방한하여 전방 개척 선교의 중요성을 설파한다고 한다. 그리고 생활 영성 신학의 대가이신 캐나다의 폴 스티븐스 박사가 내한해 특강을 한다. 전문인 신학이 이때를 위함이 아닌가!

머리말 _전문인 신학을 열며

한 나라나 또는 문화 안에서 신학의 발전은 복음의 내용에 의해서 뿐만 아니라 선교사들과 수용자들의 문화적 정황과 대화에 의해 영향을 받게 된다. 이 저서의 목적은 어떻게 복음적인 한국 선교신학이 토속적인 한국의 신학에 의하여 영향을 받아 왔는지를 설명하는 것이다. 이 연구는 한국의 상황화 신학인 유교, 민중, 불교, 그리고 샤머니즘을 연구하는 것을 포함한다. 그리고 마지막에는 하권에서 전문인 신학을 소개한다.

저자는 한국의 복음 전파가 복음의 타협 없이 한국의 문화 속에서 상황화된 서양 기독교 사이에 연결된 긴장의 해결을 향하여 움직일 수 있다는 것에 도달한다. 이것은 한국 상황에 대한 역동적 일치에 대한 전망으로부터 성서 신학의 연구를 요구하게 될 것이다. 저자는 이것이 아주 중요한 선교 신학적인 이슈라는 것을 주장한다.

이 책에서 지난 한국역사의 1세기동안의 신학을 평가해 보고자 하는 것은 1890-1990년의 100년 동안 한반도를 둘러싼 국제역학의 본질적 구조는 거의 변함이 없는데, 이는 우리 원형(prototype)에 대한 맹목적인 답습에 기인하는 이유 때문이다.[1]

평가의 메스를 통해서 한국신학을 진단하고 21세기의 한국복음주의 상황화 신학을 새로 쓸 수 있는 접촉점을 마련할 수 있기 때문이다. 고구마가 익었는지 젓가락으로 찔러보시던 어머니와 마찬가지로 자꾸 찔러보면 그 안으로 열기가 들어간다. 고구마가 익었다고 우리 7남매를 한 상에 모으시고 고구마를 간식으로 주시던 그 때를 생각해 보면 생고구마와 같은 한국토착화신학을 어머니가 고구마를 찌르시며 빨리 빨리 고구마를 달라는 우리에게 "생고구마라도 먹을 테면 가지고 가마." 하시는 음성을 지금도 잊지 못한다.

우리는 한국신학을 진단하고 세계의 신학시장에 내어놓을 수 있는 우리의 신학화 작업을 위해 한국의 어머니처럼 희생을 해야 한다.

국민일보 2003년 1월 4일자에서는 아래와 같은 이야기를 하고 있다.

한국교회가 하나로 연합하기 위해서는 신학적 통합이 필요한 데, 독자적인 신학을 내놓고 있지 못하기 때문에 앞으로 5년 뒤에도 여전히 100년 전 선교사들이 들여온 근본주의 신학과 자유주의 신학의 대립을 한반도에서 되풀이하고 있을 것이라는 관측이 여전히 있다. 한국교회가 여전히 이러한 회의론을 불식하고 분열의 역사에 종지부를 찍을 수 있을 것이냐는 데에 확신이 없다. 같은 기독교인이지만 진보와 보수진영은 성경관에서부터 세계관

그리고 사회참여에 이르기까지 입장차이가 분명해 억지로 하나가 된다고 해도 분열이 되리라고 본다.

이러한 시점에서 교회의 패권주의를 철폐하고 제3의 길로서의 성육신적인 신학의 시도를 통해서 한국교회의 정통성을 유지하며 바른 신학을 하는 모델을 제시하는 것이 필자의 목표이다.

또한 논문의 초기에 포함했던 이민사회에 대한 관심도 다시 한번 언급을 하고 싶은 것은 전 세계 165개국에 615만 명 이상 흩어져 살고 있는 코리안 디아스포라(Korean Diaspora)들을 네트워킹하여 세계선교에 전신자선교사주의(Every Believer's Missionaryhood)에 입각하여 생활 가운데 선교하는 사역을 이루기 위해서는 미국을 중심으로 한 한인교회들에게도 지구촌시대의 자른 선교신학이 필요한 것이 현실적인 급박한 요구이다.

미국 이민 100년을 맞이하여 국민일보에서 2003년 1월 18일에 이태형 기자가 쓴 글에는 이러한 분석이 나오고 있다.

현재 미국내 한인들 가운데 크리스천 인구는 전체 한인 인구의 70% 이상이다. 교회가 대형화하면서 교회내 분열과 교단간 분열도 심각해졌다. 미주내 한인교회의 목회자는 넘치는 데 사역할 교회가 부족하기 때문에 오는 현상이다 … 그러나 문제점만 발생한 것은 아니다. 80년대와 90년대 이후 이민교회는 끊임없는 자기발전을 이뤘다. 이민사회가 생존적 단계를 뛰어넘어서 정착과 안정의 시기로 넘어가면서 교회도 성숙해지기 시작했다. 가장 두드러진 현상으로는 교회의 리더십이 바뀌고 있다는 사실이다 … 분명 이민

자들을 대상으로 하고 있는 이민교회는 한국교회와는 상황이 다르다. 이민 사회에서는 권위적인 성직권주의와 교파주의가 한국에서보다는 훨씬 덜하다. 이것은 어쩌면 전체 한국교회에서 이민교회가 안고 있는 희망이라고 볼 수 있다. 한국교회는 이같은 이민교회의 희망의 싹들을 볼 필요가 있다. 21세기 한국교회는 디아스포라 이민교회를 세계로 통하는 전진 기지로 삼아야 한다. 이민교회는 로컬리즘, 주변자라는 의식을 버리고 선교의 주체로서 한국교회에 역으로 영향을 줘야 한다. 그럴 때 100세가 된 이민사회와 이민교회는 21세기 한국교회 선교사에 뚜렷한 주체로서 역할을 할 것으로 보인다.

이 일을 위해서는 이러한 자신학화(self-theologizing)의 작업으로서 한국복음주의 신학을 비판적 상황화의 입장에서 분석하고 세계 신학으로 내어 놓을 수 있도록 통전적인 신학으로 시도하는 것은 너무나 소중한 일이라고 여겨진다.

목차

추천사1, 2 · 5

Recommendation · 12

저자의 변 · 15

머리말 · 20

제 1 부
전문인 신학의 이해

제 1장 상황화 신학으로서의 전문인 신학의 위치설정 · 29

제 2장 전문인 신학과 복음주의신학의 변증성 연구 · 97

제 3장 전문인 신학의 다양성과 실용성 · 125

제 4장 전문인 신학의 교회론 이해 · 219

제 5장 전문인 선교의 통일성을 향하여 · 239

제 6장 전문인 선교의 미래신학을 열며 · 257

제 2부

포스트모던시대 한국 전문인 신학

제 7장   21세기 한국장로의 전문인 선교사 연구   · 293

제 8장   포스트모던 사회와 선교형 교회의 성숙 _ 전문인주의를 향해서   · 313

제 9장   구속적 유비와 전문인 선교의 상관관계 고찰 _ 지역선교학연구를 위한 전제로   · 337

제 10장   전문인 신학의 정립을 위한 -ism연구 _ 전신자 선교사주의를 중심으로   · 371

제 11장   글로벌 신학으로서의 전문인 신학의 정립 _ 현대 복음주의 운동의 현황 분석을 중심으로   · 421

제 12장   한국 전문인 선교 운동의 내용과 방향   · 439

제 13장   한국 전문인 신학의 정립과 적용   · 459

부록   1907년 평양 대부흥에 대한 전문인 선교적 해석   · 475

각장 연구과제   · 492
참고문헌   · 499
추가 참고문헌   · 516
주   · 522

1부

전문인 신학의 이해

제 1장

상황화 신학으로서의
전문인 신학의 위치설정

1. 전문인 신학의 위치

2001년 9월 11일 뉴욕의 무역 센타가 폭파되는 사건을 보면서 이제는 문명충돌이 아닌 문명공존으로의 길을 모색하는 일이 우리 전문인들의 성육신적인 사역을 통해서 이루어져야 할 신호탄으로 보았다. 미국의 극보수주의 목사인 제리 팔웰(Jerry Farwell)은 "미국이 주님의 장막을 벗어났기 때문에 징계를 받은 것이다"라며 영적인 회개의 메시지를 선포했다. 소련이 아프카니스탄 침공 이후 여러 개의 소수민족 국가로 붕괴되면서 냉전은 끝이 났다. 9.11사태는 냉전 이후 미국이 전세계를 지배하고 있는 시점에서 미국의 문명이 중동 및 아시아의 문화를 잠식하고 세속화하는 등 전세계에 경찰국가로서 영향을 미치는 일을 계속하려는 데에 대한 이슬람교 측의 반발로 보려는 시각의 지지를 받고 있다. 여기에 중국은 '중국사회민주주의(가칭)' 라는 개념으로 공산주의를 환골탈퇴하여 21세기의 최강국으로 비약하려고 하고 있다. 이에 대한 견제로 인도에 대한 미국의 측면지원이 예상된다. 여기서 우리가 예수님의 마음을 품고 이 세상을 바라볼 때, 세속화하는 서양의 문명에 총체적인 영향을 받고 사는 한국인으로서 어떻게 전세계에 '작은 고추가 맵다' 는 말을 듣고, 이와 마찬가지로 크리스천으로서 영적인 영향을 미칠 수 있느냐는 해법을 찾는 것이 전문인들에게는 21세기에 중요한 삶의 지계석이 될 것으로 보인다. 이원설 박사는 이것을 Christian Pax Koreana(한국 크리스천의 지배에 의한 평화)라고 말했다. 한국인이 21세기에 전세계에 공헌할 수 있는 것은 영적인 자산을 나누어주는 일을 통해서 가능하다는 이야기이다. 이 일은 하나님의 백성된 주님의 제자로서의 사도직(apostleship)을 수행함으로써 가능하다고 본다. 사도(apostle)라고 하는 말은 창조적인 선교사(creative missionary)라는 의미로서 사도 바울과 같이 타문화권에 나아가서 복음을 증거하는 자를 말한다. 지금은 지구촌 시대이기 때문에 교회 안에 있는 평신도들의 세계관 틀의 전환이 요구된다. 폴 스티븐스는 하나님 백성으로서 사도직 준수에서 오는 어려움을 이렇게 말했다.

> 우리가 살펴보았듯이 선교는 하나님의 백성 가운데 관심이 있는 자들이 간헐적으로 하는 그런 활동이 아니다. 교회가 선교를 하나의 사역으로 보유하고 있는 것이 아니라 교회 자체가 선교이기 때문이다. 옛 언약과 새 언약 하에서의 선교는 하나님의 백성 전체가 관여하도록 의도된 과업이지, 선택된 소수의 대표자나 지명된 선교사에게 국한된 것이 아니다. 간단히 말해서 평범한 그리스도인 모두가 선교사인 것이다. 그리고 그 선교는 사회의 직장과 개인적인 삶의 영역(가정), 교회 내의 공동체 생활에서 이루어진다. 우리가 본 것처럼 교회는 이중적인 의미에서 사도성을 지니고 있다. 교회의 복음과 교리가 부활하신 그리스도의 목격자인 첫 사도들의 증거에 기초하고 있으며, 교회는 사도적인 선포, 곧 선교 사명을 수행하는 가운데 존재한다.[1]

그러나, 우리의 현실은 어떠한가? 무사안일주의와 현실 유지(state quo), 전통 준수, 정체성을 유지하는 데에 더 급급한 실정이다. 그런데 이러한 수준에 머무는 것은 세속주의에 바탕을 둔 인본주의적인 발상에서 비롯된 것이다.

우리 전문인들이 먼저 몸담고 있는 그릇인 세속화(Secularism)에 대해서 먼저 밝히고자 한다. 세속이라는 말은 라틴어 **saeculum** 즉, 세상(world), 시대(age), 세대(generation), 기간(period)이라는 말에서 유래되었다. 이것을 성기호 박사는 세상적인 것과 일시적인 것, 성직자와 구별되는 평신도적인 것을 의미하게 되었다고 주장하였다.[2] 물론, 기독교가 삶의 양식이라고 주장하는 입장에서 보면, 세속화를 삶의 양식이라고 주장하는 세속주의야말로 기독교의 가장 중대한 적임에 틀림이 없다. 그러나, 전문인의 입장에서 볼 때 평신도적이라고 하는 말은 더 이상의 의미가 없다. 제 3의 길로서 성육신적인 삶의 방식을 유출해 낼 수 있는 전문인이라는 용어로 개선해야 한다고 본다. 전문인이라는 말을 피터 드러커의 정의를 요약하면 아래와 같다.

"전문인이란 자율적인 의지에 의해서 스스로를 개척해 가는 지식근로자이다."[3] 이를 전문인 선교의 입장에서 확대해석을 하면 세 가지로 요약이 될 수 있다.

1. 전문인 선교사는, 어떠한 상황이 전개되더라도 하나님의 음성을 들으면서 위기를 관리할 수 있는 능력이 있는 자라고 할 수 있다.
2. 전문인 직업의 전문성에 사역의 전문성을 배양받아 하나님의 왕국 차원에서 세계의 도처에 가서 복음을 증거할 수 있는 전인적 인재라고 할 수 있다.
3. 전문인 선교사는, 전신자 선교사주의(every believer's missionarihood)에 입각한 자유의지(free will) 선교사로서 자율권을 가지고 성령이 위임하는 상황을 준수하고 사도로서의 소명을 다하는 네트워킹 시대를 이끌어 가는 자들이다.[4]

여기서 전신자 선교사주의(every believer's missionarihood)는 1517년에 마틴 루터가 종교개혁을 하면서 주장한 만인제사장주의(all believer's priesthood)에 대한 비판적 상황화에서 정립된 개념이다. 칼뱅주의나 그외의 교단에서 루터가 주장한 이론에 기초하기를 원하지 않기 때문에 예수 그리스도의 성육신적인 선교사역으로 최종적으로 필자가 정립한 개념이다.

1590년에 네덜란드의 개혁교도 싸라비아(ssarabia) 목사는 웨스트민스터 신학교의 학장을 지내던 당시 마태복음 28장 19-20절의 말씀을 인용하여 '사도에게만 국한된 것이 아니고 그리스도의 제자된 모든 자에게 적용되는 것이다' 라고 주장, 이에 기초하여 만인선교사주의(all believer's missionarihood) 라는 주장을 하였다.[5]

그러나 만인(all)이 선교사라고 한다면 선교사라고 하는 본래의 의미를 명목적 그리스도인과 같이 만들어 그 의미를 희석하는 것이 되고 만다. 그러므로 개인적인 회심에 의한 집단개종(individually decided people movement)의 원리에 의거해야 전신자(every believer)라는 용어를 사용할 때 책무성(accountability)을 지닌 선교사라는 의미를 비로소 갖게 된다. 물론 국내전도의 입장에서 볼 때는 '전신자 사역자주의' 라는 용어를 사용할 수 있을 것이다.

이제는 세속화 시대에도 통할 수 있는 선교전략으로서 전문인 선교 세계관에 기초한 신학이 정립되어야 한다. 다시 말해서, 선교사는 사역의 전문성을 가지고 선교사로 구비되어야만 역할을 감당할 수 있다. 그 중간에 점검해 볼 필요가 있는 영역이 세속화라는 탄저병을 이길 수 있는 성결 신학이라고 하는 것이 성기호 박사를 비롯한 모든 복음주의 신학자의 의견 이다. 필자는 여기서 한걸음 더 나아가 김웅조 박사의 신학관과 마찬가지 로 성결화하는 것이 마지막 작업이 아니고 그것을 선교를 위한 과정으로 이 해하여 더 큰 그림의 비판적 상황화 신학으로서의 21세기 디지털형 복음주 의 신학을 제시해야 한다는 데 이르렀다.

이동원 목사는 내적 치유 운동과 NCD운동이 일어나있지만 엄밀히 보면 내적 치유는 잘못된 말이고 영적 치유라는 용어를 써야한다고 주장한 다. 한마디로 총체적 치유라는 개념이 필요하다는 것이다. NCD(Natural Church Development)운동도 국내 셀 그룹 리더(cell group leader)를 키우는 것에 서 끝이 나면 안된다. 다음 단계인 이문화간 셀 그룹 리더(cross-cultural cell group leader)가 되는 데까지 나아가야 한다. 조경호 목사는 이 문제의 심각 성을 지적하고 있다. 진정한 의미의 세계화는 지상대명령(마 28:19-20)의 말 씀을 지키는 일이다. 다시 말해서 성결 신학으로 끝이 나서는 안되고 그 다 음 단계인 전문인 선교로까지 나아가야 한다는 것이다. 여기서 필자는 신 자의 비세속성의 원리(all believer's non-secularism)를 주장하는 바이다.

> 내가 세상에 속하지 아니함같이 저희도 세상에 속하지 아니하
> 였삽나이다(요 17:16).

이 말은 예수님이 요한복음 17장 16절에서 하신 말씀을 기초로 하여

우리가 이 세상을 살지만, 속한 사람이 아닌 하늘나라 백성으로서의 신분을 가지고 살라는 말이라고 본다.

폴 스티브스는 베드로전서 2장 9절에 나타난 신자의 '4중 시민권'이 요한복음 3장 16절만큼이나 중요한 말씀이라고 말한 바 있다.

> 오직 너희는 택하신 족속이요 왕같은 제사장들이요 거룩한 나라요 그의 소유된 백성이니 이는 너희를 어두운 데서 불러내어 그의 기이한 빛에 들어가게 하신 자의 아름다운 덕을 선전하게 하려 하심이라(벧전 2:9).

행태론적 근본주의(morphological fundamentalism)에 빠져있던 베드로는 고넬료의 집에서 환상을 본 후 유연성(flexibility)을 갖게 된다. 그가 베드로전서를 기록할 때는 이방인 선교에 대한 문(window)을 여는, 중요한 말씀을 성령을 통해서 기록할 수 있었다는 것은 놀라운 패러다임의 전환(paradigm shift)이 아닐 수 없다. 그는 자신이 교회의 머리가 되시는 주님의 수사도이지 교회의 머리가 될 수 없음을 깨달았기에 십자가에 거꾸로 매달려 죽었다. 주님만이 반석(petra)이시고 베드로를 포함한 복음을 증거하는 전세계 5.8억의 생활 전도자(life-sty e evangelist)들은 모두 조약돌(petros:pebbles)이다.

어쨌든 전문인 선교는 전문인이 자신의 직업적 전군성을 가지고 사역의 전문성을 배양받아 타문화권에서 복음을 전하고 교회를 개척하는 등의 성육신적 선교사역을 의미한다.

여기서 세속주의를 이길 수 있는 성육신의 비밀은 빌립보서에 언급이 되어 있다.

> 너희 안에 이 마음을 품으라 곧 그리스도 예수의 마음이니 그는 근본 하나님의 본체시나 하나님과 동등됨을 취할 것으로 여기지 아니하시고 오히려 자기를 비어 종의 형체를 가져 사람들과 같이 되었고 사람의 모양으로 나타나셨음에 자기를 낮추시고 죽기까지 복종하셨으니 곧 십자가에 죽으심이라(빌 2:5-8).

여기에서 '같이 되었다' 라는 말은 동일시의 원리(identification theory)를 의미한다. 또한, '하나님과 동등됨을 취할 것으로 여기지 아니하시고' 라는 말은 자기비하의 교리(self-emptiness theory)를 말한다. 즉 신적인 권리를 제한(limitation)했다는 말이다. 서구 복음주의 교단 안에서 초대형 교회의 목회자들이 가난한 목회자보다 7배 이상의 고소득을 올리고 있다는 보고가 있다. 이러한 권리를 제한하고 유보하는 무소유의 신학에서 기독교는 무에서 유를 창조하신 하나님(ex nihilo)을 만나게 될 것이다.

'죽기까지' 는 성육신의 원리(incarnational theory)를 의미하는 것이다. 죄가 있어서 죽은 것이 아니라 죄 없으신 분이 선교사로 사신 것이다. 생로병사로 이어지는 인간의 사이클을 경험하시면서 우리에게 나는 죽고 그리스도만의 의미를 깨닫게 해준 것이다. 이러한 원리들에 기초한 선교를 성육신적인 선교사역의 원리라고 말한다.

현대신학의 입장에서 본 세속화 시대의 전문인 신학

하르나크(Adolf von Harnack)가 『기독교의 본질』(Das Wesen des Christentums)이라는 책을 쓴 지 100년이 된 이 시점에서 기독교의 본질을 재규명하는 것은 의미있는 일이다. 김영한 박사는 '하르나크는(기독교를) 예수가 선포한 복음의 본질을 하나님의 보편적 부성, 인류의 보편적 형제애, 인간영혼의 무한한 가치라는 도덕적 종교라고 보았다' 며 기독교를 사도와 교부 그리고 종교개혁자들이 전파한 기독교에서 변질시켜 사도적 기독교(Apostolic Christianity)에서 현대문화에 혼합시킨 문화개신교(Historischer Pantheismus)를 만들었으며 이에 대한 반동으로 칼 바르트(Karl Barth)의 말씀의 신학에 의해서 자유주의 신학이 상실한 하나님 말씀의 권위를 복귀시킨 중요한 일을 한 것이라고 평가했다. 그러나 하나님 말씀사역(ministerium divini verbi)의 신학 내지 교회의 신학이 되게 함으로써 자유주의에서 신학을 구원했으나 교회의 정통주의로의 회귀에까지는 이르지 못함으로써 인본주의적 요소에서 완전히 벗어나지 못했다고 정리했다. 그러면서 독일에서의 아돌프 슐라터(Adolf Schlatter), 칼 하임(Karl Heim), 에밀 브루너(Emil Brunner), 헬무트 틸리케(Helmut Thielicke), 네덜란드에서는 아브라임 카이퍼(Abraham Kuper), 헤르만 바빙크(Herman Bavinck), 루이스 벌코프(Louis Berkhof), 버르카워(G.C. Berkouwer), 미국에서는 그래샴 마첸(Grasham Machen), 코넬리우스 반틸(Cornelius Van Til), 칼 헨리(Karl F. Henry), 제임스 패커(James Packer) 등이 종교개혁 이후 17세기 경건주의와 18세기 복음주의 각성운동의 전통을 계승하려고 노력하는 자들이라고 말했다.[6]

우리는 21세기 한국 전문인 신학을 정립하기 위해서 이러한 복음주의 신학의 장점을 바탕에 두고 자유주의 신학의 창조성을 참조한 포스트모더니티 시대의 복음주의신학을 제대로 정립해야 한다. 그 일환으로서 전문인 신학을 소개하기 위해서는 현대신학에서 전문인 신학으로 이어지는 계보를 선택해 신학화하는 작업이 필요하다.

필자는 현대신학의 계보를 계시사(progressive revelation theory)와 구속사(the steram of redemption)의 입장 아래 양대 축이 세속사(secularism)의 입장에서 교조주의(legalism) - 종교혼합주의(syncretism) - 상황화(contextualization)란 연합을 통해서 어떻게 구현할 수 있는지 타문화권 직업의 신학으로서 전문인 신학을 소개함으로 간단히 이론을 전개하고자 한다.

칼 바르트(Karl Barth)는 말씀의 신학에 기초하여 신학의 정체성(identity)을 계시신학의 입장에서 수립하였다. 루돌프 불트만(Rodolf Bultmann)은 비신화화(demytholization)에 의해서 신학의 상관성(relevance)을 수립, 이를 판넨베르그(Pannenberg)가 구속사의 입장에서 발전시켰다. 21세기 세계복음주의 신학자대회에 이르러서는 세속화시대에 어떻게 복음주의 신학이 재정립되는지의 문제점 해결에 대해 논의했다. 필자는 이를 전문인 신학에 의거, 계시사-구속사-세속사의 흐름을 타문화권 직업신학(cross-cultural vocational theology)의 입장에서 제 3의 길로 연합하고 다양한 가운데 조화를 이루는 상황화 신학의 정립이 필요한 시점에 와있다고 본다. 그런데 이러한 후기현대신학(post-modernity theology)은 기존의 현대신학처럼 정통성에만 머물러서 생활 가운데 전도자가 되는 데 아무런 도움을 주지 못하는 아날로그형 신학이 아니다. 타문화권에까지 나아가서 복음을 증거할 수 있는 디지털형 신학이 되어야 한다는 데 문제의 심각성이 있고 해결의 중요성이 있는 것이다. 문제의 핵심은 세속주의의 고리를 끊는 것이다. 성기호 박사는 세속화시대의 신학에 대해서 이렇게 소개하고 있다.

> 1960년대의 세속주의가 정통 기독교를 침식하는 과정에서 복음적 보수주의와 세속주의적 급진신학이 정면으로 충돌을 하게 되었다. 교회의 세속화란 교회와 사회의 경계를 철폐하고 교회의 적극적인 세속사회에의 참여를 강조한 것인데 디트리히 본회퍼(Dietrich Bonhoeffer, 1906-1945)가 옥중에서 보낸 편지가 『옥중서간』(Letters and Papers from Prison)으로 출간된 1951년부터 기독교인들의 세속생활을 강조하는 데서 세속화신학이 배태된다.
>
> 그러나 세속화 논쟁을 본격적으로 이끌어들인 것은 반 뷰렌(Paul van Buren)의 저서인 『복음의 세속적 의미』(The Secular Meaning of the Gospel)가 1963년에 출판되면서 부터이다. 그는 하나님에 대해서 초월적이고 객관적인 존재로 인식하는 것을 부정하고 언어분석학적으로 생각할 때 신이라는 말은 무의미하다고 주장했다. 그후 사신신학이 주장되고 상황윤리, 정치신학, 신신학 등의 이름으로 전통적 기독교를 재해석하고 사랑의 윤리를 강조하는 행동주의적이며 세속적 기독교를 주장하는 신학자들이 나타났다. 특히 현실적인 삶을 강조하는 세속화 신학은 재림하실 그리스도와 그를 통해 이루어질 영원한 나라에 대한 기대가 약화되었다. 자율적인 인간의 사고와 사회참여를 통한 사회악 제거를 강조하는 신학적 입장은 초자연적인 하나님의 역사를 부정하고 세상의 종말에 대한 성경적 진술을 심각하게 받아들이지 않는다.[7]

필자는, 기독인들의 세속 생활을 강조하는 데서 세속화 신학이 강조
된다는 성기호 박사의 외부자적 시각(etic view)에서의 비판에 의거하여 성
결 신학이라는 중간 기착점에 안착하거나 세속주의를 치유하는 치유신학
으로서의 성결 신학에 그치지 말고 치유받은 자가 복음을 전하는 자로 바뀌
는 전문인 신학으로 나아가야 한다고 본다. 따라서, 21세기의 후기현대주
의 신학은 칼뱅의 5대 교리에 머무는 것이 아니라 성결의 교리에다 모든 신
자의 선교사로 살아야 한다는 7대 교리까지 나아가야 한다고 본다. 여기서
정리된 7대 교리를 요약하면 아래와 같다.

1. 삼위일체 하나님의 존재와 인격성

삼위일체에 대한 교리는 아타나시우스 신조(Athanasian Creed)에 의해서
확립이 되었다. 교리의 핵심은 하나님도 삼위일체로 팀 다이나믹스를 이루
며 사역을 하셨다는 것이다. 삼위일체의 교리는 본질적인 교리이기는 하지
만 타문화권 선교사역에서 우선적으로 다루어지는 교리는 아니라고 본다.
우리 민족에게도 삼태극(三太極) 신앙이 있었다는 것을 기억하고 이를 복음
주의 기독교의 삼위일체 신앙의 상징(symbol)으로 이해를 하는 문화인류학적
통찰이 요청된다.

2. 예수 그리스도의 동정녀 탄생과 십자가의 죽음

십자가의 죽음을 인정하고(갈2:20), '나는 날마다 죽노라' (갈5:24)라는
고백을 한 사도 바울과 마찬가지로 창조적인 타문화권 선교사로서의 스티그
마를 지닌 신학을 발전시켜야 한다. 그 한 예로, 이중표 목사의 별세신학은
타문화권에서는 별세의 선교로 개선되어야 한다.

3. 성경의 영감성과 무오성

성경은 구약의 예표가 신약에 완성되어진 구속사의 흐름으로서 점진적 계시의 완성이라고 볼 수 있다. 여기서 계시 이전의 원시종교와 성경 외의 계시를 주장하는 것은, 기적 등 비신화화를 주장하는 불트단계와 마찬가지로 이 세상에 최초의 타문화권 선교사로 예수 그리스도를 보내신 선교의 하나님의 마음을 모르고 성경의 영감성과 무오성을 무시하며 하나님께 바칠 영광을 가로채는 입장이다.

4. 예수님의 육체적 재림

지금은 지구종말 5분전의 시대이다. 모든 생태계가 신음하며 구속하실 주님이 오실 것을 대망하는 시대를 살고 있다. 육체적 재림을 믿지 않고 복음을 증거한 모든 교파와 이단들은 인간화(humanism) 중심의 구제사역 정도를 선교라며 명목상의 자기 교파 늘리는 데에만 혈안이 되어 있을 뿐이다. 그런데 명심할 것은 이슬람 13억 가운데 150만 명의 선교사가 있다고 하는 것이다. 빌립보서 2장 5-8절에 기초한 성육신적인 교리에 기초하여 생활 가운데 전도하는 자라면 예수님의 육체적 재림을 믿을 것이다.

5. 종말과 심판

세속주의 신학자들은 '심판'을 두고 하나님의 가혹성을 의미하는 것이라고 주장한다. 이는 저들이 선교 세계관(창조-타락-재창조-완성)을 가지고 있지 못하기 때문이다(계20:12에 명백히 언급하고 있다).[8] 그리스도 안에(in Christ) 있다면 저들에게는 심판이 아니라 백보좌 앞에서의 시상식이 있을 것이기 때문이다. 각 나라와 백성과 방언 가운데 허다한 무리들이 주님 앞에서 영적 올림픽의 결과로 상급을 받는 것을 영적으로 바라보는 시각이 요청된다. 종말은 창조의 마지막이라는 시각을 가질 필요가 있다. 바울은 종말론적인 시각을 가지고 복음을 타문화권에 증거한 성육신적인 전문인 선교사였다.

6. 성도들의 거룩한 신앙

성(聖)과 속(俗)의 구별이 희미해지는 세속주의적 인본주의 시대 가운데 하나님의 백성들은 이 세상에 속하였으나 이 세상에 속한 자가 아니어야 한다. 이 세상-교회-나 자신을 질적으로 새로운 피조물로 변화시키는 신앙을 가져야 한다.

7. 성도는 모두 선교사이다

이를 두고 교회 변혁자로서의 그리스도인의 자세라고 말한다. 하나님의 능력에 의지하여 교회의 머리되신 그리스도를 본받고 전문인 선교사로서 자문화와 타문화권에서 선교하는 목사, 장로가 되도록 비전을 주는 그리스도의 입장이다.

세상을 교회로 이끌던 기독교의 전통적인 입장에서부터 교회가 세상 속으로 들어가야 한다는 세속주의 신학의 입장에 이르기까지 우리는 신자의 비세속성의 입장에서 직업을 가지고 선교하는 새로운 틀을 세움으로써, 21세기에도 교회의 정통성을 유지하면서 교회를 성숙시켜 나가야 한다. 진정한 의미에서 교회가 개혁되려면 민족을 치유하고 구체적으로 전신자가 초대교회처럼 흩어져서 복음을 증거하는 생활 전도자로 나서야 한다. 그것이 세속화를 이기고 주님의 첫 사랑을 유지하면서 지속적으로 복음을 증거하는 일이다. 또 전통적인 선교를 성육신의 원리에 의하여 전문인 선교로 견인시키는 일이다.

17세기에 등장한 막스 베버의 프로테스탄트 직업의 윤리(Protestant

Ethic)는 직업을 단순히 돈을 버는 수단으로 인식시켰다. 소유적인 개인주의(possessive individualism)에 의해서 청교도적인 직업(vocation)의 의미가 희석되면서 직업은 소명보다 하나의 노동으로 전락이 되고 만 것이다.[9]

여기에서 골든 R. 프리스는 특별소명-일반소명-부동의 소명으로 이어지는 삼중소명론을 주장하였다. 16세기 마틴 루터의 소명론 이후에, 17세기 이후의 자본주의와 18세기의 식민주의를 경험하며 일반소명(general vocation)과 특별소명(special vocation)으로 양분되어진 소명론을 하나님께 영광을 돌리는 부동의 소명(immutable vocation)으로 종합하는 시도를 한 것이다.[10]

세속화 시대에 사람들은 세상 직업을 버리고 목회자가 되는 것을 원하지 않는 세속적인 전문인 시대를 지나고 있다. 이를 폴 스티븐스는 『21세기를 위한 평신도 신학』에서 이렇게 설명했다.

세계의 많은 사람들이 여전히 생계를 유지하기 위해 일하는 형편이지만 서구 및 신흥 산업국 사람들은 일에서 새로운 심리적·영적 만족을 얻으려 하고 있다. 즉, 의미, 관계, 재능의 표출, 충분한 여가시간-(새로운 통화) 등을 추구하는데, 이는 포스트모더니즘에 의해 촉진된 관점이다. 우리는 생존 문화에서 정체성 문화로 옮겨왔다. 이제 누구든 생존하기 위해서는 자신이 누구인지를 알아야 한다. 그리고 '일'은 정체성 확립의 일차적인 방법으로 여겨진다.[11]

우리는 지구촌 시대를 살고 있다. 이는 생존문화를 거쳐 정체성의 문화로 옮겨온 데 이어 상관성의 문화로 향하는 시공간적인 의미를 갖는다. 따라서, 타문화권에서도 통할 수 있는 직업의 전문성을 배양받아 사역을 하는 것이 그 어느 시대보다 중요하다. 이것이 효과적인 생활 전도자의 길이다.

우리는 후기현대신학을 타문화권에서 자신의 직업을 유지하면서 복음을 전하는 직업의 신학, 즉 전문인 신학의 토대를 세워야 한다. 그럼으로써 서양신학이 지난 100년 동안 숙원 사업으로 풀지 못했던 목회자 중심의 복음주의 신학작업을 전문인 중심의 성육신적인 자세에서 해결하는 단초를 제시할 수 있다.

여기에 전문인이 지향하는 가치들을 10가지로 정리하면 다음과 같다.[12]

1. 생활전도자로서의 생활
2. 중보기도의 생활
3. 성육신적인 선교의 삶
4. 성육신적인 전문인 지도력
5. 하나님의 나라의 백성 공동체
6. 하나님의 사람
7. 전문인 직업과 선교의 조화
8. 전신자와의 팀사역
9. 타문화권에서의 유연성
10. 정직성

2. 복음주의 실천신학의 위치

한국복음주의 신학의 방향과 과제는 생활 가운데 전도자를 키우는 선교신학에까지 나아가야 한다. 따라서, 21세기 복음주의 신학의 정립에 기초하여 전문인 선교 사역을 하는 것이 우리의 대전제이다. 매번 사도적인 선교를 해야 한다는 결론이어서는 안되고 구체적인 전문인 선교의 방법과 모델을 제시하기까지 징검다리를 놓는 작업이 필요하다.

서양신학을 향한 한국복음주의 신학의 제언이라는 주제에서 이영희 교수는 20세기 실천신학 평가 및 21세기 실천신학의 과제를 제언하는 글 아래와 같이 제시했다.[13]

> 1. 목회자 중심의 교회사역 문제
> 2. 실용주의적 기능신학으로서의 경향성 문제
> 3. 사회참여의 문제
> 4. 긍정적인 평가
>> 4-1 무엇보다도 20세기 실천신학에 있어서 괄목할 만한 것은 세계 선교의 발전과 교회성장학의 출현이라고 생각한다.
>> 4-2 제자훈련사역은 교회의 본질과 사명을 회복하는 데 큰 공헌을 하였다.
>> 4-3 목회상담과 치유목회의 발견도 매우 중요한 사항이다.
>> 4-3 신학수업의 확대 또한 긍정적인 요인으로 꼽고 싶다.

이러한 평가에 대해 다시 재평가를 해보면 목회자 중심의 교회사역의 문제는 1%의 목회자가 99%의 평신도를 구비시키지 않고서는 교회의 성장을 기대할 수 없는 시대적 상황문제가 가장 심각하다. 함께 팀이 되어 성육신적인 자세로 공동체를 이루어 사역할 수 있는 자세의 전환이 요청 되는 시대이다. 또한 기독교는 실용주의적인 기능신학으로 전락하는 것은 막아야 한다는 입장에는 동의하지만 기능성을 갖추지 못하고 소비자의 수용성을 고려하지 않는 행태론적인 근본주의(morphological fundamentalism)에 대해서는 대책을 세워야 한다. 이러한 의미에서 전문인 선교야말로 이 양자의 모순을 해결할 가장 좋은 21세기의 실천신학의 대안이라고 볼 수 있다.

교회의 사회참여에는 비판적이지만 성도의 사회참여는 적극 권장해야 한다. 이 말은 직업의 전문성에 사역의 전문성을 갖춘 전문인으로서의 교인과 건전한 기독교 문화로 혁신이 되는 일에는 적극적으로 참여하는 교회를 의미한다. 그러나, 성도는 참여하라고 하고 교회는 조심을 해야 한다는 논리로 나가면 교회는 사회에 등을 진 조직이 되고 만다. 그러므로, 전문인들을 통해서 생활 가운데 빛과 소금의 역할을 해야하며 구태의연한 목회자들도 전문인으로 업그레이드가 되어야 한다.

안일한 자세로 보이는 몇 가지 긍정적인 평가에 대해서도 재평가를 해야 한다고 본다.

4-1 평가: 세계 선교의 발전과 교회의 성장에 대한 평가는 긍정적으로 보지만 앞으로 이러한 일이 지속되기 위해서는 선교 전략적 대안이 필요하다. 이슬람교는 13억의 신자, 150만 명의 선교

사가 있는데, 개신교는 20억의 신자, 28만 명 정도의 선교사가 활동하고 있는 것으로 알려져 있다. 그러나, 10/40 창문지역(적도를 중심으로 북위 10°에서 40°까지의 지역으로 서아프리카에서 일본까지 뻗어 있다-편집자 주) 안에 한국과 같은 나라가 복음주의 선교국가로 예비된 일을 강조해야 한다.

4-2 평가: 제자훈련 사역이 교회의 본질과 사명을 회복하는 데 큰 공헌을 했다는 말에는 일부 동의한다. 그러나, 타문화권에서도 통할 수 있는 제자훈련을 하는 데까지 성숙했느냐는 데에는 문제가 있다고 본다. 타문화권에서도 쓰임을 받을 수 있는 제자훈련은 곧 선교사 훈련이다. 여기에서 필요한 것은 제자훈련에 선교훈련의 내용을 가미한다고 되는 것이 아니라 과감한 발상의 전환이다.

4-3 평가: 상담과 치유의 궁극적인 목표는 치유받은 다음 복음을 증거하는 일이다. 그 차원에까지 나아갈 수 없는 것은, 치유 공부를 하는 사람들의 최종목표가 영혼의 치유일 뿐 자신이 축복의 통로로 쓰임을 받는 데까지는 이르지 못하고 있기 때문이다. 그리고 내적치유라는 말 대신에 영적 치유라는 말이 정확한 용어라고 본다.

4-4 평가: 신학수업이 확대 되고, 목회자가 되지 않으려는 사람들도 요즘은 신학교에 가는 분위기는 좋은 일인 반면 신학을 하는 이유를 상실하는 우를 범하는 것이다. 또한, 목회나 선교사의 경험이 일천한 신학교수들은 여름방학과 겨울방학을 활용하여 선교지에 단기선교를 다녀올 것을 권하고 싶다. IPC(International Professor Council:대표회장 이원설박사)는 이러

한 크리스천 교수들이 전문인 선교사로 사역할 수 있는 길을 열어줄 수 있는 축복의 통로이다.

이명희 교수는 계속해서 21세기 실천신학의 과제에 대해 8가지를 지적했다:[14]

1. 실천신학의 중요성 인식

2. 성경의 권위 확인

3. 복음전도 중심적 목회관의 재확인

4. 작은 교회 활성화의 촉진

5. 여성 지도력의 확장

6. 전신자 제사장 직분 교리의 전반적 실천

    6-1 모든 신자들은 하나님 앞에서 동일한 신분을 갖는다.

    6-2 각 그리스도인은 제사장이며 그들과 하나님 사이에는 그리스도 외에 어떠한 중재자도 필요하지 않다.

    6-3 각 그리스도인 제사장은 제사의 직무를 지닌다.

    6-4 각 그리스도인 제사장은 복음을 증거할 의무가 있다.

7. 사이버 시대에의 실천

8. 목회자의 역할 갱신

    8-1 목회자가 먼저 성장해야 성장하는 교회를 이룬다.

    8-2 목회자가 자신의 고집을 탈피해야 성장하는 교회를 이룬다.

    8-3 목회자가 목회 지도력을 개발해야 성장하는 교회를 이룬다.

이 가운데 언급할 부분은 목회자 역할 갱신에 대한 것이다. 목회자의 현실이 너무나 열악한 것도 사실이지만 C.E.O.(Chief Executive Officer)와 마찬가지의 컨설팅 차원에서 패러다임을 전환하는 것이 시급하다. 교회행정에만 머물지 말고 교회경영의 차원에서 영성을 유지하며 팀으로 목회하는 순례자적 목회 마인드가 필요하고 성육신적인 목회자로 구비되어야 할 필요가 있다. 이러한 모든 개발들은 타문화권에서도 통할 수 있는 수준이 되어야 한다.

여기에 전문인 신학을 소개하면서 전문인 신학에 대한 오해를 제거하기 위해 몇 가지로 변호하면 다음과 같다.

1. 전문인 신학이란, 루터의 만인제사장주의에서 비롯된, 특정 교단을 중심으로 세워진 신학이다.

A: 전문인 신학은 지구촌 시대의 선교신학으로 초교파적(suprainterdependent) 입장을 천명하고 있으며 복음주의에 충실한 균형잡힌 신학이다. 만인제사장주의에 기초한 것이 아니라 마태복음 28장 19-20절에 나타난 지상대명령에 기초하여 이 명령을 수행하는 주체가 예수님의 제자된 우리 모두라는 사명감에 기초한 것이다.

2. 전문인 신학은 너무 선교에 집착하기 때문에 전통적인 교회를 없애려는 의도가 숨어있다.

A: 전문인 신학은 전통적인 교회를 선교형 교회로 갱신해서 인격적인 종교개혁에 의해 교회성장이 둔화된 한국교회에 초대형 교회 중심의 카리스마적인 지도자에 의한 교회성장 이전에 교회의 최종목표가 선교라고 하는 것을 계시하므로서 전통적인 교회가 21세기에도 존속할 수 있도록

돕는 성육신적인 신학이다. 이러한 신학은 이미 김상복 박사(햇불트리니티 명예총장), 정진경 목사(전 서울신학대학원장) 등에 의해서 강력한 지지를 받고 있는 목회자와 평신도를 전문인으로 회복시키는 성육신적인 신학이다. 폴 G. 히버트 박사의 성육신적인 선교사역과 같은 맥락을 가지고 있는 타문화권에서도 통하는 한국 상황화 신학이다.

3. 전문인 신학을 추종하는 자들은 칼뱅주의에 의한 하나님의 절대적 주권을 배격하는 또 다른 교단을 창설하는 운동이다.

A: 칼뱅주의 가운데 극칼뱅주의(hyper-calvinism)는 하나님의 절대적인 주권을 너무 강조한 나머지 정당한 인간의 노력이 개입할 공간을 주지 않는 교리이다. 편견이 없이 윌리엄 케리가 선교사로 나가던 시대와 같이 한국교회는 교단의 장벽이 높고 장자 교단 운운하며 주님보다 교단을 위하는 느낌이 팽배해 있다.

존 헤세링크는 "하나님의 주권적 은혜는 개인적인 데에만 미치는 것이 아니라 우주적인 차원에까지 미치는 것이다"라고 말했다.[15] 한국의 칼뱅주의자들은 유교주의적인 바탕에서 칼뱅주의를 제한적으로 이해하기보다 신칼뱅주의와같은 헤르만 도이예베르트와 카이퍼의 개혁운동, 즉 하나님 왕국 차원에서의 인격적인 종교개혁이 필요하다.

그렇다고 전문인 신학이 웨슬리의 신학을 따르는 입장도 아니다. 전문인 신학은 사도 바울의 전문인 선교사역(행 18:1-4)에 기초해 위기관리 능력이 있는 상황대응형 지도자로서의 전문인을 위한 복음주의 신학의 모델이 되고자 할 뿐이다. 이것은 전문인이라는 사람을 대상으르 한 지역신학 (local theology)일 뿐이다. 교단 형성의 개념보다는 각 교단이 네트워킹하여 win-win전략으로 효과적인 선교사역을 하는 '선교 바로하기 운동'이 되기를 바랄 뿐이다. 이것이 하나님 왕국의 신학을 실현하는 일이라고 본다.

4. 전문인 신학을 한다는 것은 세속적 영역에 관심을 두고 직업을 버리지 않고 주의 일을 하려는 저급한 사역자를 위한 것인가?

A: 전문인 신학이 세속적인 영역에 관심을 두는 것은 사실이다. 이는 그곳이 선교의 접촉점이기 때문이다. 그러나, 신자의 비세속성의 원리에 의해서 강한 그리스도의 군사로 양성이 된다면 직업의 전문성에 사역의 전문성을 배양받아 21세기 하나님 나라의 주인공이 될 수 있을 것이다. 만일 저급한 목적에 의해서만 끝까지 직업을 고수하고자 한다면 이는 사도 바울의 예를 오해한 것이고 성육신적인 선교사역에 아직 성화되지 못한 것을 의미한다.

5. 전문인 신학은 복음주의와 에큐메니칼을 포용할 수 있는가?

A: 전문인 신학은 이미 보수주의와 자유주의로 갈라진 이분법적인 20세기적 구도에서가 아니라 다양한 가운데 부조화를 이루는 구질서하고 종교다원화된 21세기 포스트모던시대에 효율적인 신학이다.

진정한 의미에서 교리와 삶의 일치를 추구하는 타문화권과 국제화 시대에 한국 상황화 신학의 일환이고자 하는 것이다 전문인 신학은 이러한 21세기 사도적 교회를 구현하는 데 그 기초가 되는 신학 작업이다.

한편, 21세기의 사도적 교회에 대해서 노윤식 교수는 이렇게 희망을 피력한다.

21세기에는, 교회가 믿는 사람들의 모임이고 신자들을 교육하고 양육하고 친교하는 공동체라는 높고 두꺼운 틀을 깨야 한다. 새롭게 열리는 새 시대에 교회는 선교적 교회, 즉 사도적 교회가 되어야 한다. 불신자들을 교회 밖의 사람들에 무관심할 것이 아니라, "예비 기독교인들"로 받아드리는 사고로 전환할 필요가 있다. 교회가 더 이상 전통적인 신앙의 "게토"가 되어서는 안되고, 세속적이고 불신앙적이며 타종교에 빠져있는 사람들을 어떻게 선교할지에 대해 늘 생각하며 기도하고 열려 있어 준비해야 할 것이다. 이러한 사도적 교회는 복음주의 선교학에서 주장하는 미전도종족 선교를 또한 강조하는데, 해외에서 미전도종족을 위한 교회개척선교는 이러한 사도적 열정을 가진 교회의 몫이 되고 있다.[16]

이러한 사도적인 교회의 모형은 사도행전 13장에 나오는 안디옥 교회가 좋은 예라 할 것이다. 전주에 있는 안디옥 교회(담임:이동휘 목사)는 한국에 있는 여러 선교형 교회 가운데 초교파적으로 바울 선교회를 세우고 1985년에 창립한 이래로 350명 이상을 선교사로 파송한 한국형 안디옥 교회이다. 참고로 이 교회의 실천 강령을 소개한다.

1. 그리스도를 닮아가는 성도가 된다.

2. 본 교우는 예수 그리스도의 제자가 되고 선교사가 된다.

3. 주는 교회가 되어 해외선교와 농촌선교 및 특수선교에 주력한다.

4. 교회재정의 60% 이상을 선교사역에 사용한다(십일조, 선교헌금 등).

5. 교회내 모든 기관은 선교체제로 조직 · 운영하며 자립을 원칙으로 한다.

6. 모든 봉사직은 자발적이며 희생봉사를 원칙으로 한다.

7. 교회의 모든 사업과 집회에는 책임감을 가지고 참여하며 협력한다.

2001년 10월 14일 현재 교회재정의 80%를 선교에 투입하는 이 교회는 교육관과 외국인 근로자들을 위한 건물을 별도로 두고 있다. 선교사 안식관 건립을 위한 바자도 여는데 봄철과 가을철에 2회 바자를 통해 모금을 한다. 또 교회의 구역 수를 세계 258개국에 맞추어서 계속 선교적인 차원에서 늘려가고 있다. 모든 모임을, 선교를 주제로 해서 모이고 주일학교나 찬양대는 별도의 예산이 없이 자비량 정신에 의해서 운영해 나가고 있었다. 주일학교 교재도 52주 동안에 선교 전반에 대한 공부를 하는 것으로 되어 있었다.

이처럼 한국의 전통적 교회들이 선교형 교회로 바꾸기 위해서는 신자의 비세속성 원리에 의거하여 직업의 전문성에 사역의 전문성을 배양받아 하나님 나라를 위한 사도적인 선교를 해야 한다.

『안디옥 이팩트』라는 책에서 싸우스 웨스트신학교의 헹필(Kenneth S. Hemphill)은 21세기의 교회의 미래상을 8가지로 제시했다.

1. 교회가 성장하기 위해서는 하나님께서 역사해 주셔야 한다.

2. 평신도의 사역에 동참이 교회성장의 밑거름이다.

3. 계속해서 전도해야 한다.

4. 전도한 새신자는 제자훈련을 통해 사역자로 구비시켜야 한다.

5. 세계 비전으로 나아가야 한다.

6. 모든 교회와 교단이 연합해야 한다.

7. 영혼을 인도하고 양육하는 멘토링 사역이 되어야 한다.

8. 안디옥 교회의 모델을 보아야 한다. 교회는 복음사역을 위해 끊임없이 성장해야 한다.

이제 한국교회는 안디옥 교회와 마찬가지로 타문화권을 향해서 축복의 통로로 선교하는 교회로 나아가야 한다. 이러한 건강한 선교형 교회를 키우는 복음주의 신학은 한국적 토양을 복음적으로 해석하는 선교적 해석학에 기초한 신학이 되어야 한다. 이를 위해서는 20-21세기에 토착적으로 발생한 한국신학에 대한 평가가 필요하다.

3. 상황화 신학의 실제로서의 위치

지난 1890년부터 2000년까지 110년의 역사에서 한국 상황화 신학을 살펴보면서 자유주의 신학자들이 상황화 신학을 저들의 인간 중심의 사상으로 전개했음에도 불구하고 보수주의 진영에서는 공식적으로 횃불트리니티 신학원의 전호진 교수와 아세아연합신학원의 이동주 교수 그리고 G.M.T.C.의 안점식 교수 외에는 종교다원주의에 대해서 그 허와 실을 이야기하지 않은 것을 보고 필자는 상당히 당황했다.

1981년에 재결성된 한국복음주의 신학회는 20여년 만에 자유주의 진영인 한국기독교학회와 쌍벽을 이룰 만큼 소장파 신학자들의 역활이 두드러지고 있다.

한국복음주의 신학회는 창립 당시부터 조직신학, 역사신학, 그리고 선교 신학적으로 각자의 전문분야에서 복음주의적인 신학적 방향을 제시하는데 심열을 기울여왔다. 한국복음주의 신학회의 상황호- 신학에 대한 입장을 박용규 교수는 이렇게 인용하였다.

> 한국복음주의 정체성을 찾으려는 이와 같은 노력은 토착화 운동에 대한 복음주의적 분석작업에서도 찾아볼 수 있다. "상황화(Contextualization)의 문제점과 필요성"에서 전호진 교수는 복음주의에서 말하는 상황화란 복음의 본질에 대한 상황화가 아니라 복음 전달의 상황화여야 한다는 사실을 분명히 했다. 지금까지 토착화신학을 외쳤던 토착화 신학자들은 한국의 전통문화와 기독교를 접목시키려고 한 나머지 기독교의 유일성을 파괴하고 말았다.[20]

기독교의 유일성을 지키면서 토착화 신학을 하는 것이 복음주의와 자유주의 신학 서클에 불연속성(discontinuity)을 가져온 것이 지난

100년 동안의 역사라면 복음주의적인 선교신학의 정립을 통해서 복음주의와 자유주의에 가교를 설치하는 연속성(continuity)을 가져오는 성육신적인 선교신학이 유일한 대안이다.

필자가 1991년에 쓴 박사학위 논문도 이러한 한국의 토착화 신학에 대한 평가였다. 그러나 미국의 신학교수들은 관심을 가진 반면 정작 한국의 복음주의 신학자들은 상황화 신학의 원리 차원에서만 이야기할 뿐 그 실체를 분석하고 평가하고 종합하는 일에 있어서 어느 누구도 팽배한 긴장감에 뛰어 들지 않으려 했다.

필자는 이를 세 가지로 원인 분석했다.

첫째, 복음주의자들은 선교사역(Missions)을 실제로 하고 있기 때문에 선교(Mission)에 대한 공리공론을 하지 않고 있는 것으로 보인다.

둘째, 자유주의자들은 한국 기독교계에 주요학자로 인정을 받은 반면에 복음주의자들은 후발주자로서 몇몇의 선교학자 외에는 골리앗과 같은 자유주의의 아성에 도전할 만한 준비가 되어 있지 않다고 하겠다.

셋째, 인간의 속성상 회개하고 새사람으로 만들 수 있는 가능성이 없는 영적 전쟁이라면 긁어서 부스럼을 만들 이유가 없다는 현학적인 신학자들의 자세 때문이라고 본다.

그러나, 지금이 어느 때인가? 여전히 예수 그리스도의 다시 오심을 대망하는 '이미…와 아직(already…not yet)' 사이를 사는 마지막 시대, 교회가 성장을 중단한 이 때에 그 원인을 찾아 빨리 사고의 틀의 전환(paradigm shift)

을 하지 않으면 안된다고 하는 데에 이르러서 필자의 상황화 신학을 적용한 부분을 아래 소개한다.

지금 한국사회를 병들게 하는 것은 세속적 인본주의(secular humanism)라는 에이즈와 같은 질병이다. 에이즈에 걸리면 '아이고 이제 다 살았다' 고 한다는 말처럼 세속주의의 열병이 교회 안을 잠식해 나가고 있다. 그런데 문제는 한국과 같이 종교혼합주의의 나라는 미국 제국주의의 신학을 기초로 이미 80년대에 초대형교회로의 성장을 경험했다는 데에 있다. 즉, 프로그램 중심인 미국의 몇몇 백화점식의 교회를 모방하거나 상황화하여 서울의 강남과 신도시를 중심으로 인본주의적인 방식을 통해 교회가 성장하고 있는 것이다. 그러나, 이것은 내막적으로 보면 교인의 수평이동이며 '양 도둑질' 과 마찬가지로 자연적인 교회성장이 아니라는 데에 그 심각함이 있다. 더 큰 문제는 교인이 100명 미만인 교회가 으리나라에 85% 이상이라고 하는 것이다.

박종천은 복음적 변혁체의 공동체로서의 통(通)교회를 꿈꾸며 현실을 이렇게 진단하였다.

기독교사회문제연구원의 연구실장 박재순은 진통하는 한국교회에 대하여 다음과 같이 진단을 내리고 있다.
양적성장과 질적저하, 사회적 공신력 상실, 보수와 진보의 갈등, 파벌과 분열로 인해 한국교회는 깊은 진통을 겪고 있다. 한국교회는 이 진통을 뚫고 참으로 복음적인 교회, 이 민족과 이 땅의 민중에게 화해와 해방의 길을 열어 주는 교회로 태어날 것인지, 아니면 민족사의 중심에서 밀려나 민족사의 앞 길을 가로막는 장애물로 전락할 것인지 기로에 서 있다. 이와 같은 진단이 오늘날 폭넓은 공감대를 형성할 수 있는 이유는 과거 30년 동안의 한국사회 속에서 한국교회 양상이 양극적 현상 형태로 자리잡아 왔기 때문이다.

특히 70년대 이후……(중략)…… 과도한 불균형적 경제 성장과 마찬가지로 자기 중심적인 대형적 교회 성장은 부유한 교회와 가난한 교회의 간격을 극대화하였다. 한달에 200만원을 웃도는 대형 도시 교회의 목사 월급과 10만원을 밑도는 농촌교회 목사의 봉급의 차이는 이러한 불균형의 상징적인 증좌일 뿐이다. 이러한 대형교회 지향의 성장은 교회 본래의 공동체적 교통(koinonia)을 상실하게 하였을 뿐 아니라, 사회의 계층화에 교회가 편승함으로 인하여 교회의 대사회적 공신력(credibility)을 크게 저하시켰다.

하지만 한국교회가 모두 성장론에 심취된 것은 아니었다……(중략)…… 양극화를 넘어서 중심화를 이루는 변혁론을 모색하려는 사회과학적 이론을 바탕으로 복음주의와 변혁론을 접목시키려는 새로운 모델의 교회를 추구해야 한다.[21]

이러한 문제점을 한국신학이 바로 정립할 수 있다면 어느 정도는 해결할 수 있을 것이다. 그러나 주요 신학자들의 글을 보면 이론은 맞는데 아골 골짜기와 같이 마른 뼈를 살리는 생기가 없고, 또 타종교나 자유주의 신학을 신봉하는 교단에게는 올바른 정도를 제시해 주지 못하고 있다.

그 이유는 무엇일까? 기존 교회가 기독교절대주의의 입장에서 크게 후퇴하여 기독교상대주의를 인정하고 있다는 것을 반증하고 있는 것이다. 어찌 하나님의 성경의 계시가 도올 김용옥의 노자강의처럼 한 개인의 글과 같은 차원으로 다루어질 수가 있느냐는 것이다. 이것은 분명히 성서 외의 계시(extra-biblical revelation)다. 점진적 계시의 완성으로서의 성경 권위와 보기에도 웃기는 티벳 불교의 달라이 라마의 주장을 같다고 말할 수 있겠는가?

보수주의자들이 종교적 편협주의와 유교적 관료주의 자세에 고착되고, 행태론적 근본주의자처럼 낙지부동의 자세로 자기 합리화를 하며, 바리새인처럼 연약한 성도를 짓밟는 것은 사과해야 할 일이다. 그러나 타종교를 신봉하는 자들에게 구원받기 위해 자신의 죄를 회개하라고 선포하는 설교가 끊어지고 회개의 신학이 선포되지 못하는 한국교회 강단의 회개야말로 가장 급선무적으로 선행되어야 놀라운 성령의 역사가 나타날 것이다.

이와 관련해서 이동주 교수는 이렇게 인용하여 말했다.

크래머는 기독교와 타종교와의 관계를 '완성'으로 구사하는 것에 대해 경고한다. 예수 그리스도의 십자가는 인간의 자기기질을 완성하려고 하며 하나님을 정복하고 소유하려는 모든 노력과 목표에 모순된다고 한다. '완성'이라는 단어는 기독교의 진리가 타종교들 보다 '비교적 나은'(높은) 진리로 오해되기 때문이라고 한다. 타종교와 기독교와의 완성의 관계는 오직 신약과 구약의 관계로서 하나님의 선행 역사인 언약과 그에 대한 성취(구약과 신약)일 뿐이다.[22]

우리가 점진적 계시의 완성으로서의 성경 66권을 정경으로 믿지만 미성숙한 타종교의 계시들과 기독교가 마치 연속성이 있는 것으로 생각조차 하는 것은 또다른 오해를 불러 일으킬 소지는 존재한다. 무신론에서부터 범신론을 거쳐 범재신론, 그리고 정령숭배와 힌두교, 불교, 샤머니즘, 마지막으로 이신론(理神論)에 이르기까지 종교의 발전이 마치 구약의 예표와 신약의 완성을 위한 원복음(proto-gospel)인 것마냥 오해를 자아내는 방법으로 기독교가 타종교의 완성이라는 이미지를 주면서 강의한 것은 약간 방법을 달리하여 표현해야 한다고 생각한다.

한국신학의 정립이 필요한 또 다른 이유는 한국의 재래 종교 철학적 신관이나 이슬람교도들의 종교적 체험들은 삼위일체 하나님의 친교의 신비성을 이해할 수 없기 때문이다. 쉽게 말해 타종교는 복음주의의 입장에서 보면 신성모독을 자행하고 있는 것이다. 그렇다면 복음적이지 않은 교회가 신의 자리에 목사나 프로그램을 대체하는 것도 신성모독이라고 볼 수 있다. 기독교는 스스로를 신격화하는 김일성주의가 아니다. 때문에 예수 그리스도의 십자가 대속과 부활을 포기하면서 까지 대화를 시도하려고 했던 자유주의 신학자들은 회개해야 한다.

한마디로, 기독교와 타종교와의 관계는 서로 보충하거나 진보적인 관계가 아닌 불연속성의 관계이다. 한국교회가 재래종교의 범신론과 목사 신격화 운동으로 말미암아 성장이 둔화하게 된 것이다. 이것은 초대교회의 마가 다락방과 마찬가지로 성령의 역사로 회개하고 디아스포라로 흩어져서 전세계로 나가서 복음을 증거할 때에만 회복할 수 있다. 설혹 회복이 되지 않더라도 그리스도의 몸된 교회로서의 의미를 세속적 인본주의에 물든 교인들에게는 깨닫게 해 주어야 한다.[23]

합동신학대학의 김명혁 교수는 한국교회의 당면과제를 세 가지로 요약하였다.

> 1. 과학기술의 발전과 물질의 풍요로움을 누리며 사는 미래 인간들에게 인간본성이 내재적으로 갈구하는 '종교적 감격'을 지속적으로 공급해 주는 일이다.
> 2. 물량적 발전을 추구하는 탐욕과 공명심을 극복하는 일이다.
> 3. 유교적 이기주의와 권위주의를 극복하는 일이다.[24]

그렇다. 한국교회의 신학은 복음주의와 자유주의로 대별이 되어 있으나, 교회는 모두 복음주의의 색체를 띠고 목회하기 때문에 한국 상황화 신학의 정립을 위해서는 선교와 연관하여 초대교회의 순수성을 회복해야만 한다.

이처럼 복음적인 상황화의 시도를 하기 위해서는 정통적인 방법론을 주장하는 학자들로부터 필자가 제시하고자 하는 신학이 메타방법론으로 인정을 받을 수 있는 지에 대해서도 생각을 해 보아야 한다. 전문인 신학을 다루기 전에 이러한 해석학적인 기반을 다루는 것은 신학이 사상누각이 아니라 충분히 검증된, 국제적인 선교신학으로의 시도를 위함이다.

래리 라우단(Larry Laudan)은 전형적인 해석학의 방법론의 규칙을 아래와 같이 10가지로 제시하고 있다.[25]

1. 단지 거짓 이론들로 심오하게 보이는가?
2. 일시적인 수정들을 피해야 한다.
3. 기존의 이론을 뛰어넘는 참신한 예견을 할 수 있는 이론인가?
4. 인간의 경험을 다룰 때에는 경험상의 테크닉을 사용하지 말라.
5. 다른 영역에 있어서 성공적인 이론들과 유비관계가 없는 것은 사양하는 것이 좋다.
6. 관찰할 수 없는 명제를 가정하는 것은 삼가야 한다.
7. 일반적인 가정을 실험하기 위해서 이미 검증된 실험결과를 사용해야 한다.
8. 일관성이 없는 이론들을 거절하라.
9. 복잡한 이론보다는 단순한 이론을 택하라.
10. 전임자의 성공을 설명할 수 있을 때에 새로운 이론을 받아들여라.

라우단의 이론을 보면서 필자가 시도하고자 하는 것은 이론에 치우친 석고화된 이론이 아니다. 이 이론은 실제적으로 복음을 증거하는, 선교의 현장에서 검증된 신학이기 때문에 새로운 이론으로 발전시킬 수 있다고 본다. 이러한 전문인 선교에 대한 미국측 최초의 시도는 고든 콘웰 대학의 크리스티 윌슨 박사이다. 그는 전문인 신학의 정립을 격려했다. 이렇듯 민주적인 사회에서의 선교활동을 보장하는 선교가 이미 서구의 교회에는 일반화되어 있는 상황에서 한국에서는 아직도 선교 100주년의 일천한 선교역사를 가지고 있기 때문에 어려움이 있지만 샛별과 같은 나침반의 역할을 해야 한다고 본다.

　　존 B. 톰슨(John B. Thompson)은 폴 리꾀르(Paul Ricouer)의 해석학의
입장을 이렇게 정리하고 있다.

　　폴 리꾀르의 현상학적인 방법론은 성육신적인 존재(incarnated existence)
라고 명명할 수 있는 생동감있는 영역을 향해서 나아가고자 하는 해석학의
방법이었으며 리꾀르는 변화에 대해서 무시하지 않았고 심리적인 분석과 구
조주의가 문제에 대해서 과격하게 접근할 수 있도록 길을 열어 주었는데, 그
는 의지의 철학, 죄의 문제, 상징 그리고 해석학에까지 연관지어 나갈 수 있
었다. 특별히 구조주의는 내적인 의존성(internal dependencies)의 집합체로서
이해가 된다……(중략)…… 언어의 다의성이 있기 때문에 새로운 신학의 시
도시에 오해를 불식시키기 위해서 4가지의 주요한 형태들에 있다고 말한다.
　　첫째, 언어로 표현된 것과 현재의 사건의 모습이 그 이상일 때 다의성을
가져오게 된다. 둘째, 언어의 다의성은 기술할 수 없는 표현과 원래의 발표자
와의 관계에서 비롯될 수 있다. 셋째, 언어의 다의성은 기술할 수 없는 표현
과 원래의 청중과의 관계에서 비롯될 수 있다. 넷째, 본문에 대한 이탈과 참
고서적의 가시적인 한계에서 다양한 의미가 산출될 수 있다.
　　이러한 폴 리꾀르의 자세는 혼란을 주기 위한 것이 아니라 해석학의 역
사흐름을 잡고 설명이 가능한 구조안에서 해석하도록 하기 위함이다. 이러
한 리꾀르의 해석방법은 가다머(Gadamer)가 말한 '효과적이고 역사적인 의
식(effective-historical consciousness)'에 기초한 해석과 맥락을 같이 한다. 폴
리꾀르는 그의 해석학에서 존재와 그 존재와의 관계성에 대해서 관심을 가
지고 있는 것이다. 따라서 방법의 문제는 진리의 문제라고 그는 말한다. 이러
한 문제를 해결하기 위해서 '상호 연관적인 대사(coherent narrative)'가 중요

하다는 결론에 이르게 된다.[26]

　여기에서 우리가 복음적인 상황화의 시도를 하기 위해서 전문인 신학이라는 것의 내면에는 전문인 철학이라고 하는 밑그림이 구축 되어야 한다는 것을 배울 수 있었다. 그것이 바로 성육신적인 존재에 대한 추구이며, 우리는 신학적 차원에서의 성육신적인 예수님과 선교학 차원에서의 성육신적인 선교사역이라고 정리할 수 있다. 또, 이러한 신학을 시도함에 있어서 목회자와 평신도가 모두 고려되어야만 내적인 의존성에 기초한 견고한 구조틀에 의해서 평신도와 목회자가 모두 다양한 가운데 연합할 수 있는 상호 연관적인 신학으로 성장해 갈 수 있다. 또한 가다머가 말한 효과적이고 역사적인 의식에 대해서는 성경해석자가 성경저자의 세계관을 모른다면, 해석자는 성경의 본문으로부터 진리를 재대로 파악할 수 없기 때문에 해석자와 성경기자의 '두 지평선의 연합(fusion of two horizons)'이 이루어질 때 비로소 세계관을 이해할 수 있는 수준에 이르렀다고 본다.[27]

　라우단은 이러한 해석학의 문제 즉 현재의 신학을 지배하고 있고 부조화를 이루는 방법론을 혁신과 합의를 통해서 해결 가능하다고 그의 책 『적극주의와 상대주의를 넘어서』(Beyond Positivism and Relativism)에서 제시하고 있다. 이것은 패러다임의 변환을 통해서 기준들을 변환시키고 그 내용들을 끌어올리는 방법들을 통해서 이루어진 것이다. 이것은 최근의 과학적인 적합성에 기초한 '대세이론(drift theory)'이라고 말할 수 있다.[28]

　이러한 '대세이론'에 기초한 신학이 되기 위해서는 인간들에게 기뺨을 줄 수 있는 신학이 되어야 한다. 2000년까지의 신학은 일부 신학자와 목회자의 전유물이었고 대부분의 신학은 하나님 중심의 신학과 인간 중심의 신학으로 양분된 채, 내막적으로는 상호연결되고 또 집단으로 나누어지기를 계속해온 것을 볼 수 있다. 어떤 경우에는 본질적인 것이 아니라 비본질적인 것으로 인해서 교단이 분리 되고 어떤 경우에는 정치적인 이유로 교단이 증가된 것을 볼 수 있다. 이러한 이유들로 인하여 1%의 목사들이 신학을 하고 99%의 평신도들은 신학에 대한 관심도 없고 진정한 의미에서의 성육신적인 사역이 무엇인지 모르고 포스트모던시대를 지나가고 있다.

이 시대의 신학이 신자유주의로 흐르고, 신학 상실을 우려하는 시각이 사탄의 진영에서는 있을 수 있다. 12장의 아브라함을 통한 '선교명령(Mission Mandate)'을 통해 재반격을 이루신 하나님의 역사처럼 진정한 의미에서 복음을 증거하고자 하는 전문인들을 위한 신학을 제시함으로써 21세기에는 마지막 시대 마지막 주자로서의 선교의 사명을 완수할 수 있는 교두보를 마련해야 한다.

닉 머서(Nick Mercer)는 21세기의 신학을 이렇게 제시하고 있다.

구약의 신학과 신약의 신학은 율법과 은혜에 기초한 신학이라고는 하지만 진정한 의미에서 고객에게 기쁨(JOY)을 주는 신학이라고 할 수 없다고 본다. 우리는 이러한 성서신학에 대해서 감사를 하지만 하늘나라 시민으로서 마땅히 누려야할 더 나은 희망에 대해서는 제시해주고 었지 못한 것으로 보인다. C.S. 루이스(C.S. Lewis)는 "모든 기쁨은 우리의 순례의 여정에 맞추어

저야 하며 이를 항상 기억케하고 회고하고 추구하도록 해야 한다. 우리의 최고의 소유는 소망하는 것이다'라고 했다. 우리의 하나님에 대한 추구는 죽음으로 끝이 날 수가 없다……(중략)…… 인간의 뿌리가 현세의 생활에 실천적인 생활전도자로 기초하고 있다면 물 위에 떠있는 연꽃과 같이 꽃을 피우고 열매를 맺게 될 것이다. 그리고 계속해서 성장해 갈 것이고 끊임없이 이러한 과정이 계속될 것이다. 과정이 중요한 것이다.[29]

진흙과 같은 세속주의의 사회에서 신자가 믿음을 지키고 올바른 신앙의 삶을 살기 위해서는 진흙 속에 피어있는 연꽃과 같은 의미에서의 선교를 이해할 수밖에 없다고 본다. 목회자와 평신도의 양분화된 계급의식을 가지고 상호의존적이고 효과적인 선교를 하는 것은 역부족인 것으로 판명되었다. 2000년 사랑의 교회에서 열린 NGCOE III 대회에서 목회자와 선교사들이 이구동성으로 말한 것이 전문인 선교의 시대가 왔다는 것이었다. 그러나, 구체적으로 어떻게 하느냐에 대해서는 전통으로 돌아가고, 해오던 방식에 조미료를 치는 식으로 전문인 선교를 이해할 뿐 방법을 이해하지 못하는 한계를 드러냈다. 그런데, 닉 머서의 말처럼 순례자의 정신을 가지고 하나님의 나라를 위해 산다고 하면 후기현대사회가 끝나는 전환점으로서의 건전한 복음적인 선교신학이 정립되어야 뉴밀레니엄 시대에 기독교인들의 사상사를 올바른 방향으로 비춰줄 수 있다. 그것이 초대교회의 선교 정신으로 돌아가는 운동이고 선교 바로하기 운동이며 한민족을 살리는 선교한국의 길이다.

그런데 이 일을 앞으로는 목회자와 평신도가 동반자가 되어서 감당해야 한다. 사도행전 18장 1-4절의 바울-브리스길라-아굴라가 좋은 전문인 리더십의 모델을 제시해 주고 있다.

찰스 반 엥겐(Charles Van Engen)은, 새로운 선교지도자들의 양성을 위해서 전형적인 지도자 유형인 독재자-감독관-보조자-상담자의 유형들을 모두 아우르는 새로운 지도자들을 키워야 한다며 교회가 실패하는 이유와 함께 평신도와 전문인의 중요성을 언급하였다.

> 우리는 평신도들을 소극적인 지도자로 키웠는데 0 는 사역이 몇 명의 안수받은 사람의 전유물로 여겨졌기 때문이다……(중략) 우리는 교회를 전임으로 일하는 특별히 훈련받고 보수를 받는 자들이 교회 안에서 그리고 교회 밖에서 사역을 할 수 있다는 교회본질에 대한 전문적인 관점을 가지고 있기 때문이다.[30]

2000년 9월 현재까지의 한국교회의 복음적인 상황화의 시도는 복음주의 조직신학회든 복음주의 선교학회든 목회자와 가진 자의 입장에서 자유주의 신학에 대항하지도 않으면서 성경적인 복음주의의 입장만을 변증했을 뿐, 평신도와 여성의 입장에서 상황화 신학을 논하지 않았다. 그랬기 때문에 진정한 의미에서 공감을 얻지 못하고 자유주의의 발달된 토착화 신학에 눌려서 한국교계에 공감대를 이루는 상황화 신학을 펼치지 못했다. 이러한 한국신학의 모습을 교정하기 위해서는 성령의 조명을 통한 균형잡힌 신학이 나와야 한다.

레슬리 뉴비긴(Lesslie Newbigin)은 복음은 공동체 가운데 올바른 상황화의 길을 간다면서 하나님이 먼저 주목하는 억압받는 상황과 여러 가지의 상황 신학을 소개하며 이렇게 말했다.

모든 신학은 체제 안에서 이루어져 왔다. 곧 억압하는 자 편에서 말이다. 우리에게는 종종 하는 말처럼 '의심의 해석학(a hermeneutics of suspicion)' 이 필요하다. 성경에서 나오는 말조차 그 말을 액면 그대로 받아들여서는 안 된다는 말이다. 과연 누가 이것을 썼는가, 무엇이 그의 관심사였는가, 그는 어떤 입장을 대변하는가를 물어야 한다는 것이다. 억압하는 자와 억압받는 자 사이의 갈등을 초월하는 입장은 없다. 이 둘 중에 한 입장밖에 없다. 성경적 해석이나 여기서 발전한 신학은 그런 억압의 일부이든지, 아니면 억압받는 자의 투쟁의 일부라는 말이다. 여기서 억압받는 자란 브라질의 슬럼가에 거주하는 사람, 마드라스의 댈리트, 할렘가에 있는 흑인이 될 수도 있으며 도처에 있는 여성들도 될 수가 있다.

이런 주장은 받아들일 수 있는 것일까? 확실히 '의심의 해석학' 을 사용하는 사람들이 던지는 질문들은 정당하다. 사람들은 누구나 어떤 종류의 자기이익(self-interest)에 의해 영향을 받는다. 의심의 해석학을 사용하는 사람들도 예외는 아니다. 그들의 해석학도 자신들의 이해를 지지 받는다. 그렇다면 우리는 여러 가지 이해관계를 넘어선 진리에 이르려는 우리의 모든 희망을 포기해야만 하는가? 그러나 내가 이런 작가들을 정확하게 이해한다면 대답은 그렇게 절망적이지만은 않다고 본다. 왜냐하면 억압받는 자의 편에서 이 세상을 보는 것이 세상의 실상이기 때문이다. 다시 말해서 세상의 실상을 이해하려면 억눌린 자의 편에 서 있어야만 한다. 억압받는 자는 '인식론적인 특권' (epistemological priviledge)을 가지기 때문이다. 이들의 미래에 대한 전망은 자신의 현재 신분을 지키기 위해 현상태를 이용하는 자의 편에서 왜곡

되지 않는다. 그렇다면 우리는 그 물음을 더욱 진척시켜야만 한다.

즉, 어떤 근거에서 억압받는 자가 이런 인식론적인 특권을 가진다는 것을 알 수 있단 말인가? [31]

필자는 레슬리 뉴비긴의 이러한 논리의 전개에 일부는 동의한다. 그러나 그의 자유주의 사상에 할례를 주어서 억압하는 자와 억압받는 자의 갈등으로만 이해하는 데에는 문제가 있다고 본다. 그래서 제 3의 길로서 가진 자와 없는 자가 화합할 수 있는 직업의 전문성을 통해 사역의 전문성을 배양받는 입장에서 전문인 신학을 구상하게 된 것이다. 하나님의 '원시적인 초점' 은 한 눈은 인간의 고난받는 상황을 보는 '인간화' 의 눈이라면 다른 편 눈은 선교의 마음으로 바라보는 '복음화' 의 눈이다. 이러한 인간의 두 눈의 한계를 넘어서 인간화와 복음화를 다 가진 하나님의 눈으로서 세상을 바라본 신학이 전문인 신학이다.

문화 해석학(Cultural Hermeneutics)으로서의 전문인 신학의 철학적 기초를 필자는 상징적으로 '어미 소와 송아지의 이론' 을 『전문인 선교사를 깨운다』는 책에서 이미 제시하였으나 독자들의 이해를 돕기 위해서 그 본질을 제시하고자 한다. 어미 소를 전통적인 선고사에, 송아지를 전문인 선교사에 비유한다면 어미 소가 송아지를 키우는 것과 마찬가지로 '목회자와 양' 의 관계가 아니라 '엄마소와 송아지' 의 관계로서 우리의 목동이신 주님을 모시고 공동체로서 함께 사역할 수 있을 때, 진정한 의미에서 성육신적인 선교와 성육신적인 신학이 정립될 것이다(빌 2:5-8). 어미 소는 송아지에게 '너는 나의 분신이야, 너는 나의 제자야, 너는 나의 아들이야, 너는 나의 친구야' 라고 멘토링을 해주며 명목적인 신자들을 실질적인 신자들로 인도할 수가 있을 것이다. 그때, 우리는 '여호와는 나의 목자시니 내게 부족함이 없으리니(시23:1)' 의 인생을 살고 순례자로서 천성을 향하여 나아갈 수 있을 것이다.

전문인 신학이 범세계적인 한국복음주의 상황화 신학이 되기 위해서는 우리가 2000년대를 살면서 기독교인으로서 고려해 보아야 할 10가지 세계의 이슈들을 정리해 본 다음에야 한국신학자들의 시도에 대해서 무엇을 놓고 기도해야 하는지가 판단이 서게 될 것이다.

조셀 마이어(Jocele Meyer)는 지구촌의 이슈들을 10가지로 제시했다.[32]

1. 환경오염

2. 인터넷을 통한 인종의 단합과 핵(核) 위험으로부터의 자유화

3. 자연적인 질서의 법칙에 위배되는 정치-경제 제도에 맹종하는 색맹의식

4. 4억 5천 이상 10억의 기아 문제

5. 일하고 싶어하는 사람들에게 온전한 고용기회를 제공하는 일

6. 가진 자와 없는 자간의 급격한 괴리현상

7. 세계적으로 부적절한 식량의 배분과 농업정책

8. 가정-농장의 붕괴로 인한 제 3세계로의 이민

9. 인구폭발

10. 식민주의의 유산, 다민족간의 협동, 제 3세계의 정치적 지도자 출현

이러한 2000년대의 지구화 모습을 보면서 마태복음 28장 18-20절의 지상대명령의 말씀이 기독교인으로서 세계화의 의미이고 전통적인 목사출신의 선교사로서는 세계복음화에 능동적으로 대처할 수 없으므로 직업의 전문성을 가진 성육신적인 전문인 선교사들에 의해서 구체적-조직적-체계적으로 변화하는 세대 가운데 영원하신 하나님의 말씀을 전할 수 있다는 당위성을 발견하게 된다. 따라서 전문인이라고 하는 문화에 기초한 문화 해석학적인 신학이 제시되어야 한다는 결론에 도달하게 된다.

밀라드 J. 에릭슨(Millard J. Erickson)은 문화인류학을 실제적인 삶의 현장에 적용할 때의 문제점을 이렇게 지적하고 있다.

> 문화인류학을 적용할 때 절대적인 상대주의의 경향을 띄게 되면 객관적인 진리의 존재를 부인하게 된다도 본다. 이는 상호문화의 대화에서 참가자들에게 실질적인 어려움을 주게 된다. 그러나 문화인류학을 집중적으로 연구하면 우리는 진리를 가능한 최대한으로 유지할 수 있다고 본다.[33]

에릭슨이 조직신학자로서 말하는 문화인류학을 집중적으로 연구한다는 의미는 폴 히버트의 사상을 본받아서 성육신적인 선교사역이라고 결론지을 수 있다. 이것이 전문인 선교신학이라는 그릇을 통해서 세상에 드러나게 된 것이다.

그러면 이러한 신학은 전통적인 신학에 비교하여 인기가 있는 신학이 될 수 있는가? 로버트 J. 슈라이터(Robert J. Schreiter)는 세상의 종교에는 대중적인 종교(popular religion), 원시종교(folk religion), 그리고 일상적인 종교

(common religion)가 있다고 한다. 여기서 종교(religion)는 미국에서는 기독교(Christianity)를 의미하므로 전문인 신학이 대중적인 신학이 되기 위해서는 제도적이고 사회적이며 지적인 차원에서 신학적인 용어나 개념으로 인정을 받아야 한다. 무엇보다도 이러한 신학은 인생에 대한 견해를 제시하는 것이 아니라 생활로서의 기독교를 전파하는 것이 소중하다. 따라서, 상황화 신학을 추구하는 자세는 남은 자의 사상(Remnant)과 이 세상에는 순전한 기독교가 없기 때문에 할 수만 있으면 문화와 종교에 있어서의 기독교의 순수성을 고수하는 차원에서의 신학이 되어야 한다.

이 일을 위해서 특별한 집단인 목사들이 생활 가운데 선교하는 것을, 교회의 헌금의 수입원으로 교인을 생각함으로서 오는 경제적인 갈등 때문에 거부하는 일이 없어야 한다. 또한 가난한 계층만을 위한 종교가 되어서도 안되며 모든 계층이 함께 참여할 수 있는 신학이 되어야 한다. 또한, 이를 통해서 기독교의 전통과 일체감을 이루는 신학이어야 한다. 그리고 스스로 자유함을 누리는 신학이 되어야 한다.[30]

전문인 신학은 직업의 전문성에 사역의 전문성을 배양받아 생활 가운데 전도하고 타문화권에 나아가서 선교하는 신학이기 때문에 슈라이터의 견해에도 부합이 된다. 전문인 신학은 목사를 교회 내의 전문인으로 보고 평신도는 교회 밖의 전문인으로 보기 때문에 모든 계층이 참여할 수 있는 신학이다. 그러나 슈라이터의 의견에 일치하지 않는 것은 전문인 신학은 기독교의 전통에 일치하기 보다는 '신사도 운동'(New-Apostolic Movement)의 일환으로서 초대교회로 돌아가는 신학의 모습일 수 있다는 것이다.

　그런데 전문인 신학이라는 메시지와 전문인이라는 이미지는 그리
스도인들에게 생소하게 들릴 수 있다는 것이다. 그러나 이러한 용어는 전
통적 선교사와 평신도 선교사로 양분된 계급적인 개념에서 벗어나 진정한
의미에서 복음을 증거하는 전문적으로 직업을 가지고 사역하는 선교사라
는 의미로 신조어로 발전시켜 온 것임을 밝혀 둔다. 이것은 직업을 가지고
복음을 증거하는 것을 의미하지 피터 와그너(Peter Wagner) 박사와 마찬가지
로 성서의 진리를 왜곡 해석하여 신사도적 교단과 같은 것을 세우는 것은
반대한다.

4. 한국교회의 복음적 상황화 시도

　상황화의 논의를 가능케 한 복음의 의미를 다시 한번 정리하고 시작
하는 것이 복음주의 입장에서의 상황화 신학의 참 뜻이라고 생각한다.

　트리니티국제대학의 해롤드 A. 네틀란드(Harold A. Netland)는 복
음의 의미를 타종교의 사회에서 이렇게 말한다.

　　존 스토트(John Stott)가 말한 것처럼, "신약성서에서 '복음화한다'
　　(evangelize)라는 의미는 개종자를 굴복시키는 것을 의미하는 것이 아니라 그

결과에 상관없이 전하는 기쁜 소식이다" 라고 하였는데, 여기서 중요한 것은 언어소통의 문제이다. 교회의 선교는 복음을 예수 그리스도에게 충성을 서약하지 않은 불신자들에게 문화의 장벽을 넘어서 전하므로 그들을 격려하여 예수를 구주와 주님으로 영접하고 의무를 다하는 교회의 회원이 되도록 하는 것이다. 이로서 복음과 정의가, 하나님의 뜻이 하늘에서 이루어진 것 같이 땅에서도 이루어지듯이 이루어지는 것을 의미한다.[35]

그러므로 교회는 복음적인 상황화 신학을 시도하려고 하면 이론을 세우는 데 치우칠 것이 아니라 용서와 영생에 대한 메시지를 불신자에게 전함으로써 영혼을 구원하는 의사소통의 신학을 추구해야 한다.

상황화라고 하는 개념은 1972년 WCC 계통인 TEF(Theological Education Fund)가 상황 속에서의 사역(Ministry in Context)을 주제로 다루면서 공식적으로 상황화라는 개념이 다루어지게 되었다. 토착화와 비교하여 상황화라는 용어의 차이점에 대해 TEF의 의견을 들어보자.

상황화는 우리가 어떻게 제 3세계의 상황의 독특성을 평가하느냐에 관한 것이다. 토착화는 전통문화의 용어로 복음에 대해 응답하는 의미로 쓰이는 경향이 있으나, 상황화는 이를 무시하지 않으면서 세속과 기술문명, 그리고 인간정의를 위한 투쟁의 과정을 취급한다.[36]

한마디로 토착화가 복음과 관련된 좁고 얕은 개념이라면, 상황화는 넓고 깊은 개념이라고 볼 수 있다. 그러나 이 용어 자체에 문화적 상대주의의 개념이 있으므로 복음으로 할례하여 비판적 상황화의 개념이 부가적으로 사용되어야 한다.

그런데 현재에는 적극적인 상황화를 시도하고 있지 못하다고 본다. 적극적인 상황화가 되려면 상황화 신학의 전개가 총체적인 신학으로서 행동하는 신학의 자세를 갖추어야 균형잡힌 상황화의 작업으로 볼 수 있다.

성결대학교의 배본철 교수는 한국 상황화 신학의 나침반을 다음과 같이 제시하고 있다.

> 상황화 신학이 참으로 건전한 신학이 되기 위해서는 기독교 본연의 복음적 원칙에서 벗어나지 않는 신학이 되어야 할 것이다. 당연히 우리는 선교지역에서의 타문화의 가치를 존중하면서, 복음의 본질 또한 유지해야 할 것이다. 다시 말해서, 우리가 성서적인 빛 안에서 받아들일 수 있는 상황화의 기준은 성경의 본질적 진리에 입각할 것으로 정하고, 그리고 그 복음의 의미가 그 지역문화의 언어와 습관들의 형태로 충분히 전달할 수 있는 것이어야 한다.[37]

이러한 배교수의 의견은 한국교회가 세계선교의 사명을 제대로 완수하기 위해서 미전도종족들에게 저들의 상황화 신학을 정립하는 데에까지 관심을 가져야 함을 강조하고 있다.

아세아연합신학대학원의 정흥호 교수는 상황화 신학을 하는 자세에 대해서 이렇게 말한다.

1. 성경에서 거룩하다라고 표현하는 것은 어떤 것에서 분리시켜, 영원히 거하시며 지존하신 하나님의 영역 안으로 들어오게 되는 것을 가리킬 때를 말한다.
2. 성화의 의미가 포함되고 있는 것은 죄로부터의 자유함이 있다는 것이다. 무엇보다도 이 확신이 곧 바로 그리스도인의 생활과 연결되어야 한다.
3. 성화는 자기가 처해 있는 상황 안에서 거룩함의 모습을 적극적으로 이행하는 것을 의미한다.
4. 관심을 가져야 할 것은 이 모든 것이 자기 자신이나, 율법의 행위로나 자신의 능력으로는 불가능하다는 것이다. [38]

따라서 자유주의자들이 성경의 권위를 인정하고 위에 제시한 정교수의 의견처럼 상황화 신학을 하지 않기에 문제가 된 것을 다시는 답습하지 말아야 한다.

여기에 기초하여 한국이 처한 선교 상황 속에서 상황화 신학을 정립할 수 있다면, 복음주의와 자유주의가 화해의 상생관계를 이룰 수 있는 상황화 신학을 모색하는 것은 매우 바람직한 한국 복음주의 상황화 신학의 모델이 될 수 있다.

정교수는 상황화 신학의 방향을 이렇게 제시한다.

1. 정당한 상황화 신학을 위한 근거는 성경과 상황이라고 하는 두 가지 기본 전제 위에 있어야 하지만 신학화를 위한 '인식론적 우선권' (epistemological priority)을 말하라고 한다면, 우선적으로 우리는 성경

이라는 '텍스트' 로부터 항상 그 근거를 찾아야만 할 것이다.

2. 상황화와 관련된 행동신학(doing theology)은 성경적인 원칙과 삶에 대하여 말하고자 하는 사람들에게는 필수불가결한 요소이다.

3. 일종의 '비판적 상황화' 로서 각 개인이나 공동체의 행동들이 성경적인 믿음에서 비롯된 것이냐에 대한 결과의 평가가 있어야 한다는 것이다.

4. 상황화 신학의 핵심은 예수 그리스도의 성육신 사건에 있다.

5. 상황화 신학을 행함에 있어서 기독교 공동체는 배타적인 자세, 종교적 다원주의, 전통적인 민속종교와 기독교를 동일시 하려는 혼합주의, 등등에 대한 끊임없는 도전 속에 있음을 인식하고 지속적인 전환적 사고(transformal idea)를 필요로 한다.

6. 절대불변의 단일한 상황화 신학은 있을 수 없다는 것이다.[39]

따라서, 한국사회의 복음주의 교단에서 복음주의에 갖는 상황화 신학을 위한 통찰력을 제공할 수 있도록 그 사회의 문화적 요소들을 고려한 초문화 신학으로서의 상황화 신학에 대한 연구가 필요하고 그후에 다양한 시도를 할 수 있다고 본다.

상황화의 문제에 대해서 혼합주의와 연관하여 세계 적인 선교학자인 폴 G. 히버트(Paul G. Hiebert)는 먼저 지역문화를 연구하고 과거의 관습을 비판적으로 평가해서 새로이 발견된 진리에 대한 그들의 반응을 결정하는, 비판적 상황화에 기초한 초문화 신학으로서의 상황화 신학을 말하는 데, 이러한 신학을 행동하는 선교신학으로서 상황화 신학을 모색해 볼 수 있을 것이다.

특별히 한국의 상황화 신학은 종교혼합주의에 의한 상황화 신학이므로 폴 G. 히버트의 혼합주의에 대한 검토는 중요한 길잡이가 될 것이다. 폴 G. 히버트는 네 가지를 제시하고 있다.

1. 비판적 상황화는 믿음과 삶의 규범으로써 성경을 진지하게 다루어야 한다.
2. 이러한 접근은 하나님의 인도하심으로 마음 문을 여는 모든 신자의 삶에서 성령의 역사를 깨닫게 한다.
3. 비판적 상황화에서 교회는 해석학적 공동체로서의 역할을 한다. 만인 제사장직은 신학적 방랑주의에 대한 허가가 아니다.
4. 서로 다른 복음주의 신학자간의 토론이 빈번해 지고 있는데 이에 따라 본질적인 신학적 문제에 대한 더 원만한 합의가 이루어지기 바란다.[40]

만인제사장주의에 대해 히버트가 언급한 이 주제야말로 비판적 상황화를 통해 한국 복음주의 상황화 신학이 다루어야 할 영역이다. 한국의 상황화 신학은 종교다원주의에 대한 논점으로 자유주의와 복음주의가 논쟁을 하는 것보다 선교의 실제적인 면을 다루는 입장에서 이야기하는 것이 합당하다는 결론이 내려진다.

이러한 작업으로서의 전문인 신학에 대한 소개를 하기 전에 폴 G. 히버트의 상황화를 넘어 초문화 신학으로서의 결론을 소개해 보고자 한다.

지역교회의 신도는 자신의 공동체와 더불어 자기의 성서해석을 시험해 보아야 하듯이 다른 문화적, 역사적인 장에 있는 교회는 세대를 따라 내려오는 교회와 교회의 국제 공동체와 함께 자신들의 신학을 점검해야 한다. 만인제사장설은 해석학적 공동체 안에서 실현되어야 한다.

주어진 사회, 문화적인 배경 아래에 있는 교회가 복음을 상황화 하려고 할 때 복음은 그 배경 안에서 다루어져야만 한다는 필요를 날카롭게 인식하고 배경 밖에서 도입된 기독교 형태의 외래성을 알아야 한다. 그러나 자주 문화적 편견을 의식하지 않은 채 성서 이해를 하게 된다. 다른 교회 신도는 일반적으로 이것을 더 잘 인지하고 있다.

결론적으로 특수한 문화 상황에 있는 교회는 어디에서 신학이 문화적 가정에 의해 너무 강하게 영향 받았는지를 검사하기 위해 국제적 교회 공동체의 점검이 필요하다.[41]

하나님 나라의 도래를 바라보며 선교적 공동체로서의 하나님 백성들은 계속해서 초문화적인 입장에서 상황화 신학을 세워나가야 할 시대적인 사명 앞에 서 있다.

김연택 교수는 이러한 사명 아래 문화해석학으로서의 한국복음주의 선교신학 정립이 중요하는 힌트를 주었다. 먼저 그의 말을 들어보자.

토착화와 상황화의 가장 핵심적인 문제는 예수 그리스도의 지역적인 요소들과 우주적인 요소들이 어떻게 조화하여 한 나라의 백성들의 한 부분과 모든 나라의 백성들의 한 부분이 될 수 있을 것인가 하는 것이다. 토착화와 상황화는 기독교 신앙의 본질의 변화를 가져 오지 않고 토착문화를 기독교

신앙전파에 사용해야 하기 때문에 이 작업에는 커다란 주의가 필요한 것이다.[42]

우리 민족이 복을 좋아하기 때문에 진정한 의미에서의 복의 개념을 비판적 상황화를 통해서 '복은 나누어주는 의미에서의 축복(a blessing)'이지 소유의 개념을 뜻하는 소유(a belonging)로서의 개념이 아니라고 다시 제자훈련을 해야 한다. 이러한 축복의 의미로서의 복의 개념을 한국 민족을 향한 하나님의 구속적 유비(redemptive analogy)로서 이해할 때 복음적인 한국상황화 신학의 길이 복을 나누어주는 선교사적인 삶을 위한 신학으로 패러다임 변환하는 귀결에 이를 수 있다. 필자는 감히 이것이 전문인 신학이며 생명을 살리는 세계적인 신학이다. 이러한 신학은 복음주의 신학이 가지고 있지 못한 에큐메니컬한 요소를 갖추었기 때문에 자유주의 진영을 토론의 장으로 나오게 할 수 있으며, 직업의 전문성을 통한 에큐메니컬한 사역까지를 겸비한 선교사야말로 창의적 접근지역과 같은 목회자가 들어갈 수 없는 선교지역에 들어가서 양손복음을 전할 수 있게 해 줄 것으로 확신한다.

주재용은 부분적으로 동의할 수 있는 몇 가지 한국신학형성의 과제를 다음과 같이 제시하고 있다.[43]

1. 신학은 역사적 상황성을 수렴해야 한다는 것이다.
2. 그것에 대한 실천적 대안을 제시할 수 있어야 한다.
3. 이러한 실천적 대안은 성서적 근거를 찾기 위해 노력해야 한다.

4. 그러한 성서적 검증을 받은 신학은 운동성을 매개해야 한다.

5. 신학은 이러한 운동성 선상에서 타종교와 또는 타운동 단체와 참여적 대화를 유도해 내야한다.

필자의 전문인 신학은 상기의 5대 요소를 모두 해소할 수 있는 장점을 가지고 있다고 본다. 이를 상황화해서 기록하면 다음과 같다.

1. 전문인 신학은 한국의 선교적 상황성을 수렴하고 있다. 창의적 접근 지역에 목사가 들어갈 수 없는 현실하에 직업의 전문성을 가지고 사역의 전문성을 배양받은 선교사들이 들어갈 수 있도록 기회를 제공한다.

2. 그것에 대한 실천적 대안으로서 만인제사장주의에서 비롯된 전신자 선교사주의를 근간으로 하는 선교세계관을 정립하도록 해 준다.

3. 이러한 실천적 대안은 사도행전 18장 1-4절에 나타난 사도 바울의 텐트 메이킹으로서의 자비량 선교에서 그 모델을 찾을 수 있으며 자비량의 한계를 뛰어넘을 수 있는 전문인이라는 용어를 사용하게 된다.

4. 이러한 전문인 신학은 전문인 선교를 통해서 전세계에 나가서 사역하는 한국 전문인 선교사들에 의해 검증이 되고 있다.

5. 직업의 전문성이라는 에큐메니칼한 특징이 하나님 가족으로서 각 나라와 백성과 족속과 방언 가운데 팀으로 다양하게 역사하고 있다고 선교보고 되었으며, 이는 선교현장 방문을 통해 입증되었다.

사랑의 교회의 옥한흠 목사는 성경의 진리를 철저히 옹호하면서 화해와 일치를 강조하고 사회적인 책임을 중시하는 열린 자세의 복음주의가 한국교회의 미래를 책임져야 한다며 지역교회 단독으로 장로 63세 정년을 실시하여 교계에 신선한 충격을 주었다. 이들은 복음을 전하는 사역장로로서 전문인 선교훈련 등을 받고 선교현장에 파송됨으로써 교회내에서의 장로와 목사가 대립구도가 아닌 파트너로서의 길을 우선 열어 놓았다. 그러나 평신도를 깨우는 일만 하고 최종적으로 구비시키는 데까지는 아직 이르지 못한 것 같다. 평신도 장로를 목회임상 실습의 자리까지 전진배치할 때, 타는 목마름으로 기대하던 전문인 선교의 계절이 속히 열리게 될 것이다.

미국의 선교학계에서는 신사도 운동(neo-apostolic movement)과 부합될 수 있는 전문인 선교신학이 개인구원과 사회구원의 절충을 이루는 입장을 취하는 성육신적인 선교의 일환으로 시도되고 있다고 보고 있다.

홍용표 박사는 최근의 선교의 흐름을 이렇게 소개하고 있다.

> 해외선교 실천에서 절대적인 주류를 이루는 복음주의 진영에서는 성경적 대명령 선교신학에 우선 순위를 두는 반면, 문화선교 신학 쪽을 주도하는 에큐메니칼 진영은 인간화에 우선 순위를 둡니다. 선교는 이 두 가지의 종합이 필요하나, 우선 순위는 성경해석에 따라 개인구원 입장에서의 성육신적인 초문화적 복음화(보수적 복음주의)냐, 받아들이는 사람들의 사회문화에 따라 달라지는 사회구원 차원의 복음의 상황화(에큐메니칼)냐, 아니면 이 둘의 절충적인 성육적 동체화(신사도운동)냐 등 세 가지 입장이 있습니다.[44]

이러한 차원에서 전문인 신학은 이미 국제적으로 연구가 되고 있는 것이므로 한국과 미국의 두 교수들이 리트머스 시험지에 테스트를 한 후에 전문인 신학을 소개하는 것이 보수신학자들에게 예의라고 여겨진다.

필자의 전문인 신학은 김영한 교수가 제시하는 변혁주의적 문화신학의 9가지 기준에 부합된다.[45]

1. 성경적이어야 한다.

전문인 선교는 사도행전 18장 1-4절을 비롯한 성육신적인 성경구절을 모체로 한 것이다.

2. 그리스도 중심적이어야 한다.

전문인 선교는 예수 그리스도의 자기비하 원리(빌2:5-9)에 기초한다.

3. 성령론적이어야 한다.

사도행전 1장 8절의 지상대명령을 기초로한 성령행전을 모체로 한 신학이다.

4. 진리를 향해 열려야 한다.

요한복음 14장 6절의 말씀과 마찬가지로 복음을 분명히 깨닫고 증거하는, 복음과 실천의 균형을 이루는 신학이다.

5. 교회지향적이고 실천적이어야 한다.

전문인 신학에 기초한 전문인들이 직업의 전문성에 사역의 전문성을 배양받아 사역하는 전신자 선교사주의로 쓰임을 받을 수 있다.

6. 역사참여적이어야 한다.

전문인 신학은 1517년에 마틴 루터의 종교개혁에서 주장한 만인제사장주의를 싸라비아 교수를 발원으로 하여 계승한 것이 모체가 되었다.

7. 타종교와의 대화를 위해서 열려야 한다.

직업의 전문성을 가지고 생활 가운데 선교하는 직업전문인 선교사를 양육함으로써 기존의 신학에 비해서 월등히 선교의 접촉점이 크다고 본다. 이는 자문화 우월주의(ethnocentrism)에서 벗어나 자문화 방사주의

(ethnoradiantism)로의 선교패러다임의 변환을 의미하기 때문이다.

8. 성경적 · 변혁주의적이어야 한다.

에베소서 4장11절의 5중 사역의 메시지와 마찬가지로 인격적인 동반자 선교를 가능케 한다. 메튜 헨리의 주석에 의하면, 사도나, 선지자나, 복음전하는 자나, 목사나, 교사나 다 하나님의 백성으로서 이들은 모두 동격이다. 또한 베드로전서 2장 9절의 택하신 족속, 왕같은 제사장, 거룩한 나라, 그의 소유된 백성의 의미에서 축복의 통로로 쓰임받기 위해 태어난 우리의 신분을 보여 준다.

9. 성경적 · 에큐메니칼적이어야 한다.

양손복음: 직업의 전문성과 사역의 전문성을 가지고 개인구원과 사회구원에 모두 힘쓸 수 있다.

5. 전신자 선교사주의에 대한 인간관

한국교회의 갱신을 위해서 한국 전문인 선교훈련원이 할 수 있는 일이 무엇인가? 자신의 직업의 전문성을 가진 전문인들을 평신도 선교사로 보내는 역할을 우선적으로 해야 한다. 그리고 평신도 선교사를 보낼 수 있는 선교적 마음을 가진 선교족 교회의 몸통으로 구성된 친족 공동체의 교회들이 많이 출현할 수 있도록 컨설팅해야 한다.

이러할 때, 성과 속의 구분을 뛰어넘어 세속적 인본주의의 사슬을

끊고 타문화권을 향해 복음을 증거할 수 있게 된다. 또한, 한국교회의 구성원으로 있는 대다수의 평신도들을 전문인으로 업그레이드하여 저들이 진정으로 해야 할 성도의 본분이 무엇인지 알게 함으로써 각계 각층에서 영향력을 미칠 수 있는 100만 명의 직장 선교사를 세우고 10만 명의 선교 목사를 안수하여 교회의 체질을 개선하고 교회를 치유하는 사명을 감당해야 한다. 이러한 치수는 피터 와그너 박사가 25% 정도가 복음화되면 복음전파는 불가능하고 다른 지역을 향해서 나아가야 한다는 데에 기초한 것이다. 100만 명의 목표치는 한국교회의 숫자를 1,000만 명이라고 보고 구성원 10%에 기인하여 나온 것이기도 하다.

이제 100만 명이라도 한국교회의 구성원들을 그리스도의 군사며 정병으로 양성하여 전신자 선교사주의(Every Believer's Missionaryhood)에 입각, 행동하는 그리스도인으로 살게 해야 한다는 것이다. 그렇다면 선교형 교회와 생각하고 행동하는 그리스도인의 모습은 어디서 발견을 할 수가 있을까?

첫째, 전문인이라는 자각에 의해서 수신(修身)하고 제가(齊家)하여 치국(治國) 그리고 평천하(平天下)하는 유교사회의 이상 실현을 바탕으로 하고 그리스도 안에서 새사람이 된 그리스도인이 공동체로서 우주적인 인간관을 가지고 일을 수행하도록 순례자적 모델을 양성해야 한다. 이제까지의 전통적인 교회에서는 이렇듯 생각하고 행동하는 인간관을 가지고 양성을 했다기 보다 목회자의 즉흥적인 비전과 가치관에 의해서 여러번 life-mapping을 변경해 왔다. 30년을 신앙생활을 해도 상위 20% 정도는 갈등의 구조에서 벗어나지 못하는 모습을 발견하게 된다. 다시 말해서 룻기에 나오는 나오미와 룻, 보아스와 룻의 관계처럼 한국교회는 예수님의 계보를 잇는 친족 공동체로서 교회를 소중하게 여기는 참 하나님의 사람들에 의해서만 치유될 수 있다. 이들을 예수족적 혈혼을 지닌 사람들이라고 본다.

둘째, 전문인들은 사상의 개조를 통해 한국 실정에 맞는 실천 신학에 기초하여 신앙생활을 할 수 있어야 한다. 이것은 목회자와 평신도가 이중적인 관계로 모순을 가지는 것이 아니라 삼중적인 관계 또는 다중적인 네트워킹 관계를 말한다. 한국의 서열문화와 위계질서 안에서도 민주적인 셀로서도 기능을 다하고 증식을 위한 증식이 아니라 그리스도의 몸으로서 예수님을 머리로 한 증식이 가능하도록 품질관리를 해야 한다. 이는 1517년에 마틴 루터(Martin Luther)가 주장한 만인제사장주의(All Believer' s Priesthood)에 대한 투명한 실천만이 가능하다고 본다. 이러한 사상이 마태복음 28장 19-20절을 실천하기 위해 만인사역자론에서 만인선교사주의로, 그리고 전신자 선교사주의로 완성되어졌다고 본다. 그러므로 한국교회의 지도자들은 중국격언에 나오는 말처럼 '양머리를 걸고 개고기를 파는' 식으로 만인제사장주의를 기존의 로마 가톨릭의 교리와 타협하여 해석하는 우를 범하지 말아야 한다. 진정한 의미에서의 교회개혁이라는 책임의식과 개혁적인 성향을 가지고 올바른 주장을 해야 한다. 무슨 뜻인가? 목회자들 끼리 모여서는 우리 대제사장 그룹들을 운운하다가 평신도 앞에서는 만인제사장을 운운하는 것은 평신도를 특신도로 업그레이드하기는커녕 병신도로 원위치하는 것이다. 따라서 언행이 일치되고 싶고 배운 자나 못배운 자나 모두에게 다 이해가 되는 만인제사장설을 주장해야 한다.

셋째, 진정한 의미에서의 인간관계 회복에 의한 성육신적인 사귐이다. 우리는 장애인 선교회나 조선족 교회 등 구제가 필요한 곳에 헌금을 보내는 것으로 국내선교를 다했다고 생각을 하는데 진정한 의미에서 마음이 가고 물질이 가는 성육신적인 사귐을 하고 있는 지 생각해 보아야 할 과제이다. 인디안 속담에 '물고기를 주지말고 물고기 잡는 법을 가르쳐 주라' 는 말이 있다. 진정한 의미의 사귐은 삶을 나누는 것이다. 그래서 전문인 선교사들에게 우리가 요구하는 것은 생활 전도자(life-style evangelist)로서 살라는 것이다. 이렇게 사는 길만이 세속화 시대에 자신을 보존하고 복음을 증거할 수 있는 유일한 축복의 통로가 된다. 종말로 가면 갈수록 성도들은 자신의 생활을 통해서 복음을 증거하기 어렵다. 예수 공동체로서의 사귐이 무너지고 무관심, 무자비, 무질서, 무감각한 인조다리만 남기 때문에 장애인 신앙인이 되고 마는 것이다. 손에 못자국난 것을 장애인이라고 한다면 육신의 장애인이 되어서라도 십자가의 흔적을 지닌 신앙인이 되는 것이 다이어트를 하고 장수하면서 비대증 신앙인이 되어서 천국의 대합실만 배회(徘徊)하는 것보다 나을 것이다.

넷째, 한국교회가 선교지향적인 교회가 되도록 도와야 한다. 개교회 중심적인 생각을 가지고 1980년대에 미국의 초대형 교회를 목표로 하여 유명한 부흥사들 중심의 00제일교회, 00중앙교회 등의 출현은 실상 많은 부작용을 낳았다. 이 당시에 신학교에 들어간 신학생들이 지금 목회현장의 일선에 서 있기 때문에 우리는 다시 한번 한국교회를 살리기 의해서 지구촌 시대에 더 큰 목표를 제시하는 것이다. 성공 중심적인 인본주의 교회에서 벗어나 예수님의 사랑을 실천하고 신본중심적인 가정교회, 직장교회, 세계교회, 선교교회 등으로 나아가야 한다. 이러한 일을 위해서 컨설팅을 제공해 줄 수 있는 역할을 하나님이 이 시대 가운데 전문인 선교에 주었다고 말할 수 있다.

필자는 한국적인 리트머스 시험지를 통과했다고 보고 두 번째의 삼투압 테스트를 통과하고자 한다. 삼투압 테스트라고 함은 이 신학이 세계 선교에 영향을 미칠 수 있느냐는 것으로 붙여본 이름이다. 전문인 신학은 신학적 함정(pitfall)에 자유로운가? 라틴 아메리카 마야 동굴의 함정을 지나서 보물을 찾는 게임이 있었다. 함정에 빠지면 다시 원위치로 돌아가서 시작하는 게임이다. 이처럼 신학도 함정에 빠지게 되면 의미가 없는 죽은 신학이 되고 말 것이므로 이러한 함정이 무엇인지, 살펴보도록 하자.

폴 G. 히버트는 신학적인 함정들을 9가지로 제시하고 있다. 제목 아래의 해설은 그의 제시에 대한 필자의 전문인 신학적 변증이다.

1. 혼합주의(Syncritism)
전문인 신학은 전통적인 목사 중심의 신학을 바로잡아 균형잡힌 신학을 추구하므로 교조주의나 혼합주의가 아닌 비판적 상황화에 기초한 신학이다.

2. 인간중심주의(Human-Centeredness)
수용자의 필요를 채우는 면에서 보수주의 보다는 복음주의에 가깝고 신복음주의 또는 신사도운동에 가깝다. 그러나 순수한 한국인에 의한 성육신적인 선교주의 신학이다.

3. 경험본위의 신학(Experience-Based Theology)

전문인 신학은 성육신하신 예수 그리스도를 모델로 하고, 전문인 선교의 실제적 사역 모델로 사도 바울을 제시하는 성경과 경흩이 조화를 이루는 신학이다.

4. 세속주의의 강화(Reinforcing Secularism)

전문인 신학은 기적을 강조하며 세속주의에 흐르게 하는 샤머니즘 신학을 경계한다. 직업의 전문성을 통해 과학화, 기술화를 제공하고 사역의 전문성으로 성육신적인 신학을 도출해 낸다.

5. 잘못된 죄책감 일으키기(Generating False Guilt)

전문인 신학은 죽음과 고통의 신학 그리고 부활의 샨학을 구체적으로 다루지는 않았다. 그러나 생활 가운데 선교사로서의 산 순고자 신학을 제시함으로써 직업 가운데 선교하는 모델을 통해 부활의 능력을 체험케 한다.

6. 불균형(Imbalance)

보수주의와 자유주의로 양분된 신학계에 성육신적인 선교신학의 모델을 제시함으로서 20세기까지 피사의 사탑처럼 기울어져 있는 현대신학을 탈현대신학으로서 화두를 제시할 수 있는 신학이라고 말할 수 있다. 이는 서구의 신학에도 영향을 줄 수 있는 세계선교신학이다.

7. 지도자 높이기(Exalting the Leader)

전문인 신학은 성육신적인 선교(요1:1,14)과 자기비하의 교리(빌2:5-9), 그리고 자비량선교(행18:1-4)를 제시하므로 예수님에게만 욷광을 돌리게 하는 신학이다.

마지막으로 폴 G. 히버트 박사의 상대주의를 넘어선 상황화 (Contextulization that is post-relative)라는 개념을 보면서 앞으로 전문인 신학이 어떻게 발전될 수 있을는지 예견해 보기로 한다.

1. 상호의존성을 키워야 한다.

전문인 선교는 특별히 직장선교와 상호의존성을 가지고 연합해야만 타문화권 선교에 수많은 전문인력들을 선교사로 파송할 수 있다.

2. 이론적인 보완성이 필요하다.

한번 이론을 제시하면 새로운 차원에서의 수정보완은 어렵지만 일관성-유연성-다양성을 통한 계속적인 연구가 필요하다. 보수주의의 전통에 눌리지 않고 자유주의에 물들지 않는 사도적 선교학자들의 참여와 복음주의 선교학회와 복음주의 역사학회, 복음주의 조직신학회를 중심으로 연구가 가속화되기를 기대한다.

3. 포스트모던과학을 넘어서는 신학

이것은 하이테크 시대의 신학이라고 볼 수 있다. 한정국 선교사(MVP)는 미전도종족 선교사를 SiReN(Strategic Information Research Networking) 선교사의 개념으로까지 발전시켜서 전문인 선교사들이 미전도종족 선교에까지 이르게 되면 전문인 신학이 포스트모던과학을 넘어선 21세기의 신학으로 입증될 수 있다고 본다.

4. 비판적 상황화의 3단계를 거쳤는가?

첫째, 전문인의 문화를 현상학적으로 연구하고 있는가? 지난 6년 동안 전문인들과의 무수한 선교훈련을 통한 만남에서 충분히 저들에게 필요한 신학이라고 여겨진다.

둘째, 당면한 문제와 관련된 성경공부를 인도해야 한다. 전문인 선교에 대한 실제 중심의 강의와 전문인 선교의 모델 메이킹, 그리고 전문인 선교의 세계관, 전문인 선교의 신학과 전문인 선교의 선교신학을 공식적 · 비공식적 · 비형식적인 방법을 통해서 인도하고 있다. 그 부산물로 더 좋은 연구물이 나올 수 있으리라고 본다.

셋째, 전문인들에게 어떠한 변화가 있었는가? 평신도들이 전신자 선교사주의에 기초하여 성육신적인 선교사로 구비되어지고, 사역에서 승리하는 선교 채널이 마련된 것은 기쁘나, 이를 목회자들은 이해하지 못하거나 전통적인 세계관으로 인하여 개혁의 속도가 느린 것은 안타까운 일이다.

5. 혼합주의에 대한 경계

전문인 신학이 성경을 기초로 하나님의 인도하심 아래 다양하게 조화를 이루고 네트워킹할 수 있을 때 혼합주의가 아닌 비판적 상황화에 의한 그리스도의 주권과 하나님의 왕국을 확장할 수 있다. 그때이 진정한 의미에서의 신학으로 자리매김을 할 수 있으리라 본다.[47]

진단제목: 건전한 상황화 신학의 4가지 요소

1. 성경적인가?

2. 선지자적인가?

3. 대화 가능한 것인가?

4. 개방형 결론인가?

답안작성

1. 마태복음 28장 19-20절

2. 전신자 선교사주의

3. 성육신적 선교(빌2:5-8)

4. 직업의 전문성에 사역의 전문성을 배양한 양손 복음 [48]

이를 위해서 21세기의 대안이라고 하는 전문인 선교에서 아이디어를 얻었으나 전문인의 세계관에서부터 언급해 보고자 한다. 한국 상황화 신학 정립을 위한 전문인의 의식구조를 파악해야 한다. 전문인 신학을 정립하기 위해서는 먼저 세계관의 차원에서 검색이 되어야 한다고 본다. 한국의 특별한 소명을 지닌 목회자 사회에서도 전문인 가운데 전문인이라고 하는 설득력을 발휘하기 위해서는 공생할 수 있는 한국 상황화 신학이 필요하다. 이는 이론에만 그치는 신학이 되어서는 안 되고 복음을 국내외에 증거할 수 있는 성육신적인 신학이 될 때 가능해진다. 여기에는 12가지 정도의 한국인의 의식구조에 중요한 요소들을 제시하고자 한다. 이는 중국인의 의식구조에서 힌트를 얻어 설명하고자 한 것이다.

1. 천(天)과 인간(人間)의 통일

하나님은 선교의 하나님이시며 하나님의 형상대로 지음을 입은 우리는 하나님의 아들로서 이 땅에 오신 최초의 타문화권 선교사인 예수 그리스도의 성육신적인 선교사의 사역을 본받아 사도 바울과 마찬가지로 전신자 선교사주의의 입장에서 지상대명령을 준행한다.

2. 도(道)와 기(器)의 통일

전문인 신학을 도(道)라고 하는 용어에 담을 수 있다면 우리는 전문인 신학이라는 것을 토기장이가 토기를 빚듯 타문화권 전문인 선교사역의 실제에 적용시키는 것이다. 이 일을 위해서는 사역의 전문성이라고 하는 도(道)를 직업의 전문성이라고 하는 기(器)에 적용시켜야 한다.

3. 하나(一)와 많음(多)의 통일

하나(목사)와 많음(평신도)을 소명의 차원에서 같은 수준으로 볼 때, 특권을 배제함으로써 다양한 가운데 조화를 이룰 수 있다. 그러므로 하나는 고립되지 아니하고 많음은 다양한 가운데 무질서를 이루는 포스트모더니즘에 빠진 세기말적인 증후군에서 벗어나야 한다. 그래야 다양한 가운데 조화를 이루는 그리스도를 머리로 한 사지백체(四肢百體)의 한부분으로서의 사명을 다 감당할 수 있다.

4. 다름(殊)과 같음(同)의 통일

목사의 직업과 세속의 직업이 다른 것 같으나 소명의 차원에서 보면 둘 다 전문인이다. 이 두 직업은 교회 안이냐 밖이냐 하는 테두리에 차이가 있을 뿐이지 복음을 전하는 사명의 차원에서 볼 것 같으면 신자의 비세속성의 원리(요17:16)에 의거하여 이 세상을 본받지 아니하고 이 세상을 변혁시켜야 할 주체로서의 사명을 공유하고 있다.

5. 조화(調和)와 중용(中庸)의 통일

선교 사역의 실제에서 목사와 평신도는 조화를 이루어야 하고 충성된 하나님의 백성으로서 서로 섬겨야 한다. 자생적으로 목회자를 인격적으로 존중하는 배려가 탄력성을 가지고 유지가 되는 것이 바람직하다.

6. 닫음(閉)과 열음(開)의 통일

창의적 접근 지역의 닫힌 문을 전문 직업을 통해서 열게 되었으므로 양자는 서로의 필요에서 비롯된 선교적인 개념이다.

7. 시간(時間)과 위치(位置)의 통일

하나님의 때에 하나님이 필요로 하는 장소에 전문인 선교사가 네트워킹되어 재배치되는 것이 필요하다. 직업의 전문성과 위치의 적합성이 절묘하게 통일이 되어야 한다.

8. 시작(始作)과 종(終)의 통일

선교 세계관을 가지고 하나님 나라의 도래와 완성을 향해 선교 사역을 하는 것이다. 지상의 교회는 하늘 교회의 한 주춧돌과 같다. 그리고 성도들은 조약돌과 같은 것이다. 마지막에는 신분의 차이가 아니라 이 땅에서의 전도의 열매로 판정이 된다. 이러한 차원에서 이 세상의 그리스도인들은 선교사냐 아니냐로 검색이 된다.

9. 순리(順理)와 역행(逆行)의 통일

십자가의 죽음이 'paradoxical truth'(역설적 진리)인 것처럼 고난 이후의 죽음과 부활의 신학이 되어야 한다. 부활은 선교사역과 밀접한 연관이 있는 것이다. 이처럼 전문인 선교는 피를 먹고 자란 기독교의 교회사와 같은 맥락을 가지고 이 시대의 교회들을 깨우는 사명을 가지고 있다.

10. 형식을 말하는 상(象)과 의미(意味)의 통일

평신도와 직장인이라는 말 대신에 전문인이라고 하는 용어를 사용한 것은 조화(調和)를 이루기 위한 의미에서다. 우리는 유연성(flexibility)을 가지고 성육신적인 선교 사역을 하고자 한다.

11. 동류(同類)와 유사(類似)의 통일

네트워킹을 통해서 같은 직업끼리 동류가 되어지고 5대양 6대주의 선교지역별로 유사한 집단이 되어진다.

12. 지역(地域)과 세계(世界)의 통일

전문인이라는 직업을 가지고 전세계에 나가 복음을 증거한다고 하는 것은 국가간의 장벽이 무너진 인터넷 시대에는 지극히 당연한 기능적 통일이고, 또한 선교적 통일이다.

이제 지난 2000년을 유지해 온 성경 중심의 복음주의 신학과 필자가 새롭게 한국 상황화신학의 대안으로 제시하는 전문인 신학이 서로 상관성을 가지고 있는 지에 대한 연구가 중요한 과제로 남는다. 상관성이 입증이 된다면 변증성을 통해서 새시대의 새로운 복음주의 선교신학으로서의 전문인 신학의 위치를 마련하는 데 문제가 없다고 본다.

제 2장

전문인 신학과 복음주의신학의 변증성 연구

1. 전환기 시대의 신학적 과제

2001년에 열린 '세계복음주의신학자대회(International Conference on Evangelical Theology)'는 세계신학계와 교회를 향한 기독교의 핵심진리를 제시한다고 하는 주제가 말해 주듯 한국교회의 역사에 길이 남을 귀한 신학자 대회였다. 국제적인 토론회였는데, 분과별로 토론도 하고 좀더 진지하게 발표자의 소논문을 미리 배부하고 연구하고 토론 중심의 대회가 되었으면 하는 아쉬움에서 비롯되었다. 진정한 의미에서 복음주의 신학을 이론적인 것 말고 생활 가운데 실천하는 구체적인 신학을 실질적으로 제시하지 못하는 전환기의 시대에 이 대회에서 우리의 문제점이 무엇인지는 최소한 발견할 수 있는 좋은 대회가 되기를 진심으로 바랐는데 나름대로 일정한 소득을 거두었다. 이 신학발표에서 다루어진 내용을 틀로 하여 전문인 신학의 입장에서 상관성과 변증성을 연구하는 것이 이 장의 목적이다.

2. 전문인 신학과 복음주의 신학의 상관성 및 변증성

세계복음주의 신학자 대회에서 다루었던 저명한 신학자들의 소 논문을 분석하는 것으로서 복음주의 신학과 전문인 신학의 상관성 및 변증성을 찾고자 한다.

1. 21세기 세계복음주의 신학의 방향

21세기 세계복음주의 신학의 방향이라는 김영한 교수의 발표에서 복음주의 신학이 특별히 세속화되어진 사회에서 문화변혁의 신학을 정립하는 것이 요청 된다고 한 문귀는 종교개혁의 전통을 강조하는 개혁 신학적인 복음주의 입장이라고 생각된다.

복음주의의 전통은 어거스틴, 루터, 칼뱅, 부처, 독일의 경건주의 학자인 슈패너, 18세기의 미국의 에드워즈의 대각성운동, 영국의 웨슬리 운동, 19세기 미국의 찰스 피니 운동으로 그 맥을 잇고 있다. 복음주의는 단지 하나의 신앙부흥운동이 아니라 복음의 핵심을 다시 발견하고 거기로 항상 되돌아가자는 운동이라고 말한다.[1] 이러한 신학자들의 주요한 신학 자세는 과거를 이야기하고 현재의 입장을 말함으로써 자신의 신학을 다 말했다고 한다. 결코 개혁적인 신학의 실천에 대해서는 말하지 않는다. 우리 삶의 전 영역에서 복음의 능력을 적용해야 한다고 말하나 그 구체적인 방법에 대해서는 말해주는 것이 없다. 세계복음주의 신학자대회에서 국제적인 교수들을 초청하여 쉽게 이해할 수 없는 서구신학에 대해서 들었다는 것 자체는 큰 성과였다. 또한 생활 가운데 전도하는 신학이 필요하다는 것도 배웠다. 교수들이 시간이 나는 대로 여름, 겨울 방학을 이용하여 선교지를 돌아보고 선교의 하나님의 시각에서 구약과 신약을 가르친다면 훨씬 실질적인 신학을 가르칠 수 있다고 보는 것이다. 복음의 실천을 중시하는 새로운 커리큘

럼을 가지고 시도해 보고 정규학문 과목으로 정착을 하려면 1년 이상이 걸리므로 대부분의 패쇄적인 신학교에서는 공식적인 과목에만 집중하는 경향이 있다. 그런데 목회현실이나 선교현실은 이러한 과목들보다 새로운 세미나와 같은 과목들이 발굴되어야 하고 적용이 되어야 한다.

　　김영한 교수는 이 시대가 포스트모더니즘의 시대로서 모더니즘이 지니고 있는 이성주의와 획일주의의 성곽을 무너뜨리는 데 공헌을 하였다고　말한다.[2] 그렇다면 공헌을 한 결과로서 이제는 다양한 직업을 가진 전문성의 시대라고 하는 것을 생각해 보아야 한다. 이를 위해서는 목회자와 평신도간의 상관성과 정체성을 가진 신학이 진정한 의미에서의 21세기 복음주의 신학이라고 본다. 그리고 '아시아인에 의한 아시아의 신학'을 인정하는 것처럼 '전문인에 의한 전문인 신학'이 정립이 된다면 세계복음주의 신학의 새로운 지평을 여는 시도가 될 것이다. 이러한 시도는 복음주의 신학 가운데 개혁적인 복음주의 신학의 시도에 의해서 가능하리라고 본다. 만일 복음주의신학 안에 이러한 시도를 이해하거나 수용할 수 있는 틀이 없다면 새로운 틀을 짜야 한다는 당위성에 귀결되고 만다. 그러나, 이러한 신학은 민중신학이나 해방신학이나 여성신학, 그리고 정치신학과 같은 자유주의 신학의 표지가 붙은 신학을 재시도하는 것이 아니라 성육신적인 신학의 입장에서 복음주의 신학의 실천성을 강조하여 이론과 실제 즉, 복음과 실천을 균형있게 실천하는 신학을 의미하는 것이다. 그 후에 사회적인 책임을 이야기하며 민중신학이나 해방신학을 이야기하고 여성의 여성됨과 모성애를 이야기함으로써 궁극적인 목적이 복음전도라는 데에 핵심을 두지 않는다그 한다면 더 이상 복음주의 신학은 탁상공론에 그치는 것이고 여전히 자유주의자들과도 일정한 평행선만 그을 뿐 신학을 위한 신학에 그치고 말 것이다. 그러나 복음을 전해야 한다는 지상 대 명령을 위해서 민중신학을 하-고 해방신학을 하고 여성신학을 한다면 그것은 참으로 현실을 직시하는 신학 바로 하기의 자세라고 볼 수 있다. 이러한 신학이 필요하다그 하는 것이 김영한 교수의 이론에서도 요청되고 있다. 이를 위해서 김영한 교수는 포용적 변혁주의적 문화신학의 정립이라는 말을 사용하면서 인류복지를 위한 공동선을 위해서는 상호존중하여 협력해야 한다고 주장한다. 그리고 다른 한편으로는 신관과 구원관에 있어 삼위일체이신 참신과 유일한 구원의 길을 향한 신앙적 증언을 해야 할 것이라고 말한다.[3] 이러한 두 가지 영역을 만족시키는 신학이 필요하다. 즉, 직업의 전문성을 통해 인류복지와 공동선을 위해 일하고 사역의 전문성을 가지고 생활 가운데 복음을 증거하는 것이다. 그러나 바로 이러한 신학이 전문인 신학이라고 하는 것을 복음주의 신학회에서는 알지 못하는 것이 현실이다. 이러한 고립적인 사고 방식인 행태론적 근본주의(morphological fundamentalism)에서 벗어나기 위해서는 무신론과 범신론 그리고 인본주의 사고를 변혁시키는 예민하고 과감한 현실의식과 문화변혁사상을 가져야 한다. 그리고 보았다면, 행동하는 양심으로서의 복음주의 신학을 세우지 않으면 대부분의 한국복음주의 신학은 보수화하여 한국교회를 치유하고 아시아 교회와 신학의 공헌을 이룰 수 없다고 본다. 김영한 교수게 21세기 포용적 · 변혁적 문화신학이 전문인 신학이라는 것을 밝혀두고 싶다. 그리고 그 신학의 요체로서는 영성신학(성결신학), 해석학적 신학(선교학적 문화해석학), 문화신학(비판적 상황화신학), 그리고 전문인 선교 신학이라고 말하고 싶다.

2. 21세기 복음주의신학의 방향 : 개혁주의적인 관점에서(드히트리 리츨)

복음주의 신학이 구체적으로 끼친 영향이 무엇인가에 대한 리츨의 주장은 복음주의가 동일한 종류의 기업이 아니라고 하는 사실이다.[4] 필자는 복음주의 신학은 국가별로 신학의 종류가 다양하다. 교회성장을 이야기하면서 우리는 첫 번째로 동질성을 이야기하는데, 복음주의 신앙은 TULIP에 기초한 동질성을 최소한 가지고 있다고 본다. 그리고 다양한 복음주의자들을 포용할 수 있는 생동감이 그동안에 있어온 것으로 보인다. 그러나 그러한 생동감이라고 하는 것이 다양한 가운데 조화를 이루는 복음주의 신학을 견지해야 하기 때문에 추진력에는 한계가 있음을 드러냈다. 따라서 전문인 신학은 한국 토착화 신학으로서의 한 날개와 한국 비판적 상황화 신학으로서의 다른 날개를 모두 지닌 양 날개 신학으로 이해되어야 한다. 이러한 생각이 고루한 복음주의 신학자들에게 이해가 되지 않을 때에는 전문인 신학회를 통해서 새로운 틀을 짜게 될 것이다. 여러 가지 신학의 모델이 있지만 드히트리 리츨은 '리처드 니버가 트뢸치와 칼 바르트의 신학을 종합하여 제시함으로써 또한 영향을 끼쳐왔다'고 한다.[5] 전문인 신학은 한국 토착화신학의 입장에서는 이용도-김재준-함석헌으로 이어지는 한국신학자들의 장점과 단점을 면밀히 분석하여 장점을 살리는 방향으로 형성을 하게 될 것이다. 또한, 서양의 신학자 가운데는 칼 바르트의 계시신학(말씀의 신학)에서 정체성을 찾고 불트만의 비신화화 신학에서 상관성을 가지며 판넨베르크의 구속사의 신학 그리고 하비 콕스의 세속주의 신학을 복음주의적인 입장에서 변증한 후에 풀러 신학교의 볼프(Wolf)의 직업신학을 비판적 상황화하는 입장을 취하고자 한다.

계시사=구속사=세속사

위의 등식은 전문인 신학을 통해서 정립이 되는 것이다 이는 서로 조화를 이루고 서로 보수주의-자유주의-복음주의라는 교단의 지배를 초월해 서로 의존적이고 초교파적인 생활 신학의 기초를 제공한다. 리츨 교수는 유대교와 기독교의 관계가 단순히 구약과 관련된 기독교의 배경으로서가 아니라 기독교가 지난 2000년 동안 유대인을 범죄시하고 개신교 중심으로만 이해했다고 하는 점을 집고 넘어가야 한다고 말한다.[6]

　　루터의 종교개혁은 이신득의(以信得義)에만 머물러 있는 것이지 그 다음 단계인 'unknown people group'에 복음을 증거해야 한다는 생각을 하지 못하던 시대의 이신득의사상이다. 이제는 이신득의의 사상도 재해석이 되고 선교적 해석을 하여 2만 5천 종족 가운데서 한번도 복음을 들어본 적이 없는 8,000종족에 대한 이신득의에 까지도 이야기해야 한다. 다틴 루터와 그의 추종자들은 아직도 종교혼합주의의 자세를 가지고 로마 가톨릭인지 기독교인지 구별이 안되는 신학적인 애매함을 가지고 있다. 독일에서 박사학위를 하는 한국교수가 많이 한국에 돌아옴으로서 한국신학도 교리보다는 예전적인 관심을 더 가지게 되었고 오히려 선교적인 방향으로 나아가는 데 지장이 되고 있다. 드히트리 리츨도 선교에 대한 것은 고전적인 구미의 선교개념이 더 이상 지속 될 수 없다는 방콕의 유예선언(Bangkok moratorium, 1972-73) 이후 복잡함으로 피하겠다고 언급하였다.[7] 세계적인 신학자의 관심은 개인전도보다 오늘날 세계의 상황이 초대교회의 300년 상황과 같이 사사시대처럼 자신의 소견대로 신학을 하는 시대로 돌아가 있다고 말한다.[8] 그러나 좀더 엄격히 말하면 제 3세계 신학의 발흥으로 서구신학 중심의 신학의 이론이 아시아의 사고를 반영하는 신학으로 제시되어야 한다는 것으로 해석하고 싶다. 그러므로 이제는 우리가 가진 사상들을 새로운 안목으로 보는 것을 배워야 한다고 리츨은 말했는데, 이야말로 전문인 신학에 대한 태동을 알리는 좋은 근거이다.[9]

전 세계가 다 이론과 실제가 하나 되는 새로운 신학을 원하지만 전문인 신학은 교수나 박사로부터 나오는 것이 아니라 행동하는 선교사로부터 나오는 것이다. 이러한 신학은 조직신학과 선교신학의 상관성에서 나오는 것인데 이는 개혁주의 신학이 선배 신학으로서 복음주의 신학에 어떻게 기여할 수 있는지의 자세에 달려있다.

3. 개혁주의신학과 복음주의신학의 상관성(리처드 갬블)

리처드 갬블(Richard C.Gamble)은 개혁주의 신학이 복음주의 신학보다도 선배신학이라는 것을 이야기함으로써 자신의 두려움을 이야기하고 있다. 선배와 후배 사이의 긴장이 어디에나 있는 것처럼 그는 개혁주의 신학과 복음주의 신학 사이의 세 가지의 긴장에 대해서 말하고 있다.

1) 신학적 유사성이다. 개혁주의 신학은 복음주의 신학의 중요한 신학적인 핵심을 지지하고 있다.

2) 교회와 국가의 태도에 대한 유사성이다. 두 운동은 교회와 국가의 분리를 주장한다. 그러나 개혁주의 신학은 교회가 정치에 참여하는 것을 인정하나 법인으로서 참가하는 것은 금하고 있다.

3) 경건과 개인주의에 있어서의 차이점이다. 개혁주의적인 신학은 예수 그리스도는 중보자의 왕권으로 정치적, 문화적, 그리고 교육적인 것을 포함한 삶의 모든 영역에서 주권을 가지고 있다고 말한다.[10]

리처드 갬블의 개혁주의적인 신학과 복음주의적인 신학의 유사성 및 차이점을 보면서 전문인 신학이 복음주의적인 신학의 장점을 사역의 전문성으로 이미 가지고 있으므로 개혁주의적인 신학으로서의 장점을 살리기 위해서는 직업의 전문성을 살려서 모든 직업에 진출하여 군화변혁자로서의 사명을 감당해야 한다고 본다. 복음주의자들은 전문인 신학을 이해할 때, 평신도들이 창의적 접근 지역에 목회자들을 보조 서기 위허서 들어가는 것 정도로 이해하고 있다. 그러나 지금 창의적 접근지역 이야기는 10년 전

이야기다. 이제 전천후 지역에 직업의 전문성을 가지고 목회자에게 종속되어 시키는 일만 해서는 전문인 선교가 아니다. 목회자와 동반자가 되어 정치, 경제, 사회, 문화 전 영역에 전문인으로서 일체감을 가지고 다양한 가운데 조화를 이루는 사역을 감당하는 차원으로 침투해 들어가야 진정한 의미에서 생활 가운데 전도자가 되는 신학이 될 수 있다. 그러므로 전문인 신학은 개혁주의적인 복음주의이다.

한편 리처드 갬블은 각각의 운동은 다른 운동의 반대에 대한 두려움을 가지고 있다고 4가지로 진단을 하고 있다.

1) 사회복음에 대한 복음주의의 두려움

사랑의 실제와 노동의 복지로서 하나님의 나라에 노력하는 깊은 관심을 가지고 있다.

2) 술에 대한 복음주의의 두려움

복음주의 신학은 음료로서 술의 사용을 반대하는 데 연합하였다.

3) 개인과 사회에 대한 개혁주의의 두려움

기독교는 개인주의적일 뿐 아니라 사회적이다.

4) 분리에 대한 개혁주의의 두려움

인종차별은 미국 복음주의 안에 내재된 문제이다.[11]

두려움이 신학 가운데 있다고 하는 것은 살아있는 영이 역사하는 신학이 아니라는 것을 의미한다. 신자의 비세속성 원리에 의거하여 선으로서 악을 이기는 차원에서 복음주의보다는 좀더 적극적인 개혁주의 신학으로 나아가야 한다. 기독교는 개인주의일 뿐 아니라 축복의 통로로서의 적극적인 자세를 가지고 개인주의가 이기주의로 바뀌는 것을 극복할 수 있다. 목회자 · 평신도, 남자 · 여자, 그리고 흑 · 백의 차이점으로 인한 두려움을 9.11사태에서 미국의 자세에서 보았지만 '예수님처럼, 바울처럼' 사는 성육신적인 신학의 자세로 해결하는 모습이 모든 문제와 두려움을 이길 수 있다고 본다.

그러므로, 개혁주의 신학의 부흥이 없이는 복음주의 신학은 몰락할 수밖에 없는 것이다. 최근의 복음주의 신학의 문제점을 리차드 갬블은 6가지로 지적하였다.

1. 성경의 포기

2. 이 시대의 방식에 따르는 미국 복음주의

3. 미국 복음주의는 무분별화 되고 있다.

4. 미국 복음주의는 실용주의를 채택하고 있다.

5. 복음주의자들은 이전의 오류를 새로운 형태로 받아들이고 있다.

6. 미국 복음주의자들은 로마 가톨릭 교회와 합류하고 있다.[12]

성경의 포기같은 것은 말도 안되는 이야기지만 점점 미국의 기독교 윤리의 수준이 하향조정이 되고, 불신자도 우선 교회에 오게 하기 위해서 구도자(Seeker) 과정을 통해서 불신자에게 문턱을 낮추고 있는 실정이다. 무엇보다도 문제가 되는 것은 오류를 지닌 신앙의 행태를 인정하고 포스트 휴머니즘의 영향 하에서 실천론적 무신론자의 모습을 가지고 있는 것으로 보인다.

복음주의+인본주의=신복음주의

신복음주의는 결국 무신론자와 무슨 차이가 있을 것인가! 더욱 심각한 현실은 로마 가톨릭 교회와 합류하고 있다는 것이다. 이러한 현실을 볼 때, 우리는 미국제 복음주의를 경계해야 하며 오히려 신칼뱅주의적인 신앙의 전통을 계승하되 루터가 주장한 만인제사장주의를 전문인 입장에서 채택한 것을 전문인 신학의 노선으로 보면 좋을 것이다. 실용주의에 대한 이해는 오히려 직업의 전문성과 사역의 전문성을 양손 복음으로 실천할 수 있는 전문인 신학의 타당성으로 나가면 좋겠다. 리처드 갬블은 이 모든 신학이 하나님께 영광을 돌리는 것이어야 한다고 했다.[13] 전문인 선교신학은 그리스도안에 들어와서 그리스도의 마음을 품고 하나님의 뜻을 준행하는 선교세계관을 가지고 하는 사역이기 때문에 하나님께 영광을 돌리는 신학이 되는 데 추호도 의심이 없다.

4. 지역적인 것의 보편성: 거대담론의 상실과 복음주의 신학의 미래(스탠리 그렌츠)

복음주의에 대한 신학을 들으면서 미국에 이민 가서 아무 의심없이 미국제 근본주의적인 복음주의 신학을 배웠다는 생각을 해 본다. 그래도 감사했던 것은 단순한 복음을 주석 신학에서 깊이 다루고 생활 가운데 전도자가 되는 신학을 배웠다는 것이 오늘날 전문인 신학에 헌신하게 된 계기다. 21세기 최고의 조직신학자의 한 사람인 스탠리 그렌츠는 포스트모던주의의 한계인 회의적 합리성(skeptical rationality)을 극복하기 위해서 순화된 합리성(chastened rationality)을 요구하는 데 어떻게 대답을 할 수 있느냐는 질문을 하고 있다.[14]

예를 들면, 사도행전 17장에 나오는 이름을 알지 못하는 미지의 신에 대한 이야기에서 그 돌의 의미를 산돌되신 예수 그리스도와 비교해서 설명할 수 있는 것을 서구신학에서 인정한다면 한국의 단군 신앙을 회의적 합리성으로 바라보는 시각에 대해서 순화된 합리성으로 설명할 수 있는 방법은 무엇인가? 최근에 창조 사학회에서는 단군을 욕단이라는 셈의 4대손으로 보는 경향이 있다(창10:25). 비록 셈의 4대 손으로 보는 것이 무리라 하더라도 그 당시에 현존한 하나님의 사람이라고 해석하고 싶다. 창세기 1-11장 연구에서이다. 원역사에 대한 기록을 이스라엘 백성에 대한 기록에 한한다면 동방으로 이주해 온 한민족의 조상이라 할 수 있는 셈의 후손에 대한 기록은 전혀 성경에는 없는 것이다. 예수님이 유년 시절에 석가모니의 제자였다는 식의 망발에 대해서는 조심스럽게 관심은 가지면서도 우리 민족의 기원이 되었을 욕단의 후예에 대해서는 한국의 복음주의 신학에서는 전혀 무관하고 무조건 사역 중심적인 신학에만 열을 올리는 것은 정치의 사대주의에 이어서 사대주의적인 신학의 자세가 그대로 표출이 되는 것이라고 본다.

　　이러한 사실에 대해서 스탠리 그렌츠는 즉답은 하고 있지 않지만 '국지적 이야기의 탄생(the birth of the local story)'을 복음주의 신학은 인정을 할 수밖에 없는 것이라는 입장을 취하고 있다. 필자는 단군설화가 우리 나라 고유의 설화이고 이를 기초로 해서 윤성범은 성의 신학이라는 것을 주장하였으나 복음주의 진영에서는 인정하지 않고 있다.[15] 한국 신학의 토착화를 위해서 단군 신앙에 대해서 다시 한번 비판적 상황화의 입장에서 다루어야 한다는 것을 보여주는 말을 하였다고 본다. 전세계가 인터넷으로 하나가 된 상황에서 국지적인 뉴스거리를 미국 중심으로만 보는 것은 옳지 않다. 범세계적인 차원으로 신학을 이해하는 데 한국의 경우에는 한국고유의 토착문화가 있으므로 이것이 국지적인 것이고, 예수님의 십자가의 죽으심은 국지적인 사건이나 전세계적인 사건으로 승화된 것으로 볼 수 있다.

　　이전에는 '진리'를 목적으로 하였다면 이제는 '수용성(performity)'이 그것을 대치하게 되어서, 이제는 '이것이 진리인가'를 묻는 것이 아니라 '이것의 효용이 무엇인가'를 묻는 것이다.[16] 전문인 신학은 양손 복음을 가진 것으로서 진리와 수용성을 동시에 해결해 주는 신학이라고 볼 수 있다.

　　복음주의 신학은 처음부터 다양성을 전제로 한 것이다. 복음주의 가운데 은사주의나 성결교 등은 개혁주의적인 신학에 반기를 든 것이라고 그렌츠는 말하는데, 이를 전문인 선교의 입장에서 보면 개혁신학의 장점은 살리되 은사신학의 장점을 수용하여 치유신학을 전문인 신학에서도 수용

하는 것이 양손 복음의 본질에 맞는 것이라고 본다.[17]

　　전문인 신학이 그렌츠가 말한 문화적 행위의 하나로서의 복음주의 신학으로 인정을 받을 수 있는가 하는 질문이 나올 수 있다. 전문인 신학은 신자의 비세속성의 원리에도 기초를 하고 있기 때문에 독일의 경건주의 운동에도 맥을 같이 하고 있다고 본다. 그러나 이것을 변개적 경건(chastened piety)인 신자의 비세속성의 원리로서 인정을 받을 수 있기 ■때문에 전문인 신학을 세우는 것은 포스트모던시대에 한국이라고 하는 상황 가운데서 전문인이라는 국지적인(local) 사역을 중심으로 하는 신학이며 이는 후기개혁주의 신학의 이정표가 될 것이다.

　　또한, 그렌츠는 공동체적 활동으로서의 복음주의 신학을 말함으로서 교회가 무엇보다도 지역적(local)이라고 말하는 것은, 그 안에서 성경 이야기가 선포되고 제의적으로 구현되는 기본적 맥락에서의 모여진 공동체(the gathered community)라는 것이다.[18] 전문인 신학은 목회자에 국한한 것이 아니라 교회안에 잠자고 있는 잠자는 거인, 즉 평신도에 의해서 공동 관심사를 나누고 공동주제에 대한 세미나를 통해서 저마다의 입장에서 해석하는 선교적 해석학에 기초한 신학으로 동질성(homogeneous unit)으로서의 공동체의 필요를 채워주는 신학으로 자리를 잡게 될 것이다. 저마다 선교지에서 복음을 증거하는 선교사들의 양심적인 그통은 문화적인 해석(cultural hermeneutics)의 입장에서 선교지의 현지인을 위한 신학으로서 상황화 신학을 수립하는 단계에까지 이르지 아니하면 복음을 전파하러 간 것이지 가르쳐 지키게까지 한 성숙한 선교는 아니라고 하는 것이다. 그러므로 전문인으로서 선교적인 마음이 그 안에 들어가야 선교현장에서 일어나는 문제를 해결할 수가 있다. 주장하는 자세가 아니라 현지의 필요를 채워주는 전문인 선교는 21세기의 유일한 대안 신학이라고 볼 수 있다. 스탠리 그렌츠는 참으로 지역신학의 내용에 있어서는 "삼위일체적이고, 그 초점에 있어서 공동체주의적이며, 그 정향에 있어서 종말론적이다."라고 말했다.[19] 전문인 신학이 삼위일체적이라고 하는 것은 섬기는 리더십에 의한 성육신적인 선교사역을 추구하는 것이다. 팀으로서 사역을 하는 것이므로 더불어 사는 공동체적인 신학이 되며 종말론적인 경각심에 의한 선교의 추구이므로 건강한 신학이라는 것을 스탠리 그렌츠의 글을 통해서도 해석이 가능한 것을 소득으로 삼는다. 따라서 전문인 신학은 한 지역 신학(a local theology)으로 출발은 하였으나 다캠퍼스 인공위성 선교 신학(multi-campus satellite mission theology)으로 형성이 되어 범세계적인 선교신학(global mission theology)으로서 나침반과 같은 기능을 제공하리라 본다.

그러므로 그렌츠의 논의에 의하면 포스트모던적 전환이 과연 복음주의 신학에 도움을 줄 수 있느냐는 것이라고 볼 수 있는 데, 필자는 이를 긍정적인 면에서 평가하고자 한다. 포스트모던적인 상황에서 단순한 교리적인 복음주의는 퇴락을 하게 될 것이고 개혁적인 복음주의에 기초한 전문인 신학이야말로 포스트모던적인 상황에 접촉점을 만들어 포스트모던적인 상황을 변혁시키는 공적인 신학으로 소개되어야 한다고 본다. 이러한 신학이 되려면 성령의 역사 가운데 복음주의 신학의 흐름이 교리적인 옳고 그름이나 윤리적인 물타기만을 계속할 것이 아니라 선교적인 차원에서의 새로운 모색을 시도해야 한다는 결론에 도달케 한 것이 스텐리 그랜츠의 논문을 통해 배운 점이다.

5. 21세기의 복음주의신학을 위한 신학적 역동성(얼 데이비스)

얼 데이비스는 4가지 신학적인 원칙을 제시하고 있는데 이는 전문인 신학을 하는 데에도 동시에 중요한 원칙으로 보인다.

1) 성서신학의 역사신학과 현대 사상 형태와의 상호작용
2) 복음주의 신학을 위하여 기초적이며 결정적인 역할을 하는 말씀의 영감·무오류성
3) 말씀·성령 관계에 절대적으로 필요한 상호의존
4) 신학의 영성, 성결 그리고 사회윤리에 대한 필요불가결 작용[20]

영국의 신학자인 얼 데이비스는 다원칙적인 이야기와, 미국의 신학과는 대조적으로 원칙에 충실한 영국 신사적인 자세가 그대로 반영이 되었으나 신선한 사고는 별로 없었다. 한 가지 재미있는 것은 최근 미국의 신학자 가운데 클락 피(Clark Pinnock)와 같은 신학자가 말한 사람들이 하늘나라에 가기 위해 복음을 믿는 것이 본질적인 것이 아니라는 것과 복음주의신학의 무오류성을 역설하였다.[21] 필자는 교리적인 복음주의는 탁상공론에 머무는 것이고 그 시간에 실질적인 복음을 증거하는 일들을 즐겨하고 장려하는 방향을 선회해야 한다고 본다. 천국에 가는데 복음이 필요없다면 무엇

이 필요한 것인가?

6. 개혁주의 전통과 목회방향(김영재)

김영재 교수의 논문 발표를 들으면서 개혁적인 성향을 일부 발견할 수 있었다. 예정론(predestination)에 대한 김교수의 의견은 예정론이 성육신의 교리나 삼위일체의 교리와 같이 명백한 교리가 아니고 불분명한 교회라고 본다. 이 말을 들으면서 필자는 유연성(flexibility)은 가지고 유연한 교회로 이해할 수 있지 극단적 칼뱅이즘으로 가는 것은 합리적이지 않다고 생각한다. 개혁적 복음주의의 입장이라고 하지만 시대에 앞서가는 개혁주의의 입장이 아닌 것을 발표한 느낌이 있다. 루터와 칼뱅의 교회론 차이에 관한 자료는 별도로 다루기로 하고 여기서는 생략하기로 하겠다. 단지 마틴 루터는 종교개혁 초기에 교황주의에 강하게 반발하는 나머지 만인제사장론을 주장하였으나 칼뱅은 그런 말을 일체 언급하지 않았다.[22] 고 김교수는 말했다. 그러나, 칼뱅이 진정으로 만인제사장론을 언급하지 않은 것은 루터의 이러한 말이 균형잡힌 감각에서 나오는 것인지, 가톨릭에 대한 반동에서 나온 것인지를 분별했기 때문이라고 본다. 김교수는 루터나 경건주의자들이 교직에 대해서 소홀한 이야기를 경건주의 운동을 예로 들었다. 경건주의자들은 교회관을 두고도 교회를 성도의 모임으로 보는 루터의 교회관과 만인제사장론에 영향을 받아 이를 더 극단화하여 이해하고 적용하였다고 김교수는 지적하였다.[23]

만일 이것이 사실이라면 모라비안교도들이나 그로 인해 생긴 감리교에 대해서 문제를 일으키는 발언을 한 것으로 이해가 된다. 이는 교직의 힘이 너무 비대하므로 미치는 여러 가지 그리스도의 몸으로서의 지체에 미치는 영향을 생각해서 균형잡힌 차원에서 목회자의 역할과 평신도의 역할을 기능을 중심으로 각자 잘 할 수 있는 전문성에도 비중을 두자는 것이지 목회자의 교직권을 무시하기 위한 것은 아니라고 본다. 전문인 신학은 그러한 차원에서 루터의 만인제사장론을 비판적 상황화의 입장에서 선교학적 해석(missiological hermeneutics)을 한 것이지 만인제사장론을 완성하기 위한 것은 아니다. 오히려, 루터의 만인제사장론에 반응을 보이지 아니한 칼뱅과 마찬가지로 만인제사장론을 제대로 실천하기 위한 것이 되어야 한다고 본다. 왜냐하면 복음주의 신학은 사람들을 1차적인 구원이 대한 사실에만 강조를 두고 구원받은 성도로서의 성화와 생활구원 등에 대한 관심에 대해서 개혁주의보다 설명하지 못하는 점이 많은 것으로 본다.

김교수의 발표는 교리논쟁에 휩쓸리지 않으려고 어휘선택에 유의하는 면을 많이 보여주었다고 본다. 만인제사장론이라고 말한 부분도 원문에는 단순히 장로교회제도에 대한 것으로 말을 바꾸었다.

7. 21세기를 향한 세계복음주의 신학의 역동성과 방향(데이빗 파커)

WEF 총재인 데이빗 파커는 복음주의 신학을 총체적으로 진단하였다고 본다. 특별히 아시아의 기독교는 기독교 이후의 시기가 아니라 기독교 이전시대라고 하였으며 많은 교회가 하나님의 나라를 위하여 이루어졌지만 더 많은 교회가 하나님의 나라를 위하여 더욱 발전해야 한다는 김상복 박사의 말을 인용하였다.[24] 세계복음주의 신학이 역동성을 가지기 위해서는 복음의 본질인 십자가의 죽으심과 부활의 능력을 가지고 하나님의 나라 차원에서 세계를 향하여 나아가야 한다는 것이다. 어쩌면 아시아는 서구의 문화와 아시아의 사고가 함께 부딪치고 공존하는 혼재된 상황을 보여 주고 있다고 보는 것이 옳다고 본다. 제 3세계신학이라고 하는 말도 최근에 사용되고 있으나 이것은 미국 중심의 서구신학과 비교해서 아직도 요원한 상태이다. 그러므로 성육신적인 신학을 이야기해야 되는 것인데 서구 중심이 아닌 범세계적인 차원에서의 상황화 신학이 되어야 하고 한국신학은 이번 기회에 지역 신학으로서의 분명한 자신의 칼라를 보여 주어야 한다.

세계는 이제 더 이상 지성적인 복음주의라는 개념보다는 그 다음 단계의 용어를 기다리고 있고 교회라는 것도 성령의 기름부은 그리스도들 (Christs)의 연속이라는 글을 소개하고 있다.[25] 그리스도들이라는 용어 대신에 그리스도인들이라고 해야 하지만 이것이 서로 다른 의미를 가지고 있다면 이것은 사도들(apostles=creative missionary)이라는 의미가 더 맞는 것으로 보인다. 이러한 새로운 용어에 대한 정립이 필요하다고 본다. 데이빗 파커는 "교회의 본질에 대해서 본질적인 예수의 영으로 접근하는 것은 복음주의 운동이 선교적 요소(하나님의 나라를 포함한 가장 광범위한 가능한 방법으로 이해한 것)로서 확신을 가진 것이기도 하다 … 진정으로 문제가 되는 것은 교회는 성령에 의해서 기름부은 선교를 지속하는 데에서 그리스도들인 자신들의 빛을 반영해야 한다는 것이다 … 그러나, 그것이 방법론, 전략, 윤리 혹은 세계관, 교회에 대한 선교학적 그리고 영적 접근의 문제이든 간에, 성경에 대한 역동적 견해와 건실한 영성에 의해서 뒷받침되는 접근을 한다면 진전을 위한 중요한 길잡이나 규범을 제공할 수 있을 것이다."라고 했다.[20] 이러한 데이빗 파커의 말은 복음주의 교회들의 선교형 교회들로의 전환을 통한 하나님 나라의 차원에서의 선교를 의미한다고 본다. 그리고 신자들이 생활 가운데 전도자로서 사역하는 것을 통해서 신학적인 성숙을 통해서 오순절과 카리스마적인 분야에서도 여러 가지 시너지 효과를 이루기를 기대해 보는 것이다.

이러한 세계적인 복음주의 신학자들의 최근의 동향에 대해서 살펴봄으로써 전문인 신학이 범세계적인 신학으로서 21세기에 한국을 대표하는 행동하는 선교에 바탕을 둔 생활 신학으로 펼쳐질 수 있는 가능성을 아직까지는 미흡하나 전문인 신학의 입장에서 조금이나마 살펴볼 수 있는 기회를 가진 것을 기쁘게 생각한다.

3. 방법론과 연구 전망

전문인 신학의 방법론과 전망을 살펴보기로 하자. 전문인 신학을 체계적으로 연구하기 위해서는 4가지 정도의 방법론에 기초하여 연구하고 앞으로의 전망을 제시함으로써 이러한 전문인 선교가 활성화되는 데 작은 기초석이 되고자 한다.

1. 전문인 신학방법론 연구의 문제

한국에서는 평신도를 깨우는 일 그리고, 제자삼는 일은 목회자들에게 그다지 환영을 받지 못해 왔다. 그 이유는 목사들도 전문인이라는 사실을 깨닫지 못한 채 복음은 있으나, 실천적인 면에서 모델이 되지 못한 때문이라고 한다. 그러나, 전문인 신학은 목회자와 평신도 모두를 인격적으로 세워주는 신학이 될 것이다.

첫 번째 방법론 : 전문인 신학에서 전신자 선교사주의는 지상대명령을 준행하는 입장이다. 로마 가톨릭의 정치적인 사도 계승설이 아니라 선교를 수행하는 주체로서의 사도 계승설을 주장한다. 사도는 타문화권에서 복음을 증거하는 제자로서의 선교사이기 때문이다.

두 번째 방법론 : 복음을 아는 데 그치지 않고 가르쳐 지키게 까지 하는 제자삼는 사역을 강조하되 타문화권에서의 사도삼는 사역으로까지 발전시키는 것이다. 이것을 피터 와그너 박사는 신사도운동이라고 하는 데 서로 상관성이 있다고 본다. 그러나 교회성장용이 아닌 선교는 확장된 신사도운동의 일환으로 볼 수 있다.

세 번째 방법론 : 자비량 선교에 의한 하나님의 나라 건설(행18:1-4)

을 주장한 사도 바울의 삼자원칙에 의거한 선교방법에 기초를 두고 전문인 선교를 하는 것이다. 그러므로, 우리의 목표가 평신도를 깨우는 데 그치는 것이 아니라 하나님의 백성된 모두를 깨우치는 데까지 나아가야 한다. 이들을 나는 새국민이라고 부르고 싶다(고후5:17).

네 번째 방법론 : 직업의 전문성에 사역의 전문성을 배양받아 균형 잡힌 선교사의 집단이 지구촌 곳곳에 세워지는 데 그 목적을 두고 네트워킹하는 선교의 방법을 추구하는 데 있다.

2. 전문인 신학의 연구 · 전망

고난과 희망의 신학의 입장에서 한국의 신학을 보면 예수님의 눈으로 치유가 가능하고 성육신적인 총체적인 한국신학으로 자리를 잡을 수 있다고 확신을 한다. 이를 위해서 연구학파를 구성하여 전문인 신학을 구약신학, 신약신학, 성서해석학, 조직신학, 교회사, 설교학, 영성신학, 실천신학, 그리고 선교신학의 차원에까지 발전시켜나가야 한다. 이를 통해서 차세대 목회자가 변하면 한국교회는 선교의 하나님이 기뻐 춤을 추시는 선교형 교회가 될 것이다.

(1) 전문인 신학의 임무수행을 위한 전략

전문인 신학을 주창하면서 한국기독교 교계에 선교의 파장을 불러일으키게 되면 우리는 어떠한 일을 통해서 한국 교회에 기여할 수 있는 지를 밝혀야 할 것이다. 먼저 임무에 대해서 말하고 이를 수행하기 위한 전략을 논하기로 한다.

1) 하나님의 나라를 위한 임무이다.

한국교회를 깨우고 치유하고 이 민족을 변화시켜 국내외에 잘 구비된 선교사를 가게 함으로서 하나님의 나라 확장에 기여하는 데 전문인 신학이 선교사들의 정체성에 큰 기여를 할 수 있으리라고 본다.

2) 복음을 선교와 연결시키는 임무이다.

복음을 알고 최종훈련을 받은 자들이 타문화권에서의 제자훈련을 통해서 복음전파에까지 견인시키는 일이다.

3) 신도를 업그레이드시키는 임무이다.

계급적인 한국교회의 계급의식과 세습주의에서 차별화하여 전신자 사역자 운동을 통해서 전신자선교사운동으로 까지 나아가고자 하는 것이다.

4) 한국사회에 기독교문화를 신세대에 계승시키는 임무이다.

비판적 상황화의 입장에서 한국의 전통적인 선교방법을 평가하고 21세기의 대안으로서의 전문인 선교를 활성화함으로서 신세대에 맞는 선교문화로 정립시키자는 것이다.

5) 모순을 해결하는 임무이다.

목회자의 특권의식에 묶여 있는 전통적 기독교를 성육신적인 사역의 장으로 초대하는 것이다. 이것은 모순 그 이상의 역설적 진리에 의해서 해결이 가능한 것이다.

6) 가르쳐 지키게까지 하는 임무이다.

진정한 의미의 전도와 선교는 제자삼는 데 끝나는 것이 아니고 mentoring을 통해서 가르쳐 지키게 까지 하는 consulting mission이 되어야 한다. 섬기러 오신 주님의 방법대로 선교지에 가서 섬기는 선교사역을 해야 하나님이 시키는 일을 하는 것이지 나의 일을 하는 것이 아니기 때문이다.

7) 신도를 하나님의 축복의 통로로 바꾸는 임무이다.

오히려 복음의 증거에 반대가 되는 줄도 모르고 신앙생활을 하는 옛 그리스도인의 모습을 가진 상황화되지 못한 신도들을 축복의 channel역할을 할 수 있도록 소그룹을 활성화하여 전통적인 교회와의 조화를 이루는 개념으로서의 그리스도의 몸으로서의 차세대의 교회를 형성해 나가는 데 의무가 있다.

8) 선교자원을 개발하는 임무이다.

선교세계관에 기초하여 전문인 신학을 나누게 되면 직업의 전문성을 가진 자가 사역의 전문성을 가지고 선교사로 헌신하게 될 것이다. 이러한 수준의 선교훈련은 교회의 장년들을 사역자로 구비시키는 최고의 봉이 된다.

9) 성육신적인 선교사역의 임무이다.

전문인 선교의 모델이 나오기 위해서는 전문인 신학이 철저하게 구비되어야 그 열매를 보고 선교의 하나님께 영광을 돌리게 될 것이다.

10) 순례자적인 선교의 모델이다.

우리 세대에는 이러한 신학의 정립으로 끝이 날지 모르지만 다음 세대에는 전문인 신학에 기초하여 해뜨는 데부터 해지는 데까지 하나님의 나라를 위하여 전문인 선교의 계절이 오리라고 본다.

이제 전문인 신학을 활성화하기 위해서는 다음과 같은 신학적인 전략을 가지고 사람의 인격을 존중하는 성육신적인 신학으로서 인정받는 신학이 되어야 한다고 본다.

(1) 전신자 선교사주의를 주장하라.

거듭난 성도들의 하나님을 아는 지식의 채워지지 못함을 자극하여 진정한 의미에서의 하나님의 사람으로서의 선교에 동참하는 것을 깨닫게 해야 한다.

(2) 성서해석을 선교적으로 하라.

소위 문화해석학이라고 하는 것을 성육신적인 입장에서 하게 되면 전통적이고 교리적인 해석에 식상한 하나님의 백성들이 선교의 하나님을 높이는 선교적 해석을 통해서 결국은 전문인 선교의 현장으로까지 나아오게 될 것이다.

(3) 선교 소명자들에게 생활전도자가 되게 하라.

모든 신자가 생활 가운데 선교할 수 있도록 제자훈련도 구조조정하여 타문화권에서도 통할 수 있는 수준으로까지 리더십을 배양해야 한다.

(4) 목회자가 변해야 한다는 기치를 들어라.

목회자도 전문인 선교에 참여할 수 있다고 하는 비전을 두고 특권의
식을 그리스도안에서의 거룩한 산 제물에 장사지내고 21세기의 전문인 가
운데 전문인으로 거듭나야 한다.

(5) 제3의 길을 제시하여 포용력을 보여 주라.

전통적인 선교방법과 차별화하여 말로만 global mision이 아니라 내
용상 21세기를 주도하는 전문인 선교가 되도록 하라. 이것이 중용의 길로
서의 제3의 길이다.

(6) 새 술을 새 부대에 붓는 심정으로 사랑을 실천하는 선교를 하라.

21세기의 구제의 초점인 노인복지와 빈민구제사역도 사랑을 실천
하고자 하는 전문인 선교사들이 해야할 중요한 과제이다. 물이 변해서 포
도주가 되는 그런 사랑을 해보라. 선교사 파송에 그치지 말고 지속적으로
관리/후원함으로서 선교의 패러다임의 전환의 핵심신학이 바로 전문인 신
학이 되어야 한다.

(7) 교회론을 재정립하여 하나님이 원하시는 그리스도의 몸으로서의 교회가
　　되도록 하라.

은사재배치 사역을 통해서 함께 그리스도의 몸으로서 시너지효과
를 구하고 팀 다이나믹스가 일어나도록 하라. 또한 이러한 모델의 성공사
례를 많이 확보하라.

(8) 교회를 세워주는 생활선교운동이 되게 하라.

지역교회와의 다양한 연합을 통해서 지역교회의 선교를 깨우고 자

문해 줄 수 있는 컨설팅 선교가 되도록 하라.

(9) 고통을 감수하는 희생적인 성육신 선교로서의 전문인 선교사가 되게 하라.

중보 기도와 헌신된 전문적인 소그룹을 통해서 전문인 선교사들이 마음껏 사역할 수 있는 선교의 환경이 조성되기 위해서는 개척자의 정신을 가지고 예수님이 생각날 만큼 희생적인 정신으로 영적 전투의 현장에서 희생을 통한 승리를 이루어야 한다.

(10) 자기의 의(義)가 아닌 하나님의 의(義)를 위한 자세로 사역하도록 하라.

한국교회의 모든 문제가 있음에도 불구하고 오늘날까지 견고한 신학에 기초하여 승리할 수 있었던 것은 자기의 의가 아닌 하나님의 의를 위해서 겸손히 순종한 생명을 살리는 종이 있었기 때문에 가능한 것이었다. 그렇다면, 우리 모두가 질적으로 새로운 피조물이 된다면 이러한 전신자선교사운동은 자연적으로 확산이 될 것을 확신하는 바이다.

제 3장

전문인 신학의
다양성과 실용성

1. 전문인 선교에 대한 시각

한국교회와 선교단체의 연합을 위해 21세기의 선교신학으로서 전문인 선교신학을 제시하고자 한다. 이를 통해 최근 벤처 바람을 일으키고 있는 한국 전문인 선교가 올바로 정립되기를 바란다.

최근에는 보수냐 개혁이냐의 입장보다는 성숙도의 개념을 통해 한국교회와 신학을 성육신신학의 입장에서 재상황화해야 한다고 생각하고 있다. 2000년 11월호《목회와 신학》특집 기사에서는 한국교회가 개인 구원 중심의 율법주의적인 신학에 머물러 있었기 때문에 침체할 수밖에 없었다고 평가를 하였다.

필자가 보기에는 루터 중심의 칭의사상(롬1:17)을 주장하는 루터란 교회와 침례교회 등은 만인제사장론에 기초한 전문인 선교에 대해서 열린 자세로 포용하는 반면, 칼뱅 중심의 장로교단은 만인제사장론에 대해서 인색한 입장을 취하고 있는 실정이다.

따라서 기존의 정통교단이 전문인 선교를 이해하는 입장은 여전히 평신도를 활용하는 차원에서이지 21세기의 대안으로는 생각하고 있지 않는 것으로 보인다. 단지 기독교의 흐름 가운데 하나로 여기거나 교회의 프로그램의 하나로 구색을 맞추려는 차원에 불과한 정도이다.

그러나 21세기 교회는 교단이 파괴되고 교회의 공동체의 구성원들의 실질적인 필요를 채워주지 못하면, 움직이는 그리스도의 몸으로서의 사역을 감당하지 못한채 계속적인 침체를 겪게 될 것이다.[1] 한편 2004년 태국의 파타야에서 열린 제 3차 로잔 대회에서는 만인제사장론을 통해 세계복음화 과제를 달성하자고 결의했다.[2]

21세기에 들어와 자유주의 교회들은 어느 정도 재력을 가지게 되었고 정통교단의 눈치를 보지 않고도 자립할 수 있게 되었다. 이에 신학의 세속주의화와 예전 중심의 신학이 가능하게 된 것이다. 이들 교단은 선교에 대한 관심보다는 세속주의 입장을 반영하여 예수 그리스도의 유일성에 흠집을 내고, 종교다원주의에 대해서 더욱 접근하게 될 것이다.

복음주의 영성에 기초한 한국의 전문인 선교는 세속과 구별되는 신자의 비세속성의 원리에 기초하여 이뤄져야 한다. 이 세상 가운데서 생활 전도자(life-style evangelist)를 양성하는 경건주의적 영성과 청교도적 열성과 실천을 가지고 타문화권에 나아갈 때 새생명 새문화 하나님의 나라를 건설하는 성육신적인 선교를 할 수 있을 것이다.

그러나, 전문인 선교가 도입된 지 10년 미만의 한국교회에서 여기까지 생각하는 것은 아직은 무리인 것 같다. 교단마다 전문인 선교를 이해하는 시각이 교단마다 모두 다르다. 우리는 다른 것을 서로 인정하고 연합할 때 건강한 선교단체가 된다고 하는 미명 하에 각자 전문인 선교를 추구함으로써 선교자원을 야금야금 낭비하고 있다.

김영한 박사가 '새천년 한국교회와 복음주의적 신학'이란 주제로 언급한 것처럼 "개인주의적 회개를 넘어서 사회적 구조변화에 역점을 두어야 할 교회의 시대적 사명"을 전문인 선교를 하는 주체들이 바로 이해해야 한다.[3]

이처럼 평신도를 깨우는 사역자들은 평신도의 역할을 더욱 강화시켜 나감으로써 한국교회를 변혁시킬 수 있는 선교변혁자로서의 사명을 감당해야 한다고 본다. 이것이 전문인 신학의 기초를 놓는 일이다. 탄생 100주년을 맞이한 3명의 믿음의 선배인 함석헌, 김재준, 이용도 세 명을 통해서 전문인 신학이 가진 100년의 역사성을 보존하고, 또다른 100년을 준비하기 위한 검증 작업은 매우 중요한 작업 가운데 하나이다.

2. 전문인 신학의 모델링을 향한 한국 토착화 신학 평가
-함석헌,김재준,이용도를 중심으로-

1. 역할 모델을 세우다

필자는 복음주의적인 교단(Southern Baptist)에서 1989년에 안수를 받고 줄곧 신학 바로하기에 관심을 가지고 오늘까지 오게 되었다. 미국신학과 유럽신학 그리고 현대신학에 이르기까지 여러 분야의 신학을 섭렵하면서 현재 한국인에게 맞는 신학의 모습이 무엇인지를 연구해 왔다. 1991년에 상황화 신학의 관점에서 쓴 박사학위논문[4]을 중심으로 계속해서 생각을 가다듬어 왔으며 모든 신자가 선교사가 되어야 한다는 생각으로 전문인 선교사를 양성하고 있다. 그러다 생각이 21세기의 한국의 복음주의 신학의 역할 모델이 될 수 있는 전문인 신학을 정립하기까지 이르렀다. 이러한 과정에서 한국신학자 가운데서는 교파와 교단을 초월하여 함석헌 선생과 김재준 목사, 그리고 이용도 목사의 업적을 짚고 넘어가는 것이 도리라고 여겨졌다. 이들에 대한 자서전과 기록들을 보면서 또 인터넷 사이트를 검색하다가 떠오른 감동을 글로 표현한 것을 소개하며 이 글을 열고자 한다.

이 시대의 사명을 지고 산다는 생각
오늘 한국신학의 미래를 생각하는 시간
온고지신의 정신으로 세 분을 생각해 본다.

이용도 그에게서 나는 선교의 신비주의를 배운다.
김재준 그에게서 나는 선교의 자유주의를 배운다.
함석헌 그에게서 나는 선교의 패러다임의 전환을 배운다.

왜, 그동안 보수주의에 대한 연구를 하면서
100개 이상의 장로교단, 성결교단, 침례교단, 그리고 순복음교단까지
수많은 목회자들의 내면의 세계에 있는 하나님의 마음을 보지 못하고
우리는 서로의 교파와 교단에 매어서 정죄하고 무관심했는가?

조선의 크리스천들이여! 울어야 한다.

이 민족의 현실을 보고 울어야 한다.

미국이 어미의 치마끈을 잡아당기며 세속주의(Secularism)를 심고

러시아가 어미의 젖가슴의 고리를 잡고 마피아주의로 위협하고

중국은 치마와 저고리가 나뉜 남북을 사회주의 경제로 이용하고

남과 북은 그 이전에 하나님의 선민으로서의 의식을 가지지 못하니

21세기 Christian Pax Koreana의 비전을

우리 한국의 교회는 이룰 수 없는가?

버선을 벗으려는 일본의 집단주의의 광기인 신도이즘을 배격하고

어미의 손가락에 금가락지를 벗기려는 중국의 황금만능주의를 넘어서

주님과 함께 가는 아리랑 고개 길을 가는 이 시간

이제 우리는 어디로 가야 하는가?

질문하는 한국교회에 대답을 주어야 한다.

선교의 하나님과 함께 동행하며 21세기를 깨워야 할

이 시대의 선각자들이여!

그대들은 지식의 십일조를 주님께 드려 눈물로 주님의 발을 씻긴

막달라 마리아와 마찬가지로 이 시대에 희생하고 봉사하는

새천년, 새시대, 새선민의 지도자가 되어라!

자문화우월주의라는 이중 열등감에서 벗어나

하나님 중심의 세계관을 가지고 5대양 6대주 258개국을 다 다니며

선교하는 행동하는 전도자의 삶을 살자! [5]

2. 포스트모던 사회의 전문인 신학

보수주의 신학자들은 전환기의 시대에 들어서면서 자유주의자들의 창조적인 세계관이 상당부분 이 시대를 앞서간 것이었다는 생각을 상당수가 하기 시작했다. 특별히 총체적 신학의 입장에서 선교신학을 논하고 상황화 신학으로 접목하는 작업을 하면서, 우리는 이 세 사람의 각 장점을 복음주의라는 몸체에 장착을 한다면 생동감이 있는 신학이 될 것이라 생각한다.

먼저 이용도 목사는 처음 이단시되었던 사실 때문에 접근하기를 꺼려했으나 오늘날 성결교가 그분의 신비주의 사상에 기초하여 괄목할 만한 발전을 하게 되었다는 것을 감안했다. 또한, 김재준 목사는 자유주의라는 배경으로 인해 주변 사람들이 불가원 불가근의 정신으로 가까이 하지 않았다고 해서 그 분과 기독교 장로회의 창조성까지도 멀리한 것은 큰 손실이라고 본다. 특별히 창조적인 사도인 선교사의 아버지인 사도 바울을 본받아 전문인 선교사를 양성하는 입장에서 더 일찍 관심을 기울이지 못한 데에는 안타까움이 있다. 마지막으로 무교회주의자가 될 수밖에 없었던 함석헌 선생의 독립성에 대해서 가까이 접근하지 못했다. 교회갱신과 교회변혁 그리고 교회 성숙을 논하면서도 진정한 의미에서의 한국신학의 발전을 보수주의와 자유주의 양단의 정체된 신학으로만 묶어두었던 것이다.

그러나 후기 기독교 사회라고 하는 21세기 포스트모던주의 시대에 이러한 생각들이 모인다면 전문인 신학의 마당을 펼칠 수 있다고 본다.

(1) 이용도에 대한 평가

이용도의 생애와 사상에 대한 성백걸 씨의 글인 「영원의 향유:이용도의 생애와 사상」을 중심으로 평가를 시작하고자 한다.

1) 영원의 향유와 한도한기론

식민지 시대에 조선인으로서 이용도는 이른바 한도한기론의 입장에 서 있다고 볼 수 있다. 서구 선교사들이 가지고 온 서도서기론의 입장에 대해 자연스럽게 우리 것으로 본색화하는 작업을 시도한 것이다. 원래 신비주의라고 하는 것이 다 그렇게 시작하는 것이라고 본다. 성백걸씨는 다음과 같이 말했다.

> 우리의 역사에서 근대적인 민족의식을 지니고 복음을 철저하게 주체적으로 수용하고 개성적으로 표현하는 움직임들이 일어났다. 유영모, 김교신, 함석헌, 최태용, 이용도 같은 이른바 한국적 기독교인들에게서 우리 민족의 고유한(?) 종교성과 영성이 근대가치와 복음의 진리와의 융합을 통해 제 3의 새로운 지평의 한 원형으로 출현했던 것이다. 여기서 이 관점을 한도한기론으로 부르려고 한다.[6]

서도동기론과 동도서기론 등 토착화에서 사용하는 용어가 있지만 구체적으로 성백걸 씨가 말한 한도한기론은 무비판적 토착화의 냄새가 난다. 차라리 서도한기론이 비판적 상황화의 입장에서는 옳은 것으로 사료된다.

2) 이용도시대의 체험과 극복

이용도는 1901년 4월 6일 황해도 금천군 시변리에서 태어나서 1915년 송도 한영서원(1917년 송도 고등보통학교로 개명)에 입학했다. 1919년 12월 18일에 조선독립수비단 사건으로 일경에 피검되어 민족 교회사적인 절망과 폐병까지 겪은 그는 1924년 협성신학교 입학 후에 자살할 것을 생각했을 정도로 시대고를 겪은 것으로 나타나 있다.

> 저녁 8시가 지나서 경성역에 내렸다. 모든 꼴이 다 는에 틀리누나. 저것들을 다 어쩌면 좋을까? 죽음의 물결 위에 산 시체들이 ㄷ- 떠다니는 꼴! 주여 생명의 동풍을 불어 주소서. 그리하여 저희들에게 새 살, 새 힘을 붙여주시고 그 속에 새로운 피를 주사해 주세요.[7]

그는 세속주의를 바꿀 수 있는 힘은 보혈의 능력임을 자각하였고 모든 그리스도인이 걸어가야 할 길은 예수님이 걸어가신 길임을 자각하였다. 이것이 지난 100여년 동안에 한국교회가 해결하지 못하고 오늘까지 이어져 내려온 문제다. 일차적인 구원에만 머물고 가르쳐 지키게까지 하라는 지상 대명령을 준행해야 함을 그는 이미 역설한 것이었다.

이용도 목사는 교회 개혁의 부흥사로서 개혁과 부흥을 동시에 강조한 측면이 있다. 사실 지금도 마찬가지이지만, 교회의 부흥이라는 것이 무엇이 부흥한다는 것인지 그리고 부흥한 다음에는 어떻게 한다는 것인지에 대해서 구체적이지 않고 추상적이고 신비적이었다. 신비주의에 심취했던 이용도 목사는 이 때문에 이단시되었으나 그 내용은 교회 안에 하나님이 없고 교회 밖에 하나님이 있다는 현대교회의 모순을 극복하기 위한 선한 시도였다고 볼 수 있다. 종교 개혁-갱신-갱생은 조정 되어야 할 3R(Reformation, Renewing, Revitalization)이다.

3) 사랑과 고난의 신비주의 영성

이용도 목사의 신비주의의 영성을 여섯 가지로 정리할 수 있다.

① 깊은 차원의 기도를 통해 하나님의 생명과 힘을 얻어 살아가는 기도 신비주의이다.

② 고난의 예수 신비주의요, 십자가의 신학(Theology of Crucifixion)이라고 할 수 있다.

③ 그리스도와의 사랑의 연합 혹은 사랑의 결혼을 체험하는 신비주의이다.

④ 조선인의 고유한 영성 혹은 종교성이 그리스도의 복음과 융합 혹은 일치를 통해 이루어낸 제 3의 새로운 창조적인 지평으로 한국적 신비주의라고 할 수 있다.

⑤ 유연한 생명력이 있는 신앙으로 맹목적 동양 신비주의 길을 돌파해 갔다.

⑥ 자연과 깊이 한 생명이 되어 사랑의 교감과 친교를 나누는 자연 신비주의이다.

우리는 신비주의적인 신학을 가진 순복음 신학이나 성결교의 신학을 비판하는 시각을 가지고 있다. 하지만 진정한 의미의 신비주의가 그리스도 안에서(in Christ)라고 말한다면 신비주의에 대한 개념도 모르면서 샤머니즘적 사고로 무비판적으로 비판하는 것이 되는 것이다. 다시 말해서 복음을 떠난 신비주의는 비판의 대상조차 될 수가 없다. 이러한 차원에서 볼 때, 이용도 목사는 신비주의의 한계를 느끼고 어려운 고난의 연속인 신앙의 길에서 이단시되는 순간에도 주님과의 사랑의 신비주의로 극복하려고 노력했다.

> 위대한 영의 소유자 예수여 … 약소한 민족 우리들은 세상의 한 노예로 십자가 형틀을 지고 갑니다 … 세계는 지구정복에 주린 그라파의 욕심 앞에 놀라 떨고 섰습니다. 제국주의는 맘몬의 손에 들어가서 부정한 환희의 춤을 추고 전쟁욕, 권세욕, 소유욕-세 마녀는 그라파의 연변에서 잔치의 술을 마시고 있습니다. 저 구라파 천지에는 당신이 유하실 데라고는 일간두옥도 남지 않았습니다. 오시옵소서, 그리스도여, 발길을 돌려 이리로 오시옵소서, 아시아에서 당신의 처소를 잡으십시오.[8]

아무리 이용도 목사가 이단시되고 온전한 판단을 할 수 없는 상황에서 쓴 일기라고 해도 오늘날과 같이 빈부의 격차가 심하고 초대형 교회들이 재벌화되는 상황에서는 호소력 있는 이야기라고 생각된다. 원죄에서만 회개하는 것이 아니라 자범죄 그리고 고범죄에까지 구원받아야 할 목회자 리더십의 패러다임 전환에까지 요구하고 있다. 이 말의 핵심에는 역사의 역동성의 핵심을 잃어버리면 하나님이 우리를 버리신다는 사상이 내재되어 있다. 여기에서 동학이 출현한 것이다. 그러나 1876년의 개항이후에 임오군란과 갑신정변을 겪으면서 부패한 조선에(녹두장군 중심으로) 민중혁명을 시도했으나 결국 녹두장군의 실패로 동학은 막을 내린다. 녹두장군은 상황화가 무엇인지 몰랐고 조정은 무비판적 상황화로 일본과 청나라를 적당히 이용하여 같은 민족을 진압하고 무차별하게 쓸어버렸다. 이는 앞으로 10년 뒤에 한국교회가 맞이하게 되는 한반도 주변의 정세일 공산이 크다.

필자는 요즈음과 같이 무력증에 빠져 있는 한국의 목회자들이 들어야 할 신의 목소리라고 본다. 이는 나는 죽고 그리스도만(갈2:20)이라는 신학의 자세인 것이다. 한걸음 더 나아가서 날마다 그 정과 욕심을 십자가에 못 박는(갈5:24) 신앙의 자세로 나아갈 때 복음과 실천이 하나가 되는 생활신학이 자리를 잡을 수 있다. 이러한 개념으로 볼 때 한손으로는 사업을 하고 한손으로는 복음을 전할 수 있는 전문인 선교사들은 기독교적 신비주의라는 세계를 무조건 경원시하지 말고 선교의 접촉점의 하나로 적극 이해할 필요가 있다. 최근 국민일보에 심심치않게 광고되는 치유선교학에 대한 과목들을 보면서 이제는 총체적인 구원을 이루기 위해서 치유사역과 기도원 운동의 장점을 가진 교회성장을 위한 3R을 발전시켜나가야 한다고 본다. 이성이 구원을 받아야 구원을 받은 것이라는 곽선희 목사식의 구원론만으로는 부족하다. 오늘날 우리가 원하는 것은 교회개혁적인 성향을 지닌 치유하는 부흥사라고 볼 수 있다.

결론적으로 교회개혁적 부흥운동가, 한국적이고 동양적인 신비주의자로서의 이용도 목사의 모습을 통해 그리스도 안에서의 아름다운 신비주의 신학의 원형을 가진 복음적 근본주의자였다고 평가할 수 있다. 여기서 우리는 세 가지 정도의 적용이 가능하다.

① 당시 조선인이 가지고 있었던 영성은 '한'의 영성이라고 파악할 수 있다는 것이다.
② 한국인의 영성과 예수 그리스도의 영성의 창조적인 융합과 합일의 가능성을 본 것이다.
③ 전 인류를 위한 한도한기론으로 나아가야 한다는 것이다.

첫째로, '한' 영성을 정희수 씨는 누혈의 신학(Theology of Tear and Blood)이라고 말한다. 다시 말해서 예수님의 눈물과 자신의 가난과 병고 그리고 이단시된 데서 오는 총체적 위기 앞에서 하나님께만 가까이 나아갈 수밖에 없었던 것이다. 이는 생의 한 가운데(sitz im leben)의 신학이라고 볼 수밖에 없다. 굳이 고난의 길을 자초할 이유는 없지만 하나님이 한번 이 민족을 위해서 고난의 길을 가라고 소명을 주셨다면 따라가려고 하는 것이 이용도 목사의 자세이다.[9]

자매여 나를 위하여 우는 자매여, 어서 그 눈물을 거드려무나, 그리고 너와 나의 동포를 위하여 크게 울어라 통곡하여라. 오 자매여 나의 사랑하는 자여. 나 위하여 울기를 고만 그치라. 그리고 너희 성자와 성녀의 을음을 모아 울고 또 울고 울어 다하여 청산의 고골을 적시어 보려마. 울어라 성자여, 울

어라 성녀야. 겟세마네는 어디 있어. 나의 피눈물을 기다리누. [10]

둘째로, 이용도 목사의 영성을 보면서 제 3의 길로서의 십자가의 교차로에 서 있는 한국민족의 현 상태를 생각해 보게 된다. 축복의 통로가 되어 나누어 주며 진정한 의미의 십자가의 넓이와 높이와 깊이와 길이에 자라가는 것을 통하여 진정한 의미의 신비주의가 무엇인지를 배웠다는 것이다. 창조적인 변혁의 자세로 현재의 한국 신학을 점검하고 우리만을 위한 신학이 아니라 전세계 258개국에 흩어져 있는 615만명의 코리안 디아스포라에게도 적용이 될 수 있는 크리스천 문화변혁자로서의 자세를 가지고 있었다. 그는 한국교회가 선교형 교회가 되어지는 데 지계석의 역할을 하는 신학이 필요하며 예수님의 입장에서 성육신적인 사역을 감당할 수 있는 전문인 운동을 일으켜야 한다고 주장했다. 그러나, 이용도 목사가 생각하는 창조적 연합의 시도가 한낱 탁상공론에 그치지 아니하기 위해서는 사역적인 개념을 생각하며 신신학의 틀을 짜야 한다는 것이다. 사역을 전제로 하지 않는 신학이야말로 문자 그대로 사신신학이기 때문이다. 이것을 신학의 책무성(Accountability)이라고 볼 수 있는 데, 신학자들은 오늘날까지도 책무성의 입장에서 목회자에게 덕이 되지 못하는 실정이다.

IMF 이후 한국정부의 불안한 국내외 정세 가운데서 크리스천 비즈니스맨들이 자신의 직업의 전문성을 가지고 사역의 전문성을 배양받아 생활할 수 있어야 한다. 그 가운데 목회자가 되는 운동과 연결이 될 수 있으며 이용도목사의 영성이야말로 타문화권에서 극기를 배우는 인내와 희생의 영성이라고 말할 수 있을 것이다.

이용도 목사는 그당시의 일제 치하의 제도적인 교회(institutionalized church)에서 머물지 않고 개혁 성향이 있는 부흥사답게 열린 공동체로서의 예수 교회를 구성하였다. 이를 탈교파운동으로 해석하는 시각이 있다. 이호빈 목사는 그 당시의 이용도 목사의 예수 교회를 이렇게 평가를 하고 있다.

> 교회를 확장시키자는 것이 아니라 맥없어지는 교우들을 위하여 힘을 같이 합해야 하는 일이 있어야 할 것이랍니다 …교파주의는 끝없이 없어야 할 것만은 사실이고 그렇다고 신우들의 회합이 없어서는 아니될 것이ㄴ 신앙을 위한 회합은 필요하고 교파를 중심으로 모이는 일은 없어ㅇ겠지요.[11]

오늘날 초대교회로 돌아가자는 운동이 일어나면서 초대형 교회의 역기능이 부각되고 오히려 작은 교회도 아름답다고 하는 운동이 일어나게 되었다. 이에 초대형 교회는 셀 그룹교회를 운영해 작은 교회의 장점을 살리면서 초대형교회의 부작용을 상쇄하려 하고 있다. 선교공동체라는 교회의 속성에 기초하여 예수교회는 그 당시에 벌써 제도화된 교회가 할 수 없는 교회의 4대 속성 가운데 선교성에까지 시도하는 놀라운 성과를 이루었다. 여기에 예수 교회의 선교적 유산을 3가지로 소개하고자 한다.

① 자기갱신과 전도
② 도시선교에 대한 비전
③ 교회의 자의식과 선교적 유산들

더이상 행태론적 근본주의(molphological fundamentalism)에 갇혀 있거나 한국적인 상황을 외부자적인 시각(etic view)으로 보아서는 안된다. 한국민족을 치유할 수 있는, 10%에 해당하는 100만명의 평신도들이 그리스도의 첫사랑으로 돌아가서 청지기적 사명을 감당하려는 내부자적인 시각(emic view)을 가져야 한다. 그래야만 한국교회는 기불유의 신학에서 패러다임을 전환하여 초대교회와 같이 복음 앞에서 순수하게 반응을 보이는 신학의 틀을 새롭게 짤 수 있을 것이다.

사족: 1517년에 종교개혁을 할 당시에 마틴 루터(Martin Luther)가 주장했던 만인제사장론을 되새김질하면서 필자는 교단마다 이해는 다르지만 이용도 목사의 그리스도와의 합일의 정신을 가지고 자신의 어려움을 이겨내는 모습 앞에서 이단시되었으나 탄신 100주년에 복권이 되고 오늘은 웃는 모습 앞에서 너도 그 길을 가려느냐는 음성을 듣는 듯하다.

셋째로 한도한기를 통한 전 세계에 한국신학을 심는 일을 이용도 목사의 신학이라는 앵글에서 보면 선교적 신비주의로 나가야 한다는 것이다.

이제까지의 한국교회의 신학은 개인구원을 위한 교조주의적인 신학으로 신비주의도 개인적인 차원에서 머물러 있었기 때문에 개인적 신비주의로만 그치는 안타까움이 있었다. 아직도 한국교회는 이러한 신비주의 정신을 잘 이해하지 못하고 있다. 하지만 예수 그리스도를 만나고 생활 전도자로 사는 차원의 신비주의를 실천해 나간다면 한국교회에서 이용도 목사의 신학이 제대로 빛을 보게 되는 것이다. 이를 위해서는 한국교회는 출세와 신분상승이라는 유교적인 틀을 깨야 한다. 이는 신자의 비세속성의 원리를 실천하는 것이다. 이러한 사상이 가능하게 되려면 신약성경의 요한복음 3장 16절만큼 중요한 베드로전서 2장 9절의 크리스천의 4중 시민권에 대한 강조가 있어야 한다고 본다. 하나님의 백성(God' s Family)이라는 개념이 강조되어야 할 것이며 목회자와 평신도가 함께 동역하는 전문인 사역자라는 개념을 가져야 한다. 그래야만 출세와 신분상승이라는 개념이 판을 치지 못할 것이다. 교회를 개척하거나 직장선교를 하거나 타문화권에 선교를 나갈 때, 교회 안에서는 신분에 의해 차별화되는 문제를 해결할 수가 있게 되는 것이다. 차성환 씨는 예수교회에 대한 사회의 영향력에 대해서 이렇게 말한다.

> 새롭게 부상하는 지식인층이 변화된 사회적 현실에 부응할 수 있는 새로운 믿음직한 세계관을 제시해 주거나 기존의 세계관을 재구성해 내는 노력을 기울여야 한다. 그때야 비로소 사람들은 변화된 사회즈 현실을 적절히 인지하여 능동적이고 합리적으로 대응할 수 있게 된다.[12]

그 당시 유교는 사회를 바꿀 수 있는 능력이 없었기 때문에 한국민족의 특이한 생존본능에 의해서 기독교를 택하게 된 것이다. 그 본질은 유교에 바탕을 둔 신학이며 로마 가톨릭교회가 여전히 건재한 것도 이러한 데연유한 것이다. 다시 말해서 무비판적인 문화화(inculturation)에 넘어간 경우이다. 이제 우리는 후기 자본주의라는 정보통신시대의 거대한 흐름 가운데놓여 있다. 그러나 한국교회가 이조시대의 카리스마적인 제왕적 목회에 의

거하여 초대형교회를 세우는 데 혈안이 되어 있는 것은 시대를 역행하는 것이다. 그러므로 지방색 구도로 되어 있는 한국사회를 사상적 구도를 바꾼다고 통일이 되는 것이 아니라 변증법적인 개념을 가지고 한국문화 자체가 복음을 실천할 수 있는 구도로 변환이 되어야 한다. 그래야 진정한 의미에서 '이것이 교회다' 라고 하는 칭찬을 들을 수 있게 되는 것이다. 여기에 부합하여 목회자들이 무소유의 신학으로 무장이 되어서 목회세습을 중단하고, 축복의 통로로 쓰임받는 본연의 제사장적인 자세를 회복한다면 더욱 힘을 얻게 될 것이다. 이용도 목사는 이러한 무소유의 신학에 대해서 자신의 입장을 천명하였다.

> 나의 소유라고는 생전에 다 주를 위하여 무(無)가 되게 하여 주시기 바라옵나이다. 주께서 나를 위하여 무가 되어졌사오니 나는 주를 위하여 무(無)가 됨은 마땅한 일이니이다 …모든 의식도 버리고 혈기도 버리고 교만도 버리고 수단과 방법도 버리게 하옵소서.[13]

필자는 전문인 선교사들이 자신의 직업을 유지하면서 생활 가운데 전도자로 활동하는 것을 이상으로 여긴다는 것이다. 절대로 직업을 포기하지 말고 직업 가운데서 빛을 발하며 전도를 통해서 소금의 역할을 하는 구도로 가야 한다. 중요하고 그 가운데 해외에 나가는 자들이 전문인 선교사도 생기게 된다. 한국이 통일로 가는 앞으로 10년 동안 그 길목에서 중국과 북한 그리고 러시아와 중앙아시아에 수많은 일자리가 창출이 될 것이다. 저들을 복음화하는 작업이 한국교회 전문인들의 사명이다.

따라서, 교회 안에서 1차적인 사역만을 하며 수수방관해서는 안된다. 일자리가 없는 지식인 계층이 전문인 선교사로 구비되어 하나님의 때에 일어나 새로워지지 않으면 한국교회는 사회를 변혁시킬 수 없다. 결국 하나님의 나라를 확장하는 국내외적인 missio dei를 성취하지 못하게 된다. 선교공동체라는 개념으로 회복이 되지 않으면 소망이 없다는 말이 나오게 되는 것이다. 부연하여 정리하자면 전문인 신학이 복음주의적인 신학을 견지할 때 앞으로 수용성(receptivity)이 높을 것으로 본다. 이는 신비주의자라며 이단시했던 한 목회자를 내부자적인 시각으로 들여다 보며, 한국신학의 발전을 위한 엄청난 보고를 발견했기 때문이다. 또한 기독교의 질서를 유지하고, 목회자들의 의식 구조를 성숙한 방식으로 업그레이드 하는 것만이 유일한 방편이라는 결론이 나와 있기 때문이다. 좀더 교파적인 측면에서 말한다면 전신자 선교사주의에 기초한 전문인 신학은 성결성과 신자의 비세속성의 원리에 기초한 사역의 전문성을 통한 선교를 이야기하므로 한국교회 대다수를 대변하는 칼뱅주의나 신칼뱅주의자로부터 공격을 받을 이유는 없다. 오히려 신비주의라고 하는 개념을 그리스도 안에서의 신앙의 신비주의로 이해하므로 칼뱅주의자들의 교파중심적인 사고에 대해서 좀더 유연성을 제시해 줄 수 있는 나침반적인 기능을 할 수 있으리라고 본다. 때문에 우리는 이용도 목사의 신학을 비판적으로 확대 해석하여 새로운 시민층인 전문인의 삶을 풍요롭게 해 주고 생활 가운데 전도하는 크리스천을 양육하고자 하는 채널로 여기는 것이다.

(2) 김재준 목사에 대한 평가

필자의 주변에 김재준 목사와 연관된 분들이 일부 계시지만 신앙노선이 다르다는 생각으로 깊은 교제를 하지 못한 것이 안타까웠다. 김재준 목사의 동생이신 김정준 박사의 큰 자제분과도 워싱턴에서 교류를 할 수 있는 기회가 있었는데 세계관의 차이를 좁히지 못해서 만나지 않았던 필자의 치졸함이 후회된다. 김재준 목사의 유학을 도왔던 만우 송창근 박사의 큰 자제분이었던 송승규 장로와의 만남에서도 큰 의미를 부여하지 못하고 헤어진 적이 있다.

1) 김재준 목사의 생애

김재준 목사의 신학을 평가하기 위해서 필자의 은사이신 주재용 교수가 쓴 「장공 김재준의 생애와 사상」에 보면 김재준 목사의 연대기가 나와 있다. 이러한 연대기를 통하여 후학된 우리들도 자신의 Life Mapping을 계획하는 데 참조가 되었으면 한다.

제 1기(1901-1920년): 유교의 전통에서 하나님의 예비하신 길을 따
　　라 믿음의 결단을 한 시기
제2기(1920-1932년): 신학순례의 시기
제3기(1932-1939년): 내가 설 땅을 찾아 순례하는 삶의 시기
제4기(1939-1961년): 신학의 자유를 위해 투쟁하며 신학교육에
　　전념을 한 시기

제5기(1961-소천시): 생활신앙과 생활신학의 기수로서 역사에

참여한 시기[14]

각 기마다 특징적인 것을 언급하고자 한다.

장공 선생은 1901년 9월 26일 함경북도 경흥군 아오지읍 창동에서

태어났다. 그의 환경은 현실참여를 할 수밖에 없는 여건으로 인도되고 있었

다. 주재용 목사는 그가 김익두 목사의 부흥회에 참석하여 회심한 것으로

기록하고 있다.

"여러분 믿으시오. 그리하면 여러분은 새사람으로 새세계, 새빛 속

에서, 새로운 하나님 나라 백성이 될 것이오." 하자, "옳다! 나도 믿겠다."

하고 결단했다는 것이다. 그의 아버님께서 "네가 환장했구나!" 하실 만큼 그

는 기독교에 미친 것이다. (장공의)형님은 쪽복음을 가지고 담배를 말아 피

우는 집안에서 자라난 사람이었다. 그는 스스로 "교실에서 탈락한 자연인

이 교회에서 위로부터 난 영의 사람이 됐다."고 감격하고 있다.[15]

여기에서 말하는 새사람, 새세계, 새빛, 그리고 하나님의 나라 백성

은 오늘날도 우리가 전문인 선교를 이야기하며 자주 언급하는 천국의 4중

시민권자의 내용 가운데 하나이다(벧전2:9). 이원설 박사가 주장하는

Christian Pax Koreana의 기초가 되는 새천년, 새선민, 새비전도 이러한 생각

의 연장선에서 보아야 한다고 생각한다.

제 2기는 한 신학자가 어떻게 자신의 신학을 형성해 가고 있는 지에 대해서 보여 준다. 특히 일본의 청산학원에서 개인의 자유, 학원의 자유, 학문의 자유, 사상의 자유를 표방하는 정신을 배우고 말씀의 신학자인 칼 바르트(Karl Barth)의 신학을 섭렵해 나갔다. 그로 인해서 한국의 신학이 보수와 자유로 갈라지는 데 일정한 역할을 한 것으로 평가받고 있으나 주재용 교수는 사실 장공은 한 시대를 훌쩍 뛰어넘어 신학의 자유를 논했다고 평가하고 있다. 제 3자의 교단(Southern Baptist)에 속한 필자도 이제는 생활 가운데 전도하고 선교하는 신학을 논했던 최초의 신학자였다는 데 동의하는 바이다. 이미 보수니 자유니 하는 신학이 무너지고 변증법적인 신학으로서 21세기를 이끌고 갈 수 있는 한국의 통일신학이 본격적으로 논의되는 시점에서 서양의 직업신학을 이야기하고 서구의 틀을 적용하는 것보다는 김재준의 신학 사상이야말로 중요한 단초를 제공해 줄 수 있다고 본다.

제 4기에는 장공의 인격이 표출되고 있다. 사람을 귀히 여기고 스케일이 크게 사는 것이 이들 자유주의 신학자들의 특징으로 이러한 전문인을 위한 모임을 형성하는 데에도 꼭 돈이 필요한 것이 아니라는 사실을 보게 된다. 장공은 신사참배 문제 때문에 숭인 상업 학교를 사직하고 간도 용정에 있는 은진 중학교 교목으로 가게 되었다고 한다.[16] 그는 생활신학을 정착하기 위해 신자의 비세속성의 원리대로 살며 하나님 외의 다른 신을 섬기지 않으려는 디지털 십계명을 실천한 것으로 보여진다. 오늘날도 우리들은 더 큰 악과 더 작은 악 사이에서 선택하며 산다는 라인홀트 니버의 생각과 달리 성경의 말씀대로 선과 악 사이에서 판단을 하며 사는 모범을 보여주고 있다.

제 5기의 특징은 본격적으로 조선신학교를 개강하고 교육이념 5개 조항을 발표하는 등 비전이 이끄는 신학(vision driven seminary)운동을 하고 있는 것으로 보여진다. 영업수단으로 궁극적인 비전도 없이 신학교가 남발하고 있는 시점에서 한국교회에 여전히 중요한 지계석을 제공한 것으로 보여진다. 그 가운데 5항만을 소개하고자 한다.

> 5항: 어디까지나 조선교회의 건설적인 실제 면을 고려해 넣는 신학이어야 하며, 신앙과 덕에 활력을 주는 신학이어야 할 것. 신학을 위한 분쟁과 증오 모략과 교권 이용 등은 조선 교회의 파멸을 일으키는 악덕이므로 삼가 이러한 논쟁을 하지 말 것.[17]

제 6기의 특징은 장공 자신이 생활 속에서 신학을 하며 이를 통한 생활이 무르익는 것을 보여 주고 있다. 때는 4.19와 군사정권 시기로 한순간도 신앙생활을 하기에 편하지 않았다. 하지만 그는 정치와 경제 문화를 변혁시키는 전문인 주체가 되어서 하나님의 나라를 위해서 사역을 하다가 떠났다. 김정준 박사는 김재준 박사를 이렇게 평가했다.

> 보수와 진보 어느 하나에도 자기 발을 붙이지 않는 진보적 보수주의, 보수적 진보주의 사상을 글귀마다 펴 나가는 폭넓은 진리의 탐구자, 신앙과 윤리, 교회와 사회, 신학과 철학, 전통과 혁신의 테두리를 자유스럽게 넘나드는 자유의 탐구자, 이런 진리와 자유에도 높고 깊고 폭넓은 대화를 주고받을 수 있는 사람 … 오늘도 그는 장공 선생으로 살아가고 계시다.[18]

어느 누가 이런 생각을 하면서 생활하고 싶지 않을까? 성육신적인 선교를 한다고 하는 것도 이와 같은 신앙의 자세라고 본다.

2) 21세기 한국현실에서의 위치신학

필자는 왜 21세기에 전문인 신학을 표방하는가? 그리고 이러한 신학을 펼치기 위해서는 어떠한 신학의 모델을 발견할 수가 있는가? 자문하는 가운데 20세기의 신학은 행태론적 근본주의(morphological fundamentalism)의 상징적이고 보수주의적인 아날로그형 신학이라는 생각이 들었다. 21세기에는 박형룡 박사를 대부로 하는 균형 잡힌 신학으로 보수신학과 김재준 목사를 비롯한 자유신학의 양대 산맥을 아우르는, 21세기의 디지털 시대에 맞는 전문인 신학이 정립되어야 한다. 이는 교리 중심의 신학에서 praxis 신학으로의 전환을 거쳐 성육신적인 신학으로서의 전문인 신학을 말한다. 이러한 생각은 미국에서 10년 동안 미국의 신학을 경험하고 한국에서 7년 동안 다시 신앙생활을 하면서 문제의식을 느낀 데 기인한다. 한국교회의 신학이 한국적인 신학적 성찰을 하지 않고 서구 선교사의 신학을 답습하고 있다는 문제다. 복음의 본질은 복음주의적인 노선을 견지하지만 복음의 실천에 있어서는 이러한 행동하는 양심을 지키는 선배 목회자들의 사상에서 장점을 배워야 한다. 서 신앙과 양심의 자유를 전문인에게 넣어 주어 마른 뼈들이 일어나는 아골 골짜기의 환상을 삼천리 반도 금수강산에 실천하고 Christian Pax Koreana의 비전을 실현해 나갈 수 있다.

전문인 신학이 있기까지의 한국 신학 사상사를 필자는 아래와 같이 구분하고자 한다.

① 한국신학의 형성기(1885-1939)

② 한국신학의 혼란기(1940-1956)

③ 한국신학의 개화기(1957-1972)

④ 한국신학의 전개기(1973-1982)

⑤ 한국신학의 성숙기(1983-2002)

①에서 ④까지는 필자의 논문에서 대부분 다루었다고 본다. 시기에 큰 기여를 한 인물로 박형룡 박사와 김재준 목사를 들 수 있다. 김재준의 신학을 예언 신학이라고 볼 때 그가 제사장적인 기능을 가진 가톨릭적인 교회의 기능을 선지자적인 기능을 갖춘 교회로의 전환에 일익을 감당했다는 것이다. 김재준의 시대에도 들렸던 혼돈과 부패해 가는 당시 우리의 어두운 시대의 소리가 21세기에 들어서고 두 차례나 문민정부를 경험한 이 시점에도 여전히 들려온다. 현실은 사사시대와 마찬가지로 더욱 세속적 인본주의(Secular Humanism)에 의해서 좌우되기 때문에 이제는 사사가 아닌 예언자의 음성이 다시 그리워지는 시대를 살고 있다. 이제까지의 논쟁이 주로 교리적인 논쟁이었다고 하면, 앞으로는 구체적인 선교사역을 하기 위한 체질개선으로서의 실천신학을 재정립해야 한다. 이러한 신학은 우리 민족만 치유하는 것이 아니라 미전도 종족에게 까지 올바른 신학을 실천할 수 있어야 한다. 축복의 통로로 사는 법을 가르쳐 주는 신학이 되어야 한다는 것이다. 이러한 자각을 장공을 통해서 하게 되었다. 후기자본주의 시대에는 전문인

선교를 통해서 자본주의에 대항했던 정치신학도 환경신학이나 생명신학으로 교리적인 마당을 변신하지 말고 실제적으로 생명을 살리는 선교폭발의 실천신학으로 나아가도록 해야 한다. 이는 장공의 한계를 통해서 배운 것이다.

한국교회는 성서를 참으로 사랑하는 민족이지만 선교의 하나님에 대한 궁극적인 관심과 이해가 없이는 참 교회가 될 수가 없다. 이러한 차원에서 기존의 전통적인 신학을 재점검하고 당시 신사고 운동의 선구자였으나 환경적 어려움으로 빛을 보지 못하고 정치신학, 민중신학으로 스러져 갔던 신학들의 장점을 재평가해 보고 바른 신학을 세워야 한다.

⑤의 시기를 위해서 김재준 목사의 신학에서 배울 수 있는 것은 김재준 목사의 주체적 참여 신학이라고 할 수 있다. 주체성을 가지고 복음주의 신학을 견지하고 발전시킬 수 있는 길을 찾을 수 있도록 안내자와 같은 역할을 하고 있다. 여기에 김재준 목사가 조선신학교의 건학 정신에서 언급한 다섯 개의 항 중에서 제 2항을 소개하고자 한다.

우리는 전인적인 생활신앙을 강조한다. 따라서, 역사에 책임적으로 참여한다.[19]

오늘날 이 시대에 우리가 주체적으로 참여할 수 있는 doing theology는 무엇인가? 그것은 한국교회의 갱신이라고 볼 수 있다. 기독교의 본질이 잘못된 것이 아니라 그것을 실천하는 그리스도의 몸으로서의 교회가 바로 서지 못했다는 데 대한 반성이 필요한 것이다. 한국교회가 이러한 검증을 거친 다음 세계선교의 장에 나서야 함에도 불구하고 시대적인 사명 앞에 문제를 해결하면서 동시에 나아가는 문제가 있음을 본다. 이것이 한국교회의 현실인 동시에 또 우리가 해결해야 할 남북통일을 위한 선결조건이라고 볼 수 있다.

김재준 목사는 전인적인 생활구원의 기초가 여전히 십자가의 어리석음이라고 강조한다.

> 우리는 십자가의 어리석음을 무기로 속량 사회를 세워나가면 속량 윤리가 고요히 이 죄악사 가운데에 누룩같이 피어들 수 있도록 하는 데에서만 우리 한국민족에게서 새로운 형의 인간실존을 하나씩 둘씩 찾아볼 수 있게 되리라고 믿는다.[20]

김재준 목사가 생각하는 문화의 관점은 다른 토착화 신학자들이 생각하는 문화신학의 개념과는 차별화가 되는 것으로 우리의 관심을 끈다. 장일조 목사는 이렇게 정리했다.

김재준에게 있어서 문화건설의 지도원리는 ① 한국적인 것을 세계화하고 세계적인 것을 한국화하는 패쇄적 민족주의 이념, ② 세계적인 것을 근간으로 하고 거기에 동양적인 것과 한국적인 것을 가미하는 보편적 세계주의 이념, 그리고 ③ 이러한 세계주의 이념에 종교성을 본질적으로 고려한다는 세 가지 원칙을 말하고 있다.[21]

문화를 변혁시키는 크리스천의 생활신학의 자세에서 본다면 분명히 김재준 목사의 자세는 문화변혁자(Transformer)로서의 문화의 관점을 가지고 있다고 볼 수 있다. 오늘날 한국교회의 문화공동체는 어떠한가? 걷잡을 수 없이 파고드는 서구화, 세계화의 물결에 기독교의 문화는 정체성을 가지고 있지만 열매를 맺는 데에는 여러 가지 부작용이 있는 것은 사실이다. 그러나, 장공을 통해서 우리가 할 수 있는 여백을 발견한 것은 더불어 사는 공동체로서 선교공동체의 회복과 실천을 확립함으로 한국민족과 한국교회가 친유가 될 수 있다는 사실이다. 우리는 하나님의 나라라는 불가시적인 영역의 확대를 위해서 민들레 영토와 같은 이 세상의 열국들을 향해서 나아가는 선민이 되어야 한다. 그 마지막의 종착역은 천국이라는 결론에 도달하게 된다. 이러한 과정에서 문제가 되는 것은 교회론의 재정립이다. 그런데 이러한 부분에 대해서 장공은 이미 해결책을 제시하고 있다는 데에 놀라움을 금치 못한다.

3) 김재준의 교회론에 대한 상황화

장공은 교회목회를 책임지고 교회를 교회되게 하는 일에 관심을 가지고 평생을 살았다고 볼 수 있다. 교회에 대한 그의 개혁적인 성향은 16세기의 개혁의 전통에 서있는 교회, 개혁되었거나 항상 개혁되는 교회의 모습을 의미한다고 김원배 박사는 말한다.[22]

그는 일제하의 한국의 교회가 제도화된 교회였다고 보면서도 좋으나 싫으나 교회 안에서 개혁의 길을 걷고자 했다. 그는 역사 속에서 구체적으로 존재하는 제도적 기관으로서의 교회를 무시하지 않았다는 것이다. 그는 교회를 사도적인 공동체로 보고 있다는 점이 우리에게 소망을 주는 복음이라고 본다. 그러나, 신교와 구교가 모두 세계적인 공동체 안에 모두 포함되어야 한다는 김재준의 확신은 현실적으로 어려운 점이 있으나 이러한 사랑의 의지에 대해서는 큰 그림을 그리는 것이라고 본다.

김원배 목사는 김재준의 교회관을 이렇게 말하고 있다.

> 이 복음의 말씀은 생명의 말씀이다. 생명의 말씀이라는 뜻은 살리는 말씀임과 동시에 그 자체가 단순한 말씀이 아니라 산 말씀이라는 뜻이다 … 그러므로, 이 말씀은 어느 세대에나, 마치 솟아나오는 샘물이 언제나 청신한 것과 같이 새로운 생명력을 가지고 새로운 전령자를 사로잡아 새시대에 전파되어 가는 것이다. 이러한 의미에서 교회가 사도적이라는 것이다.[23]

특별히 그가 사도적인 교회의 사명을 이미 지적을 했다고 하는 데 대해 전문인 신학을 수립하고자 하는 필자에게는 커다란 힘이 되었다. 왜냐하면 사도들이야말로 타문화권에 나아가 끊임없이 복음을 전함으로 하나님의 나라를 확장시킨 메신저였기 때문이다. 그러나, 우리는 여기서 끝나는 것이 아니라 사도의 계승설을 선교의 사역의 차원에서 믿으며 전신자 선교사주의를 실천하려 한다. 이러한 장공의 교회관은 자유주의 교회 쪽에서도 전문인 신학을 공감케 하는 '교리의 다리' 와 같은 것이라고 볼 수 있다.

이러한 차원에서 볼 때, 장공이 교회로 하여금 교회되게 하라는 광야의 외치는 소리에 더욱 공감을 하게 되는 것이다. 오늘날과 같은 위기의 상황 가운데 장공은 교회는 무엇을 하여야 하는가에 대해서 세 가지로 말하고 있다.

① 교회는 무엇보다도 국가사회의 건전한 정신, 도덕적 기반을 형성하며 양심의 표준을 세우는 일에 앞장을 서야 한다.

② 교회가 맡은 사명은 중생한 인물을 사회에 많이 보내야 한다.

③ 교회는 이미 이루어진 '성도의 교제'를 재건하여 세계적인 연대망을 만들어 가는 데 힘을 기울여야 한다.[24]

이러한 사명은 오늘날에도 여전히 교회의 사명이며, 특별히 복음적인 교단에서는 사회에 적극 참여해 소금의 역할을 감당하는 피스메이커(peacemaker)가 되어야 한다. 그리고 더 나아가 전 세계의 한인 디아스포라를 네트워킹하여 비즈니스를 통한 선교를 활성화할 수 있는 길이 열려야 한다. 또한 정치 경제계에도 크리스천들이 요직을 차지하여 인프라를 구축해야 앞으로 우리 민족에게 돌아올 수 있는 엄청난 하나님의 축복을 누리게 될 것이다. 이러한 사명은 가진 자에 의해서 이루어져야 하지만 오히려 전문인들을 통해서 가능하다고 생각한다. 기독교가 근로대중을 위한 기독교로 재개혁해야 한다는 장공의 생각을 21세기의 전문인의 생활전도를 통해서만 가능하다고 하는 필자의 생각을 뒷받침해주는 사상이라고 본다.

스스로가 미래의 삶을 개척해 나가는 지식근로자라고 하는 피터 드러커의 전문인에 대한 정의에 기초하여 해석을 해 보게 되면 장공은 혜안이 있는 분이라는 것을 쉽게 알 수 있다. 다시 말해서 계급투쟁에 의한 교회의 개혁이 아니라 양손복음을 실천할 수 있는 정보시대의 총아인 지식기술자의 개념으로 그의 교회관을 완성한 것이다. 이것이 전문인의 입장에서 보는 교회관이다. 이것은 교회성장이라는 미명하에 셀 교회의 장점을 접목시키지만 여전히 물량중심적인 교회성장을 포기하지 못하는 카리스마적인 리더십에 근거한 초대형 교회와는 다르다. 제왕적인 담임목사에 의한 관심법적 통치를 통해 성도를 관리하고 헌금을 낙엽을 쓸 듯이 거두어 드리는 라오디게아 교회의 모습과는 확실히 차별이 되는 교회관인 것이다. 한국의 초대형 교회는 수많은 축적된 역량으로 사회의 다양한 선교적 과제를 준행해야 의미있는 선교형 교회가 될 수 있다. 이것이야말로 복음의 역동성을 가지고 온 세상에 영향을 주는 작지만 강한 교회로 거듭나는 길이다. 2015년 남북통일이 되기 전에 한국교회는 준비되어 있어야 한다.

장공은 그 당시 정치에 참여하는 데 우선권을 두는 것이 좋은 생각을 실천함에 있어서 가시덤불과 같은 토양을 만난 것이라고 보았다. 오히려 생활 전도자로서의 크리스천 지도자를 키우며 그 가운데서 정치와 경제를 변화시킬 수 있는 리더를 키우는 것이 좀더 한국 교회에 더욱 속히 전문인의 계절이 도래하는 방법이라는 것이다. 그는 '현실의 교회는 아니다' 라고 선언했다. 그러나 무교회주의가 아닌 선교형 교회로의 전환에 까지는 이를 수 없었던 것이 그 당시의 한계를 보여 주는 것이다. 그의 제자들에 의해서 세워진 민중신학에서 이러한 근로대중은 민중이라는 말로 대치되었을 뿐, 저들이 아무리 도시산업선교에 대한 이야기를 하였어도 그것은 진정 사도 바울이 말한 도시 중심의 거점 선교나 직업을 통한 전문인 선교와는 거리가 먼 것이었다. 이러한 그의 개혁이 한국사회라는 한계에 부딪혀 궁극적인 개혁의 완성인 선교형 교회에까지 이르지 못한 것이 오히려 후학인 우리에게 연구의 기회를 제공해 주었다.

그러므로, 진정한 의미의 복음의 실천이란 복음화와 인간화로 대별되어진 이분법으로 가는 것이 아니라, 변증법적으로 사회화라는 개념으로까지 확대되어야 한다. 이러한 사회화는 현실참여라는 차원에만 묶어놓지 말고 우리 민족을 치유하는 한민족의 복음화라는 민족화와 맥락을 같이 해야 한다. 이것이 생활 전도자가 되는 길이다.

복음화+인간화=복음의 사회화 ················ ①
복음화+사회화=생활전도화 ···················· ②

이러한 공식이 실천이 되기 위해서 김재준 목사는 신자의 비세속성의 원리를 현실참여라고 하는 강수를 통하여 해결하려고 했다. 오늘날에는 구조조정이라는 점진적인 개혁을 통해서 실천할 수 있다고 본다. 이러한 일은 NGO와 시민연대 등 기독교윤리실천본부 운동과도 협조가 될 수 있는 사안이다. 그리고 이러한 힘의 결집은 타문화권에까지 복음이 증거되는 전문인 선교로 실천되는 것이 전문인 신학의 관심사이다.

장공의 역사관에 대해서 손규태 박사는 세 가지로 정리하였다.

① 역사는 철두철미하게 인간 중심으로 이해되었다.
② 문예부흥 이후의 역사는 철저하게 현세 중심으로 이해되었다.
③ 계몽주의 이후의 역사는 전적으로 진보적으로 이해되었다.[25]

장공이 그의 신학을 통해서 역사의 비판을 받는 것과 마찬가지로 전문인 신학을 세우는 필자는 전문인 신학 때문에 비판을 받기 될 것이다. 그러나, 이러한 역사의 이루어가심의 가운데에는 예수 그리스도가 있기 때문에 철저하게 인간 중심적이라는 장공의 역사관을 필자는 비판을 하고자 한다. 하나님의 뜻을 인간을 통해서 이루신다는 하나님 중심의 세계관으로 나아가야 한다고 본다. 장공의 역사관은 사회참여의 역사관으로 나타난다.

계속해서 손규태 박사는 장공의 사회관과 참여의 신학을 세 가지로 정리하였다.

① 기독교는 역사참여 혹은 사회참여의 종교라는 것은 성서적으로 신학적으로 논증하고 있다.
② 그리스도의 사건 즉 성육신 사건을 그리스도인들의 사회참여의 성서적 신학적 논거로 삼고 있다.
③ 하나님의 선교(missio Dei)의 입장에서 사회참여를 역설한다.[26]

사회참여라고 하는 개념은 벌써 현실적인 균형감각을 잃어버렸고, 사회구조개혁이라는 용어가 더 적합하다고 본다. 이러한 개혁을 통해서 변형(deformed)된 사회를 재건(reformed)할 수 있는 것이고 그 이후에 부흥시킬 (revital) 수가 있기 때문이다.

그러므로, 이원설 박사의 의견을 참조하여 필자는 이런 공식을 만들었다.

신자의 비세속성의 원리+직업의 전문성+사역의 전문성
=하나님 중심의 세계관의 선교 ……… ①
세속사+계시사=구속사 ………… ②

신자의 비세속성에 의거하여 보수-자유 두 진영으로 나누어 있는 한국의 교회와 신학은 전문인 신학이라고 하는 거대한 용광로에 용해되는 가능성을 볼 수가 있다. 이 신학이 한국신학의 중심이 되고 세계신학을 변혁시키는 21세기와 주님이 오실 때까지 통하는 신학이 되리라는 예감이 든다.

결론: 제 3세계에 창출된 해방과 정치신학적 입장에서 김재준 목사의 신학관을 이야기하는 것은 20세기까지의 평가이고 21세기에는 그러한 신정통주의에 입각한 신학을 총체적인 하나님의 선교를 중심으로 양손 복음으로 나가는 데에 복음주의 신학에 바탕을 둔 실천신학에 큰 공헌을 할 수 있다. 한마디로 장공은 어느 한국 토착신학자보다도 위대한 하나님의

일을 계획하고 시도한 100년만의 우리 시대의 영웅이라고 본다.

(3) 함석헌 선생에 대한 평가

처음 교회에 나갔을 때, 필자는 연동 교회나 충현 교회에 갈 수 있었으나 어머님을 따라서 다른 교회를 가게 되었다. 그런데 교회에서 돌아올 때면 가끔 종로 5가의 기독교회관에서는 최루탄이 난무했다. 김지하 시인이 지하다방에서 한복차림으로 있다가 중앙정보부요원을 피해서 도망가는 모습도 보았고 명동의 함석헌 선생의 위장결혼 주례 등 여러 가지 사건을 보면서도 마음이 움직이지 않았다. 그러나, 필자도 나이가 들어가면서 다리에 힘도 빠지고 남의 배려가 없으면 힘이 든다는 어느 선배 교수의 푸념을 들으면서 다양한 신학에 대한 통합적인 사고를 하게 되었다. 필자가 쓴 『전문인 선교사를 구비시켜라』라는 책의 서론과 결론은 씨알의 사상에 대한 복음주의적인 비판적 상황화에서 나온 것들이다. 이민을 가서 미국에 살았을 때에나 다시 한국에 돌아와서 시민권을 반납하고 한국국적을 반납한 후에나 앞으로 나아가야 할 중국이라는 거대한 영적 시장을 바라볼 때에도 함석헌이라는 세 글자는 필자의 뇌리에서 떠나지 않을 것이다. 선생의 시를 모방하여 필자가 쓴 낙서를 한편 소개해 본다.

선교길 나서는 날

선교길 나서는 날
함께 갈 수 있는 동반자를 그대는 가졌는가?

타문화권에 노출되어 위기관리의 능력이 없어질 때

내부자의 시각을 주는 현지인을 그대는 가졌는가?

실버를 날리며 흩어진 자녀의 손을

잡았다 놓치게 될 때

'너만은 예수의 증인되어라' 축복해 줄

영적 아비를 그대는 가졌는가?

신앙의 순례길에서 순결을 잃어버릴 때

'너 어찌 예수를 부인하느냐' 도전해 줄

중보자를 그대는 가졌는가?

붉은 노을이 물들 때도 서쪽하늘을 바라보며

'하나님 주신 아들이 있으니' 고백하며

연세세브란스병원의 가로수를 기쁨으로 볼 수 있는가?

하늘을 바라보고 유관순 여사처럼 웃을 수 있는

성령의 기류타는 법을 그대는 아는가?

함석헌 선생(이후 함석헌으로 통칭)의 생애에 대해서 김진 박사는 아래와 같이 5단계로 구분을 했다.

1. 어린 맘 날카로운 맘(1901-1923)

2. 뜻 하늘에 달 듯컨만(1923-1927)

3. 외로운 길손(1928-1947)

4. 찬 물결 밟고 서서(1963-1970)

5. 높은 봉우리 위에 거룩한 숨을 마셔(1970-1989)[27]

이러한 함석헌의 연대기를 보면서 신앙과 민족 신앙과 애국등의 양자에서 오는 갈등을 우찌무라 간조를 통해서 해결하였다고 하는 부분을 보면서 이제는 체면(교단)과 실리(사역) 사이의 갈등을 어떻게 해결하느냐 하는 것이 초교파적으로 사역하고자 하는 전문인 선교의 길에 님은 미소를 던지고 있는 것으로 본다. 함석헌은 무교회주의 운동으로 나간 것을 볼 때, 우리가 전문인 선교를 논하는 것은 Suprainterdependent와 같은 차원에서 교회갱신운동을 하자는 것이지 무교회주의라고 하는 극단적인 신앙노선을 걷고자 하는 것은 아니다. 생의 한가운데서 타이타닉호와 같이 침몰하는 한국사회를 구원하는 한국교회를 움직여 나가는 치유 신학적인 차원에서의 전문인 선교신학을 논해야 님이 하지 못했던 기독교사상을 실천할 수 있으리라고 본다.

1) 함석헌 선생의 기독교 사상

함석헌의 기독교 사상은 무교회주의와 퀘이커교도라고 알려져 있다. 이러한 무교회주의자들은 김교신, 정상훈, 송두용, 유석동, 양인서가 주축이 된 '성서조선'을 중심으로 활동을 한 그룹이었다. 그들이 배격을 한 것은 교회가 아니라 교회주의였다고 볼 수 있다.[28]

함석헌의 무교회주의는 초기에는 문자 그대로 마귀의 소굴인 제도적인 교회에서 나온 무교회주의였으나, 중기의 무교회 주의는 이에 대한 소극적 반항에서 벗어나서 주체성을 가지고 어머니 교회와 마찬가지로 교회의 영성을 유지하고 발전시킨 것으로 볼 수 있다. 그리고 오늘날의 씨알교회는 자녀교회로서 진정한 의미에서의 셀 그룹 교회(cell group church)의 정신적인 근원을 형성한 것으로 셀 그룹 목회자들은 함석헌의 사상으로 검증된 셀 교회를 운영하는 데 있어 초대교회의 이상을 실천할 수 있으리라고 본다.

church growth=cell+celebration

이라는 저들의 공식은 한알의 씨알이라는 개념과 셀이라는 개념이 모두 움직이는 그리스도의 몸으로서의 교회로 이해되어져야 한다. 함석헌은 씨알이 단순한 신앙의 모임으로서 보았는데 이는 조직(organization)의 의미로서만 본 것이고 유기체(organism)의 의미로서 까지 발전시키지 못한 것은 한계라고 본다. 이는 그리스도의 몸으로서의 지체(a member)의 개념을 가지지 못한 리더로서의 한계를 보여 주는 것이기도 하다. 기존의 지역교회와 동시에 셀 그룹 교회를 병행하고 있는 것으로 이해하는 것이 더 합당하다고 본다. 다시 말해서 일제의 탄압 하에 어쩔 수 없이 어용 교회로서 존재한 신사참배하는 제도화된 교회(institutionalized church)를 배격한 것이고 무교회주의자로 오해가 되었을 것이라고 본다. 그러나, 저들의 행실은 결국 실천론적 무신론자로 가득한 한국교회에 실천론적 유신론자의 길을 창조적 소수자로서 올곧게 갈 수밖에 없었던 것이다. 왜냐하면, 함석헌은 옳고 그름을 구분하는 것이 최종목표인 시대에 살았기 때문에 그 다음 단계에서는 어떻게 사역할 것인지에 대해서는 언급하지 못한 것으로 보인다. 다시 말해서 하나님의 교회를 이해하는 데에도 일송정과 같은 소나무로 이해했는데, 오히려 하나님의 교회의 일원은 소나무가 아니라 바나나 나무와 마찬가지로 기능적으로 다양한 가운데 많은 열매를 맺는 시각이 필요한 것이다. 그러니 자연히 내면의 세계에 침잠할 수 밖에 없는 것이그 하나님 중심의 세계관과 하나님의 음성을 듣는 법과 일본을 넘나들며 타문화권에서의 교회의 유형에 대한 모색을 감행했다고 하는 데 의의를 둘 수가 있다. 타문화권에 나가면 지상에 가시적인 교회를 세울 수가 없기에 외쿠자적인 시각에 의하면 다 무교회주의자들이 될 수밖에 없다고 본다. 중요한 것은 마음의 할례를 받는 것이지 포피적인 할례가 중요한 것이 아닌 것과 마찬가지이다. 오늘날과 같이 교회가 5만 개가 넘는다고 해도 정말 교회다운 교회를 찾는다고 하는 것은 쉬운 일이 아니다. 한국의 불신자의 50%가 전직 교인이었다고 하는 말을 들을 때 우리는 오늘날 C3TV를 통해서 예배를 드리고 자신이 사이버 교회(Cyber Church)교인이라고 자처하는 자는 다 무교회주의자로 보아야 한다는 이야기가 된다. 이처럼 함석헌에 대해서 연구해 보면 님은 시대를 앞서간 선각자였다는 것을 알 수 있다.

2) 함석헌의 기독교 사상의 현재적 의의

함석헌이 오늘날 기독교에 던져주는 의미에 대해서 김진 박사는 세 가지로 요약을 하였다.

(1) 그의 기독교 사상이 전통 기독교 사상을 동양사상의 빛 아래 조명해 독특하게 형성된 주체적인 기독교 사상이라는 점이다.

(2) 그의 실천적인 삶, 특히 한국교회의 부패에 대해 저항하는 예언자적인 삶에서 찾을 수 있다.

(3) 함석헌의 기독교 사상의 특징은 기독교를 보다 넓은 종교의 지평에서 보았다는 점이다.[20]

이러한 함석헌의 기독교 사상을 아래와 같이 전문인 신학의 틀로 이해하고자 한다.

첫째로, 전문인 신학은 이러한 주체적인 신학의 시도를 오늘날 전문인 시대라고 하는 차원에서 주체적으로 시도를 하고자 하는 것이다. 그 당시에는 동양사상이라는 것이 기독교에 대항할 수 있는 유일한 방패였다고 한다. 하지만 지금은 한국인으로서 교리적이고 이론적인 것으로 옳고 그름을 일삼기보다는 초대교회의 원형으로 회귀하는 예수와 바울 중심의 성서신학으로 돌아가는 것이 더 바람직하다고 본다.

둘째로, 전문인 신학은 실제적으로 생활 가운데 전도자의 삶을 사는 것을 목표로 한다. 이분법적으로 현실에 저항하는 자와 압제하는 자의 구도로 가는 것이 아니라 한국사회를 구조적으로 전 영역에서 변혁시킬 수 있는 변혁자로서 가는 것이다. 함석헌의 사상이 꽃을 피우지 못한 것은 독재 정권 때문이기도 하지만 그것은 핑계일 수도 있고 더 큰 선교세계관을 가지고 비전을 전개할 만한 시대가 아니었기 때문이라고 본다. 이제는 압제자와 싸울 것이 없는 싸울 아비들은 오히려 임금인상이라는 것에만 대달려서 진정한 의미의 하나님의 나라를 위해서 투쟁하는 법을 잊어버리고 있다. 이것이 민중신학자들의 모습이다. 이미 소천한 함석헌은 이러한 현실에 대해서 무어라 말을 할 것인가? 필자가 말하는 것은 함석헌이 운만 띄워 놓은 사상을 21세기에는 제대로 해석하는 운동이 일어나야 한다는 것이다.

셋째로, 전문인 신학은 행태론적 근본주의에 빠져 있는 기독교를 생동하는 기독교로 변환하는 작업을 하는 산물이 되어야 한다는 것이다. 님이 원하셨던 길이 생동하는 기독교를 원하셨음이 자명하지만 복음주의적인 입장에서 보면 지금의 함석헌의 후계자들은 생동하는 생활전도자의 삶을 살고 있다고 말할 수는 없는 것이다. 그것은 세계 속에서의 한국 기독교의 모습이다. 지금은 세계화시대라고 말하지만 진정한 의미에서의 세계화는 기본은 마태복음 28장 19-20절의 지상대명령을 준행하는 차원에서의 세계화를 논해야함이 옳다고 본다. 그러므로 확장된 개념으로서의 교회인 'extended church'로서의 교회관을 한걸음 더 나아가서 'Extended Christianity'로까지 이해하는 것이 중요하다고 본다. 세계화에 대하여 비판적 상황화를 하는 것처럼 교회에 대해서도 좀더 넓은 움직이는 교회로서의 기능을 기독교로 대치하여 이해하고자 하는 것이다. 따라서 개 교회 중심적인 한국 교회는 이에 대해서 알레르기적인 반응을 보일 것이 아니라 함께 한국교회를 치유할 수 있는 길이 무엇인지 제 3의 길로서 엑소더스를 감행해야 한다. 이에 대해서 이어령 박사가 이화여대를 은퇴하면서 한 말을 유념해 볼 필요가 있다. 20세기까지는 세계화(Globalization)를 추구하는 시대였다면 21세기부터는 세계내화(Glocalization)의 시대라는 것을 명심해야 구미 열강과 미-중-러-일의 4강 파도에 완전히 포위당한 한국이 살 길이 보인다고 말했다. 즉,

Globalization+Localization=Glocalization 이다.

함석헌은 동양 고전을 읽을 때에도 새 마음으로 고쳐 씹어서 거기서 새 뜻을 찾아내야 한다고 말했다.[30]

이 말의 의미는 새술을 새부대에 부어야 한다는 말과 마찬가지로 구조조정의 기능이 마비된 한국의 재벌이나 초대형 교회나 재벌식의 선교단체에도 적용이 되어야 하는 말이라고 본다.

권위주의+절대주의+귀족주의+고정관념주의=카리스마적 독재주의

이러한 하나님이 싫어하는 이즘에 대해서 함석헌은 몸으로 저항하며 한 시대를 몸으로 살아내었다고 본다. 그 눈을 씨알의 눈이라고 본다. 그러나, 필자는 그렇게 성경에도 상징적으로 쓰여진 말을 확대 해석하여 문제를 제기하는 것보다도 한 알의 밀알이 썩어서 많은 결실을 맺는다고 하면

이러한 사상을 몸으로 실천한다고 하는 데 어느 크리스천이 아니라고 하겠는가? 단지 씨알이라는 말만 옳다고 여기고 추종자만 신앙의 지조가 있다고 이야기하면, 진정한 의미에서 한 알의 밀알로 이 땅에 오신 예수 그리스도 그분께는 영광을 돌리지 않는다는 것이 된다. 성육신적 선교의 차원에서 함석헌의 추종자들도 하나님의 의를 위해서 살아야지 독재자의 불의에 대항한 함석헌의 의만이 옳다고 주장한다면 자기의 의를 주장하는 자로만 남게 되는 것이다. 결국은 함석헌은 인내와 희생을 통해서 한국사회에 소금으로 자기자신을 희생한 것이다.

3) 함석헌의 종교사상

함석헌의 종교사상에 대한 심층적인 이해를 통해서 한국교회의 미래를 진단하고자 하는 가늠자와 같은 요소를 발견할 수 있으리라고 본다.

김진 박사는 세 가지로 제시했다.

(1) 새 종교는 하나되는 종교이다.
(2) 그는 합리적인 종교로서의 새 종교를 주장했다.
(3) 총체적인 종교를 주장했는데, 그동안의 종교가 실재를 이원론적으로 분리해서 사고한 것에 대한 비판에서 출발한다.

첫째에 대한 해석으로 하나가 된다는 개념은 불교국가인 한국땅에서 종교다원주의적인 개념을 가지고 말했을 공산이 크다고 본다. 그러나 기독교적인 개념에서 본다면 전문인 신학이야말로 직업의 전문성을 통한 인간화(humanism) 중심과 사역의 전문성을 통한 복음화(evangelization)를 통합하여 하나가 될 수 있는 유일한 한국신학의 대안이다. 통합(uniform)이 아니라 다양한 가운데 조화(unity in diversity)라는 개념으로 다양한 전문적인 직업을 통해서 진정한 의미에서 하나가 될 수 있는 길이라고 본다.

두 번째에 대한 것은 열린 종교에 대한 이해인데, 그가 주장하는 것은 종교간의 대화를 통한, 자유주의적인 타종교의 연합을 의미하는 것이라고 볼 수 있다. 그러나 진정한 의미에서 열린 종교라고 하는 것은 하나님과 인간과의 열린 야곱의 사다리와 마찬가지로 하나님의 음성을 들을 수 있는 차원에서의 총체적인 믿음이 수반되어야 한다.

독자는 종교라고 하는 말이 기독교를 꼭 의미하는 것이 아니라고 하는 것을 인식하게 될 것이다. 그러나 미국에서는 종교라고 하면 기독교를 말하는 것으로 선이해를 하고 있음을 밝히고 싶다. 새종교는 다름아닌 기독교이고 행동하는 양심을 지닌 기독교가 되기 위해서는 영성을 강조할 수밖에 없고 내적치유를 통한 영적치유를 경험한 리더로서의 훈련과 총체적인 새종교로서의 기독교가 후기 기독교사회에 필요한 것이다.

세 번째는 함석헌이 시대를 바로 보고 진단을 한 것으로서, 총체적인 기독교란 복음과 실천을 함께 균형잡힌 감각으로 실천하는 유기체적 사고를 의미한다고 볼 수 있다. 이 시대를 바로 보기 위해서는 패쇄주의의 동굴과 교파주의의 동굴 그리고 성장주의의 동굴을 지나서 목회자와 평신도를 양분하는 신분주의의 지뢰를 통과해야 총체적인 교회갱신이 이루어질 수가 있다고 본다.

이러한 차원에서 함석헌을 통해서 교훈을 얻은 것은 교회라고 아무리 주장해도 예수님의 사상을 실천하지 못하는 교회는 엄밀히 말해서 교회라고 할 수가 없다는 것이다. 무교회주의가 더 이상 신무교회주의가 되지 말아야 하고 전신자 선교사주의에 기초하여 전문인이 된 씨알들이 계급 차별에 의한 특별한 소명과 일반적인 소명이라는 계급에 매이지 아니하고 두 가지 소명을 유연성을 가지고 연합시키는 부동의 소명(immutable calling)에 기초해 하나님 앞에서 소금과 빛의 역할을 다해야 한다. 그렇지 않으면 함석헌의 대붕의 뜻을 제대로 실천하지 못하는 것이다. 교회 안에 계급이 있는 것이 아니라 다같이 업그레이드하여 전문인이 된다면 늘 밑바닥에서 신음하는 민중에게 새 희망을 주는 한국교회가 될 수 있다고 본다.

이는 다음 공식에 기초한다.

만인제사장주의+부동의 소명론=전신자 선교사주의

그래서 님은 무교회주의를 선언했지만 필자는 기존의 교회를 부수지 말고 업그레이드할 수 있는 컨설팅의 개념으로서 죽어가는 한국교회를 살리는 역할을 해야 한다고 본다. 진정한 의미에서의 십자가의 신앙이 바로 정립되기 위해서는 모든 성도는 예수님처럼, 바울처럼 선교사로 살아야 한다는 것이다.

신자의 비세속성의 원리+전신자 선교사주의=전문인 선교사

예수와 바울은 깊은 기독교를 낳자는 것이었다면 함석헌은 생각하는 기독교인이 되자는 것이었고, 필자는 하나님 중심의 세계관을 가지고 만인구원을 위한 기치를 높이 들고 전문인 선교를 하자는 것이다.

이를 위해서는 한국사람의 심성 가운데 전문인 선교사로 헌신하지 못하게 하는 요인이 무엇인지 알고 그 단점을 보완해야 할 것이다. 함석헌은 한국인의 단점을 이렇게 말했다.

한국사람은 심각성이 부족하다. 파고들지 못한다. 생각하는 힘이 모자란다. 그래서 시없는 민족이요 철학없는 국민이요 종교없는 민중이다 …(타종교를)정말 내 것으로 만들지 못했다. 한민족의 본 바탕인 인, 용, 지를 정말 바로 키워 그 아름다움을 드러내려면 깊이 파고들어 생각함으로써 우리 자신의 종교를 가져야 한다.

한국의 축구가 2002년 월드컵을 유치하고도 16강을 넘보지 못하는 것은 우리의 민족성에 기인한다고 본다. 일본의 무교회 주의와 미국의 셀 교회를 혼합해서 또 다른 교회 혼합주의로 나갈 것이 아니라 전문인 교회라는 초대교회의 이상을 실현하는 본연의 교회로 전환을 할 때 진정한 의미에

서 님의 사상을 승계하는 것이다.

결론으로 말하면, 씨알의 소리를 선교의 사상으로 접목하고 셀 교회의 이론과 함께 이해해야 한다. 예수님의 포도나무와 가지의 비유를 접목하고 성령의 열매를 선교의 열매로 확대하여 마지막에는 시냇가에 심은 나무(유실수)로 이해하는 것이다. 그래야 전문인 신학을 통한 전문인 교회를 형성하고, 전문인 선교의 계절이 한국 땅에 도래하는 데 님은 큰 역할을 하고 간 것이다. 배부른 제사장의 길을 간 목사보다 외로운 선지자의 길을 간 님이 있었기에 오늘 우리는 강대상에서 춤을 추듯 설교를 하고 있는 것인지 모르겠다.

독자 제위도 이용도, 김재준, 함석헌을 통해서 한국교회는 진정한 의미에서의 타문화권에서도 통할 수 있는 복음적인 전문인 신학을 볼 수 있기를 바란다.

3. 전문인 신학의 전문인에 대한 이해

1. 슈바르트의 메가트렌드

풀러 신학교의 슈바르트 박사는 그의 저서인 자연적 『교회성장패러다임』(NCD, 2000)이라는 그의 저서에서 영적 메가트랜드와 세속적 메가트

랜드로 이 시대의 징표를 구분하였다.

(1) 다중선택적 기독교를 향한 추세

과거에는 단일한 형태의 교회생활이 적절하다고 생각이 되었지만 이제는 다중선택적 기독교를 향한 추세이다. 교회를 두 개 이상 편의상 출석을 하고 있는 교인들이 늘어가고 있으며 C3TV 등 여러 가지 디지털 교회 혁명으로 우주적인 교회를 지향하는 다캠퍼스 인공위성 선교 신학(multi-campus satellite mission-oriented church) 으로까지 변화해 가고 있는 실정이다.

그러나, 교회의 형태가 바뀌어 가는 것은 물리적인 변화이고 교회의 질이 상승해가는 화학적인 변화에 있어서는 점점 복음에 대한 열정이 식어지고 본질적인 것이 훼손되고 있다. 때문에 전통적인 교회의 목회자들은 이러한 시대의 변화에 따라가는 패션적인 교회를 의구심으로 보고 있다.

(2) 기독교 영성 부흥이 이루어지는 시대

이교도적인 영성지상주의(N.A.M.:힌두교신비주의운동 등)라는 미명 하에 새로운 영성운동이 대두되고 있는 것은 사실이나 이것은 그리스도의 몸으로서의 교회의 본질과는 무관한 운동이다. 이러한 조직은 앞으로 상당히 성장할 것이 사실이지만 현재의 보수적인 교회들이 얼마나 효과적으로 대처할 수 있는 지에 대해서는 미지수이다.

(3) 제도지상주의적 패러다임의 극복

이러한 자연적인 교회성장의 장점을 활용하여 제도주의적인 교회의 문제점을 극복하고 유기체적인 교회성숙에 의한 균형 잡힌 교회성장이 이루어지리라고 기대한다. 그러나 기독교 집단들 간에 비방과 이단 고발 등과 같은 혼란이 일부 있을 것으로 보인다.

필자는 슈바르츠 박사가 제도지상주의 교회에는 소망이 없고 질적으로 새로운 교회가 이루어져야 한다고 주장한다. 하지만 이것은 한국의 교회 토양에서는 위험한 발상이다. 기존의 교회의 틀을 유지하는 가운데 교회를 업 그레이드하는 식의 교회의 체질개선이 되어야하지 초대형교회는 무조건 나쁜 교회라고 하는 식의 방법은 우물안 개구리의 방식에 불과한 것이다. 초대형교회도 그 내부를 들여다보면 자연적인 교회성장을 이룰 수 있는 교회안의 교회의 개념으로 형성이 되어 세계에서 가장 큰 교회가 된 콜롬비아의 교회를 예로 들면서도 이론에서는 작은 교회가 아름답다고 하는 것은 기존교회의 틀을 파괴하는 것이라고 본다.

결국은 성육신적인 교회의 모습으로, 화해를 통한 교회성숙의 개념이 포함되어야 한다고 본다.

(4) 실용주의로의 비약

이러한 성육신적인 교회로의 전환에 대해서 조바심을 일으키는 사람들은 실용주의적인 교회로 머무는 것을 고집할 수가 있을 것이다. 새롭게 아파트들이 들어서는 신도시에 선점하여 목회를 하는 교회의 목회자들에게는 이러한 본질적인 것보다는 현실적으로 가두리 양식장에 몰려든 물고기들을 다루는 실용적인 교회프로그램과 가시적인 행정중심의 교회 운영에 몰두할 수밖에 없는 것이다. 이들은 신학에 대한 불필요한 교리 논쟁들을 기독교역사와 기독교죄악사에서 보아 왔기 때문에 현세구복적인 건강과 물질의 축복 신앙 수준을 극복하고 있지 못하는 실정이다. 이러한 교회의 본질에 대해서 새로운 교회가 되지 않는다고 해서 누가 고발조치를 할 수 있겠는가?

하나님의 절대주권을 강조한다고 하면서도 이러한 부분에서는 하나님의 절대주권보다는 현실을 중시할 수밖에 없는 한국 교회의 현실은 가시떨기와 같이 안타까운 실정이다.

(5) 자연적 관점의 발전

30, 40대의 개혁성향이 있는 목회자들은 목회자가 변해야 교회가 산다는 것을 인식하고 있기 때문에 적극적으로 이러한 인격적인 교회개혁에 동참을 하고 있다. 또한 이러한 교회의 특질을 이해하고 생명체적인 원리를 지역교회에서 적용하는 사역이 중요한 이슈로 대두가 되고 있다. 필자는 균형을 중요시 여긴다고 말했는데, 자연적인 교회성장은 원래 교회성장의 아버지인 맥가브란 박사의 동질성의 원리에 기초한 집단개종의 원리와 피터 와그너 박사의 다양한 가운데의 조화를 종합한 적용으로 보여진다. 따라서 교회의 현실에 맞추어서 점진적인 개혁의 일환으로 토착화가 되어야지 N.C.D.를 그대로 심는다는 것은 문제가 있다고 본다. 토양만 좋다고

씨앗이 자라는 것이 아니라 씨앗 자체가 어떠한 토양에서도 자랄 수 있는 씨앗으로 구비가 되어야 한다는 것이다.

(6) 다중 적용의 문제

N.C.D.의 방식을 따르는 교회들과 현존의 교회들과의 관계에서 분리되어 나온 의도적인 저항적 교회가 다수가 되어서는 안 된다. 우리가 추구하는 것은 잇달아서 종교개혁을 하여 새로운 교단을 만드는 것이 아니라 이러한 N.C.D. 교회의 원리를 기존교회에 적용하여 교회가 유기체적으로 살아나고 확장된 교회의 개념으로 선교일선에서 소그룹을 통한 교회개척을 이룰 수 있는 교회로 나아가는 것이다. 좋은 전략 가운데 하나가 된다는 것이지 이것이 전부라는 발상은 위험하다.

2. 전문인의 개념

(1) 깨어 있는 전문인이라야 한다

전문인 신학을 정립하기 위해서는 전문인 선교사를 깨우는 일이 시급하다. 전문인을 깨워서 저들이 한 알의 씨알과 같이 자연적인 교회성장을 이룰 수 있는 구체적인 자기 정체성을 수립할 수 있도록 도와주어야 한다.

이제는 지구촌시대이기 때문에 한 알의 씨알이 국내교회용에서 필요한 것이 아니다. 타문화권에도 나아가 사역을 하는 한 알의 씨알이 되어서 30배, 60배, 100배의 결실을 얻도록 해야 한다는 것이다.

필자는 한 알의 씨알에 대한 교훈을 하나님의 말씀을 통해서 먼저 정의한 후에 이러한 씨알의 정체성을 전신자 선교사주의(Every Believer's Missionaryhood)에 입각한 전문인 선교사의 입장에서 정의해 보고자 한다.

먼저 한국교회의 성숙을 위해서 몇 가지를 진단해 보고자 한다.

우리 교회의 교회의 성장을 방해하는 최소치가 무엇인지를 발견하는 것이 시급한 일이다. 몇 가지를 진단해 보기로 한다.

1) 사역자를 세우는 지도력을 재직들이 가지고 있는가?

이는 목회자들이 성도들로 하여금 하나님께서 원하시는 자들이 될 수 있도록 하기 위해서 그들을 준비시키고, 격려하고, 동기를 부여하고 훈련시키는 데 주안점을 두는 것을 의미한다. 영적 자생조직이 생겨나게 함으로써 교인들로 하여금 사역할 수 있도록 지도력을 세우는 것을 뜻한다.

이 특성은 전교인을 사역하는 교회의 실현을 목적으로 하는 셀 교회의 전략적 입장과 정확히 일치한다. 그리고 영적 자생조직으로서의 셀 그룹은 그 자체가 영적 가족관계를 이루는 유기체로서의 생명력을 통하여 계속적으로 평신도 지도자들을 생산해내는 장소가 된다. 목자, 예비목자, 양육인 등의 평신도 지도자들의 주 활동무대로서의 셀은 기독교 기초공동체 지도자들을 배출하는 장소이다.

분석결과

성장하는 교회의 지도력은 관계 중심적이어야 한다.(45%)

성장하는 교회의 지도력은 목표 중심적이어야 한다.(62%)

무엇보다도 성장하는 교회의 지도력은 협력 중심적이어야 한다.(70%)

외부로부터 기꺼이 도움을 받을 수 있어야 한다.

2) 은사 중심적인 교회인가?

이러한 특성에 따른다고 하면 교회의 목회자들은 교인들의 은사가 무엇인지를 발견하도록 도울 뿐 아니라 자신에게 맞는 은사를 따라 사역할 수 있도록 조정해 주는 것을 의미한다. 이러한 만인제사장직을 생활에 수행하기 위한 유일한 방법이 곧 개인이 자신의 영적은사를 발견하여 사용하는 것임을 주장한다.

분석결과

내가 하고 있는 사역은 내 은사와 일치한다.(73%)

우리 교회 평신도들은 그들의 사역을 위해서 훈련을 받는다.(63%)

3) 열정적 영성을 가지고 있는가?

여기서 말하는 열정적 영성이란 "예수 그리스도"와 참된 관계로서의 믿음의 삶을 의미하는 것으로 믿어진다. 다시 말해서 성도들이 다른 사람들에게 영향을 주는 열정을 의미한다.

성도들이 다른 사람들에게 영향을 주고받는 구체적 현장으로의 소그룹을 대치할 어떠한 현장도 교회 내에는 없다고 믿어진다. 영적 상호작용이 이루어지는 장소로서의 셀 그룹은 열정적 영성이 가능케 해 주는 장이다.

분석결과
기도하는 시간은 나에게 은혜로운 시간이다(71%)
나는 우리 교회를 너무나 좋아한다(76%)

4) 기능적으로 조직이 활성화가 되어 있는가?

교회의 성장은 사역의 계속적 증진을 촉진하는 조직을 개발하여 자생조직이 이루어질 때까지 계속적으로 교회조직을 평가하고 개선해 가는 것을 의미한다. 셀 그룹 자체와 셀 그룹들의 총합으로서의 셀 교회가 가지는 조직들은 '자생조직' 으로서의 셀 그룹 배가에 가장 큰 관심을 쏟고 있다.

분석결과
우리 교회에는 사역 각 분야에 부서장이 책임을 다한다.(85%)
나는 우리 교회가 전통에 매어 있다고 생각한다.(8%)

조직과 생명은 서로 상관성이 있는 것이다. 교회는 조직 (Organization)이 아니라 유기체(Organism)이라는 것이다.

5) 예배는 영감있는 예배를 드리고 있는가?

이는 예배에 있어서의 관념적인 성령의 임재가 아닌 진정한 성령의 역사가 있는 예배를 의미하며 이러한 예배에 참석하는 사람들은 교회가는 것이 즐겁다고 말하게 된다. 셀 그룹에서의 찬양과 경배는 진정한 성령의 역사가 있는 예배에 초점을 맞추며 셀모임 참석을 열망하는 현상들은 셀의 예배의 영감성을 의미한다.

> 분석결과
> 우리 교회의 예배는 불신자들을 겨냥하는 예배이다.(3%)
> 우리 교회의 예배는 영감이 넘친다고 생각한다.(80%

6) 우리 교회는 소그룹 운동에 대해서 관심을 가지고 있는가?

전인적(holistic)이라는 말은 소그룹이 단순한 어느 특정 목적을 위해서만 존재하는 것이 아니라(예를 들면, 성경공부나 기도 또는 교제나 전도 봉사 등) 전체에 관심을 기울이는 온전한 소그룹이어야 한다는 뜻이다. 자신의 문제를 내어놓으며, 자신의 은사를 가지고 다른 사람들을 섬기는 일을 배우는 자연스러운 장소이고, 삶을 나누는 제자도의 실제적 실현 장소로의 소그룹을 의미한다. 소그룹은 교회의 옵션이 아닌, 계속되는 성장을 위한 결정적인 요소이다.

소그룹은 전인적 소그룹이 되어야 하며 모든 성장자료들을 소그룹 상황에서 실제적으로 적용할 수 있도록 구상해야 한다. 자신의 삶과 문제를 내어놓으며, 서로를 섬기는 일을 배우는 상호의존적 영적 공동체로서의 셀그룹은 마치 어린아이가 가정 안에서 전인적으로 성장하듯이 영적 측면에서의 전인적 성장을 도모하는 것을 핵심적 목적으로 삼는다.

분석결과

나에게는 개인적인 문제를 이야기할 수 있는 소그룹이 있다.(71%)

우리 교회는 의도적으로 소그룹이 활성화시키려고 노력한다.(78%)

7) 지역사회에 필요한 전도를 하고 있는가?

자신의 은사를 사용하여 자신과 친분이 있는 불신자들을 섬기고 복음을 들려주고 가까운 교회에 연결되도록 돕는 일은 모든 신자들의 의무이다. 그리고 그러한 전도의 초점은 불신자들의 필요와 문제를 충족시키는 것에 맞추어져야 한다는 뜻이다.

셀 그룹의 하부조직인 나눔의 그룹(share group) 또는 전도 소그룹을 통하여 불신자들을 사귀며 섬기고 복음을 전하는 일은 셀그룹의 일상적인 일이다. 섬기는 일은 주로 불신자들의 필요를 중심으로 이루어진다.

분석결과

목사 : 나는 우리 교회에 교인 중에 누가 전도의 은사를 갖고 있는 줄 안다.(70%)

현존하는 불신자들과 초신자들과의 관계를 유용하라.

8) 새 술은 새 부대, 새 계명, 새로운 피조물의 공식에 기초하여 사랑이 풍

성한가?

교회의 지도자들과 교인들, 교인과 교인들 사이의 관계성이 사랑으로 특징지어지는 정도를 의미한다. 교인들을 소규모의 셀그룹으로 조직하는 이유가 바로 교인들 상호간의 관계를 통해 서로 사랑의 관계로 특징지어지는 상호의존성을 가능케 하기 위함이다. 수백, 수천의 교인들 속에서 오히려 개인은 관계의 단절을 경험함으로써 교회본질인 공동체 경험으로부터 멀리 떨어질 수 밖에 없는 데, 셀그룹은 이러한 문제들을 일거에 해결해준다.

분석결과

우리 교회는 웃음이 넘친다.(68%)

우리 교회는 성도들 간의 서로 접대를 위해서 교회성도들을 얼마나 초대 했는가?(17%)

(2) 한국교회에 대한 진단결과

우리 교회의 최소치의 요소만큼 교회가 성장한다는 것이다. 우리교회의 최소치의 요소는 무엇인가?

한국교회는 열정적인 열성이 부족하기 때문에 성장이 둔화된 상태이며 불신자들이 아니라 기존 교인의 이동에 의해 교회가 유지되고 있는 실정이다. 어떻게 하면 우리가 열정적인 열성을 회복할 수가 있을까?

1) 우리는 비참한 크리스천의 삶을 다시 한번 실감나게 체험을 해 보아야 한다. 할 수만 있다면 간증 집회를 통해서 옛 사람이 어떻게 새사람이 될 수 있는지 체험하기 바란다.

2) 우리는 새벽을 바라보는 어두움의 현장에서 현실을 바라보고 미래를 예견하는 제 3의 눈을 열어야 한다. 우리의 사회는 비전이 없기 때문에 물질에 최고의 가치를 두고 사는 것이다. 그러나, 물질은 소유(belonging)일 뿐 존재(being)는 아니다.

3) 우리는 아주 새로워진 자아(self)에 대한 정체성이 있어야 한다.
하나님의 형상대로 지음을 받은 우리는 자신의 죄책감과 정체성에서 벗어나서 자유의지를 주신 하나님의 뜻이 무엇인지를 분별하여 온전히 새로워진 새피조물이 되어야 한다. 이 일을 위해서 교회 공동체가 함께 기도원에 가서 기도를 하는 등 영적으로 단합되는 체험을 해야 한다.

4) 옛 사람의 죽음에 대해 다시는 미련을 가져서는 안 된다. 옛 문화와 관습을 잊어버리고, 가난하고 청빈한 삶을 살더라도 안분지족(安分知足)의 자세로 살아야 한다.

5) 율법에서의 자유함이 무엇인지를 날마다 생각하고 사는 삶을 영위해야 한다. 그것은 복음의 전달자가 거짓 종교에 매여 있고 이단에 빠진

자들에게 복음을 증거함으로써 이 일을 공동체에 보고하는 시스템을 갖춤으로 산소와 같은 하나님의 구원의 기쁨을 실시간으로 누리며 사는 것이다.

또한 주님의 자원하는 종이 되어 자발적으로 교회 일에 참여하는 자가 되는 것이다.

6) 믿음으로 승리의 삶을 누리는 것이다.

예수님의 십자가에 죽으심과 부활의 권능에 참예함을 통하여 "날마다 죽노라"(갈5:24)고 고백하고 역경이나 순경이나 감사하는 마음을 가지고 예수님의 믿음으로 승리하는 은사(카리스마타)를 발휘하는 것이다(요일 5:4). 이 일을 위해서 우리는 영적으로 늘 충만할 수 있도록 영적 배터리를 충전하고 있어야 한다.

7) 예수님의 생명을 경험하는 삶을 살아야 한다.

나태하고 안일한 데서 벗어나야 하며 신앙의 모험을 두려워해서는 안 된다. 교회주변의 아파트 지역에서 노방전도를 실시해야 한다. 구제 사역에도 참여해야 한다. 그리고 미자립교회에도 견학을 통해 자매교회로 삼아 도와주며 교회가 후원하는 선교단체와 선교사들을 위해서도 중보기도를 하고 방문을 해야 한다.

8) 은혜의 삶을 누리고 전수해 주어야 한다.

이처럼 한단계씩 신앙이 성숙하게 될 때마다 하나님께 감사하는 마음을 가지고 기쁜 마음으로 제자를 삼고 또 진로지도 사역을 통해서 순례자적인 모델을 가지고 선교사역에 적극적으로 드려지는 제 2의 교회생활을 해야 한다. 이제 영적인 거인이 되어서 축복의 통로로 이 땅에 오신 주님과 함께 이 세상의 길을 갈 때이다. 어찌 그 마음이 뜨겁지 아니 하겠는가?

(3) 우리 교회의 진단을 위한 생명체적 원리 도출

위의 분석에 의해서 교회의 특성의 최소치가 무엇인지를 발견하게 되었다면 구체적으로 실천할 수 있는 생명체적 원리를 가지고 있어야 한다.

1) 상호의존의 원리

생명체의 생존과 성장을 위해 생명체 상호간의 의존성은 결정적인 것이다. 마찬가지로 그리스도인의 영적 생명 역시 상호의존성이 결정적이다. 셀은 생물학적인 용어로서 모든 생명체의 기초단위가 된다. 그리고 셀 그 자체가 엄연한 하나의 생명체이기도 하다. 셀을 일컬어 기독교 기초공동체(basic Christian community)라 한다. 공동체란 구성원의 삶이 상호의존적 관계로 이루어졌음을 의미한다는 점에서 셀은 철저히 생명체 원리를 중심으로 이루어진다.

이것은 교인들이 서로가 친족공동체로서 서로를 귀히 여기는 영적 생명체(organism)이 되어야 한다는 것이다.

진단과정

우리 교회는 이러한 단계에 와 있는가?(1,2,3,4,5,6,7,8,9,10)

2) 번식의 단계

셀의 번식방법은 배가의 원리이다. 하나의 셀이 서포분열을 통해 또다른 세포를 낳듯이 셀 그룹 역시 셀 그룹 리더가 또다른 리더를 셀 속에서 만들어냄으로써 셀그룹을 배가하는 것을 목표로 삼는다.

> 너희는 이 일을 너희 자녀에게 고하고 너희 자녀는 자기자녀에게 고하고 그 자녀는 후시대에·고할 것이니라. 팟종이가 남긴 것을 메뚜기가 먹고 메뚜기가 남긴 것을 늣이 먹고 늣이 남긴 것을 황충이 먹었도다.(요엘1:3-4)

어떠한 원리에 의해서 다음 세대에 복음을 증거할 수 있는가?

① 철저히 하나님의 말씀에 기초해야 한다.

②사람들을 일꾼으로 세워야 한다.

③쉽고 재미있고 단순한 방법으로 청중을 깨워야 헌다.

④ 역동적인 학습원리를 최대한 동원해야 한다.

⑤탁월한 일꾼들을 세울 탁월한 수준으로 가르쳐야 한다.

⑥ 서로 돕고 세우는 사역공동체를 이루어야 한다.

⑦ 온 세계에 이 사역을 나눔으로서 전신자들이 사역자가 되도록 인

도해야 한다.

⑧ 다음 세대에도 주님의 일이 지속되어야 한다.

진단과정

우리 교회는 이러한 단계에 와 있는가?(1,2,3,4,5,6,7,8,9,10)

3) 에너지전환의 단계

이것이 교회성장의 패러다임 쉬프트라고 할 수 있다. 나는 이것을 상당히 중요한 단계라고 여겨진다. 셀그룹 속에서의 삶은 수많은 사람들을 중심으로 이루어진다. 여러 가지 삶의 위기들이 함께 기도하고 함께 돕고 섬기는 가운데 놀라운 성령의 역사하심을 경험하는 축복의 기회가 되는 등 위기를 창조적인 기회로 전환하는 일이 구체적으로 일어난다.

이러한 전환은 아날로그형으로서의 태동기-성장기-절정기-쇠퇴기에서의 S-S Curve형으로서의 전환이 아니라 디지털형으로서의 자연적인 교회성장의 순환이 지속됨으로써 늘 절정기에 머무는 것을 의미한다.

그 다음 단계에서의 전환은 지역교회의 자연적인 성장의 단계에만 머무는 것이 아니라 지역교회가 우주적인 교회로서의 전환을 할 수 있도록 타문화권에서의 선교형 교회로 전환하는 데까지 이르러야 한다. 이는 만인 사역자주의라는 애매한 표현에 머무는 것이 아니라 실질적으로 새국민이 되어진 전신자 사역자주의에 입각하여 전신자 선교사주의로까지 나아가는 것을 의미한다. 여기에서 사역자가 될 수 없는 자는 중보기도 사역자로서 기도에 동참함으로써 전 교인이 사역에 동참하는 길이 열리게 되는 것이다.

진단과정
우리 교회는 이러한 단계에 와 있는가?(1,2,3,4,5,6,7,8,9,10)

4) 다목적의 단계

셀 그룹은 함께 삶을 나누며 살아가는 가운데 다양한 방식으로 교회회원들의 삶이 상호터치되며 함께 세워져가게 된다. 셀 그룹을 전인적 소그룹으로 부르는 이유가 여기 있으며 '교회속의 작은 교회'로서의 기능과 존재를 중요시하는 이유가 여기에 있는 것이다. 또한 확장된 교회의 개념을 볼 것 같으면 선교적인 차원에서 타문화권에서는 그리스도의 몸으로서의 교회 구성원이 '교회밖의 작은 교회'로서의 흩어지는 교회로서의 교회의 사명을 감당할 수 있다고 본다.

진단과정
우리 교회는 이러한 단계에 와 있는가?(1,2,3,4,5,6,7,8,9,10)

5) 공생의 단계

교회 안에 있는 다양한 은사와 섬김의 기회들은 그리스도의 몸으로서의 상호 유기적 관계를 가능케 함으로써 결과적으로 모든 지체들을 함께 성장케 해준다. 셀 그룹 속에서의 개인들은 서로가 서로에게 그리고 교회의 각 셀들 역시 상호 공생관계를 통하여 온 몸이 함께 성장할 수 있게 해준다.

이 일을 위해서 목의 기능이 중요한데 목사는 목의 신경계와 같은 가장 중요한 기능을 감당하고 있다. 그러나, 교회의 머리는 그리스도이시다. 그리하여 각 마디마다 신경이 고루 전파되어 몸의 사지백체가 제 기능을 발휘하게 된다.

따라서 교회는 모두가 소중한 그리스도의 몸으로서 인정을 받게 되고 목회자는 영적인 지도자로서 존경을 받게 되며 공동체의 촉매자로서 화목자로서 그리고 축복의 통로로서 쓰임을 받게 되는 것이다. 이것을 우리는 공생적인(Symbiotic) 사역이라고 한다.

화려한 꽃을 피우던 목회자가 낙엽이 되어 그 다음 세대의 사역자들을 위한 거름이 되어지는 것이 하나도 부끄럽지 않은 주님께 기쁨이 되는 교회가 되는 것이다.

진단과정

우리 교회는 이러한 단계에 와 있는가?(1,2,3,4,5,6,7,8,9,10)

6) 총체적 기능을 다하는 단계

미국의 운송업체 가운데 가장 큰 회사인 Federal Express라는 회사가 있다. 이곳의 컴퓨터는 항상 두 대가 동시에 가동을 하고 있는데, 만일의 경우를 대비하여 한 대가 고장이 나면 다른 한 대가 가동이 되고 24시간 내에 컴퓨터를 수리하여 모든 경우를 대비하는 시스템으로 갖춰놓은 것이다. 모든 생명체는 스스로 자라며 열매를 맺는다. 마찬가지로, 셀은 그 자체가 하나의 생명체로 자라며 열매를 맺으며 또다른 셀들을 생산해 낸다. 사도 바울의 선교사역 가운데 실례를 찾을 수 있는데, 특별히 브리스길라와-아굴라 부부와 함께 가정교회를 일구고 사역을 했던 바울의 제 3차 선교사역에서 그 실례를 발견하게 된다.

진단과정
우리교회는 이러한 단계에 와 있는가?(1,2,3,4,5,6,7,8,9,10)

결론: 비판적 상황화를 통한 교회갱신이 이루어져야 한다.

생명체의 원리가 작용하는 교회에서 비로소 교회의 본질의 실현, 즉 그리스도의 몸의 성육신적인 원리가 가능하다는 말이다. 단순한 소그룹으로는 충분치 않다. 적어도 하나의 생명체로서의 교회의 셀의 성숙을 통한 교회의 자연적인 성장이 되어야 한다는 것이다.

그동안 너무 양적인 성장을 고집한 결과로 질적인 성숙을 이야기함으로 성숙에 대해서만 강조하는 듯하지만, 결국은 균형잡힌 교회성장을 이루어 나가는 것이 결론이 될 것이다. 따라서 이 이야기는 작은 교회만이 아니라 초대형교회도 들어야 할 이야기임에 틀림이 없다. 우리는 어떻게 하면 100배의 결실을 맺을 수 있을까?

① 봄뿐만 아니라 가을에도 복음의 씨앗을 뿌려야 한다.

어느 경제학자가 지난 여름에 브라질을 다녀왔다고 한다.

브라질의 한 커피농장을 둘러본 다음에 가장 인상적인 것은 커피나무의 종묘 과정이었다고 한다. 새 묘목을 길러내기 위해 많은 모래주머니에 먼저 두 개의 커피 씨를 심고 일정 기간이 지난 후 잘 자란 것 하나만을 선택한다는 것이다. 왜, 하필이면 두 개의 씨앗을 심을까? 경제학교수가 궁금하다고 하니 우리도 궁금증을 가져 보자. 하나의 씨를 심는 것보다는 두 개의 씨를 심었을 때 잘 자란 종묘 하나를 얻을 수 있었다고 하는 수십 년간의 경험에 기초한 것입니다. 두 개의 씨앗이 작은 영토에서 서로 경쟁하여 자라기 때문에 그 중에 하나는 분명히 종묘로 선택이 된다는 것이다. 이것을 청년의 씨와 장년이 씨가 시너지 효과를 이루는 것으로 해석을 하고 싶다. 청년이 힘과 의욕을 가지고 씨를 뿌린다면 장년은 지혜와 경험으로 뿌리는 것이다. 영적 게으름에서 벗어난 믿음의 씨앗을 뿌려야 한다.

② 밭의 필요(필요)에 지대한 관심을 기울여야 한다.

강남의 도심 속에서 거주하고 있는 도시인들의 필요가 무엇인지를 알고 저들의 문화를 잘 수용할 수 있는 체제를 갖추어야 한다. 교회의 여러 시설들이 점진적으로 현대화되어야 하며, 공동체로서 함께 사랑의 순례와 같은 여행 프로그램을 통해서 하나님의 백성으로서 친밀해져야 한다. 또한 평신도를 깨우는 각종 프로그램에 참여하여 실력을 키울 필요가 있다.

③ 때에 적절한 비료와 수분의 공급을 대 주어야 한다.

150년 전의 생태학자요 화학자인 져스터스 본 리비그에 의해 시작된 화학비료사용과 관련된 이야기를 들어보면 토양을 관리하는 데에는 당장의 수확만을 바라보지 말고 토양의 산성화를 생각하면서 비료를 공급해 주어야 한다고 말한다.

리비그는 식물이 성장하기 위해서는 네 가지 무기물이 공급되어야 한다고 한다. 네 가지 무기물이란 질소, 석회, 인산, 칼륨이다. 네 가지 무기물이 흙 속에 충분히 있는 한 성장은 자연적으로 일어난다. 신앙생활의 기도-찬송-말씀-생활전도와 같은 네 가지 요소이다. 그러나, 네 가지 물질 중에 한 가지라도 결핍이 되면 성장을 멈추게 된다.

만일 인산이 부족하여 인산을 채우게 되면, 그 식물은 다른 비료가 고갈될 때까지 계속해서 자라게 된다. 그러나, 여기서 주의할 것은 과거에 인산을 통해서 재미를 보았기 때문에 계속 인산을 공급하게 되면 과잉현상이 초래되게 되는 것이다. 마치 어린이에게 녹용을 먹여서 얼굴이 벌겋고 말을 못하는 경우와 마찬가지이다. 다시 말해서 균형을 갖춘 영양배급이 중요하다고 하는 것이다. 이 경우에는 공급 과잉된 흙은 오히려 토양을 해치게 되고 수확은 줄어들게 되는 것이다. 그리고 자연은 더욱 황폐해진다. 그러나, 부족한 영양분이 추가되는 만큼 성장은 다시 촉진된다.

그러므로 광야에서의 만나의 공급을 잊지 말아야 한다. 공급이 과잉되면 썩게 마련이다. 그날그날 주시는 일용할 양식으로 인해 기뻐하는 삶을 살아야 한다. 그래야 늘 긴장하고 깨어있는 믿음을 소유하게 될 것이며 소유를 자랑하는 것이 아니라 새 사람됨을 자랑하게 될 것이다. 이단에 빠지지 않도록 보호해 주어야 하며 평신도 신학원이나 단기적인 제자훈련 과정을 개설하여 현실성이 있는 교육을 해야 한다.

이제는 목사가 목에 힘을 주고 목회하는 시대는 지나갔다. 몸의 마디마디에 힘을 넣어주는 공동체 목회, 그리고 열린 목회에 팀으로 함께 사역을 해야 한다.

④ 씨가 자라는 데 문제가 생길 시에는 언제든지 자신의 탓으로 돌릴 수 있는 책임의식이 성도들 모두에게 있어야 한다. 책임을 전가하는 것이 아니라 내탓이라고 여기며 함께 위기를 관리하는 것이다.

> 룻이 가로되 나로 어머니를 떠나며 어머니를 따르지 말고 돌아가라 강권하지 마옵소서 어머니께서 가시는 곳에 나도 가고 어머니께서 유숙하시는 곳에서 나도 유숙하겠나이다. 어머니의 백성이 나의 백성이 되고 어머니의 하나님이 나의 하나님이 되시리니… (룻1:16).

정답만 말하는 룻은 참으로 하나님의 축복의 통로로 쓰임 받기에 합당한 믿음의 여인이다. 19절에는 "이에 그 두 사람이 행하여 베들레헴까지 이르니라"라고 나와 있다. 나오미와 룻의 아름다운 신앙의 멘토링이다.

⑤ 하나님이 에덴동산의 정원사였음을 기억해야 한다.

그 안에 생명나무와 선악을 알게 하는 나무가 있었다고 하는 사실을 생각하고 감사해야 한다. 성도는 이 세상에서 영생을 할 수가 없다. 순례자로 지나가는 것이다. 그러나, 우리는 선악을 알게 하는 나무이신 예수 그리스도를 통해서 구원을 받았고 많은 결실을 맺는 삶을 살고 있는 것이다.

적용: 정원사는 청지기의 정신으로 유실수가 잘 자라서 많은 결실을 맺도록 해야 한다. 최소의 비용으로 투명성을 가지고 무소유의 정신으로 잘 생각해 보고 감사의 열매를 맺어야 한다. (성령의 열매)

오직 성령의 열매는 사랑과 희락과 화평과 오래 참음과 자비와 양선과 충성과 온유와 절제니(갈5:22-23).

각각의 열매를 맺는 것이 아니라 포도열매와 마찬가지로 한 가지의 열매의 다양한 은사이다. 그러므로 총체적인 열매맺는 그리스도인이 되어야 한다. 이 계절에 한 알의 씨알이 소중한 것이다.

필자는 2001년 4월 15일에 KBS-TV의 일요스페셜에서 함석헌의 생애에 대해서 방영하는 것을 보면서 함선생이 처음 시작은 ㅂ로 시작을 했으나 마지막에는 종교다원주의와 기독교의 상대성을 주장한 것으로 그의 마지막 신앙심을 저버린 모습을 보면서 안타까웠다. 처음에는 성령으로 시작하였으나 마지막에는 이단으로 마치는 평범한 세속인의 모습을 지켜봐야했던 것이다. 그러나, 그 분이 이야기한 몇 가지 중요한 단어를 음미하면서 함선생님이 의미했던 씨알의 의미를 현대의 선교학의 입장에서 비판적 상황화를 함으로서 전문인 선교에 접목하고자 하는 마음이 생기게 되었다.

함석헌 선생님은 나라는 흙이라고 했다. 인간은 하나님이 흙으로 지으시고 그 코에 생기를 불어넣으실 때에 생령이 되었다고 성경은 말한다 (창2:7). 이처럼 나라의 주권을 형성하는 국민, 영토, 주권의 3대 요소 가운데 영토를 좀더 내밀하게 흙으로 보면서 남한의 흙이나 북한의 흙이나 다같이 흙이라고 하는 개념으로 이해해 볼 때 씨알의 사상은 다양한 가운데 조화(Unity in Diversity)를 이루는 개념을 포함하고 있는 것 같다. 그러나, 함 선생님이 그리스도 안에서의 동질성을 유지하며 이러한 씨알의 사상을 끝까지 고수했다면 좋았을 것이라는 아쉬움을 가져본다. 그는 종교다원주의를 공식적으로 선포한 한국인 가운데 한 분이고 복음의 상대주의를 주장한 최초의 인물 가운데 한 분이다.

그러나, 오늘날 자신의 직업을 통해서 전세계에 나가서 한국을 알리는 KOICA와 같은 수준에서의 봉사에 머무르는 것이지 자신의 직업을 도구로 해서 복음을 전하는 차원에까지 이르지 못하는 것이 안타깝다.

함석헌 선생님의 생애를 방영한 그 밤, 성공시대라는 또 다른 프로그램에는 농우종묘의 고○○ 사장의 성공담을 소개하고 있었다. 그의 이야기는 농사꾼의 아들로서의 몸으로 체득한 관찰일기에서 비롯된 것이었다. 세속인이 이처럼 씨앗에 대한 사상을 가지고 성공하였다고 하면 전문인으로서 선교를 이야기하는 자도 이러한 생각을 선교할 수 있어야 한다고 생각되어 성령님께 지혜를 구하여 생각을 정리하게 되었다.

첫째는, 씨앗은 주권이라는 생각이다. 그 동안의 서구 식민주의자들의 교회성장을 우선시 하는 선교의 방법에는 하나님의 나라 차원에서의 주권의식이 없었다고 보는 것이다. 그 이유는 그 안에 선교의 세계관이나 선교철학이 없이 주류인 기득권자를 위한 선교를 해 온 것이기 때문이다. 따라서, 전문인이고자 하는 자는 자신의 주권을 확립해야 한다. 이처럼 준비되어지고 잘 구비되어진 씨알이어야 전문인이 될 수 있다고 할 수 있다.

둘째로, 농민은 왕이다라는 생각을 가지고 선교사들을 양성해야 한다. 온전한 씨알을 가지고 파종하고 재배하고 수확하는 농민에게 최선을 다해서 섬기는 사역을 다했다는 고 사장님의 이야기와 마찬가지로, 우리는 왕 같은 제사장의 신분을 가지고 선교사들이 전신자 선교사주의에 입각해서 사역하도록 준비시켜야 한다. 농민이 일해서 씨앗을 키운다면 농민을 상대로 하는 영업사원은 농민을 왕으로 모셔야 한다는 그의 지론은 필자에게 커다란 교훈이 되었다. 우리도 교회 안에서 구체적으로 자신의 직업을 통해 선교하고자 하는 평신도 전문인들을 돕는 데 노력을 아끼지 말아야 할 것이다.

셋째로, 신품종을 만들어주고 현장지도를 해 주어야 한다. 신품종은 전혀 질적으로 새로운 피조물이 된 전문인이라고 볼 수 있다. 이러한 선교세계관을 갖추고 잘 구비되어진 생활 전도자(Life-style Evangelist)들을 구비시켜야 한다는 것이다. 이러한 생활 전도자에 대한 관심이 한국교회의 남아 있는 700만 교인 가운데 20% 이내의 그루터기와 같은 성도들에게 호응을 얻도록 해야 한다. 이를 위해 전문인 선교를 통한 성숙하는 교회의 모델을 제시하고 계속해서 전도폭발과 Clinic Program처럼 전신자를 통한 전문인 선교에 대한 패러다임을 한국교회에 정착시켜야 할 것이다(이를 위해서 부록에서 제시한 온누리 교회의 평신도를 전문인으로 구비시키는 모델을 참고로 하면 좋을 것이다).

넷째로, 한 알의 종자가 전세계를 바꾼다는 믿음이다. 오늘날 배가할 수 있는 제자들을 양성화하는 것이 한국교회의 지상대명령이다. 그 제자가 타문화권에서도 배가할 수 있는 제자라면 더욱 더 좋을 것이다. 타문화권에 나아가서 직업의 전문성을 가지고 창의적으로 사역하는 사도된 제자를 우리는 선교사라고 부르기 때문이다. 한 알의 종자가 온전히 예수 그리스도를 닮은 자라면 전 세계를 바꾸게 될 것이다. 따라서, 한 알의 종자를 키우기 위하여 씨앗을 여러 가지로 수집을 하고 신품종을 개발하였다면 그 품종에 대하여 세상에 확실히 알리는 것이 소중하다. 이를 위해서 T.I.E(Tentmaker's International Exchange)와 같은 국제적인 전문인 선교협의회와 접속하여서 한 알의 밀알이 하나님이 기뻐하시는 모든 미전도 종족에게까지 퍼져 나가도록 네트워킹을 해야 한다고 본다. 그리고 계속해서 전문인 선교에 대한 연구기능을 활성화해서 우수품종에 해당하는 전문인 선교사의 모델링과 전문인 선교교회의 모델링을 제시할 수 있어야 한다. 이러한 전문인 선교를 통해서 전신자 선교사주의에 기초한 하나님의 나라의 주권을 선포함으로서 한국선교 100주년을 의미하는 지계석을 세우고, 선교의 주권을 표방해야 하는 것이다.

반만년 역사의 온갖 질고를 겪고 외부의 침략을 받고 아직도 자주빛 옷고름이 벗겨지고 치마끈이 허리까지 벗겨져서 미국과 중국 그리고 러시아와 같은 주변 열강의 노리개가 되어있는 이러한 문화제국주의 하에서 우리는 선교의 주권을 표방해야 한다.

이와 같은 한국적인 씨알의 토양에서 우리가 전신자 선교사주의에 기초하여 전문인을 깨우게 되면 우리 한국의 신자들이 하나님의 나라에 거룩한 산 제물로 드려지게 되는 것이다. 이는 단순한 희생만을 의미하는 것이 아니라 축복의 통로로서 자자손손이 축복의 계승자가 되는 길인 것이다.

한국적인 씨알의 토양에 뿌려진 전문인 선교사들은 하나님의 나라를 위해서 드려지게 된다. 하나님의 나라의 전초기지가 되며 세계선교의 주역으로서의 성육신 선교사가 된다.

그러므로, 이제는 이른 아침부터 해가 질 때까지 한 알의 씨알을 뿌릴 때이다. 깨어 있는 한 알의 씨알을 통해서 한국의 그리스도인 개개인은 그 안에서 자신의 자화상을 발견해야 한다. 직업의 전문성을 가지고 자율적인 의지에 의해서 깨어 있는 전문인을 통한 선교는 주님 오실 때까지 선교의 효율성을 제고하는 방법의 하나가 될 것이다. 이 일을 위해서 구체적으로 전문인이 구비되어야 할 것을 기술하였다. 이제는 이러한 원리에 의해서 한 알의 밀알이 썩어질 때 전문인 선교의 성령과 함께하는 파도타기를 경험하게 될 것이고 하나님의 파루시아를 앞당기게 될 것이다.

　　적용: 이처럼 한 알의 씨알을 구비시키기 위해서 가장 먼저 생각해 보아야 할 문제는 교회 내에서의 장로제도의 실질적인 위상의 정립이라고 본다. 몇 해 전에 동안교회의 김동호 목사님이 쓰신 『생사를 건 교회개척』 이라는 책을 읽으면서 상당히 중요한 입장에서 장로제도에 대한 개혁을 논한 것으로 보았다. 그 후에 필자는 『전신자 선교사주의의 입장에서 본 장로제도』라는 글을 쓴 적이 있는데, 여기에서 그 핵심내용을 짚고 넘어가는 것이 이 책의 전체적인 문제제기를 위해서 필요하다고 본다.

　　한국교회는 '88 서울올림픽' 이후에 지난 10년 이상을 종교다원주의 하에서의 영적 침체를 계속해 왔다는 것이 기독교계의 공통된 의견이다. 홍정길 목사님은 이를 드릴라에게 들볶여서 머리에 삭도를 댄 삼손과 같이 영적 무기력증에 빠져있는 삼손의 모습과 같다고 비유하였다. 우리는 세속적 인본주의(Secular Humanism)에 빠져서 교회 안에 세속의 맛이 들어와서 소금이 그 맛을 잃듯이 기독교는 기불유(基佛儒)교라는 이름으로 조롱을 받으며 그 맛을 잃어가고 있다. 그래서 빛과 소금이라는 잡지가 소금과 빛으로 개명이 된 것이 아닌가?

　　어쨌든 샤머니즘 세계관에서 한국교회가 물질 중심의 맘몬 신앙에 머물면서도 세계의 20대 교회 가운데서 가장 큰 교회가 14개나 있고 이제는 10번째로 큰 교회가 되었으나, 한 때에는 세계에서 가장 큰 여의도 순복음 교회가 여전히 한국에 있는 것이 사실이다. 이것을 교회갱신의 입장에서 보면, 마치 널뛰기 십자가처럼 인간중심의 성장이었지 내면 세계를 성찰하는 하나님 중심의 성숙이 아니었다고 하는 테에 동감을 표하며 필자의 의견이기도 하다는 것을 밝혀둔다.

교회역사를 살펴보면, 만인제사장주의가 나온 전후의 상황을 살펴볼 때, 구약의 이스라엘 백성의 자민족우월주의(ethnocentrism)에 대해 하나님이 심판하신 후에 초대교회의 민족적 공동체가 자발적인 선고 공동체로 바뀐 것은 안디옥 교회를 시발점으로 한다. 그 이후에, A.D. 313년에 로마에 기독교가 국교로 인정이 된 이후에 교황무오설을 앞세워 교회는 계속해서 타락을 해 왔으며, 한국교회는 중세시대의 교권사회의 현대적 연장으로 볼 수 있다. 변하지 않는 것이 전통이요 그 습관이기 때문이다. 목사는 장로를, 장로는 목사를 면종복배(面從腹背)하며 교회를 유지시켜 온 것을 볼 수 있다.

이러한 상황 가운데 1517년에 만인제사장주의가 마틴 루터에 의해서 제시되었지만, 인격적인 종교개혁의 수준에 이르지 못하고 기존의 교황무오설의 전승을 그대로 지닌 채, 무늬만 개신교이지 로마 가톨릭의 정신적 유산을 가지고 온 것으로 볼 수 있다. 눈에 보이는 권위로 목사와 장로는 같은 지위이지만 눈에 보이지 않는 권위(신적인 권위)에서는 목사가 보호되어야 한다는 것이 필자를 포함한 대부분의 선교사의 시각일 것이다. 그러나, 필자는 좀더 우리라는 공동체의 시각을 가지고 서로가 공생하는 입장에서 생각의 틀을 넓혀야 한다고 본다. 소위 말하는 제 3의 길의 선택인데, 목사의 직업이 전문직업이라고 한다면, 교회에서의 장로의 직업도 전문직업이라고 인정해 주어야 하고, 재신임에 있어서도 동반자적인 자세를 가지고 신임에 앞서서 먼저 사역자로 구비시켜서 신임투표 후에 도태되는 일이 없도록 해야 한다. 필자는 그러한 의미에서 교회의 핵이 되는 목사와 장로를 위해서도 전신자 선교사주의(every believer's missionaihood)가 적용이 되어야 한다고 문제의 제기와 함께 해답을 『전문인 선교사를 깨워라』(필자의 전작)에 이어서 목회자와 장로에게까지 적용하고자 하는 바이다.

최초의 타문화권 선교사로 예수님이 오신 것같이 예수님의 제자가 된 우리가 진정한 의미의 그리스도인으로 회복되어야 한다. 이는 예수님처럼 살고자 하는 우리의 건전한 욕망이다. 예수님은 왕으로, 선지자로, 제사장으로 삼중사역을 감당하셨는데 그분은 한마디로 순례자적인 리더로 또한 선교사로 사신 것이다. 정확히 말해서, 성육신 선교사로 사신 것이다(빌 2:5-9). 따라서, 자신의 행실을 그리스도인으로서 삼가 조심하며 정결한 신부로 사는 크리스천들은 만인제사장주의라고 하는 한 가지 사역에서 보지 말고 삼중사역을 전부 포괄하는 전신자 선교사주의에 입각해 살아야 한다. 만인(all)이라는 복수는 명목적 그리스도인을 포함해서 선교를 이야기하는 것이 되므로 전신자를 의미하는 단수 every를 사용한다. 전신자사역자주의를 이야기하면서 보내는 선교사와 후원하는 선교사들은 엄밀한 의미에서 선교인이라고 부르는 것이 마땅하다고 본다.

라인홀드 니버(R. H. Niebuhr)의 문화와 기독교인의 5가지 관계를 교회와 기독교인의 다섯 가지로 정리하여 보았다.

첫째, 교회에 대항하는 그리스도인이다.(무교회주의자) 교회에 실망을 하고 교회 밖에도 구원이 있다고 하며 무교회주의를 주장한다. 함석헌과 같은 분이다. 그러나 제 2, 제 3의 함석헌과 같은 이들의 삶은 직장선교도 하지 않고 신우회에도 시들시들한 정도이다.

둘째, 교회의 그리스도인이다.(교회일치주의자) 교회가 모든 것이고 위로 목사를 우상화하고 장로로서의 권한을 누리는 한국교회의 모습이다. 그러나, 몸으로서의 교회의 생명력을 상실했다는 데 문제가 심각하다.

셋째, 교회 위의 그리스도인이다.(교회완성주의자) 교회의 부패한 모습 앞에 교회에서는 최소한의 집회에만 참석을 하고 가정중심, 직장중심 그리고 천국의 소망을 가지고 살지만 교회의 세속적 휴머니즘 그리고 샤머니즘적인 토속신앙화에 소극적으로만 저항하는 입장이다.

넷째, 교회 동반자로서의 그리스도인이다.(교회역설주의자) 교회에서 제공되는 복음의 메시지보다는 오직 개인구원과 건강과 성공의 신학의 입장에서 비판적 기능을 상실하고 살다가 교회의 비리사건이 발생하면 양심의 가책을 받고 헌금을 통제하지 않는 초대형 교회로 이적하는 사람들이다.

다섯째, 교회 변혁자로서 그리스도인이다.(교회변혁주의자) 하나님의 능력에 힘입어 교회의 머리이신 그리스도를 본받아 전문인 선교사로서 자문화와 타문화권에서 선교하는 목사, 장로가 되도록 비전을 주는 그리스도인이다.

결론적으로, 진정한 의미에서 교회가 개혁이 되려면 21세기에는 민족을 치유하고 선교하는 비전을 가지고 선교교육을 통해서 전신자 선교사 주의에 대한 정체성을 제시해야 한다. 또한 전문인 선교사로 목사와 장로를 모두 초대할 수 있는 영적인 다이나믹스가 있어야 하며, 영적 전쟁에서 성령의 인도하심 하에 균형잡힌 사역을 해야 한다.

3. 전문인의 정의: 프로페셔널(Professional)론

(1) 프로페셔널으로서의 자기 관리

당신은 자신의 인생을 바꾼 지적인 경험을 가지고 있는가?

우리는 자신의 인생을 바꾼 지적 경험에 대해서 이야기할 필요가 있다고 본다.

21세기의 최고의 경영학자인 피터 드러커는 자신의 인생을 바꾼 7가지 지적인 경험에 대해서 이렇게 말하고 있다.

> 1) 목표와 비전을 가져라.
> 2) 하나님이 보고 있다.
> 3) 끊임없이 새로운 주제를 공부하라.
> 4) 자신의 일을 정기적으로 검토하라.
> 5) 새로운 일이 요구하는 것을 배워라.
> 6) 피드백 활용을 하라.
> 7) 어떤 사람으로 기억되기를 바라는가?

우리는 자신이 어떤 사람으로 기억되기를 바라는 지에 대해 스스로 질문해야 한다. 우리는 늙어가면서 그 대답을 바꾸어야만 한다. 사는 동안에 다른 사람의 삶에 변화를 일으켜야만 한다.

어떻게 목표 달성을 유지하는가?

1) 사람이 계속 정진한다는 것은 단순히 나이를 먹는 것이 아니라 성숙해진다는 것을 의미한다.
2) 목표달성을 계속 유지하는 사람들은 하나님이 보고 있다는 생각을 가지고 있는 사람이다.
3) 목표달성을 이루는 사람들이 갖고 있는 공통점 중으 하나는 지속적 학습을 삶의 한 부분으로 인식한다는 점이다.
4) 늘 활기차게 지속적으로 성장하는 사람들은 또한 자신이 달성한 성과에 대해 검토한다.
5) 목표달성 능력을 계속 유지하는 사람들은 자신의 행동 및 의사결정의 예상결과를 기록해 두었다가 나중에 그것을 실제 결과와 비교해 본다.
6) 목표달성을 하는 사람들의 성공의 비결은 새로운 직업, 새로운 직위와 과업이 요구하는 것이 무엇인지에 대해서 깊이 생각하도록 가르쳐주는 멘토가 있었다는 것이다.

(2) 자기의 강점을 파악하라.

대부분의 사람이 자신이 잘하는 것이 무엇인지에 대해 알고 있다고 생각한다. 그러나, 그들 대부분은 잘못 생각하고 있다. 사람들은 자신이 잘

하지 못하는 것을 더 잘 알고 있다. 심지어는 그 점에 있어서도 제대로 아는 경우보다는 잘못 아는 경우가 더 많다. 따라서 자기의 강점을 파악하는 것이 중요하다.

1) 나의 강점은 무엇인가?

강점을 발견하는 유일한 방법은 피드백 분석(The Feedback Analysis)이다. 이 분석의 결과로 몇 가지 행동 결론(action conclusion)이 나오게 된다. 자신의 강점에 집중하라는 것이다. 즉 자신의 강점이 성과와 결과를 산출할 수 있는 분야에 자리를 잡아야 한다는 것이다. 자신의 강점을 개선하라는 것이다. 자신이 습득해야 할 기술의 분야를 보여 주고 자신이 소질이 없는 지식이나 기술이라도 어느 정도 습득할 수 있다. 자신을 무능하게 만드는 무식(disabling ignorance)을 불러일으키는 지적 오만(intellectual arrogance)을 바로 잡아 준다.

결론: 지적 오만을 극복하고 자신의 강점을 충분히 발휘하는 데 필요한 지식과 기술을 얻도록 노력해야 한다는 것이다. 자신의 나쁜 습관을 고치는 것이다. 아무리 해도 성과가 오르지 않는 일은 하지 않는 것이다. 낮은 역량밖에 발휘하지 못하는 분야를 개선하는 데 가능한 한 노력을 기울이지 말아야 한다는 것이다. 역량있는 사람을 더욱 뛰어난 성취자로 만드는 일에 에너지와 자원 그리고 시간을 투입해야 한다.

2) 나는 어떻게 성과를 올리는가?

사람마다 각자의 강점이 다르듯이 성과를 올리는 방법도 사람마다 다르다. 우리는 이것을 개성(personality)이라고 한다. 성과를 올리기 전에 개성은 이미 형성이 되어 있는 것이다.

자신이 읽는 자(reader)인지 듣는 자(listener)인지를 파악하는 것이 제일 중요하다. 자신이 어떻게 배우는가를 파악하는 것이다. 사람이 배우는 방법은 여러 가지가 있다.

악성 베토벤은 떠오르는 악상을 그때그때 기록해 두는 방식으로 배우는 케이스였다. 그러나, 실제로 그가 작곡을 할 때에는 작곡 스케치북을 절대로 보지 않았다고 한다. 그 이유는 악상을 작곡 스케치북에 기록하는 순간에 마음속에도 기록을 해두었기 때문이라는 것이다. 자기 자신에 관한 지식(self-knowledge)과 관련된 중요한 요소들 가운데 가장 쉽게 알 수 있는 것 중 하나가 바로 나는 어떻게 배우는가를 아는 것이다.

당신은 전문인 선교사로서 이 일에 대하여 구체적으로 생각을 해본 적이 있는가? 당신은 혼자 일할 때 일을 잘 하는가, 아니면 팀의 구성원일 때 일을 잘하는가? 다시 말해서 거대한 조직의 작은 부품일 때 일을 잘 하는가, 아니면 작은 조직에서 최고로 대접을 받을 때 일을 잘 하는가?

나는 의사 결정자(decision maker)로서 결과를 얻는가, 또는 조언가(advisor)로서 결과를 얻는가 하는 것이다. 의사 결정자로서의 일에 부담을 느끼는 사람에게는 조언가가 필요하고 반대로 조언가로서 일할 때는 최상의 성과를 거두지만 의사 결정자로서 일할 때는 압력을 견디지 못하는 사람들이 많이 있다.

결론: 무리하게 자신을 바꾸려고 할 때에는 성공 가능성이 낮다는 것이다.

3) 나의 가치관은 무엇인가?

자기 자신을 관리하고자 한다면, 그 사람은 그리스도 안에서 발견한 자신의 가치관이 무엇인지를 가지고 있지 않으면 안된다. 개인이 소유한 가치와 조직이 소유한 가치가 조화를 이룰 때 생산성을 높이게 될 것이다. 한사람의 가치관은 궁극적인 평가기준이고 이는 전문인 선교사의 선교 세계관과도 연결되는 것이다.

4) 나는 어디에 속하는가?

어디에 속해야 하는지와 어디에 속하지 말아야 하는지에 대해서 시편 1편의 말씀과 같이 분별하면서 살아야 한다.

(3) 전문인 선교사의 개념

초대교부 가운데 클레멘트라고 하는 교부가 교회 내의 질서를 유지하기 위해서 최초로 목사와 평신도라고 하는 계급을 구별하였다고 한다. 그리고 21세기에 이르기까지 이러한 계급화된 종교사회인 교회를 중심으로 하나님의 선교사역은 이어져 왔다고 본다. 이러한 개념을 변형 한다든지 파괴하려는 자는 신성불가침의 영역을 침범한 것이라 간주되어 도저히 무너지지 않는 성역으로 여겨져 왔다.

그러나, 기독교사의 이면을 살펴볼 것 같으면 이러한 교권 중심의 선교사 양성을 통해서 선교의 효율성을 상실한 채로 선교가 이어져왔고 이제는 상당수의 전통적 선교사들은 선교현장에서 들어 먹히지 않는 선교전략을 타개하기 위해서는 전문인 선교가 필수적이라고 입을 모으고 있다. 그래서 필자는 평신도라고 하는 개념을 무시하고 처음부터 전문인이라는 개념으로 이 글을 전개하고자 한다.

1) 만인제사장론에 대한 이해

만인제사장주의(All Believer's Priesthood)라는 개념은 중세교회의 성직자 중심의 몽매한 교권에 새로운 패러다임의 전환을 가져다주었다. 그 내용은 모든(All) 사람이 하나님 앞에 나아가서 신부의 중재없이 자신의 죄를 회개할 수 있다는 것이었다. 그러나, 이러한 개념이 오히려 명목적인 신자와 실질적인 신자가 혼재되어 있는 현실에서 투명한 구원론의 교리를 제공해 주지 못하여 그 당시에는 받아들여지지 않았다.

그 후에 전신자제사장주의(Every Believer's Priesthood)라는 말이 나와서 실질적으로 구원의 확신을 가지고 있는 개개인(Every)신자들은 자신의 죄를 회개하는 것 뿐 아니라 중보의 사역을 할 수 있는 데까지 이를 수 있었다.

기독신학대학원의 주도홍 교수의 말을 들어보기로 하자.

루터를 위시한 종교개혁자들과 더불어 슈패너는 자신의 만인제사장 목회관을 확실히 밝힌다. 다른 표현으로서 모든 성도의 은사계발적 만인제사장설의 입장에서 교회를 바라보는 성장이론으로서 목회자 한 사람에게만 집중되고 있지 않다는 점이 부각되어진다. 그러니까 교회의 최소치가 확인되었을 때 이제는 목사 한 사람의 일로 생각하지 않고 모든 구성원들이 힘을 합쳐야 한다는 것이다. 이러한 발상 역시 슈패너의 '경건한 요망'에서 선명하게 제시되고 있다 … 이 만인제사장설의 공식적인 도입이 이루어지면 설교자직은 결코 손해를 보지 아니한다 … 왜 설교자의 직분에서 당연히 행사되어야 할 그러한 모든 일들이 다 실시될 수 없으며, 일을 하지 못하고 있는지? 주요원인 중 하나는 만인제사장설의 도움이 없이는 약해질 수밖에 없고, 성도들이 목회자만을 의지하여 수많은 사람들 가운데서 오직 한사람이 성도들의 경건에 필요한 모든 일을 감당한다는 것이 도저히 무리이기 때문이다.[31]

이러한 개념이 기존의 보수적인 장로교 교단보다는 복음주의적인 교단과 군소교단에서는 일부 호응을 보이고 있는 것은 사실이다.

그리하여, 전신자 사역자주의라고 하는 말이 한국교계에서도 많이 익숙해졌다. 이러한 전신자 사역자주의(All Beliver's Ministrihood)라는 말이 나왔는데 every가 아니라 all이라는 복수를 사용하여 한국교회라고 하는 상황에서 분명한 의도를 드러내지 못하였고, 침례교단의 박영철 교수 등이 주도하는 전신자사역원은 만인사역자주의라는 용어를 사용함으로서 소그룹 목회나 셀 그룹 목회 등 실제적인 사역에만 이용을 하고 있는 실정이다.

그러나 필자는 타문화권에서 사역과 직업의 전문성을 가지고 타문화권에서 복음을 증거하는 하나님의 백성들의 사역을 정의할 때, 명확히 전신자 선교사주의(Every Believer' s Missionarihood)라는 개념으로 본다.

필자는 이것을 '제 2의 인격적인 종교개혁' 이라고 주장한다. 목회자와 평신도가 죄책감과 열등감을 버리고 윈-윈(win-win) 전략으로 나갈 수 있는 길이라고 본다.

따라서, 보수주의적인 교단의 벽에 갇혀 있는 사람들이 전문인 선교를 기존의 교회의 틀에 집어넣어 이해하려고 하면 전문인 선교사들을 교회에서 이용하는 차원에 불과한 것이 되므로 전통적인 교회가 선교형 교회(Mission-Oriented Church)로 먼저 전환되어야 한다. 이를 위해서 목회자들에게 이러한 전문인 선교신학의 틀에 대한 올바른 이해가 먼저 선행되어야 한다.

2) 전문인 신학의 성서적 토대

이러한 전신자 선교사주의에 입각하여 전문인 선교사역을 하는 성서적인 주체는 구약에서는 하나님의 백성(God' s family)으로 신약에서는 '그리스도의 몸' 이라는 개념을 가진다.

21세기, 목회자와 평신도가 계급간의 갈등으로 구분되어진 선교를 하는 것이 아니라 목회자와 평신도가 모두 전문인이라는 거대한 '샐러드바' 에서 자신의 은사대로 사역할 수 있는 열린 공동체가 마련돼야 한다.

사역적인 차원에서는 사도행전 18장 1-4절까지의 사도 바울의 사역을 중심으로 크리스티 윌슨(Christi Wilson)박사가 언급한 자비량선교(Tentmaking Mission)라고 하는 개념을 존중할 필요가 있겠다. 이 본문에는 삼자원칙이 그대로 드러나고 있는 구절이 있다. 구약의 인물들을 보면 아브라함, 요셉, 야곱, 다윗, 느헤미아, 다니엘 그리고 신약의 예수 등도 자신의 직업을 가지고 사역한 하나님의 사람들이었으나, 전문인 선교의 모델로서 사도 바울을 들었다면 우리는 이러한 모델을 중심으로 이론을 전개할 필요가 있다.

피터 와그너(Peter Wagner) 박사는 전신자 선교사주의와 함께 최근에 사도성의 회복에 대한 주장이 화제가 되고 있으며, 미국에서는 신사도적 교회(New Apostolic Church)를 중심으로 교회가 21세기에도 성장을 계속하고 있다고 말한다. 여기서 사도성을 회복한다는 의미는 중세시대 전의 속사도와 같은 사도로 돌아간다는 의미가 아니라 '보내심을 받았다'(아포스텔로)라고 하는 지상대명령(the Great Commission)의 주체로서의 선교사명을 회복하는 것을 의미한다. 이러한 근거는 에베소서 4장 11절의 말씀에 기초한 총체적인 사역자의 5중 사역의 의미에 근거한 것이다. "그가 혹은 사도로, 혹은 선지자로, 혹은 복음전하는 자로, 혹은 목사와 교사로 주셨으니"

여기서는 서열순서가 아니고 모두가 동격으로서 성육신적인 선교사역의 주체가 구비해야할 사역자로서의 자질이라고 본다. 그러나, 최근의 여의도순복음교회에서의 피터 와그너의 주장은 신사도 교회교단이라는 것을 이미 세워서 진정한 의미에서의 윈-윈(win-win) 파트너쉽으로서의 선교형 교회를 위한 사역자의 5중 사역의 조화를 의미하는 것이 아니라 목사 위의 사도라는 새로운 교회의 계급을 의미하는 것에 대한 반대이다. 필자가

사도(apostle)라는 말을 사용한 것은 창조적인 선교사(a creative missionary)
라는 뜻에서 사용한 것이고 복음주의의 입장에서 선교신학의 지평을 펼치
는 입장에서 교회론에 대한 이해를 선교의 하나님과 그리스도의 몸으로서
이해하고자 한 것이었음을 밝혀둔다. 그러므로, 확장된 교회의 일원으로서
의 우리는 모두가 선교사로 살아야 하는 것이 마땅한 이치이다.

필립 스패너(Philipp Spener)의 경건주의 운동도 교회갱신을 위한 운
동으로 나아가게 되었다.

① 성경운동

② 만인제사장직의 구현

③ 삶에 있어서의 실천의 중요성 강조

④ 신학논쟁의 중지

⑤ 목회현장을 바라보는 신학수업의 개혁

⑥ 내적 인간을 겨냥한 복음전파

⑦ 고난당하는 자를 위한 위로에 초점을 맞추는 설교의 갱신이다.

지금 한국은 이러한 종교개혁의 시기에 도래했다고 본다(갈4:4). 전
문인 선교는 사도 바울을 모델로 하는 선교이기 때문에 정체성이 분명하며,
이 시대에 꼭 필요한 선교방법으로 꽃을 피우게 될 것이다. 전문인이라는
개념을 바울의 사역의 전문성과 직업의 전문성을 통한 총체적인 전문성에

기초한 것으로 보고 있는 것이다.

전문인 선교는 사도 바울이 제 3차 선교여행 시에 한 사역을 중심으로 이루어진 것으로, 햇수로는 4년의 장기사역의 하나였다고 본다. 그러므로 전문인 선교를 단기사역으로 국한시키는 것은 믿음이 없는 이야기이다. 목회자의 도움을 받을 수 없는 선교지에서 전문인 선교사들이 세례를 베풀고 성찬식을 집례하는 일은 조심스러운 일이나 위기관리 차원에서 준비를 해야 한다고 본다. 이것은 무분별한 자세로 목회자의 고유한 특권을 탐하는 것이 되어서는 안 된다. 피치 못해서 주님의 빈 의자를 대신하는 심정으로, 목회자의 보조역할을 하는 심정으로 겸손하게 해야 할 일이다.

이제까지의 목회자들이나 평신도들이 아날로그형의 지도자들이었다고 하면 이제부터의 지도자들은 디지털형의 지도자가 되어야 한다는 뜻으로 해석을 하고자 한다. 아날로그라는 의미는 '계속해서 통나무를 쌓아 올린다' 는 뜻으로서 +와 -의 곡선을 그으면서 중간에 잡음과 혼선이 있어도 대충하고 두리뭉실 진행해 온 전통적인 리더십이었다면, 앞으로의 디지털형 선교는 digit라는 말이 의미하는 수 즉, 0과 1 같은 숫자가 반복됨으로써 연속적으로 배가되는 리더십이라고 본다.

다시 말해서 세상은 전문인들의 세상으로 바뀌고 있는데 목회자들은 아직도 아날로그 식으로 경영하고 평신도전문인 선교사들을 이용하려고 한다면 누가 그런 대우를 받으며 선교사로 나설 수가 있을까?

목사와 평신도가 한 지체라고 한다면 평신도들이 선교사로 파송이 될 때, 초기의 정착금은 적은 액수라도 교회가 반드시 고려해 주어야 한다고 본다. 그가 그동안 교회에서 헌금과 봉사라는 명목으로 사역한 모든 것에 대한 일부 보상을 해주는 축복의 채널인 '요셉공동체'가 되어야 한다. 목회자 선교사의 30% 정도만 배려해도 감사한 일이 될 것이다. 교회의 재정을 목사가 독점하면서 이익집단으로 화하는 일부 초대형교회들 때문에 성육신적 선교가 장애를 받고 있는 실정이다. 이제는 한국사회가 교회를 걱정하는 시대가 도래했다.

3) 전문인 신학의 본질과 과제

존 스토트는 하나님의 백성의 온전한 사역을 부정하는, 세속적인 계급적 성직독점주의는 더 이상 발붙일 곳이 없다고 말했다. 전문인 신학에 대한 연구가 선행되지 않고 목회자 선교사의 사역에 보조적인 역할을 하는 것을 '전문인 선교'라고 한다면 이것은 20세기의 아날로그형 목회자들의 방법에 종속되는 우를 계속 범하는 것이 된다.

전문인 선교사들은 교회 내에서 잘 길들여진 양으로서 젖과 고기와 가죽을 거룩한 산제물로 드리는 차원에서 벗어나 교회가 하나님의 나라 차원에서의 '확장된 교회'(extended church)라는 개념으로 나아갈 수 있도록 해야 한다. '목자와 양'의 개념보다는 '어미 소와 송아지'의 개념과 같이 동반자 사역자로서 순례자적인 모델을 가지고 교회를 보는 시각이 열려야 한다. 현실을 직시하며 미래를 예견하는 성육신적인 자세를 갖는 것이다.

목자와 양과의 관계를 설정했으나 양이 성장하게 되면, 육에 속한 그리스도인의 시각으로 양으로 고정시키지 말고 동반자적인 자세를 가지고 평신도를 대해야 한다. 예수님도 이제부터는 내가 너를 종이라 하지 아니하고 너를 친구라 한다고 말씀하신 것을 목사들이 기억할 필요가 있다.

'선교는 교회보다 크다' 라는 패트릭 존스톤의 말과 마찬가지로 성장이 둔화된 한국교회가 교회의 위기 앞에서 기능적인 방법을 통해서 위기를 극복할 수 있다는 환상에서 벗어나 교회의 본질을 회복하는 일을 더 이상 미루어서는 안된다고 본다.

이제는 평신도들이 직업의 전문성 뿐 아니라 사역의 전문성도 목회자 못지 않게 갖추어가고 있기 때문에 목회자가 아날로그형으로 계속 목회를 하는 차원에서 평신도들을 교회 내에 묶어두는 것은 과거에 연연하고 현실을 직시하지 못하는 것이다.

전문인 선교사들은 자신이 다니는 지역교회(local church)가 아니라 타문화권이라고 하는 곳에서 영혼을 구원하고 교회를 개척해야 하기 때문에 반드시 선교세계관을 가지고 있어야 한다. 선교사가 전문인이 되기 위해서는 목회자 못지 않게 구비를 해야 한다는 것이다. 또한 전통적 선교사와 마찬가지로 전임선교사로서 전통적 선교사와 동역할 실력을 구비해야 한다. 특별히 신학교육과 선교경영에 대한 교육이 시급하다.

그리하여 목회자 중심의 전통적 선교사와 평신도 중심의 전문인 선교사가 성육신 선교사로 조화를 이루는, '전문인 선교의 계절' 이 오는 데 일익을 담당해야 한다. 전문인 신학의 본질은 생활 가운데 선교하는 성육신적인 선교사로서의 준비를 갖추어야 한다는 것이다(빌2:5-8).

과제로는 전문인 선교사로 부름받은 자들은 종교개혁가의 심정으로 이 땅의 황무함을 보고 요셉과 마찬가지로 하나님이 주신 비전이 영글기 전까지는 겸손한 마음자세를 가지고 한국의 교회 문화를 변혁시키는 개혁자의 자세를 취해야 한다.

또한, 전문인 선교에 관심을 가지고 전문인 선교사를 키우며 파송하는 전문인 선교의 지도자들은 세계복음화를 위한 평신도의 동원을 위해서 멘토의 자세를 가지고 자기 자식에게 정성을 쏟는 심정으로 선교사 후보생들을 인도해야 한다.

결론: 교회와 선교단체의 연합방안으로서 먼저 목회자들이 세계선교의 흐름을 바로 이해할 수 있는 연장교육의 실시가 시급하다. 교단을 초월해서 역사하시는 선교의 하나님의 주권을 이해해야 한다. 이제는 교단보다는 목회자의 자질에 의해서 교회의 갱신에 의한 성숙이 이루어지게 될 것이다. 교회의 본질은 성숙을 통한 성장이다. 한국교회가 교회의 본질을 회복하고 한국민족을 치유하고 복음을 타문화권에 전달할 수 있는 방법은 전문인 선교를 통한 한국 그리스도인의 세계화이다.

최근에 한국교계에서 태풍을 일으키는 N.C.D 운동의 방법과 마찬가지로 체계적으로 전문인 선교의 운동을 일으켜야 한다. 예를 들면, 성장의 개념에서의 전문인 선교사역과 지역교회의 네트워킹에 대한 방법론은 선교권역별로 Grouping하여 정보 교환소를 통해서 가능하다. 지역교회를 깨우는 전문인 선교세미나 순회팀이 가동이 되어야 한다고 본다.

또한, 묘판으로서 선교형 교회의 선교위원장들을 초청하여 전문인 선교 워크숍을 실시해야 한다고 본다. 한번해서 호응을 얻지 못해도 지속적으로 해야 할 것이다. 목회자를 위한 교회성장대회에서 전문인 선교를 알리는 일에 전문인 선교사들이 적극 참여해야 한다고 본다.

최근에 N.C.D 운동에 대한 관심이 한국교회를 강타하고 있는 것을 보면, 앞으로 타문화권에서의 N.C.D 운동이라고 할 수 있는 전문인 선교야말로 제대로 평가를 받아야 한다고 본다.

① 이러한 운동이 활성화되면 전통적인 한국교회가 물질만능의 교회에서 변화되어 축복의 통로로 쓰임받을 수 있다고 본다.

② 이러한 운동을 통해서 궁극적으로 공생적인 시너지 효과가 이루어져서 한국교회가 선교형 교회로 전환할 수 있다고 하는 확신이 있어야 한다는 것이다.

③ 이러한 운동이 기존의 한국교회의 여러 가지 교회성장의 이론과 마찬가지로 혼동되는 것을 두려워해서는 안되고 전혀 질적으로 새로운 차원에서의 교회성숙을 통한 교회성장을 이루는 운동으로 한국적으로 토착화를 시도해 볼 수 있는 좋은 프로그램이라는 확신을 가지고 이해할 필요가 있다.

④ 앞으로의 중요한 것은 이러한 운동이 평신도들을 실질적으로 준비시켜서 사역에 동참하고 각 나라와 족속과 방언 가운데 복음을 증거하는 하나님의 나라 차원에서의 선교형 교회가 되어야 한다는 것이다. 이 운동

이 기복적인 한국교회의 토양을 극복하고 서구의 교회가 이루어온 것과 마찬가지로 '흩어지는 교회'의 모습으로까지 성숙할 수 있을는지는 우리의 동참여부에 달려 있다고 본다.

한국교회가 물량중심 프로그램에 기초한 번영과 성공의 신학에서 벗어나 하나님의 백성 중심의 성육신 선교에 기초한 전문인 신학으로 나아갈 때 소망이 있다고 본다.

그 때, 비로소 '전통적 선교-직장선교-전문인 선교-미전도종족 선교'의 수레바퀴가 성령의 역사로 순환하게 될 것이다. 따라서, 직장선교는 평생직장이 없는 이러한 전환기의 시대에 가장 소중하다. 이러한 직장선교에 기초한 전문인 선교는 은쟁반에 금사과와 마찬가지로 소중하다. 그리고 전문인을 통한 구체적인 미전도종족 선교가 가능하게 되는 것이다.

목회자는 전문인 선교사가 자문화권이 아닌 타문화권에서 사역하는 사역자임을 깨닫고 엘리야와 엘리사의 관계와 같이 축복의 계승자로 키워주는 데 자발적으로 노력해야 한다. 전문인 선교는 곧 성육신적인 선교이다.

제 4 장

전문인 신학의
교회론 이해

1. 새로운 선교신학의 의미

타문화권에서 선교를 하기 위해서 직업의 전문성에 사역의 전문성을 구비시켜야 하는 전문인 선교사들에게는 교회관이 재정립이 되어야 한다. 왜냐하면, 전통적인 교회들은 평신도들을 선교사로 인정하고 파송하는데 마음이 열려있지 않기 때문이다. 이러할 때 우리는 생각하기를 교회가 교회로서의 역할과 기능을 다하지 못했을 때에는 더 이상 주님의 교회가 아니라고 말할 수 있다는 생각을 떠올리게 된다. 그런 의미에서 우리 한국전문인 선교훈련원은 한국교회의 20%에 해당하는 주님의 지상 대명령을 준행하고자 하는 신자들을 선교사화하는 단체이다.

우리의 교회들은 확실히 전반적으로 보면, 복음을 전하는 일보다 신학적인 논쟁이나, 교회 예배당의 건축, 경배와 찬양을 통한 예배형식의 개혁, 사회현실참여, 그리고 담임목사세습 등 비본질적인 일에 더 치중을 하고 있는 것을 볼 수 있다. 이러한 분위기에서 선교(missions)도 단지 교회의 사역적인 면과 프로그램에 상당히 집중이 되어있는 면이 있다. 그래서 이미 단기선교학교를 하고 있는 사랑의 교회와 전문인 선교대학을 운영하는 지구촌교회외에도 초대형 교회들도 교회안에 한국전문인 선교훈련원의 1단계와 같은 훈련 프로그램을 두기 시작하고 있다. 여의도 순복음교회, 부산 수영로교회, 남서울교회 등 전문인 선교를 위한 교회의 제모습 찾기가 이제 시작이 되고 있는 실정이다.

그러나, 선교는 교회의 사역의 일부이거나 행사의 일부분이 아니다. 교회사역 그 자체이다.

급변하고 다양화되고 세속적이고 현대화된 지구촌 사회에서 우리는 교회론에 있어서 새로운 선교신학적인 교회론이 재정립되기를 기대하고 있다. 이러한 노력을 통해서 교회가 타문화권에 세워져가며 믿음으로 표현되고 현실로 나타나는 것이 선교하는 본래의 교회의 모습이고 예수 그리스도를 가슴에 품으시고 하나님이 태초부터 구상하셨던 선교형 교회(mission-oriented church)의 본질을 파악할 수 있기 때문이다.

전통적인 교회론은 네 가지 교회의 본질적인 속성인 통일성, 거룩성, 보편성, 그리고 사도성을 선교적인 측면에서 강조하지 못했다.[1]

이러한 속성이 서로 네트워킹되어 비가시적인 속성이 가시적인 속성으로 나타나는 시너지 효과를 가져와야 하는 데, 특히 사도성은 특정인(교황) 또는 특정교회(로마 가톨릭)의 것으로만 취급되었다. 이러한 교회론은 자기 보존적이고 자기의 의를 강조하는 수준에 머물러 있는 자문화우월주의(ethnocentrism)의 편협한 모습이었다. 그러므로 교회는 제도적인 교회(institutionalized church)로만 남아 있게 되었다. 마치 일본이 자문화 우월주의에 사로 잡혀서 교과서 왜곡을 일삼는 것도 새뮤얼 헌팅턴(Samuel Huntington)이 세계의 문명권을 이야기하면서 신도 문명권을 별도로 다룰 만큼 일본은 21세기에 문화를 통해서 세계를 지배하려는 의도를 가지고 있는 것과 같은 맥락이라고 본다.

2. 선교적 접근을 통한 새로운 교회론의 정립

선교는 교회에 내려진 지상대명령이기 때문에 올바른 교회론의 정립이 없이 선교에 임하는 것을 지양하고 동시에 선교중심적인 교회의 정립에 대해서 밝히고자 한다.

1. 교회와 선교

교회는 지상대명령을 준행하기 위해서 타문화권으로 나아간 사도적 사명을 준행함으로서 모든 사람에게 예수 그리스도 안에 있는 구원을 전달할 사명을 위해 부름을 받는다. 교회는 교회의 내부적 성격, 사명, 교회의 계획으로부터 본연적으로 유출되는 것이다.

에밀 부르너(Emil Brunner)는 "불이 타는 것으로 존재하는 것과 같이 교회는 선교함으로서 존재하는 것이다"는 말처럼 교회가 얼마나 선교적인가를 끊임없이 되묻고 점검함으로써 이루어지는 것이다. 제임스 패커(J.I. Packer)는 교회의 선교의 개념을 죄인을 불러 예수 그리스도를 구주로 뿐만 아니라 교회의 교제 속에서 왕으로 모시는 것이라고 했다. 그리고 그 교회란 예배하며 선교할 뿐 아니라 땅 위에서 주를 위해서 일하는 사명을 가진 성도들의 모임이다. 교회에 속한 성도들이 하나님으로부터 선교하는 백성으로 부름을 받아 선교하는 본질을 생활 가운데 철저히 실천해 갈 때, 교회는 우리가 믿음의 눈으로 바라보는 생활 가운데 선교하는 그리스도의 몸으로서의 교회가 될 것이다.

그러므로, 선교라는 것은 교회의 여러 가지 사역 가운데 하나가 아니라 하나님의 백성들이 온 인류를 하나님의 백성이 되도록 하는 성육신적인 사역이다. 베드로전서 2장 9절은 전문인 선교사의 신분을 보여주는 말씀이다.

선교의 일차적 관심이 물론 영혼 구원임이 사실이나 사회적 문화적 변혁을 복음을 통해서 성취할 때 선교의 사명은 완성이 되는 것이다. 이러한 차원에서 전문인 선교사들은 자신의 직업의 전문성을 가지고 세상을 치유하고 영혼을 구원하는 중대한 사명을 받은 것이다.

2. 교회의 선교의 중요성

1966년 제네바에서 열린 '교회와 사회에 대한 세계회의'(World Conference on Church and Society)는 하나님이 세상에서 하시던 일, 즉 억눌린 자들을 해방시키는 일을 추진하는 것이 교회의 사명이라고 천명하였다.

1991년에 캔버라에서 열린 이 회의에서 교회의 선교의 목표는 화목되고 새롭게 된 세계라고 선언하였다. 이처럼 자유주의 입장에서의 선교의 관점은 오늘날도 세속화되어 가고 있다.

그렇다면 교회의 선교의 성경적 근거는 무엇인가? 예수님은 성부께서 파송하신 최초의 타문화권 선교사이다. 예수님은 성경의 주제인 구속사의 흐름(the Stream of Redemption)의 핵심에 있다. 마태복음 28장 9-20절은 전문인 선교의 마그나 카르타(대헌장)이다.

그러나, 이 말씀은 마태 16:17-19와 분리해서 이해해서는 안된다. 양자를 비교해 보면 결국 교회의 사명은 제자를 삼아서 가르쳐 지키게 까지 이르는 멘토링(mentoring)인 것이다. 교회는 전적으로 구원의 기관, 곧 구원의 방편이다. 교회는 사람들을 말씀과 그리스도에게로 인도해 오는 것이다. 이는 한마디로 교회가 선교를 하는 것이 그 본질임을 보여 주는 것이다.

하나님의 나라를 확장하며 예수 그리스도의 복음을 증거하는 선교의 사명이 사도들에게 주어졌고 이 사명은 교회를 통해서 주님의 첫 사랑을 가지고 창조적으로 타문화권에 나아가서 지금까지 전해내려오고 있다. 선교단체를 통해서 선교가 활성화되고 있으나 교회의 선교가 활성화되어 교회의 본질적인 기능을 회복하게 되면 선교단체보다 교회가 우선되어야 한다.

필자는 선교는 교회의 본질에 속한 것이라고 주장하며 모든 교회활동의 세계관에 선교가 있어야 한다고 이동원 목사는 선교형 교회를 세우면서 천명을 하고 있는 데 필자는 이에 동감하는 바이다.

교회는 세상에 파송된 교회가 아닌 다른 교회란 없다. 따라서 교회는 선교를 선교단체에 미루지 말고 선교하는 교회로서의 모델을 발견하고 선교단체와 좋은 협력관계를 구축해야 한다.

또한, 교회는 선교적이고 종말론적인 관점을 동시에 제외하고는 바로 이해할 수 없다. 따라서 지구종말 5분 전이라는 종말론적인 사고를 가지고 있을 때 선교활동이 활성화되는 것이다. 필자는 이러한 차원에서 조직신학의 종말론에서 전천년설의 입장을 끝까지 견지하고 있다. 그러나, 모든 일이 선교라면 아무 것도 선교가 아니다라고 생각한다. 무허가 신학교의 난립과 마찬가지로 무허가 선교사의 난립을 막고 선교훈련을 받은 자만이 선교를 할 때 선교바로하기가 이루어지게 될 것이다.

그러므로, 성경적 선교와 교회의 사회참여 및 활동을 포함하는 균형잡힌 유동성(flexibility)을 가져야 한다. 따라서 전문인 선교가 중요한 것이다. 모든 사람이 선교사라면 아무도 선교사가 아니라는 말이 나오지 않도록 잘 구비되어진 전신자 선교사주의에 입각한 전문인 선교사가 되어야 한다.

우리는 다시한번 교회의 본질에 대한 원어를 살펴보도록 하자. 에클레시아(ekklesia)라는 말은 불러내다(called out)와, …으로부터 불러낸 자(to call out from)라는 뜻이다. 즉 하나님께로 나아오기 위해서 불러냈다는 뜻이다. 그리스도안에 들어와서 그리스도의 마음을 품고 보니 하나님의 뜻이 분별이 되고 하나님의 뜻을 순종하기 위해서 모인 무리들을 교회라고 말할 수 있다. 원어의 의미는 교회의 구별됨, 교회의 특별한 목적, 교회의 일체감, 교회의 하나님과의 밀접한 관계를 암시하는 말이다.

칼뱅은 『기독교 강요』에서 "교회는 하나님께서 우리를 그리스도의 공동체로 인도하시며 우리를 그 안에 있게 하시려는 외적인 은혜의 수단"이라고 그 본질을 말했다.[2]

3. 새로운 교회론의 정립과 필요성

첫째, 새로운 교회는 복음적이고 순복음적인 교회가 되어야 한다.

에드워드 데이톤과 데이빗 프레이져가 이렇게 말했다.

> 교회의 실제성을 다루지 않는 복음화에 대한 어떠한 접근도 불충분하
> 다. 복음화는 하나님의 은혜로 말미암아 이루어진 구원의 공동체로서 교회
> 의 본질이 밖으로 자라는 과정이다. 교회 밖에는 구원이 없다고 하는 것은 구
> 원이 아닌 반면, 교회와 구원되지 않는 구원은 없는 것이다.[3]

그러므로 교회론은 선교적 본질없이 정의될 수 없다. 우리가 필요로 하는 것은 참 교회신학이다. 우리가 가지고 있는 전통적인 교회론은 전부 부적당하고, 시대에 뒤떨어진 예전적인 교회관만이 옳다고 하는 자문화 우월주의에 기초한 낙후된 것이다.

둘째, 종교개혁에 이른 교회론은 로마 가톨릭 교회를 부정했으나 그 가운데서 꼭 필요한 수도원운동 등에 대해서 까지 부정한 것은 문제가 있다고 본다.

사도들이 예수 그리스도로부터 위임받은 선교적 사명을 현대교회가 전교회적으로 받아들이는 데 등한시하고 있으며, 그렇게 된 주된 원인은 종교개혁자들로 전수받은 교회론이 문제가 있는 것이다. 선교적 차원에서 교회의 본질을 밝히지 못한 것이 문제이다. 그러나 누구든지 주님의 제자

라고 생각하는 자들은 지상대명령을 준행할 권리와 의무가 있다.

3. 선교적 측면에서의 교회의 속성

"우리는 하나의 거룩한 보편적이며 사도적인 교회를 믿는다."(콘스탄티
노플 회의)

이 말의 의미는 하나님의 교회는 궁극적으로 하나의 교회요, 세상과
는 구별된 거룩한 교회이며 우주적 보편성과 사도성을 가진 교회라고 믿는
것이다. 여기에서 교회의 속성은 4가지로 말할 수 있다.

(1)통일성(unitas)

(2)거룩성(sanctits)

(3)우주성(catholicitas)

(4)사도성(apostolitas)

개혁자들은 교회의 본질적 속성을 무형적, 즉 성도의 내면적 또는
영적 교통에 의미를 두었다. 오늘날엔 이러한 속성 가운데 사도성

(apostolitas)에 대해서는 거의 언급을 하고 있지 않다는 것이 문제이다.

1. 교회의 통일성과 선교적 접근(엡4:1-16)

교회의 통일성 가운데 신앙의 통일성, 사랑의 통일성, 소망의 통일성, 세례의 통일성이 있음을 말하고 있다. 즉, 교회는 그리스도를 중심으로 영적 통일을 가지는 것이다.

이러한 통일성은 수직적이고 강제적인 통일성이 아니라 다양한 가운데 하나가 되는 통일성이다. 칼뱅은 교회의 통일성과 영적 성격을 이렇게 말했다.

> 택하심을 받은 모든 자들은 그리스도안에서 밀접하게 연합되어 있으며 (엡1:22-23), 그들은 한 머리를 의지하고 있는 것같이 또한 한 몸의 지체들로서(롬12:5, 고전10:7, 12:12,27) 서로서로 연결되고 결합된(엡4:16 참조) 한 몸으로 자라간다. 그들은 한 믿음과 소망과 사랑 안에서 또한 하나님의 동일한 성령 안에서 함께 살아가기 때문에 진실로 하나가 된다. 이것은 그들이 동일한 영생의 유업으로 부르심을 받았을 뿐 아니라, 또한 한 분 하나님과 그리스도안에 참여하도록 부르심을 받았기 때문이다(엡5:30).[4]

여기서 칼뱅은 그리스도 중심의 하나님에 의한 교회의 통일성과 동시에 성도의 삶의 3대 지표인 믿음, 소망, 사랑안에서의 통일성을 말하고 있다. 한마디로 교회의 통일성이란 몸된 교회의 머리되신 그리스도께서 한 분이심에 근거한다(엡1:10,5:23).

이런 통일성들은 전적으로 비가시적인 것들이 아니라 항상 교회 가운데 참된 모든 그리스도인들로 하여금 결합된 모습으로 나타나게 된다. 이는 역사 속에 가시화한다는 것이다. 그러므로 역사와 민족의 문화를 따라서 다양한 교회를 경험하게 된다. 그 이유는 교리는 본질적으로 같으나 특정한 문화권 속에서 교회는 그 양상을 다소 달리하기 때문이다.

교회는 그리스도를 중심으로 영적 통일성을 가지며 또한 다양성 속에서도 내적 외적 통일성을 반드시 가지게 되며, 참된 교회의 표지를 유지함으로써 통일성을 보존한다는 것이다. 평가하면 교회의 영적 통일성은 선교가 그리스도를 중심으로 세상과의 구별 속에서 이루어질 때 보전될 수 있다.

그렇다면, 전신자 선교사주의를 가지고도 교회의 통일성을 상실할 수 있는가? 교회의 통일성은 동방교부와 서방교부, 교회연합운동(W.C.C)과 현대신학의 여러 교회론에 대한 해석으로 인해서 손상되어 왔으나 이런 문제를 치유하고 다양한 가운데 조화를 이루는 의미에서의 '연합으로서의 통일성'을 추구하게 되면 선교형 교회로서의 통일성을 유지할 수 있다.

이를 위해서는 교회가 자기 몸을 버리신 예수님의 케노시스의 정신을 본받을 때 가능하다. 빌립보서 2장 6-8절에는 동일시의 원리, 자기비하의 원리 그리고 성육신의 원리가 나타나 있다.

교회가 하나됨이 분명한 이상 교회가 분리되어 나누어짐과 깨어짐은 더이상 교회의 특성이 아니다. 우리는 교회안에서 하나이다. 교회의 하나됨의 개념은 몸의 각 지체들에게 주어진 은사를 그리스도의 몸을 세우기

위해서 사용되는 것이다(엡4:11). 교회는 선교를 통해 그리스도가 영광을
받으시도록 자라가야 한다.

2. 교회의 거룩성과 선교적 접근

성도(Saints)라는 개념은 거룩한 행실로서 영적 전쟁에서 악의 세력
을 이기게 함으로서 거룩성을 강조하고 있다(엡6:10-18). 여기서 거룩이라
는 개념은 정적인 개념이 아니라 거룩한 삶을 개인적으로 뿐만 아니라 그리
스도의 몸으로서 서로 거룩함을 성취해 나가는 행동하는 믿음으로서의 거
룩성을 의미한다(엡4:17-5:14).

교회는 그 본질상 거룩성을 지닌다. 교회는 제도나 성도들이나 그
공동체가 거룩한 것이 아니라 하나님 자신이 거룩하기 때문에 하나님으로
말미암은 하나님의 뜻을 준행하는 선교세계관을 지닌 교회는 거룩한 것이
다. 본질적으로 교회의 거룩은 하나님 자신으로부터 비롯된다. 교회는 더
높은 단계의 거룩을 향해서 승진하기를 노력해야 할 것이다. 그리고 하나
님의 뜻을 깨달아서 선교에 헌신할 때, 이러한 거룩은 수동적인 거룩이 아
니라 능동적인 거룩이 되는 것이다.

다시 말해서, 이 세상에서의 거룩성의 보존과 확장을 위해 보다 능
동적으로 노력해야 하며 생활 전도자(life-style evangelism)로서 소극적이 아닌
적극적인 자세로 세상과 구별이 되어야 한다. 이러한 거룩함은 그리스도의
몸으로서 나타나는 것이다. 이 일을 위해서 선교사로 성도는 헌신해야 한
다.

영적전쟁의 모든 영역에서 거룩은 구체적인 모습으로 우리의 생활에 나타나야 한다(벧전1:15-16). 그러므로, 교회의 거룩성은 성도들의 삶의 모습으로 나타나야 한다. 이것이 선교적인 교회의 성도의 삶이다.

3. 교회의 보편성과 선교적 접근

2세기 초 안디옥 교회의 감독인 이그나티우스는 전체교회 또는 완전한 교회를 의미하는 보편적인 교회를 처음 말한 자이다. 이 정의에서 교회는 그리스도 안에서 보편적이며, 복음선포와 신앙고백이 온 세상에서 이루어진다는 공관적인 관점에서, 그리고 택자들이 부르심을 입은 시점이 과거, 현재, 미래를 포괄하는 전시간의 영역이라는 점에서 보편적이고 우주적이라는 것이다.

칼뱅 역시 교회가 보편적 또는 우주적이라고 불리워진다고 했다. 왜냐하면, 그리스도가 여러 조각으로 나누어지지 않는 한, 그것은 결코 일어날 수 없다. 두 교회 혹은 세 교회는 있을 수 없기 때문이다.

피터 와그너는 선교의 기능을 감당하기 위해서는 확장된 교회의 개념으로서 '다캠퍼스 인공위성형 선교 교회'가 가능하다고 하였다. 이는 신사도적 교회의 유형으로서 마태복음 28장 19-20절과 사도행전 1장 8절의 말씀을 준행하기 원하는 주님의 제자들에게는 이해가 되는 '선교형 교회의 보편성'이다.

이러한 의미에서 세계를 품은 그리스도인으로서 폭 넓은 선교를 하는 전문인 선교사들에게는 마땅히 보편적 교회의 사명이다. 에베소서는 신약성경 중에서 가장 우주적인 기독론을 나타내는 구원의 진리를 노래하고 있다(엡2:13).

그러므로, 그리스도의 보혈의 능력을 선포하는 복음적인 선교로 나아갈 때에만 전문인 선교사들은 교회의 보편성을 선교적인 측면에서 몸으로 살아내는 성육신적인 선교를 감당할 수 있다. 다시 말해서 보편적 교회로서의 선교는 새 인류를 온 세상 앞에서 제시하라고 하는 소명을 계속해서 받고 있다는 사실을 깨달아야만 하는 것이다.

4. 교회의 사도성과 선교적 접근

니케아 신조에서는 (교회의 속성을) 하나이고 거룩하고 보편적이며 사도적이라고 하나 필자가 볼 때는 사도성은 로마 가톨릭에서 주장하는 장소와 인물의 계승이 아니라 성경에 따른 교리의 계승이요, 좀더 정확히 말하면 선교의 사명의 계승이라고 볼 수 있다.

로마 가톨릭에서는 사도 베드로를 베드로의 신앙고백에 대한 예수님의 말씀에 기초하여 베드로를 뒤따르는 인물의 계승을 의미하나 이러한 주장은 비성경적이다.

베드로에게 반석이라고 하는 것은 작은 조약돌(pebble)의 의미이지 반석(rock)의 의미가 아니다. 여기서의 강조점은 베드로가 아니라 하나님의 계시이다. 선교학적인 해석을 하게 되면 아래와 같다.

첫째, "나의 교회를 세울 것"(마 16:18)이라는 의미는 예수께서 조약돌같은 베드로를 큰 반석같이 여기시고 그 위에 교회를 세우신다는 뜻이

들어있다. 아울러, 선교적인 측면에서 이해하면 장차 주님의 제자가 되고 사도가 될 많은 조약돌들(pebbles)을 통해서 그들 위에 교회를 세우신다는 뜻이 들어있는 것이다. 이 교회의 설립자는 예수 그리스도이시다. 이 교회를 반석 위에 세우신다는 것이며 반석이 되는 인간들은 자신의 의가 아니라 하나님의 의를 위해서 사역해야 한다. 또한 "내가 천국열쇠를 너에게 줄 것"(마 16:19)이라는 구절에서 너라고 하는 것은 베드로 개인을 의미하는 것이 아니라 교회 전체를 의미하는 복수이며 순례자적인 모델로서의, 리더로서의 성도 개개인을 의미한다.

둘째, 전신자 선교사주의에 입각하여 사역하는 지식 근로자로서 한 영혼을 천국으로 인도하는 역할을 감당하는 자이다.

셋째, 직업의 전문성과 사역의 전문성의 열쇠를 구비한 선교형 교회는 진정한 의미에서 열쇠를 가진 자일 뿐 아니라 열쇠를 사용하여 천국의 문을 여는 자이다.

전문인 선교사로서 교회론에 대한 이해는 이렇게 요약할 수 있다.

(1) 사도들은 복음을 전파할 뿐만 아니라 가르치도록 보냄을 받았다.

사도는 이방인의 선교를 위해서 보내심을 받은 창조적 선교사(creative missionary)이다(요20:21). 사도들은 부활하신 주님을 처음으로 목격했던 증인으로서 예수님으로부터 직접 모든 족속에게 복음을 증거하도록 보냄을 받은 사람이었다(엡2:20).

(2) 사도들은 본래 특수한 권위를 소유하고 있었는 데, 그것은 선교적 선포를 위해 예수께서 위임하시고 파송하셨다는 것과 부활하신 주님을 증거했다는 사실에 근거한 것이다(빌3:10).

(3) 예수님의 사도들은 부르심을 입은 자들(제자)이라기보다는 보내심을 받은 자들이다. 그러므로, 교회는 외부를 향하여 세상을 향하여 파송된 사도의 의무를 다하여야 한다. 교회가 사도적 사명을 감당할 때, 비로소 교회는 순종하는 선교를 다할 수 있다.

(4) 선교 중심적 교회는 사도의 사명을 계승해야 한다. 교회성숙의 차원에서 신사도적 교회(new apostolic church)로서의 사명을 다하는 선교 중심적인 교회는 전신자 선교사주의에 입각하여 전문인 선교를 통해서 헌신을 하게 된다(엡2:10-11).

사람이 구원을 받으며 진리를 아는 데 이르기를 원하시는 하나님의 뜻은 교회의 사도적 계승에 달려 있다. 이러한 교회의 사도성을 구현하는 것은 의약분업과 같은 인간적인 의를 위한 것이 아니라, 자기희생과 관리를 통한 전문인으로 구비되어 하나님의 왕국 차원에서 복음을 전하는 생활 전도자로서의 사명을 감당하는 데 있다. 따라서, 사도성은 어떤 교파들의 독특한 속성이 아니라 모든 참된 교회의 속성으로 인정되는 것이다.[5]

그러므로, 전문인 선교형 교회는 사도성으로서의 창조적인 선교사의 사명을 재발견해야 한다.

(1) 선교 교회론을 중심으로 한 전문인 신학에서 긴급히 진단할 수밖에 없는 것은 전통적인 교회의 교회론에 대한 업그레이드이다. 교회의 네 가지 속성 가운데서 사도성에 대한 재발견이 소중하다고 본다.

(2) 교회의 사도성은 그리스도에 대한 증언의 형태를 취하며 그리스도의 이름으로 이루어지는 전문인 선교의 형태를 취한다. 교회는 오직 최초의 타문화권 선교사로 이 땅에 오신 예수 그리스도로 인해서만 존재한다.

교회의 선교, 즉 사도적 선교는 세상을 향한 사도들의 복음을 선포하는 것이다. 종교개혁 이후로 교회의 사도성에 대한 중요성을 강조하지 않았기 때문에 교회는 제도적이고 정적인 교회로 머물 수밖에 없었다.

그러나 62억의 인구 가운데 기독교인의 숫자는 20억 정도이고 사역자로 수고하는 숫자는 6억에 미치지 못하고 있는 실정(2001년 현재)에서 한국의 교회교인수는 800만 명을 밑돌기 시작하고 해마다 15만 경씩의 교인이 불신자로 돌아서는 시점에서 교회는 복음주의 노선만을 고집할 것이 아니라 균형을 잡은 그리고 유연성을 발휘하는 성육신적인 선교형 교회로 질적인 변화를 가져와야 한다.

(3) 교회의 사도성은 선교의 적극성을 요구한다. 이제는 여러 세기를 걸쳐서 유지되어온 정적(static)인 차원에서의 교회론이 종말론적인 차원과 선교적인 차원을 동시에 가지는 동적(dynamic)인 차원에서의 선교형 교회론으로 전환되는 교회론의 패러다임 전환을 통한 각 교회, 교단 그리고 교파와 선교 단체가 연합하는 시너지 효과를 요구하고 있다.

(4) 미전도 종족 선교를 활성화하기 위해서는 '전통적 선교-직장선교-잔문인선교-미전도종족 선교'의 수레바퀴가 잘 굴러가야 한다. 이러한 시점에서 시 · 공간적으로 전문인 선교는 오늘날 선교의 노른자위로 부상을 하고 있다.

몇 해 전 필리핀에서 열린 세계전문인 선교대회 아시아총회에서 이미 미국과 유럽, 그리고 오세아니아는 물론이고 동남 아시아의 각국의 크리스천들은 전신자 선교사주의에 입각하여 전문인 선교사로서 선교활동에 임하는 모습을 보면서 한국교회도 선교적인 구조조정을 통해서 변화되어야 전문인 선교가 활성화되리라고 생각했다. 교회가 사도성을 회복할 때, 21세기의 사도인 전문인 선교사를 통해서 20억의 미전도종족에게 까지 복음이 증거될 것이다.

(5) 전문인 선교형 교회의 모델을 만들어야 한다. 전문인 선교형 교회는 이러한 교회의 네 가지의 속성이 전문인 선교라는 구심점을 가지고 실천이 되어질 때 진정한 의미에서 예수님이 꿈꾸셨던 교회의 모습을 발견하

게 될 것으로 보인다.

제 5 장

전문인 선교와
통일성을 향하여

1. 전통적 선교와 평신도 선교의 조화

영국의 개혁교도 윌리엄 틴데일(William Tyndale)은 "접시를 닦는 하찮은 일이든지 사도가 되어 말씀을 전하는 일이든지 다 하나님을 기쁘시게 하는 일이다."라고 사역(ministry)의 중요성에 대해서 말했다.

한국교회에 이중적 교인이 사라져야 한다는 목소리가 높다. 한국교인의 70%는 현재의 명목적 그리스도인으로서의 삶을 그대로 유지하고 싶다는 앙케이트 조사결과가 나왔다.[1]

그렇다면 나머지 30%가 '제 3의 길'로 명명되는 전문인 선교의 활성화의 참여연대가 될 수 있다고 보는 것은 무리가 아닐 것이다. 이제까지 만인제사장주의(All Believer's Priesthood)에 입각하여 전통적인 목회를 하고 그 지평선상에서 전통적 선교를 타문화권에서 교회의 개척으로 이해해 온 목회자들은 전문인 선교사에 대한 이해를 하기 위해서는 먼저 목회자로서의 선교세계관을 점검해 보아야 한다. 폴 스티븐스 교수는 목회자에게 그리스도와 교회의 관계를 생각하며 교회 안의 전문인들을 양성해야 한다며 10계명을 제시했다.[2]

1. 전체를 보고 일하라.(요 20:21, 17:18)

2. 성도들간에 건강한 관계를 유지하도록 하라.

3. 주장하는 자세를 버리고 과정을 인도하라: 사역을 위한 은사계발

4. 문화를 창조하라: 교회의 디아스포라 사명

5. 변화는 서서히 일어나야 한다: 평신도사역의 중요성 인식

6. 당신이 가진 비전을 제시하고 소신을 밝히라. 디아스포라 선교

7. 하부조직을 살펴라: 평신도 문제의 역사적 고찰

8. 성도들로 하여금 책임감을 가지고 사명을 감당하도록 교육하라.

9. 세상에 대하여 열린 마음을 가져라;교회는사회에 침투해 들어
   가야 한다.

10. 여유를 가져라: 교회는 선하신 주님의 손 안에 있다.

목회자가 전문인으로서의 목사라고 한다면 전문인으로서의 평신도
가 사역을 할 수 있도록 하나로 연합이 되어져야 한다. 다시 한번 평신도의
개념과 목회자의 개념이 초대교회 당시에 쓰여졌을 때의 의미를 살펴보자.

신약성경을 보면 평신도라는 단어를 쓸 때 단수로 쓰지 않은 것을
볼 수 있다. 대신에 복수를 나타내는 헬라어 라오스(laos : 원래 대중, 무리를 뜻
함)를 써서 성도들이 거룩한 제사장으로서 가진 위엄을 나타내었다.

오직 너희는 택하신 족속이요 왕같은 제사장들이요 거룩한 나
라요 그의 소유된 백성이니 이는 너희를 어두운 데서 불러내어
그의 기이한 빛에 들어가게 하신 자의 아름다운 덕을 선전하게
하려 하심이라. 너희가 전에는 백성이 아니더니 이제는 하나
님의 백성이요 전에는 긍휼을 얻지 못하였더니 이제는 긍휼을

얻은 자니라(벧전 2:9-10).

대신 헬라어로 목회자를 지칭하는 클레로스(kleros)는 모든 평신도들이 하나님 안에서 누릴 기업과 부르심을 나타내기 위해 쓰였다(골1:12, 엡1:11, 갈3:29). 그러므로 초대교회에서는 모두가 목회자들이었고, 때문에 지금 우리가 흔히 쓰는 목회자와 평신도들의 구분은 찾아볼 수 없었다.[3]

하나님의 백성(복수)으로서 평신도의 개념과 목회자의 개념이 동일시(identification)가 될 수 있다면 통합으로써 '제 3의 길' 이 모색이 될 수가 있을 것이다.

보수주의와 자유주의의 대립으로 비춰진 신학의 사조가 21세기를 맞이하는 현재에 포스트모더니즘에 입각하여 新 자유주의에까지 나아가고 있지만, 곧 복음주의 노선으로 회귀할 것으로 예측되고 있다. 왜냐하면, 그 이상의 연장선상에서의 논의는 신앙이 아니기 때문이다. 이러한 신학적 사조에 기초하여 보수주의 사고에 입각한 20세기 초반까지의 목사중심의 전통적 선교에서 20세기 후반, 평신도 선교의 개념으로 변화되었다. 그러나 전통적 선교와 평신도 선교의 개념을 조합한 전문인 선교로 회귀해야 할 시점에 와 있다고 본다. 전통적 선교가 만인제사장주의에 입각한 것이고 평신도 선교가 만인선교사주의에 입각한 것이라면, 전문인 선교는 전신자 선교사주의에 입각한 것이 되어야 한다. 여기서 점진적 선교의 완성으로서 두 가지를 짚고 넘어가야 한다.

첫째는, 만인선교사주의에 대한 이해이며

둘째는, 전신자 선교사주의에 대한 이해이다.

2. 전문인 선교 개념의 등장

만인선교사주의에 대한 개념은 1590년 네덜란드의 개혁교도 목회자이며 교수였던 하드리안 싸라비아 목사에게서 기인한다. 그는 후에 영국으로 이민가서 영국국교회로 개종하고, 웨스트민스터 신학교의 학장이 된 사람으로서 마태복음 28장 19-20절의 말씀의 명령을 근거로 '복음을 모든 생명 있는 자들에게 전파하라' 는 그리스도의 지상명령이 그 당시 사도시대들에 국한된 것이 아니라 모든 세대의 교회들에게 주어진 명령이라고 주장하였다. 그 이후에 1652년 네덜란드의 선교학자 보에티우스(G. Voetius)는 교회의 사명의 중심은 선교이며, 기독교선교는 이방인을 개종하고, 교회를 개척하고, 하나님께 영광을 돌리는 것이라고 말했다. 원문을 소개하면 아래와 같다.

Roman Catholic missionaries studied missions at all, they did so informally or reflection on their own experience. The Catholic churches of East and West, nonetheless, were in the missionary business for more than a millennium before the Protestant Reformation, and almost two more centuries would pass before Protestants in any significant numbers become involved in world missions. One should remember, however, that as early as 1590 the Dutch Reformed paster and professor Adrianus Saravia, who later migrated to England and became an Anglican and Dean of Westminster insisted that Christ's commission to preach the gospel to every creature was a mandate to the church in every age, not merely to that of the apostles.[4]

예수님이 이 세상에서 사역하실 때, 왕으로서, 제사장으로서, 선지자로 섬기셨듯이 예수님의 삼중 사역을 본받아 우리도 주님의 길을 따라가는 삶이 예수제자의 삶이요, 선교사의 삶인 것이다. 예수님이 최초의 타문화권 선교사로 하늘의 문화를 버리시고 이 땅의 문화에 오신 것처럼 우리도 작은 예수로서 선교사의 길을 가는 것이다. 이것을 '만인선교사주의(All Believers' Missionaryhood)'라는 개념으로 이해하는 것이다.

직업선교를 전문인 선교라는 용어로 표현했는데, 몇 가지 용어정의가 필요하다. 직업선교사라고 말하면, 직업을 가지고 일하면서 선교하는 사람을 의미하는 것으로서 텐트메이커(Tentmaker)선교사라고 보통 일컫는다. 영어로 'Bivocational missionary' 라고 표현하기도 한다. 반면에, 전문인 선교사라는 개념은 1995년 10월, 한국전문인 선교단체협의회(KAT) 주최로 열린 "제 1회 전문인 선교대회" 에서 전문인이라는 개념이 비전문인까지 포함하는 전문직업인 선교가 아닌가 하는 이야기들을 하게 되었다. 텐트메이커, 직업선교사, 자비량선교사, 평신도선교사, 전문인 선교사 라는 여러 가지 유형의 명칭이 혼재하는 것은 단시일 내에 한국 땅에 전문인 선교의 개념이 소개되었기 때문이다. 그러나, 이러한 명칭은 지식근로자 계급을 의미하는 것으로 최근에 피터 드러커는 『프로페셔널의 조건』이란 책에서 정의를 분명히 하였다.[5]

3. 직업 선교의 필요성

전문인 선교사 개념 이전에 선교사의 개념은 전통적 선교사 개념이었다. 그러나, 지상 대명령(the Great Commission)은 마태복음 28장 19-20절의 말씀을 잘 분석해보면 주님의 제자들, 일하는 제자들 모두에게 주어진 사명이라고 하는 것이 명백하다. 그러나 우리는 종교개혁 당시의 긴급한 상황 가운데 교회 중심으로 믿음을 세우는 데 급급했고, 감히 내가 어떻게 선교를 할 수 있을까 생각했다. 생각하며 뜨거운 감자이야기와 마찬가지로 의 논하지 않았다. 그 당시에는 이러한 주장을 하게 되면 이단시하였다. 벨츠 (Justinian von Weltz) 남작은 세 종류의 책자를 발간했는데,

첫째, 교회의 선교적 책임, 둘째, 선교회나 전문기구 조직의 필요, 그리고, 셋째, 선교사훈련원 개설강조 등이었다. 그러나 교회와 이웃은 그를 광신자나 이단으로 정죄하였다.[6] 사도 바울이 장막 깁는 자(Tentmaker)로 사역을 한 것에서 시작해 18세기의 식민주의 선교에 이르기까지 대부분의 피선교 국가들은 서양 상업 자본주의와 제국주의에 침략을 받았다. 이러한 요인 때문에 지금도 서양 선교사에게 비자를 내어주지 않고 있는 나라가 많이 있다. 그러나 여전히 자신의 직업을 가진 사람에겐 비자를 내어 준다.

또, 직업선교의 필요가 대두된 것은 최근에 선교사 탈락율에 대한 연구와 함께 선교사 재배치 방안에 대한 연구가 활성화되면서 창의적 접근 지역과 미전도 종족에 대한 선교가 관심을 갖게 되었다.

윌리엄 테일러(William D. Taylor)는 전문인 선교사가 첫 4년 동안의 탈락의 원인을 다음의 다섯 가지로 진단했다.[7] 첫째, 부적절한 훈련, 둘째, 채워지지 않은, 혹은 비현실적인 기대, 셋째, 두가지 직업과 문화적응의 스트레스, 넷째, 현지 그리스도인과의 연합부족, 그리고 이에 따른 안전문제, 마지막으로, 책임감의 부족을 들었다. 하지만 창의적 접근 지역에 목사 출신의 선교사가 들어가지 못하는 현실에서 전문인 선교만이 이제 21세기 선교의 주자로 구비되게 될 것이라는 절박감을 더하게 되었다. 따라서 전문인 선교사가 될 수 있는 자는 현실적인 전문인 선교사가 되어야 한다. 직업

의 차별이 있을 수 없다. 모두가 전문인 선교사가 될 수 있을 것이다.

이를 위해서, 테일러 박사는 4가지의 안전장치를 주문하고 있다.[8]

1. 전문인 선교사들은 누가 파송하고, 재정적으로 후원하고, 기도해 주는가?
2. 그들은 타문화 사역현장에서 두 가지 직업을 통합하기 위하여 어떤 종류의 파송 전 준비를 거쳤는가?
3. 그들의 직업활동 계획에 있어 파송교회의 역할은 무엇인가?
4. 현지에서 목양과 감독, 그리고 선교전략은 누가 제공하는가?

현지에 파송되어 있는 선교사의 관리체계가 잡혀 있지 않으므로 한국선교계에 전문인 선교의 계절이 오기에 요원하다고 비평하는 목회자들의 음성에 귀를 기울여야 한다.

이들 지역에 선교하고 있는 선교사는 전세계 10만 선교사 가운데 8%에 해당하는 8,000명에 불과하다고 한다. 이러한 지역에 전문인 선교사로 나가는 것은 타문화권 셀 그룹 리더로 나가는 것을 의미한다. 이를 도식화하면 아래와 같다.

tentmaking missions+cell based church=missional cell church

현재 성숙한 선두주자의 교회들은 다캠퍼스 인공위성 선교형 교회
(multi-campus satellite mission-oriented church)로 자가복제를 하고 있다. 사랑의
교회, 남서울 교회, 온누리 교회, 그리고 지구촌 교회 등은 선교가 활성화될
때 교회가 성장하는 것이라는 사실에 기초하여 전문인 선교형 교회를 일구
고 있는 대표적인 한국의 선교형 교회들이다. 이러한 교회들은 내부지향적
사역의 목적을 가지고 있다.

하워드 스나이더(Howard Snider)는 언약적 선교공동체의 특징을 네
가지로 말했다.

1. 하나님의 역사를 즐거워하는 축제
2. 언약의 갱신(고백과 재헌신을 포함한)
3. 평가와 정의(언약에 대한 우리의 충성스러움과 변화시켜야 할 것들에 대
   해 질문하기)
4. 미래를 위한 비전의 갱신 [9)]

1. 전문인 선교사의 자질과 모델

위와 같은 내부지향적 역량들이 외부지향적으로 드러나려면 그리
스도의 몸으로서의 성도들을 생활 가운데 전도자로 구비시켜야 한다. 그리
고 세계내화(glocalization)를 실현하는 자가 되게 하는 것이다. 이들은 수평적
인 사고의 네트워킹에 의해서, 또한 자발적인 의지에 의해서 스스로가 미래

의 삶을 개척하는 지식근로자로서 우리는 전문인(professional)이라고 한다.

그러면, 누가 전문인 선교사로 갈 수 있는가? 전문인 선교사의 자질 9가지를 소개하면 다음과 같다.

1. 전문인 선교사가 되기 원하는 자는 영성 관리에 철저한 자여야 한다.
2. 영적으로 타문화권에 나가서 자급자족할 수 있는 자여야 한다.
3. 자신을 정직하게 봄으로 Team Dynamics를 이룰 수 있는 자여야 한다.
4. 교회 안에서 인정을 받아 목회임상실습을 경험한 자라야 한다.
5. 개인적으로 전도와 제자훈련을 하는 생활전도자라야 한다.
6. 어떠한 환경에서도 잘 적용하는 유연성(flexibility) 있는 자라야 한다.
7. 주님으로부터 받은 소명이 분명한 자라야 한다.
8. 전문직에서 종사하는 데 유능한 자라야 한다.
9. 새로운 것을 배우려는 열린 마음의 소유자로 다양한 가운데 조화를 이룰 수 있는 자여야 한다.

다시 정의하면, 하나님은 현대선교의 아버지 윌리엄 캐리(William Carey)에 의해서 이 일의 모델을 제시하셨다. 자치, 자립, 자전에 의해서 인도에서 선교사역을 감당한 캐리는 구두수선공이었으며, 평신도 사역자

였으며, 목회자로 안수되었으며, 인도의 뱅갈에서 인디고 염색 공장 공
장장으로 일하면서 또한 뱅갈어 교수로 사역하였다. 전신자 선교사주의
(every believer's missionaryhood)라는 이러한 주장의 기초에는 예수님의 삼
중사역에 기초를 두고 있는데, 이를 아래와 같이 설명해 볼 수 있겠다.

예수님은 이 세상에 왕으로 오셨다. 그리하여 그의 제자들에게
하나님 나라의 비밀에 대해서 전파하였다. 또한 "뜻이 하늘에서 이룬 것
같이 땅에서도 이루어지이다."라고 간절히 기도하심으로 이 땅에서 하
나님의 나라(The Kingdom of God)가 임하기를 소원하셨다. 예수님은 이
세상에 선지자로 오셨다. 회칠한 무덤과 같이 석고화되어 가는 구약율
법의 종교를 과감히 질타하시므로 행태론적 근본주의(morphological
fundamentalism)에 빠져있는 바리새인들의 죄악을 지적하셨다. 또한, 예
수님은 이 세상에 제사장으로 오셨다. 온 인류의 죄를 대신 짊어지시기
위해 십자가상에서 단번(at one moment: atonement)에 물과 피를 흘리사
죽으심으로 하나님과의 화해(reconciliation)를 이루셨다. 이것이 성육신
선교(Incarnational Mission)의 모델로 제시될 수 있겠다. 예수님도 알고 보
면 목수 직업을 가진 전문인 선교사였다.

예수님은 그의 제자들에게 마태복음 28장 19-20절의 말씀을 지상 대
명령으로 선포하셨다.

그러므로 너희는 가서 모든 족속으로 제자를 삼아 아버지와

아들과 성령의 이름으로 세(침)례를 주고 내가 너희에게 분부
한 모든 것을 가르쳐 지키게 하라(마 28: 19-20).

이는 누구든지 그리스도의 제자라고 인정되어진 자들에게는 동일
하게 지켜야 될 사명인 것이다. 이 말씀에 기초하여 전통적 선교가 지속되
어 온 것이 사실이며 그 공로를 인정하는 바이다. 그러나, 선고의 질적인 차
원에서 볼 것 같으면 가르쳐 지키게 하는 데 이르러야만, 진정한 의미의 한
영혼을 구원했다고 하는데까지 도달하게 될 때 우리는 '전신자 선교사주
의'(every believer's missionaryhood)라는 용어의 탄생을 보게 되고 인정하게 될
것이다.

'가는 것'을 마치 이 세상에 왕으로 오신 예수님의 성육신 사건에
비교한다면, '제자를 삼는 것'을 선지자의 사역과 마찬가지로 forth telling
의미로 이해할 수 있고, '세(침)례를 받는 것'을 제사장의 사역이요, 화해의
사역으로 이해할 수 있다. 그러나 가르쳐 지키게까지 하는 사역이야말로
한 영혼을 주님 앞에 제 2의 제자로 인도하는 멘토링 작업이기에 이것을 사
도로서의 선교 사역이라고 제시하는 것이다. 따라서, 전통적 선교와 전문
인 선교가 조화를 이루는 제 3의 길을 모색하기 위해서 다음의 두 가지에 있
어서 확인이 필요하다고 본다.

첫째는, 전통적 선교사들이 전문인 선교사들을 평신도 전문인 선교
사로만 이해하고, helper로서 보조적인 개념만을 인정하는 현재의 구도에

대한 재검토이다.

성육신선교의 모델로서의 예수 그리스도를 교회의 머리로 회복시키고 좌, 우에 목회자사도 전문인 선교, 평신도사도 전문인 선교의 두 바퀴가 수레바퀴로 가는 구도를 '제 3의 길'이라고 제시해 볼 수 있다. 이러한 개념은 철저히 빌립보서 2장 5-9절에 나타난 성육신의 원리, 동일시의 원리, 자기 비하의 원리에 의해서 최초의 타문화권 선교사로 이 땅에 오신 예수님을 선교의 통합 모델로 보고자 하는 것이다.

이러한 선교는 교회성장의 원리와 마찬가지로 동질성의 원리, 집단개종 그리고 다양한 가운데서의 조화를 통해서 직업의 전문성과 사역의 전문성이 균형을 갖추게 되므로 계급간의 선교갈등의 문제가 해소되리라고 본다.

첨언하면 전신자 선교사주의라고 하는 개념이 만인선교사주의에 비해서 교회보다는 개인을 강조하는 개념이 아니냐는 목회자 측의 이견이 있으나, 이는 원어의 의미를 살펴보면 쉽게 이해가 될 것이다.

그리스도를 반석으로 이해할 때, 페트라(큰 바위)라는 헬라어를 사용하며 그리스도의 몸으로서의 교회의 지체된 교인에 대해서는 페트로스(작은 돌)라는 용어가 사용되는데, 이로서 교회는 페트로스가 연결되어서 페트라(큰 바위)에 세워진 것이다.

따라서, 개인주의라고 하는 것은 만인제사장주의를 잘못 이해한 것이다. 그러므로, 목회자사도 전문인 선교라는 개념이 개발되어야 하고, 평신도 전문인 선교라는 강요에서 벗어나야 하는 시점에 온 것이다. 그리고,

전문인 선교의 모델을 구약의 요셉이나 느헤미아에게서 찾고 신약의 예수님과 특히 바울의 3차 선교 사역에서 찾았는데, 이것은 성육신 선교의 모델로 다시 조정해 볼 필요가 있다.

2. 성육신 선교 모델로의 변화

결론적으로, 하나님의 나라(the Kingdom of God)의 개념이 교회 내에서의 내성화의식(Churchcentrism)에서만 머물므로 목회자-평신도의 이중구조로 되어있는 한국교회에는 교회 밖으로의 활성화(church radiantism)로 교회 선교세계관의 전환이 필요하다고 진단한다.

이 말은 아직도 한국의 교회가 중세교회로, 구약의 율법으로 회귀하므로 외형적인 권위를 유지할 수 있다고 보는 안일주의에 빠져있음을 알 수 있다. 행태론적 근본주의에서 벗어나야 한다. 전통적 선교에 안주하지 말고 교회내 성화의식을 깨뜨리고 목회자 전문인 선교로 나아가되 제 3의 길을 중심으로 서로간의 각도를 좁혀서 연합이 되어야 한다. 그러므로 제 3의 길은 성육신 선교의 모델로서의 길이 되어야 한다(이 길은 계속해서 사도적 선교로서의 전문인 선교에서 자세히 다루어지게 될 것이다). 이러한 제 3의 길로 모색이 되기 위해서 교회는 선교공동체로 나가기 전에 먼저 가정공동체로서 친밀감을 맛보아야 한다.

최근에 우리 민족의 성서적 뿌리인 고미족에 대한 탐사가 이루어지고 한민족의 뿌리찾기 차원에서의 몽골을 포함한 알타이 선교 창(window)에 대한 균형과 조화를 이룰 때 제 3의 길로서의 새르운 선교동향을 제시해 나갈 수 있다.

특별히 미전도 종족 선교의 중요성에 대해서 주누가 선교사(인터콥 대표)는 한국전문인 선교훈련원의 강의를 통해서 이렇게 말하였다.

> 전문인 선교사는 목회자선교사와 마찬가지이며 전문인 유형으로 구별하는 것은 선교전략상의 개념이지 목회자에 비교하여 열등하다는 그런 것은 아니다 … 중앙아시아 지역의 알타이 창, 투르크 창, 10-40창에 살고 있는 민족들은 우리 한민족과 형제지간의 민족이다. 따라서, 우리 한국선교가 미전도종족의 관문도시선교를 하되 우리와 같은 알타이어 계에 속한 중앙아시아 선교를 20세기 최후의 개척가의 심정을 가지고 해야 한다 … 마치 룻기에 나오는 보아스와 마찬가지로 기업 무를 자의 자세를 가지고 나오미의 며느리인 룻을 아내로 삼아 그 가문을 통해서 이새의 아들 다윗이 나오고 예수가 메시아로 온 것과 마찬가지로 전문인 선교사는 직업적 전문성을 통해 그들의 현실적 필요(real need)를 충족시키면서 영적 필요(spiritual need)를 창조하며 결국은 보아스와 마찬가지로 우리는 제3의 보아스가 되어서 하나님의 기업무를 자로, 예수 그리스도의 제자로 쓰임을 받아야 한다.[10]

'전문인 선교사는 100% 선교사이다' 라고 말하는 주누가 선교사는 의사선교사라는 직업의 전문성과 사역의 전문성을 갖춘 선교사로서 미전도종족들에 알타이 창 지역에서 선교하는 중요 모델을 우리에게 제시해 주고 있다.

참고로, 문화인류학자인 말콤 맥휘(Malcolm MacFee)는 150% 선교사론을 주장하였는데, 타문화권에서 사역하는 선교사가 75%, 자국문화에서

사역하는 선교사가 75%의 선교지 문화를 가지게 되므로 150% 선교사가 된다고 하는 것이다.[11]

물론 예수님은 인성과 신성을 지닌 200% 선교사였다.

제 6장

전문인 선교의
미래신학을 열며

1. 전문인 선교의 어제와 오늘

또 다른 천년을 맞이하여 전문인 선교사역의 실제에 대한 연구가 이 뤄지는 것은 오랫동안 무시되고 무지 속에 방치된 전문인들이 이 세상 속에 서 교회의 사도적 기능을 담당하는 그리스도의 증인이요, 선교사라는 자각 이 일어났기 때문이다.

오늘의 전문인들은 급변하는 사회구조 속에서 교회의 존재이유를 세상을 향한 하나님의 선교의 도구로 인식했다. 그러나, 이러한 움직임들 은 지금까지 몇몇 기독교 선교단체들의 입장 표명이 있었을 뿐, 교회 현장 더욱이 한국과 같은 제 3세계 교회의 현실 속에서 실현되기에는 더욱 요원 한 사항이었다. 또한 교회성장주의의 환상을 떨쳐버리지 못하고 있는 한국 교회는 목회자 한 사람의 개인적 카리스마에 더 우선적인 가치를 두며, 효 율성을 최상의 가치로 인식하는 기구화된 경향성을 띠고 있다. 자문화우월 주의에 기초한 신앙 동기들이 자기 중심적인 개인화로 인해 반사회적 집단 의 성향을 띠고 있는 것이다. 따라서 한국교회가 선교에 대한 하나님의 뜻 을 준행하는 축복의 통로로서 교회의 사도성을 실천하고자 하는 것은 이 시 대의 사명이라고 본다.

한마디로, 전문인 선교는 사도적 선교이다. 필자는 이 말을 굉장히 조심스럽게 사용하고 싶다. 그러나 이러한 바람에도 불구하고 이 말은 전 통적 가치관을 가진 내가 존경하는 많은 목회자에게 긴장(strain)을 주게 될 것이고, 이것이 여러 번 주장되면 스트레스(Stress)로 발전할 것이라고 생각한다.

로마 가톨릭의 콩가르(Yves Congar)는 평신도 사도직(lay apostolate)을 주장한 최초의 인물이었다. 그를 통해서 로마 가톨릭 교회를 다시 생동하는 조직으로 바꿀 수 있는 계기가 되었다. 그의 주장은 교회의 우주성을 주장하며 인류를 향하신 하나님의 계획 차원에서 종말론적인 중간적 공간에서의 평신도의 역할을 규명한 것이었다. 그는 예수의 삼중사역(제사장, 왕, 예언자)의 기능에 평신도가 참여하여야 한다고 주장하였다.[1] 그의 주장을 통해서 평신도와 성직자가 모두 멤버인 것이 입증이 되었다고 본다.

그 후에 하워드 그라임스(Howard Grimes)는 만인제사장직에 기초하여 초대교회의 구조에서 교회는 성직의 소유가 아니라, 예수 그리스도를 통하여 제자들로 부르신 하나님의 백성 전체들을 의미한다고 말했다. 성직을 특수사역이라 불렀으며, 하나님의 백성의 사역을 일반사역이라고 구분하여 명명하였다.[2]

그러나 그라임스는 그 다음에 이 양자를 거느릴 만한 후속적 조치가 없었다. 필자는 이를 제 3의 길이라는 선교세계관을 통해서 일목요연하게 입증할 것이다. 이러한 입증의 연결고리로서 헨드릭 크레머(Hendrik Kraemer)의 선교신학적 관점을 짚고 넘어가야 한다고 본다. 그의 선교 신학적 패러다임을 소개하면 아래와 같다.

세계를 향한 하나님의 관점 안에서 부름받은 교회가 선교적이고, 잠정적이기에 평신도신학은 교회와 세계가 만나는 선교적 상황에서 대화를 하나의 사건으로 창출하는 선교적인 것이라고 요약될 수 있다. 크레머에게 평신도신학은 루터의 만인사제직에서도 아니고, 그렇다고 시녀도 아니다. "평신도와 성직자가 모두 교회의 본질과 소명을 끊임없이 새롭게 하는 새로운 비전 안에 서 있으며, 그 교회 안에서의 각기 특수한 자리들을 끊임없이 재확인하는 데서 비로소 그 의미를 찾게 된다는 것이다.[3]

그는 평신도신학을 선교의 하나님의 선교사건으로 이해하고 평신도와 성직자가 각각의 설정된 삶의 자리(sitz im leben)에서 각기 부르심이 새롭게 설정되어 졌다는 것이며, 이를 통해서 평신도사역의 정당성을 주장한 것은 엄청난 평신도의 승리라고 본다. 그러나 후학들의 연구가 미진하고 전통적 교회의 구각을 답습하였기에 오늘날 교회는 선교의 사명을 효과적으로 감당하고 있지 못하고 있다.

영국의 성경학자인 존 스토트(John R. W. Stott)는 하나님의 백성의 온전한 사역을 부정하는 세속적인 계급적 성직독점주의는 더 이상 발붙일 곳이 없다고 강조했다.[4]

그러나, 21세기가 시작된 이 세대에 새로운 패러다임으로의 전환(New paradigm shift)이 이루어져야 할 것은 전문인 선교사를 비겁한 선교사, 장기간 헌신하지 않는 선교사라고 하는 오해이다. 이에 필자는 성서적 근거를 제시하여 이러한 오해를 불식시키고, 전문인 선교에 관한 세계관의 터를 넓히고자 한다.

사도라고 하는 단어는 영어의 apostle와 헬라어의 아포스톨로스 (apostolos)에서 온 말로 아포(apo)는 '…으로부터'를 의미하고, 스톨로스 (stolos)는 스텔로(stello)에서 온 말로 '내가 보낸다'는 뜻을 가지고 있다.[5] 그런데 신약성서에서 사도라는 용어는 87회 나오고 목자(Shepherd)라는 말은 에베소서 4장 11절에 나오는 목사라는 말까지 포함해도 단지 24회 나온다.[6]

이러한 역사적, 문법적, 신학적(historico-grammatical-theological) 분석에 의하면 사도라고 하는 의미가 재조명이 되어야 할 것이다. 이 사도라는 단어가 사도 대신 번역상 '보냄을 받은 자'라는 칭호로 사용되었다(요13:16)는 사실에서도 번역의 오류로 사도라는 단어가 사라져 버렸다고 본다.

> 내가 진실로 진실로 너희에게 이르노니 종이 상전보다 크지
> 못하고 보냄을 받은 자가 보낸 자보다 크지 못하니(요13:16).

중세 가톨릭의 앗시시의 성자 프란시스를 우리는 평화의 사도라고 부른다. 그는 중세 기독교가 십자군 전쟁에 의하여 1095년부터 1272년까지 무려 7차례에 걸쳐 예루살렘을 점령한 후에 예수의 이름으로 이슬람교도들 7만 명을 학살한 데 대해서(그 당시 유대인이 예루살렘에 30만 명이 거주했는데, 29만 9천 명을 학살했다) 중동지역에 두루 다니면서 사과를 청하게 되었다. 그래서 그를 평화의 사도라고 이야기한다. 그 말은 중세에도 사도가 있었다는 이야기이다.

예수 그리스도의 제자가 보냄을 받을 때 사도가 되는 것이다. 예수께서 열두 제자를 부르셔서 그들에게 자신이 행사하고 있는 것과 동일한 권위와 초자연적인 능력을 부어주실 때 제자들은 비로소 사도가 되는 것이다. 사도는 모두 제자이지만 모든 제자는 다 사도가 아니다라는 명제가 떠오른다. 제자 가운데 가룟 유다도 있고, 도중에 하차한 데마는 사도가 아닐 수 있으며, 알렉산더와 후메네오는 제자도 아닐 것이기 때문이다.

지상 대명령을 이야기하면서 나는 전신자 선교사주의(Every Believer's Missionaryhood)에 기초하여 모든 신자 개개인이 선교사라고 주장한 바가 있다. 그런데 이방인선교의 문을 연 사도 바울의 선교를 tentmaking mission, 직업 자비량 선교 그리고 전문인 선교의 모델로 든다면, 우리의 전문인 선교는 사도의 선교요, 언어를 순화하여 '사도적 선교' 라고 말할 수 있을 것이다. 히브리서에는 예수님을 사도라고 소개하고 있다.

> 그러므로 함께 하늘의 부르심을 입은 거룩한 형제들아, 우리의 믿는 도리의 사도시며 대제사장이신 예수를 깊이 생각하라 (히3:1).

예수의 13번째 제자된 바울이 이방인 선교에 드려지는 순간 그는 선교의 사도가 된다. 따라서, 전통적 선교를 해 온 목사 출신의 선교사가 전문인 선교를 동반자로서 우대해야 할 충분한 근거를 발견하게 되었다. 전통적 선교는 21세기 뉴밀레니엄 시대의 선교사로서 사역을 감당하기 위해 전신자 선교사주의에 입각하여 점진적으로 전문인 선교로 변화되어가야 할 것이다. 21세기가 시작되면 빠른 속도로 사고의 틀(paradigm shift)을 전환하여 선교사역(missions)을 이루어 나가야 한다고 보는 것이 대세이다. 안디옥 교회의 두 사도 바울과 바나바의 파송 이야기(행 13:1-3)를 보면 사도가 열두 사도에서 끝나는 것이 아니라 계속해서 이어지는 것을 볼 수 있다.

> 안디옥 교회에 선지자들과 교사들이 있으니 곧 바나바와 니게르라 하는 시므온과 구레네 사람 루기오와 분봉왕 헤롯의 젖동생 마나엔과 및 사울이라. 주를 섬겨 금식할 때에 성령이 가라사대 내가 불러 시키는 일을 위하여 바나바와 사울을 따로 세우라 하시니 이에 금식하며 기도하고 두 사람에게 안수하여 보내니라(행13:1-3).

마치 하나님께서 교회(반석: 페트로)위에 여러 지체(조약돌: 페트로스)들을 세우시되 여러 페트로스 가운데 하나를 뽑으셔서 뜨인 돌과 같이 사용하시는 것을 볼 수 있다. 그 빈자리에는 또 다른 사도들이 계속해서 채워지므로 사도적 교회를 형성하시는 것으로 볼 수 있다.

사도행전 13장에 보면 "성령이 가라사대 내가 불러"라는 본문은 해석상 중요한 의미를 가지고 있는데, 이 말은 하나님이 이미 바울과 바나바를 결정하신 것을 의미한다. 다시 말해서 저들은 사도로 부름을 받았다(행 14:14).

> 두 사도 바나바와 바울이 듣고 옷을 찢고 무리 가운데 뛰어 들어가서 소리질러(행 14:14).

이 사실을 증인들(시므온, 루기오, 마나엔)에게 공개하였으며, 저들은 선교사 후보생 바울과 바나바를 위해서 금식하며 기도한 것으로 이해할 수 있겠다. '내가 불러'는 '$\pi\rho\sigma\kappa\alpha\lambda\grave{\omega}$'의 완료형인 '$\pi\rho\sigma\kappa\epsilon\kappa\epsilon\lambda\eta\mu\alpha\acute{\iota}$'가 사용되었는데, 이는 이미 하나님의 부르심이 저들에게 임한 것을 의미하는 것이다.[7]

우리의 교회에서 전도사들이 교회의 한 부서에서 봉사(service)를 하다가 사역(ministry)을 한다고 하나님의 부르심을 받은 것으로 가정하며 이해가 쉬울 것이다. 생개척(live church planting)을 할 때 자신이 봉사하던 부서의 장에게 먼저 이야기하고, 교회의 위원회에 의견을 내어놓아 개척교회가 시작이 될 수 있도록 하는 과정과 같은 상황이다. 첨언하면, 전도사들이 교회의 한 부서에서 봉사(service)한 것이 아니라 사역(ministry)한 것으로 표현해야 적절한 언어구사로 보여진다. 더 나아가서 전통적 교회에서는 신학을 공부하지 않고 선교훈련을 거친 전문인 선교사들이 선교사로 파송되어질 때 인정을 받지 못하고, 그냥 성령을 통해서 보내심을 받았기에 저들도 갈 수가 있고, 파송이 되어져야 한다고 본다. 이미 성령이 보내신 자를 인간이 축복의 통로로 보내주어야 하는 것이 마땅한 성도의 도리라고 믿기 때문이다. 이를 도해로 그리면 아래와 같다.

진리 : 전도+타문화권=선교
제자+타문화권=(선교) 사도

사도 바울은 다메섹 도상에서 회심한 순간에 사도가 된 것이 아니라 그는 제자가 되었으며, 그가 안디옥 교회를 통해서 선교사로 파송이 되었을 때 비로소 공식적인 사도가 된 것이다. 바울의 자신의 회심(conversion)에 대해 표현한 사도행전 22장 21절에서 그는 사도(apostle)라는 단어의 미래형 '보내리라' 를 의미하는 'εξαποστελλω' 를 사용하였다.

나더러 또 이르시되 떠나가라 내가 너를 멀리 이방인에게로
보내리라 하셨느니라(행 22:21).

이는 'εξαποστελλω', 즉 공적인 대표자로서 보내심을 받는다 하는 뜻이다.[8] 따라서 사도가 된 것을 알 수 있는 것은 하나님으로부터 왔느냐는 우선 순위이고 선교사의 소명에 대한 질문이기도 하다.

에베소서 4장 11절에 '그가 혹은 사도로, 혹은 선지자로, 혹은 복음 전하는 자로, 혹은 목사와 교사로 주셨으니' 라는 말씀에 열거된 순서가 사도로부터 시작하는 것을 볼 때, 교회가 존속한 이래 목사들이 있어왔다면 그와 마찬가지로 사도들도 있었을 것이다. 이 본문이 서열 순서가 아닌 것과 마찬가지로, 전통적 선교사를 배출하는 목사나 전문인 선교사를 배출하는 사도적 선교사도 서로 서열 순서가 아니라는 것이다. 목사는 교회 안에서 전문가요, 평신도는 세속사회에서 전문가가 되어야 한다는 달을 서로 명심한다면 은사 배치 사역을 통한 전문인 선교의 정체감을 확립하는 데 아무

런 문제가 없을 것이다.

오늘날 목사가 존속해 왔음에도 불구하고 사도에 대한 인식이 사라진 것은 전통적 교회가 가시적, 구체적으로 인본주의화 되어가는 과정에서 선교사도에 대한 비전을 상실했고, 미전도 종족에 대한 관심보다는 교회성장 위주로 사고했기에 균형 감각을 잃고 있기 때문이다. 그러나 사도들은 그 성품과 성령의 기름 부으심으로 사도의 사역을 실제로 감당해 왔다. 따라서, 전문인 선교사로 파송되는 선교사들에게 축복송을 부르며 서로에게 안수해 주고 또, 목회자가 축도로 마감기도를 하는 것은 아름다운 일이며, 한국적 현실에서 비판적 상황화(critical contextualization)가 이루어진 것으로 이해할 수 있다.

전문인 선교는 평신도 직업선교라고 하는 개념으로 1999년에 한국 사회에 소개되었으나 그동안 전문인이라는 개념이 정립이 되지 않아서 역동적인 힘을 발휘하지 못하고 있다. 그러나, 필자의 노력으로 전문인 선교신학의 성서적 기초에 대한 필자의 연구 결과로 이제는 목회자와 평신도가 모두 공생적(Symbiotic)인 효과를 거둘 수 있는 신학으로 정립돼 가고 있다. 한마디로 요약하면 아래와 같다.

현재는 사도 바울이 장막을 기우면서 제 3차 선교사역 4년 기간 중에 한 사역과 같은 성육신적인 선교사역(incarnational missions)을 전문인 선교라고 일컫고 있다. 크리스티 윌슨 박사의 아버지가 S.V.M(Student Volunteer Movement) 소속으로 선교사역을 시작한 데서 비롯된 Tentmaking Missions 은 크리스티 윌슨(Christi Wilson) 박사가 아프카니스탄에 자비량 선교 운동

(Tentmaker's Volunteer Movement)의 일환으로 사역함으로 선교 사역의 귀한 효시가 되었다. 그는 1980년의 소련의 아프카니스탄 침공으로 인하여 24시간 안에 미국으로 철수하면서 이러한 전문인 선교 개념을 처음으로 생각하게 되었다. 그는 위기 상황에서도 유연성을 가지고 자신의 직업의 전문성을 활용하여 선교하는 방식을 주창한 것이다. 이러한 그의 정신을 이어받아 우리는 자비량이라는 개념을 전문인이라는 개념으로 사용하게 되었다. 최근 10년간 평신도가 하는 비전문인 선교를 전문인 선교라고 불러오며 여러 가지 어려움을 겪었으나, 하나님께서는 목회자가 전문인 가운데 전문인으로서 전문인 선교의 꽃으로 활동할 수 있는 여지를 남겨 주셨다.

피터 드러커(Peter Drucker) 박사는 전문인이란 '자발적인 의지에 의해서 스스로가 자신의 미래의 삶을 개척하는 지식 근로자'라고 정의했다. 하나님의 형상대로 지음받은 모든 백성들이 함께 윈-윈(win-win) 파트너십으로서 사역하는 전문인 선교의 새 장을 열게 하신 것이다. 이러한 전문인 자원운동(Professional Volunteer Movement)이 성숙하면서 모든 하나님의 백성이 선교사로 사역해야 한다는 부동의 소명(immutable calling)을 인식하게 되었다.

이러한 노력은 특히 1985년 이후에 전주 안디옥 교회의 바울선교회를 통해서 모판이 제공되었다고 보여지며, 이제는 구체적인 전문인 선교사역에 대한 네트워킹이 중요한 시점에 와 있다. 따라서, 전문인 선교는 바울선교를 모델로 한 것이다. 그리고 바울과 디모데로 이어지는 목회자 그룹과 바울과 브리스길라와 아굴라로 이어지는 평신도 집단이 조화를 이루는 타문화권 셀 리더(cross-cultural cell leader)로서의 전문인 선교를 이야기하기에 이른 것이다.

여기서 최종적으로 전문인 선교의 흐름을 요약·제안하는 것이 필요하다고 본다. 세계 전문인 선교대회에서 데니 마틴 박사는 세계전문인 선교의 흐름의 다이아몬드섬에는 학생자원운동이 있었다는 이야기를 하셨다. 나무를 보고 숲 전체를 보지 못한다는 말과 마찬가지로 그동안 필자는 전문인 선교에만 심취하여 전문인 선교우월주의에 빠져서 일종의 열등의식의 발로를 가지고 전문인 선교가 무엇인지를 설명하기 위해서 지난 7년 동안의 연구와 결과를 부산물로 『전문인 선교사를 깨워라』(2001. 이레서원)와 『전문인 선교사를 구비시켜라』(2001, 도서출판 치유)라는 책을 쓰게 되었다. 이번 책을 통해 최근의 전문인 선교에 대한 필자의 사상을 정리하는 계기가 되었다. 많은 목회자들이 또한 이 내용을 통해서 하나님 중심의 세계관을 가지고 전문인 선교를 바라보고 사도 바울 더 나아가서 예수 그리스도를 모델로 하는 선교의 모델을 바라보는 계기가 마련되기를 바란다.

2. 전문인 선교의 동원의 신학적 이해

1. 한국교회의 교회관 변천사

한국교회는 양적인 개인구원을 강조하는 보수적인 신앙노선에서, 열린 복음주의자로서 질적인 사회변화까지도 책임을 져야 한다는 복음주의적인 신앙노선이 가미되고 있는 현실이다. 변화의 속도는 느리지만 앞으로 5년 내에 변화가 무엇이고 구조조정이 무엇인지를 한국교회는 목도하게 될 것이다.

현재는 변혁기를 지나고 있는 교회도 있고 그냥 정체하고 있는 교회도 있다고 본다. 그러나 구약과 신약의 구속사의 흐름에서 교회의 목적을 살펴보면 마태복음 28장 19-20절의 본문에서 '제자 삼는 일'이 본동사인 것과 마찬가지로 제자삼는 일의 마지막은 타문화권에서의 제자인 선교사를 삼는 것이라고 이해할 수 있겠다. 그런데 선교사의 일은 그냥 자기 자신만 구원을 받는 일차적인 구원에 머무는 것이 아니라 저들도 가르쳐 지키게까지 하는 진정한 의미에서의 토털 사커와 같은 토털 제자 즉, 사도 바울과 같은 정도의 거룩한 하나님의 신임 가운데서 사역하는 하나님의 자녀를 양성하는 분량에까지 이르러야 한다. 이러한 차원에서 한국의 교회들은 선교교육을 실천할 수 있는 NGO를 타문화권 선교지에 세워나가는 사명을 감당해야 한다. 이러 차원에서 블라디보스톡에 세워진 원동문화연구원은 연변과학기술대학 못지 않게 좋은 선교교육 NGO의 모델이 될 수 있다.

교회의 본질은 예배이기에 요즈음은 문화선교를 통해서 예배를 갱신하고 혁신하는 일이 소중하다고 여겨진다. 예배에서 힘을 얻은 하나님의 백성들이 세상을 향해서 나아가는 일이 바로 선교이기 때문이다. 따라서 앞으로는 문화선교의 차원에서 교회가 앞서 가지 못하면 선교의 중요한 마당을 잃어버리는 때가 속히 오게 될 것이다.

2.전신자 선교사주의(Every Believer's Missionaryhood)

한국교회의 성도들이 만인제사장설을 잘 모르고 있는 상황에서 전통적인 교회의 직분에 길들여져 있는 교회의 성도들은 모든 사람들이 제사장과 같은 역할을 할 수 있다고 하는 데에 일말의 걱정과 불안한 마음으로 지켜보고 있는 것 같다.

사람은 모두 다르나 지난 2002년 월드컵을 통해서 보았듯이 "대-한민국"을 염원하고 응원하는 데에는 아무런 차이가 없었다. 마찬가지로 자신의 은사를 적극적으로 활용하여 하나님 나라를 위해서 저마다의 사명이 있다는 데에도 차이는 없다. 사명선언서(Mission Statement)를 작성하고 교회의 표지에도 붙이는 교회와 이러한 구체적인 핵심가치(Core Value)도 없이 양 뺏기와 교인 늘리기에만 급급한 교회와는 차이가 있다고 본다. 이처럼 전통적인 교회에 길들여진 어린 양들은 마찬가지로 만인제사장설을 이야기하면 늑대소년이 와서 유혹하는 것과 같은 반응을 보이는 것이다.

그들이 알레르기와 같은 반응을 보이는 것을 인정하면서도 진정한 의미의 하나님의 백성의 길이 무엇인지를 모르고 행태론적 근본주의에 빠져 있는 상황은 안타까울 따름이다. 한국교회의 목회자들이 비판적 상황화를 통해 진정한 의미에서의 목회의 본질을 알게 되기를 바란다.

온전한 의미의 만인제사장설을 이 시대에 맞게 해석한 것이 필자가 주장하는 전신자 선교사주의(Every Believer's Missionaryhood)라고 생각한다. 예수 그리스도를 주님으로 영접한 자들이 자신의 세계관이 변해서 하나님의 뜻을 준행하는 삶을 산다는 것은 목회자나 평신도에게 모두 소중한 지상 대목표와 같은 것이다. 필자는 최근에 '이 분이야말로 진짜 선교사'라고 할 수 있는 귀한 선교사를 만났다.

성육신의 원리대로 인도네시아의 순다족 마을에 들어가서 지난 7년 동안 살면서 무슬림들과 친구와 같은 관계를 형성하였다. 그런 다음에 가정교회를 형성하고, 점차적으로 교회의 세를 형성해 나가는 모습을 통해서 사도 바울의 전략을 실천하는 모습을 보게 되었다. 현지에서 무역회사를 설립하고 운영하면서 가내수공업을 통해서 현지의 기업을 일구는 모습도 원주민들에게 들어가서 전문인 선교를 하면서 교회를 개척하는 목사 선교사의 전형을 보여 준 것이다.

또한 선교지에 나가지 않더라도 국내에서 선교지에서의 경험을 토대로 생활하며 전도자의 역할을 감당하고 있는 사람들이 있다. 이들 또한 전신자 선교사주의에 입각하여 전문인 선교를 실천하고 있는 이 시대의 사도 바울과 디모데와 같은 사람이라고 할 수 있다. 이 세상에는 목회자와 전문인 선교사라는 두 가지 직업밖에 없다고 하는 대전 중문교회의 장경동 목사의 혜안에 대해서 다시 한 번 감탄을 할뿐이다.

(1) 사랑의 계명

선교에 대한 관심을 가지고 보던 중 우리에게 주어진 마지막 계명이 사랑의 계명이라는 사실을 잊고 있었기 때문에 우리 모두는 외롭게 고전분투를 하고 있는 것은 아닐까, 사랑으로 지상대명령을 준행하는 것이야말로 타문화권에서 지상대명령을 실천할 수 있는 가장 좋은 방안이라는 것이다.

지상대명령+사랑의 계명=바울 중심의 선교관 ·········· ①

이다. 우리는 너무나 많은 시간을 옳고 그른 것을 판단하는 데 시간을 허비하도록 하는 마귀의 잔머리에 당하고 있는 것으로 보인다. 이제 그만하면 하나님의 백성으로서 옳은 편을 차지한 것이다. 주님의 제자가 되는 것과 성숙하는 것 사이의 긴장감은 늘 있어야 하지만 이것에만 매여서 효과적인 선교사역을 감당하지 못한다면 그것은 문제다. 우리의 최종 목적이 내적치유이고 치유를 받은 다음에 총체적인 치유의 차원에서의 영혼구령에 관심을 갖지 않는 라오디게아 교인만 양산하는 치유선교단체에만 머무는 것은 분명히 반대한다.

사랑의 계명+지상대명령=예수님 중심의 선교관 ········ ②

언어의 유희로 비춰질 수 있으나 바울은 도식 ①과 마찬가지로 지상 대명령을 준행하는 우선순위를 지키기 위해서 하나님의 의를 위해 산다고 하면서도 동족의 위험 앞에서 자기 자신의 의를 강조했다고 일 중심의 바울을 비판한다. 그러나,

도식 ②에서 예수님 중심의 세계관에서 볼 것 같으면 예수님은 사랑의 계명을 우선순위에 두셨기 때문에 인간관계를 중시한 것을 볼 수 있다. 그러므로, 우리는 제 3의 변증법으로서 다음과 같은 도식을 생각해 볼 필요가 있다.

창조의 계명+문화명령+사랑의 계명+지상대명령
=하나님 중심의 세계관 …… ③

지상대명령의 말씀을 준행하는 일에만 우선순위를 둠으로 갈미암아 충분히 하나님의 형상대로 지음받은 우리가 주의 일을 감당할 수 있는 성령 안에서의 사역의 경지에까지 이르지 못하고 있는 것은 아닌가 하는 반성을 하게 된다. 우리는 분명히 이 시대에 효과적인 전문인 선교를 감당하기 위해서 창조의 계명에 대한 연구와 문화명령에 대한 계명에 대한 연구를 동행하며 연구를 해야 할 것이다.

이렇게 하기 위해서 선교의 참여자들이 성육신적인 선교의 자세를 가지고, 자신의 권리를 유보하고 겸손히 사역하신 예수님의 사역의 비밀을 배우기를 원한다. 천국에 가면 정당한 대접을 받을 것인데, 이 땅에서 황무

한(황당하고 무례한) 대접을 받는다고 해서 무엇이 그다지 섭섭할 것인가! 옳고 그름을 하나님께 맡기고 창조적인 마음을 가지고 사랑의 계명을 실천하는 선교사가 되기 위해서는 결국은 문화를 바로 이해하고 문화를 공략해서 선교를 할 수 있는 장성한 분량에 이르러야 한다.

(2) 예수와 바울의 사역

20년 전에 미국에 유학을 다녀와서는 앞으로 평생을 바울만 연구하며 살겠다고 하는 목사님이 있었다. 그 의미를 잘 이해하지 못했었는데, 실제로 전문인 선교에 대한 관심을 가지고 사역을 한 지 7년 만에 사도 바울과 같이 산다고 하는 의미를 배우게 되었다. 선교적인 차원에서 볼 것 같으면 사도 바울은 예수의 영적인 후계자로서 선지자적인 계보를 이어받은 것으로 볼 수 있다. 그래서 선지자처럼 이 시대를 직시하고 미래를 예견하는 선교사들로서는 사도 바울에게 매력을 느끼게 되는 것이다.

우리는 위기관리의 능력이 있는 자라는 차원에서만 보더라도 사도 바울과 예수의 리더십은 차이가 나는 것을 볼 수 있다. 사도 바울이 과업 중심의 지도력을 발휘한 반면에 예수님은 총체적인 리더십을 발휘했다. 우리의 영원한 모델은 사도 바울이 아니라 예수라는 생각에까지 이르게 된 것은 많은 시간이 지나고 나서였다. 우리가 예수를 더욱 닮고자 할 때, 디모데와 같이 하나님의 사람이 될 수 있으리라 본다. 우리가 바울을 본받는 것은 그의 강점을 본받고자 하는 것이다. 그러나 우리가 예수를 본받고자 하는 것은 그의 완전하심에 가까워지려는 것이다.

그러므로, 사도 바울의 자비량선교에 기초를 둔 선교인 전문인 선교는 사도 바울에서 시작하여 예수에까지 자라가는 '선교의 경성'이 성숙하게 갖춰져야 한다. 왜냐하면, 자비량 선교의 원조는 예수이기 때문이다. 아버지 요셉을 도와서 목수의 일을 한 예수의 생애를 보면서, 이 세상에 사는 우리는 자신의 직업과 부업과 아르바이트까지 다 해야 살 수 있는 세속주의 시대를 살고 있다는 생각이 든다.

또한 예수와 바울에게서 우리가 배울 수 있는 것은 제자를 삼는 사역을 통해서 저들이 자율적인 의지를 가지고 지도자가 되어 게 2, 제 3의 바울이 될 수 있고 디모데가 될 수 있다는 것이다. 예수의 '3제자⇨12제자⇨120문도'로 시작되어진 제자운동이 오늘날에도 여전히 타문화권을 향해서 전파돼 나가는 것은 제자훈련밖에는 사람을 바꿀 수 있는 영적인 무기가 없다는 것을 입증하고 있는 것이다. 바울은 어떤가?

그가 11번의 선교사역 가운데 이루어낸 팀 사역을 보면 다양한 그룹의 특성을 가진 사도들로 구성이 된 것을 알 수 있다.

1) 바나바-사울-마가(행13:4-13)

2) 바울-바나바-동료(행13:13-15:12)

3) 바울-바나바-유다-실라(행15:22-34)

4) 바울-실라(행15:40)

5) 바나바-마가(행15:37-39)

6) 바울-실라-디모데(행16:1-9)

7) 바울-실라-디모데-누가(행16:10)

8) 바울-실라-디모데-누가-브리스길라-아굴라(행18:2-23)

9) 바울-실라-디모데-누가-브리스길라-아굴라-아볼로(행18:24-28)

10) 바울-실라-디모데-누가-에라스도-가이오-아리스다고(행19장)

11) 바울-실라-디모데-누가-소바더-아리스다고-세군도-가이오-두기
고-드로비모(행20:4)

이러한 바울의 세 차례의 선교사역을 통해 볼 수 있는 소그룹을 통한 전략적 사역이야말로 한국교회가 추구해야 할 하나의 팀 사역의 모델을 보여 준 것이라 할 수 있다.

히딩크 감독이 우리 대표팀을 8강에 오르게 했던 가장 중요한 원인은 무엇일까? 선수 전원을 토털 사커 선수가 되게 한 것이다. 위기의 상황이 생기더라도 언제 어느 장소에서든지 모든 것을 소화시킬 수 있는 전천후 선수가 되게 한 것이다. 이와 마찬가지로 11개의 사도 바울의 팀을 살펴보면 우리는 예수님의 전략을 응용한 사도 바울의 용병술을 칭찬할 수밖에 없다고 본다.

그렇다면 우리는 사도 바울의 용병술을 우리의 시대에 맞게 변형하여 전술을 소화해 내야 한다는 결론이 나온다. 이를 위해서 학생자원운동에 기초한 자비량 선교의 변천사를 살피고 마지막으로 전문인 선교의 미래의 방향의 나침반을 제시하고자 한다.

베다니 선교공동체는 바울의 장막을 깁는 사역에서 힌트를 얻어 1980년대까지 움직이는 장막으로서의 절약형 캠핑 카를 만들게 된 것이다. 레져 산업의 상위에 올랐다가 미국의 오일파동이 있은 후에는 출판업으로 업종을 바꾸어서 오늘날 선교공동체로 우뚝 서 있다.

최근의 지미 카터 전 미국대통령의 해비타트 운동도 사도 바울의 장막을 깁는 사역을 보고 집이 없는 무주택자들에게 집을 지어주는 방법을 택했다. 이들은 자비량 선교를 실천하여 전문인 선교를 옳게 상황화한 케이스를 우리에게 보여 주는 것이다.

3. 전문인 선교 동원의 점진적 완성

1. 한국교회의 선교의 나침반

한국교회가 세계선교에 우뚝 선 것은 묵묵히 현장을 지키는 성육신적인 선교사가 있고 하나님이 성령 가운데 그러한 은혜를 주셨기 때문이다. 국내의 선교단체들이 세계선교에 눈을 뜨면서 1985년 이후의 세계선교에 대한 관심이 커지기 시작했다. 필자가 선교에 처음 헌신했을 때 이끌어 주신 두 분의 목사님들도 아마 이 때에 학생운동을 선교에 구체적으로 접목하시기 시작했던 것으로 보인다.

현재로 1만여 명의 선교사가 선교지에서 활동을 하고 있다. 이들의 대부분은 신실한 분들이며, 예수님의 첫사랑에 감격하여 사역을 감당하고 있다. 아프리카의 감비아에서 선교를 하다가 현재 COME선교회 대표로 있는 이재환 선교사는 지난번 미국의 시카고의 Fellowship교회에서 이렇게 말했다. "전문인 선교에 대해서 일찍 알았다면 나도 목사안수를 받지 않고 사역을 했을 것이다."

이제 한국교회가 왜 선교에 대한 재평가를 하고 다시 한번 성육신적인 선교사역을 해야 하는지를 강조할 시점이라고 여겨진다. 목사가 될 사람은 목사가 되고 선교사도 선교목사가 되어야 효과적인 사역을 감당할 수 있다는 것이다.

(1) 한국교회 신자의 비세속성의 원리

현재 추세로 볼 때, 한국교회는 기독교보다 세속주의가 3배 이상 빠른 속도로 침투하고 성장한다는 것을 알고 신자의 비세속성의 원리(요 17:15)에 의거하여 교회가 세상과 동질적으로 세속화되어가는 것을 방지하는 역할을 먼저 해야 한다. 교회가 해야 할 일과 우선적으로 해야할 일을 구별하여 다시 영적전투의 전열을 배치해야 한다고 본다.

예수님이 겟세마네의 기도와 마지막 중보기도에서 분부하신 신자의 비세속성의 원리는, 성결을 통한 하나님의 영광으로 이어질 수 있는 임마누엘 선교(마28:18-20)의 가장 중요한 전수로 이 시대에 쓰임을 받게 될 것이다. 기도원 운동도 업그레이드하여 선교 기도원 운동이 되어야 하고,

하나님의 사람들은 영적인 전투의 현장에서 항상 살아계신 여호와 하나님의 이름으로 나아가야 승리할 수 있다.

세상은 육신의 영을 따라 전투를 하고, 우리는 성령을 좇아 전투하기 때문에 차이가 있다. 마치 다윗과 골리앗의 전투와 마찬가지로 전통적인 목회자들은 아직도 갑옷과 투구가 필요하다고 보지만 다윗과 같은 복음적인 목회자가 볼 때는 물매돌 다섯 개면 가능하다고 보는 것이다. 가시밭의 백합화 예수 향기 날리는 영적인 전투의 현장에서 예수라는 동질성만 같다면 우리는 세속성이라는 이질성을 이겨낼 수가 있다.

그리고 우선 해야할 일은 교회의 선교교육의 질을 더 높여 훈련의 경지에까지 이르게 하는 것이다. 기드온의 300정병과 같이 훈련이 되어진 하나님의 용사와 같이 구비가 되지 않으면 영적인 전투에서 승리할 수 없기 때문이다. 그 결과로 좋은 선교사가 배출이 되고 우수한 인력에 의해서 질적으로 선교가 활성화될 때, 한국교회는 세속화 시대에서도 여전히 질적인 성숙과 양적인 성장을 경험하리라고 본다.

(2) 전문인 선교운동의 주체-전문인

21세기 선교운동의 주체가 누구인가에 대해서는 모든 사람들이 전문인들이라고 이구동성으로 말하고 있으며, 닫힌 나라들에 대한 선고에서도 그렇게 지적하고 있다. 그런데 이 전문인들은 갑자기 하늘에서 떨어진 것이 아니고 농경사회 ⇨ 공업사회 ⇨ 산업사회 ⇨ 지식정보사회를 거치면서 지난 40년 동안에 한국사회에 형성되어진 지식근로자들이다. 여전히 전환기의 시대이기 때문에 온라인과 오프라인의 사업을 겸용할 수밖에 없지만, 고도의 지식경제사회에서 신지식인으로 준비되어진 자들이라고 볼 수 있다.

이러한 전문인들이 형성이 되려면 피터 드러커와 같은 경영학자가 말한 자기 스스로가 자발적인 의지에 의해서 미래의 삶을 개척해 나가는 지식근로자로 구비되는 일이 선행이 되어야 한다. 이 일을 위해서 인격과 능력을 갖춘 전문인들에 대한 양성이 시급히 필요하다고 본다. 구체적으로 이들은 아래와 같은 영역의 능력이 구비가 되어야 한다는 것이 필자의 인식이다.

1) 하나님의 나라를 위한 섬김의 자세

2) 복음을 자신의 일상생활과 연결시키는 의무

3) 연장교육을 통해서 죽기까지 하나님의 사람이 되고자 하는 열망

4) 신앙을 후대에 물려주고자 하는 책임감

5) 위기를 관리하고 모순을 해결하는 능력

6) 전도한 사람을 가르쳐, 전도하는 사람으로 만드는 책임감

7) 신도를 하나님의 축복의 통로가 되게 하는 열린 사고

8) 교회 안의 선교자원을 개발하고 지원하는 임무

9) 예수님처럼 살고자하는 무소유의 정신

10) 순례자와 같은 리더십

2. 학생자원운동(Student Volunteer Movement)에 대한 재평가

학생자원운동의 효시는 진젠도르프 백작의 집을 열어서 모라비안 교도들을 자신의 영지 내에서 살게 하고 자연스럽게 동화되어 나중에는 그가 형제교회의 목사가 된 것이라고 볼 수 있다. 또한 미대륙에서는 미국의 메사츄세스 주의 헬몬 산 수도원에서 무디 선생을 모시고 가진 선교부흥회의 결실로 학생자원운동이 일어나게 되었다. 그 결과로 2만 5,000명의 선교사를 전세계에 파송했고 1, 2차 세계대전을 경험하면서 NGO형태로 구제와 구호사역에 참여한 숫자를 합치면 4만 5,000명에 달하는 것으로 볼 수 있다. 그런데 중요한 것은 복음에 대한 감격을 가지고 있었을 때 선교에 대한 진보가 있었다는 것이다.

그 가운데 유일하게 크리스티 윌슨의 부친이 학생자원운동 소속으로 파송이 되어서 선교사로 중동의 어느 나라에 선교사로 가게 되었다는 것이다. 그 아버지가 매일같이 새벽기도 시간에 아프카니스탄을 위해서 기도하는 소리를 듣고 크리스티 윌슨은 아프카니스탄에 선교사로 가기로 결심을 하게 되었다고 한다. 그가 아프카니스탄에 가게 되었을 때, 크리스티는 영어 교수로, 베티는 유치원 선생으로 사역을 하면서 선교활동을 할 수가 있었다. 그러나, 1980년에 소련의 아프카니스탄 침공사태가 일어났을 때 24시간 안에 카불을 빠져나와 미국으로 향하면서 그는 portable 선교, 다시 말해서 언제든지 움직이며 선교하는 방법을 생각했는 데 그것이 전문인 선교의 효시가 되는 텐트메이킹 미션이다. 그는 사도행전 18장에 나타난 선교 방법을 통해서 자비량 선교에 대한 이론을 세우고 고든 콘웰 대학교에서 자비량 선교를 가르치게 되었다. 가계에 흐르는 선교에 대한 흐름이 점진적으로 대학생자원운동에서 자비량 선교 운동으로 나오게 되었다고 볼 수 있다.

1985년에 버지니아에서 홍정길 목사와 이동원 목사님을 중심으로 학생자원운동이 시작되었다. 오늘날 그들 가운데 상당수가 느헤미아와 같이 고급관료가 되고 교수로 한국에 귀국을 하였지만 선교운동의 일환으로 성숙하지 못하고 친교 수준에만 머물고 만 것은 아쉬운 일이다.

선교사가 1%도 나오지 못했다. 왜 이러한 일이 일어나게 되었을까? 전문인 선교의 저의가 지난 10년 동안에 정립이 되지 않은 상황 가운데 희생양이 된 것으로 보여진다. 교회성장 중심의 논리에 접한 유학생의 실망과 무엇보다도 기독교의 최대의 적인 세속주의에 대한 무방비상태로 인해서 이 운동은 굴절이 된 상태이다. 필자도 KOSTA 1기 출신으로 이에 대한 대책과 책임을 느끼고 있다. 가장 좋은 방법은 이들이 직업의 전문성에 사역의 전문성을 배양받아 전문인 선교사로 헌신하는 것이다.

직업의 전문성+사역의 전문성+신자의 비세속성의 원리=전문인 선교사

라는 원리가 KOSTA 출신자들의 세속주의 세계관을 하나님 중심의 세계관으로 바꿀 수 있는 계기가 되기를 원한다. 이들 가운데 1% 미만이 선교사로 사역한다는 것은 이 운동의 실패를 의미한다. 적어도 10% 정도는 여름과

겨울 가운데 특강을 통한 교수 선교사역을 통해서 선교사역에 단기선교사로 동참할 수 있다고 본다.

이 일은 이원설 박사가 시작한 IPC(International Professor's Council)를 통해서 가능하다고 본다. 미주지역에서 처음 일어난 이러한 학생자원운동이 결실을 맺기 위해서는 선교형 교회들이 전문인 선교에 대한 세미나를 개최하고 업그레이드를 시켜야 한다고 본다. 또한, JAMA(Jesus Awakening Movement for America)의 김춘근 박사의 청소년 헌신운동도 함께 연합되어야 한다.

지난해에 KOSTA 출신자를 위해서 1차적으로 시카고의 Fellowship 교회에서 GMF-NA에서 주최한 시도한 바가 있다. 앞으로 KOSTA 프로그램에 전문인 선교가 다루어져야 하며 적어도 10%를 선교사로 파송하는 목표를 가지고 나아가야 할 것이다. 이 일이야말로 선교운동의 생명력을 증진시키는 일이다.

3. 자비량선교운동(Tentmakers Volunteer Movement)에 대한 재평가

크리스티 윌슨(Christy Wilson) 박사에 의해 시작된 자비량 선교 운동은 그동안 보수적이고 폐쇄적인 색깔에 의해서 미국 중심의 자비량 선교사들과 비 미국 중심의 선교사들 간의 눈에 보이지 않는 알력으로 총체적인 연합사역을 하지 못하고 있었다. 그리고 현재는 실질적인 지도자인 데니 마틴(Denny Martin) 박사를 중심으로 크리스티 윌슨 박사의 기념관을 세우려고 하는 운동이 일어나고 있는 정도이다. 그런데 중요한 것은 자비량 선교

운동을 통해서 전 세계에 복음이 증거되는 데 자비량 선교사들을 앞장 세워서 사역을 하고자 하는 것이다. 현재 전 세계에 디아스포라로 살고 있는 자를 1,000만 명 정도로 보며 그 가운데 한국인은 미국을 중심으로 150만 명 정도가 복음적인 크리스천이라고 보는 것이다. 이들을 자비량 선교사로 동력화한다면 이 세대 가운데 온 세상에 복음을 증거하고자 하는 종말론적인 선교에 동참할 수 있으리라 본다.

이러한 자비량 선교 운동의 하나로 시카고의 Fellowship교회는 한국계의 은퇴한 디아스포라들을 위해서 실버미션훈련원(Silver Mission Training Center)을 세우고, GPTI(한국전문인 선교훈련원)의 1기 출신인 정운길 목사를 중심으로 Korean Diaspora를 대상으로 한 전문인 선교사역에 박차를 가하기 시작했다. 그리고 지난 6월의 시카고에서의 전문인 선교대회를 시발로 해서 워싱턴과 뉴저지에서도 연쇄적인 전문인 선교대회가 열리게 된다.

반면에 한국에서의 전문인 선교단체들의 연합체인 KAT(한국전문인 선교협의회)는 평신도 전문인 선교단체로서의 기본적인 업무와 앞으로의 미래를 내다보고 대학생·청년들을 전문인 선교에 접목시키기 위한 작업을 하고 있으나 실제적인 연합체의 성격이 약한 것 같다. 그 이유를 분석해 보니 전문인 선교의 정체성에 대한 인식이 되어 있지 않았다는 것이다. 그리고 기존의 선교단체들이 선교를 잘하고 있는 시점에서 새로운 선교운동에 대한 집중적인 지원보다는 상식이 통하는 마지노선에서 후원하고 각자의 교파와 교단과 교회가 이러한 사역을 감당하고 있다는 데 문제가 있는 것이다. 그러나 만일 팀을 이루어서 지역교회에 홍보를 하고 자비량 선교를 교육하게 되면 좀더 나은 효과를 볼 수 있다고 본다.

4. 전통적 훈련원과 한국전문인 선교훈련원(GPTI)의 비교

전통적 훈련원들에 대한 비교연구는 이미 몇 해 전에 권승삼·순돈
호 목사에 의해서 아세아 연합신학대학원에서 발표가 되었기에 필자는 여
기에서 조화를 이루는 선교훈련의 방법에 대한 큰 그림을 그리고자 한다.

(1) 대부분의 선교훈련원이 제대로 된 훈련을 하지 못한다는 인상을
     준다.

(2) 전통적인 선교훈련원의 훈련자들의 마인드에는 경영마인드가
     별로 없는 것으로 비쳐진다.

(3) GPTI는 이러한 문제점들을 해결하기 위해서 애를 쓰고 있으
     나 시간의 한계와 능력의 부족으로 사람을 변화시키는 일에
     는 여전히 어려움에 봉착해 있다.

(4) 양자는 잘 훈련된 간사가 필요하다고 본다.

(5) 전문인 선교에 대한 관심이 급증하고 있는 추세지간 전문인 선
     교가 전부는 아니라는 인식이 필요하다.

(6) 선교사로의 파송과 선교동원가로서의 양성이 동일하게 중시되
     어야 하되 선교사의 파송에 우선순위를 두어야 한다.

(7) 앞으로 인터넷을 통한 선교훈련이 가미가 되어 코리안 디아스포
     라들이 진정한 의미에서의 선교훈련을 공식적, 비공식적, 비형

식적으로 실시해야 한다고 본다.

(8) 선교의 모델로서 바울의 사상과 예수의 사상사에 대한 연구가 심화되어야 한다.

(9) 바울 선교형 교회와 예수 선교형 교회가 많아지도록 훈련원들이 발판을 마련해 주어야 한다.

(10) 전문인 선교라는 용어도 최종적으로 바울 선교나 예수 선교라는 개념으로 나아가야 한다.

4. 전문인 선교의 미래 방안

지도자는 자신의 행동에 책임을 져야 하는 의무가 있다. 필자는 문제가 조금 있는 전통적인 1번지 교회들을 전전하면서 신앙 생활을 했고 목회를 했기에 기존 교회에 대한 비판의식을 가지고 있는 것은 사실이다. 그러나, 한국교회가 변화되기 위해서는 옳고 그른 것을 따지기 이전에 사랑의 공동체로서의 회복이 더 중요하다. 점진적으로 전문인 선교가 목회자들에게 바르게 인식이 되고 영향력을 미치도록 방법을 계속적으로 연구해야 한다고 본다.

이를 위해서 전문인 신학의 정립이 바드시 필요하다. 사도 바울을 모델로 하고 더 나아가서 예수의 성육신적 선교사역을 모델로 하는 신학의 재정립이 필요하다는 것이다.

심포지엄을 개최하여 전문인 선교가 무엇이고 바울 선교가 무엇인지를 제시하고, 우리가 추구하는 것이 전통적 목회자들이 추구하는 것과 다른 것이 아니라는 사실을 변증법적으로 제시해야 한다. 이를 위해 20세기까지의 복음주의 신학을 재평가하고 21세기 새로운 신학의 대안으로서의 전문인 선교를 제시해야 할 것이다.

앞으로 범세계 선교의 동향을 참조하여 전문인 신학을 정립해야 할 것이다.

1. 서구가 복음화해야 한다는 교회론에 대한 재평가가 필요하다.
2. 이제는 자문화와 타문화의 구별이 없어지고 세계내화(glocalization)를 실현해야 한다.
3. 제자화에 대한 강조를 통해서 전도보다는 성숙한 선교를 목표로 해야 한다.
4. 선교학의 문화인류학적인 강조에서부터 신학화의 강조로 넘어가고 있음을 인식해야 한다.
5. 선교학자의 세대교체를 통해서 새로운 선교신학을 영어로 요청하고 있다.

6. 아시아 선교학에 대한 성육신적인 세계내화로서의 아시아신학을 요구하고 있다.

7. 복음주의 선교학의 범위가 모호하여 총체적 선교로 나가되 말씀 전파가 우선이다.

8. 전문학자보다는 선교현장의 경험을 가진 선교담당자가 더 권위를 가지게 된다.

9. 훈련도 이론 중심보다는 실제현장 중심에 더 많은 관심을 가지게 된다.

10. 전문인 선교, 선교동원, 선교사 케어, 범선교학에 대한 관심이 급증하고 있다.[9]

이제는 총체적인 성육신적 선교로서의 전문인 선교의 시대이다. 피터 드러커는 50세가 되어도 자신이 어떤 사람으로 기억될 것에 대한 대답할 준비가 되어 있지 않은 자는 인생을 잘못 산 것이라고 말했다. 공자도 50세이면 지천명(智天命)이라고 하지 않았는가? 이제는 전문성을 중시하는 세상이 되었다.

전문인 선교가 지역교회에 소개될 수 있는 많은 기회가 열리기를 바란다. 또한, 신학교들이 선택과목이 아닌 총체적인 개념으로서의 전문인 선교를 이해하고 이제까지 배운 신학을 전문인 선교의 차원에서 선교적으로 재해석하는 것이 필자의 사명이라고 생각한다. 이것이 선교운동의 점진적 완성 방안이라고 본다. 이를 요약하면 아래와 같다.

S.V.M ⇨ T.V.M ⇨ P.V.M ⇨ P.V.M ⇨ T.V.M

S.V.M (Student Volunteer Movement)

T.V.M (Tentmaker's Volunteer Movement)

P.V.M (Professional Volunteer Movement)

P.V.M (Pauline Volunteer Movement)

T.V.M (Timothy Volunteer Movement)

이제 그리스도의 몸으로서의 교회의 사도성에 기츠한 전문인 신학이 전문인 선교신학⇨전문인 신학⇨전문인 세계관에 대한 연구를 거쳐서 정립이 됨으로서 한국의 복음주의 상황화 신학이 비즈니스 신학, 직장의 신학 등 생활 가운데 복음을 증거하는 실천신학으로 발전하기를 기대해 본다.

2부

포스트모던시대 한국 전문인 신학

제 7장

21세기 한국장로의
전문인 선교사 연구

1. 21세기 한국 장로에 관한 인식

필자는 신앙생활을 36년 동안 하고 있다. 미국에 이민을 갔다가 8년 전에 한국으로 귀화한 나는 전통적인 교회의 목사의 자리에서 은퇴한 선교사이다. 지금은 전문 직업을 가지고 있는 선교사 후보생들을 기드온의 300정병과 같이 양성하는 일을 하고 있다. 그래서 장로들만 보면 가두리 양식장에 모인 하나님의 나라의 어마어마한 보고(寶庫)와 같이 생각이 되어 저절로 머리가 숙여진다.

2002년에 교계의 원로되시는 정진경 목사님을 만난 일이 있다.

내가 하는 일이 평신도를 선교 특공대로 깨우다 보니까, 전통적인 목사님께 실례를 많이 한다고 말씀을 드렸더니, 반색을 하시면서 인격적인 존경은 평신도가 목회자에게만 하는 것이 아니라 목회자도 평신도에게 해야 한다고 말씀하셨다. 그 말을 듣고 큰 도전과 용기를 얻게 되었다.

미국에서부터 존경하던 김상복 목사님을 만났을 때도 할렐루야 교회에서는 이제까지 한 명도 목사 출신의 선교사를 파송한 적이 없고 모두 평신도 출신의 전문인 선교사를 파송했다는 말씀을 들었다. 나는 이렇게 정리를 하였다.

교계의 어른들은 다 평신도 사역자의 길에 대해서 마음이 열려 있는

데, 누가 이 시대에 한국의 현대판 요셉과 같이 목회자와 평신도 사이에 가교(架橋)를 설치하여 모두가 기뻐하고 화합하는 신앙의 명가(名家)의 길을 가게 할 수 있을까?

21세기 한국 장로의 나침반은 무엇일까? 장로교단에서 장로라는 용어가 맞지 않는다고 한다. 왜냐하면, 프레스비타리안(presbyterian)이라는 말과 장노(長老)라는 말이 연결이 되지 않는 데도 장로교회에서는 혼용해서 쓰고 있기 때문이다. 그러나, 감리교단(methodist)에서 장로라는 말을 쓰는 것은 오히려 다행이라고 생각한다. 차라리 사역장로라는 말이 맞지 않을까?

필자는 장로를 해보지 못하고 바로 목사가 되었기 때문에 장로의 역할과 목사의 역할이 거의 같다고 생각을 하고 있었다. 그러나 미국에서 귀국한 후에, 엄연히 신분사회의 모습을 가지고 목사와 장로간의 계급의식이 분명히 있다는 것을 알았다. 그러나, 각 교단별로 목사와 장로의 직분과 사명의 차이점이 있기 때문에 일률적으로 사회와 교회에서 목사와 장로 그리고 평신도의 역할을 규정하는 것은 문제가 있다고 본다. 그러나 모범적인 목사, 든든한 장로 그리고 건강한 평신도의 모습은 우리가 스케치해 볼 수 있다고 본다.

1. 사회와 교회에서의 목사의 사명적 직무(목회)에 대한 성서적 근거

(1) 하나님의 목회

하나님의 목회는 바로 인간을 목회하시는 하나님의 목회에 기초한 것이다. 구약성경에서 하나님은 이스라엘 백성의 목자시며 그들은 하나님의 양이다.

> 평가: 오늘날에도 하나님은 한국백성의 목자이시며 우리는 하나님의 양인가?

(2) 예수 그리스도의 목회

요한복음 10장에 보면 예수 그리스도는 선한 목자라고 나와 있다. 그리스도의 목회는 치유, 죄의 고백과 용서, 대화와 상담, 말씀증거와 제자훈련에 치중되어 있었던 것으로 나타나 있다. 다음은 그 구체적인 기록이다.

(1) 양들을 위한 물질과 시간, 그리고 정성을 바쳐야 한다.(눅10:25-37)

(2) 잃은 양을 찾으심(눅 15:3-7)

(3) 병자들, 귀신들린 자, 눈먼 사람 치유(마8-9장)

(4) 죄를 사하시고 바른 길을 제시(눅19:1-10)

(5) 승천 후, 제자들을 선별, 교육시키는 제자양육의 목회

평가: 오늘날에는 제자양육이 타문화권에서의 셀 그룹 목회로까지 발전이 되었는데 감리교회에서 비롯된 속회(거주지에 따른 구역 모임)의 업그레이드를 이제는 장로들이 중심이 되어서 해야 하지 않을까?

(3) 사도들의 목회

사도들은 그리스도에게서 배운 것들을 구체적으로 실천했다. 교회라는 새로운 공동체와의 관계 속에서 교회 구성원들에게 부어주시는 성령의 은사들을 목회현장에서 활용하도록 권면하는 공동목회의 형식을 취한다.

그러나, 이 방식은 하나님인 동시에 인간이신 예수님의 자리를 인간이 차지함으로써 단독목회도 못하고 신성모독까지 할 수 있다는 것이 문제이다. 또한 사도들은 교회를 그리스도의 몸과 은사의 공동체로 인식하면서 사도들만의 목회가 아니라 그들과 동역하도록 부름받은 하나님의 백성들과의 공동목회를 할 수 있다.

목회자와 장로의 종속적인 관계를 특별소명을 받은 목사와 일반소명을 받은 평신도로 구별하는 것은 행태론적 근본주의(morphological fundamentalism)에 기초한 것이다. 메소디스트(감리교단)는 형식을 중요시하는 교단이라는 의미를 가지고 있다. 새 천 년, 새 선민, 새 비전을 가지고 변형된 하나님의 나라를 개혁할 수 있는 개혁의 정신을 가진 선각자는 우리 가운데 없는가?

평가: 사도들이 예수님의 사역을 계승했다고 해서 로마 가톨릭에서는 정치적인 의미에서의 사도 계승설을 주장하고 있다. 그러나, 진정한 의미의 인간이 신의 뜻을 계승하는 일은 마태복음 28장 19-20절에 나타난 지상 대명령(the Great comission)을 수행하는 것이다. 이것을 계승한 자만이 진정한 의미에서의 주님의 제자이고 이들이 타문화권에 나가게 될 때 우리는 그들을 사도(apdsite)라고 부른다. 그렇다면 감리교의 장로는 사도가 될 수 없는가?

최근에 풀러 신학교의 피터 와그너 박사(Dr. Peter Wagner)는 이러한 유형의 새로운 교회들을 신사도적 교회(Neo-apostolic church)라고 불렀다. 그렇다면 감리교회는 신사도적 교회라고 부를 수 있는가? 이러한 문제점을 해결하기 위해서는 목회신학의 역사적인 이해가 선행이 되어야 한다.

2. 목회신학의 역사적 이해

(1) 어거스틴(Augustian)-목회의 목적은 그리스도의 몸을 세우는 것

그리스도의 몸은 비가시적인 공동체이며 회중은 제사장직에 참여하며 목회적 사명을 감당한다. 개개인의 구체적인 문제를 도와주는 목회보다는 사도행전 4장 32절과 같이 모든 사람이 '한 마음 한 뜻' 이 되어 공동체를 유지해 나가는 목회를 추구하는 것이다.

한국의 유교문화의 바탕에서 한국교회가 목회자와 장로나 권사나 여자 목사가 동반자적인 관계를 유지하며 제사장직에 참예하고 있는지 돌아보아야 한다.

(2) 루터(M. Luther) - 만인제사장설(all believer' s priesthood)

교회의 사역은 교회 안에 소수의 성직자들에게만 부여된 것이 아니며 근본적으로 모든 그리스도인에게 주어진 권한이며 동시에 의무이다. 말씀을 증거하는 것과 성례전을 집행하는 일은 신학교육을 받은 교역자의 몫이라는 입장을 보여 준다. 현재 우리나라의 장로들 가운데 신학교를 졸업한 사람은 얼마나 될 것인가.

교회 내에서의 전문인은 목회자이므로 목회자의 helper의 기능을 하면 되고 장로는 교회 밖에서 자신의 기업과 직장에서 목회자의 기능을 감당할 수 있는 의무와 권한이 있다고 본다.

목회의 목적은 말씀증거를 통한 위로사역이다. 이것은 그리스도 중심의 목회이다. 죄의 용서는 고통당하는 모든 그리스도인들에게 진정한 위로를 베푸는 것이다.

평가: 목회의 목적은 위로사역이라고 하는 것은 목회의 반쪽만을 제시한 것이다. 위로받은 다음에 저들에게 비전을 주고 저들도 남을 위로할 수 있는 리더가 될 수 있는 데까지 가르치고 지키게 해야 하는 것이 아닌가? 크리스천치유목회연구원의 최종적인 목표는 치유이지 선교가 아니라는 주장 앞에 우리는 목회의 목적이 영혼구령사업가(soul-winner)를 양성하는 것이라고 대응할 수 있다.

필자는 만인제사장설에 기초하여 전신자 선교사주의(everybeliever's missionaryhood)라는 선교학적인 용어를 도출해냈다. 여기에서 every라는 단수를 사용한 것은 '아무나'라는 개념이 아니라 기독교 세계관을 가지고 변화되어진, 하나님의 뜻을 준행하는 하나님의 백성을 뜻한다. 이들이 바로 선교사라는 것이고 지상대명령의 준행자라고 할 수 있다.

(3) 칼뱅(J. Calvin) - 교회는 모든 경건한 자의 어머니

칼뱅은 평신도를 양육해야 할 교회의 의무를 강조했다. 그는 교회가 성도를 죽을 때까지 보호하고 지도해야 한다고 주장했다. 교회의 구성원들을 상호봉사하는 한 몸으로 자라나게 양육한다고 말했다.

그러나 과연 칼뱅주의를 따르는 한국의 대표적인 교단들이 평신도를 제대로 양육하고 있다고 보는가. 정말 평신도가 죽을 때까지 보호하고 지도하는 것인가, 아니면 죽을 때까지 목사님의 영권 밑에 두려는 것인가. 소위 요즘 말하는 윌로우크릭 교회의 은사 재배치사역에 의한 네트워킹에 의한 영적 은사 재배치사역을 하고 있는가(Y/N)

평가: 칼뱅은 의미있는 목회관을 제시했으나 현대의 한국교회에서는 대부분 평신도를 1차적으로만 제자로 삼는 일만 하고 있을 뿐이다(성가대원, 주일학교 교사 등) 그러나 깨우기만 한다면 또 졸고 말 것이다.

이제는 평신도를 구비시키고 더 나아가서 교회에 다닐 맛이 나는 신

바람나는 사역장로로까지 준비시켜 나가야 한다. 또한 칼뱅은 목사는 목회를 수행할 주체이며, 교회의 모든 일꾼은 봉사적인 기능을 수행한다고 말한다. (아니다. 봉사가 아니라 사역적인 기능을 수행하는 것이다.)

목사는 교회에서 특별한 기능(말씀 선포와 성례전 집행)을 가지고 있는 자이다. 교회 밖에서는 평신도가 말씀 선포를 할 수 있으며 타문화권에서는 목사가 없을 때에는 성례전 집행도 가능하다고 본다.

중공에서 복음을 증거하는데 결신자가 생겼다고 가정해 보자., 위급한 상황에서 장로가 세례와 성찬을 베풀 수 있는가? 한국이 아닌 곳에서 세례를 베푼 장로의 행위는 위법인가? 그러나 목사직은 특별한 권한이나 계급이 아닌 본질상 하나님의 봉사 대행자이다. 우리는 계급의식에 대한 문제를 지적해야 한다.

한국의 장로 교회는 칼뱅의 목회관을 순종하는 것일까, 아니면 양의 머리를 내걸고 개고기를 팔고 있는 것일까? 웨슬리를 시조라고 생각하는 감리교는 예외일 수 있는가?

(4) 웨슬레(J. Wesley) - 교회 제도를 기능적인 차원에서 이해

교회제도는 복음을 가장 능률적으로 전파하는 데 사용해야 한다고 이해했다. 교역자를 사역의 형태에 따라서 목사-사제, 설교자-전도자로 구분하였다. 목사-사제는 정상적인 교역자로서 성례전과 안수례를 집행하고 설교자-전도자는 특별한 사역자로서 설교나 복음전하는 일을 감당하는 것으로 구분하였다. 그러나 이분법적으로 구분하는 것은 20세기까지의 발상이고 21세기에는 변증법적인 제 3의 길로서의 성육신적인 사역자의 길로 가야 한다. 전통적 목회자와 평신도 전문인 장로가 함께 공존할 수 있는 전문인이라는 개념을 공유해야 한다. 여기서, 전문인이란 자율적인 의지에 의해서 스스로가 자신의 길을 결정하는 지식근로자이다(피터 드러커).

목회는 안수받은 목회자와 평신도가 함께 협동하는 사역이다. 목회자는 평신도를 조직하여 자율적인 성장을 시키며 평신도들을 지도자로 육성하여 목회에 참여시킨다.

평가: 한국감리교회는 웨슬리의 유훈을 따라서 목회자와 평신도가 동반자적인 사역을 하고 있는가, 아니면 이러한 대등한 힘의 균형을 유지하기 위해서 소모전을 벌이다가 성도의 교제를 상실한 정치적인 압력수단으로 변형이 되었는가? (Y/N)

사회적인 봉사는 목회적인 차원에서 실천현장이다. 크게 세 가지로 나눌 수 있다.

(1) 훈련과 절제를 통한 자기 발전을 촉구하는 개인적 수준의 봉사
(2) 이웃에 봉사하는 대인적인 수준의 봉사
(3) 정치, 경제, 사회, 문화 전반에 걸쳐 제도적인 개선을 위해 노력하는 사회적인 봉사

(4) 목회목적은 의인과 성화, 개인복음과 사회복음을 하나로 결합

평가: 사회적인 봉사의 차원을 총체적인 사역의 개념에서 정치, 경제, 사회, 문화, 선교 등 하나님이 통치하시는 지구촌 전 영역으로 확산해야 한다. 지역화(localization)에 머물지 말고 세계화(globalization)에만 치우치지 말고 세계내화(glocalization)의 입장에서 '세계는 나의 교구'라고 하는 웨슬리의 유훈을 실천해야 한다.

동도서기(東道西器) 차원의 유교에 바탕을 둔 한국의 토착 감리교단의 입장에서 벗어나 서도동기(西道東器)의 차원에서 21세기 감리교단의 사역하는 장로로 전환 되어야 한다.

2. 장로의 사명적 직무에 대한 성서적 근거

장로의 사명적 직무는 특별직무이다. 필자는 이것을 부동의 소명 (immutable calling)이라고 말한다. 목회자의 특별 소명과 평신도의 일반 소명이라는 이분법적인 개념이 아니라 이 두 가지에 조화를 이루는 하늘로부터의 소명이라고 본다. 우리는 제 3의 길로서 특별소명(special calling)과 일반소명(general calling)의 합일이 이루어야 한다. 이 일은 의식있는 장로들에 의해서만 이루어질 수 있다.

평신도가 교회의 주체라면 교역자는 평신도와 어떤 관계를 가지게 되는가? 교권주의 정신은 평신도를 무시한 결과를 초래한다. 교회는 99%의 잠자는 거인인 평신도와 1%의 목회자로 교회가 구성이 되어 있음을 우리는 생각해야 한다. 한편, 반교권주의는 교직을 멸시하여 그것이 아무 것도 아닌 것으로 생각하는 것이다. 그러나 교직은 그리스도께서 교회에 허락하신 직분이다. 다음의 성경구절이 그 근거가 된다.

(1) 베드로전서 5장 1-5절 (장로직분의 본질)
(2) 예레미아 23장 1-6, 16-22, 29절 (말씀 사역의 본질)
(3) 에베소서 4장 11-12절 (말씀 사역의 임무)

평가: 필자는 남침례교단(Sourthem Baptist)에서 목사안수를 받았으나 한 번도 남침례교단만을 위한 목사라고 생각해 본 적이 없다. 대한민국 교회 전부를 섬겨야 한다고 생각한다. 이와 마찬가지로, 감리교단의 장로도 감리교단만을 위한 장로라고 생각하지 말고 한국교회 전체 민족을 치유하고 통일 한국을 이루는 정치장로, 경제장로, 교육장로, 문화장로가 되어야 한다고 본다.

소아시아의 7교회와 마찬가지로 오늘날 교회들은 같은 상호를 가지고 연대하는 식의 여의도 순복음교회 유형이 많이 있다. 이런 유형의 교회를 피터 와그너 박사는 다캠퍼스 인공위성선교교회(Multi-campus Satellite Mission Church)라고 했다. 많은 장로들은 처음 장로 장립 시에 약속한 것처럼 최소한 1교회 이상을 개척해야 한다. 국내에서 안되면 중국이나 러시아 등 유사문화권에 가서라도 교회를 개척하는 장로선교사가 되어야 한다.

장로는 교회 밖에서 전문인이 되어야 한다. 장로는 제사장적인 사욕의 의무를 지니고, 목자의 역할을 해야 한다(요 10:2)고 나와 있다. 장로는 새신자들을 제자로 양육하고, 고통당하는 자를 위로하며, 붙신자들을 권고하고 성장 격려해 주어야 한다.

평가: 장로는 전도폭발 훈련을 필히 이수해야 한다.

또한 장로는 감독이 되어 왕의 사역을 감당해야 한다. 성도들이 목표를 향해 따라 오도록 이끌며, 성도의 재능을 확인하고 활용하도록 돕는 역할이 부여된다. 이를 통해 각 지체가 한 몸으로 협력할 수 있도록 지도하고 도울 수 있다.

평가: 장로는 필수적으로 리더십훈련과 교회경영학을 이수해야 한다.

성경(딤전5:17, 렘23장, 벧전4:1-3, 행6:4)에 보면 장로들에게 말씀을 가르치고 증거할 것을 요구한다. 가르치는 장로는 더욱 존경받을 만한 자질이 요구되며 죄를 깨닫고 세움을 받고, 위로받도록 설교할 수 있어야 한다.

평가: 장로는 필수적으로 영적치유 및 중보기도학교를 0 수해야 한다.

그러나, 21세기의 장로는 사역장로로서 선교사가 되어야 한다. 예수님의 삼중사역을 본받아 총체적인 사역자로서의 사역장로가 되어야 하는 것이다.

제사장+선지자+왕= 사도=창의적 선교사

예수님은 최초의 타문화권 선교사로 오셨다.(데이빗 리빙스톤) 예수님을 제대로 본받은 인물이 사도 바울이다. 우리 장로들은 사도 바울을 본받아서 직업 가운데서 복음을 전하는 일을 하여야 한다.

평가: 사회와 교회에서 장로의 사명적 직무를 다하기 위해서는 목회자도 업그레이드하여 타문화권에서도 통하는 목회자가 되어야 하고, 장로도 해뜨는 데부터 해지는 데까지 전 지구촌을 향하는 장로가 되어야 한다. 이를 위해서는 선교폭발훈련을 받아야 한다.

목사가 교회의 머리가 아니듯 장로도 교회의 모가지가 아니다. 다 지체일 뿐이고 주님이 교회의 머리가 되심을 인정하면 장로 가운데서 목사가 나올 수 있으며 목사 가운데서도 은퇴하고 선교사가 나올 수 있는 것이다. 결론적으로, 장로는 예수님이 생각날 만한 사역 장로가 되어야 한다.

목회세습을 비난할 것이 아니라 그 효율성을 비난해야 할 것이며 성령의 역사가 떠난 것을 두려워해야 한다. 우리는 순례자적으로 떠나가는 인생이기 때문에 지사의 교회의 건물 주인이 누구인지에 대한 관심보다는 가르쳐 지키게 하라는 멘토링(mentoring) 사역에 충실해야 한다.

3. 한국 기독교 미래에 평신도의 사명적 위치와 방향

1. 한국의 21세기는 평신도 목회의 시대

현재, 서울에만도 목회자 출신의 택시 기사가 5,000명이라고 하는 유언비어가 있다. 지방에는 더 많이 있을 것이다. 해마다 5,000명씩의 신학생이 배출되지만 서울 강남에는 일자리가 없다고 한다. 그러나, 농촌과 낙도에는 순회목회자가 4-5군데의 처소에서 목회를 하고 있는 실정이다. 따라서, 말구유와 같이 비어있는 교회에 사역장로들이 순회하면서 목회를 할 수 있다고 본다. 여기서 목회 경험을 쌓은 후, 선교훈련을 받고 선교목사로 안수를 받으면 타문화권에 선교사로 나갈 수 있다.

2. 평신도 목회(전문인사역) 패러다임의 전환

이제는 전문인 시대이다. 전문인들은 자신이 평신도이든 목회자이든 팀으로 사역할 수가 있다. 여기서 7가지의 특징을 보도록 한다.(김상복 목사, 할렐루야 교회)

첫째, 모든 평신도도 목회자의 소명을 받았다. 구역이나 셀에서 사역하는 것도 목회라고 보아야 한다. 목회자의 소명을 받은 것은 담임목사뿐이 아니다. 작은 신음에도 응답하는 호스피스 사역을 하는 자리에서도 하나님의 소명을 느낄 수가 있는 것이다.(588의 성자 최일도목사)

둘째, 목회는 모든 평신도들의 사역인데 이것을 목사가 돕는 것이다.

역설적으로 들리는 이야기이지만 이렇게 할 때, 목회자는 사장급 목회에서 회장급 목회로 사역을 할 수가 있는 것이다. 목사는 컨설턴트가 되어서 평신도의 사역을 업그레이드 시켜줄 사명이 있다. 이런 선교형 목회자를 세워야 한다.

셋째, 목사는 평신도가 받은 하나님의 사명을 수행하도록 평신도를 돕는다. 다시 말해서 목회자의 한 심장은 목회자요, 다른 한 심장은 평신도의 심장을 가져야 한다는 것이다. 그때 낮은 데로 임하신 성육신적인 예수의 사역을 목사도 실천하게 되는 것이다(빌2:5-9).

섬기는 종의 원리
1. 자기비하의 원리---자기를 비어
2. 성육신적인 원리---종의 형체를 입고
3. 동일시의 원리----우리들과 같이 되셨으니

평신도도 이러한 사명을 감당하지 않을 때 목회자를 천국에 들어가지 못하도록 막는 일을 하는 것이다.

넷째, 모든 평신도는 교회의 목회를 하는 데 필요한 은사들을 다 가지고 있다. 목회자는 이러한 은사를 적재적소에 잘 배치하여 중장기 계획을 세우고, 시너지 효과가 이루어지도록 그 때 그때 성령의 인도하심을 따라 평신도를 세워주고 지속적으로 도와야 한다. 목사도 처음에는 평신도였다는 사실을 알도록 평신도가 이해시켜야 한다. 선교사가 처음 왔을 때, 처음에는 목사계급이 없었다는 사실을 인식할 필요가 있으며, 일제시대에는 장로가 된다는 것이 가문의 영광이었다.

다섯째, 목사와 평신도가 목회의 짐을 함께 지고 그들은 서로를 기도로 돕는다. 바울과 브리스길라, 아굴라와 마찬가지로 팀을 이루어서 사역을 할 수 있다(행18:1-4). 바울의 3차 선교사역은 우리에게 자비량으로 선교할 수 있는 좋은 모델을 제시해 준다. 장로들도 은퇴하고 사후걱정을 하지 말고 63세 이전에 조기 은퇴하여 남은 시간의 십일조를 사역장로로서 선교지에서 보내면 어떨가. 목회의 짐을 함께 지고 하나님의 나라를 위해서 사역을 할 수가 있을 것이다(연변과기대 IT공학과 학과장, 사랑의 교회 前 북방선교위원장 최상일 장로). 얼마나 멋있는 순례자적인 모델인가! 당신은 뒷방노인으로 머물겠는가, 하나님의 나라의 증인된 사람으로 마지막 실버 선교(Silver Mission)의 대열에 서겠는가?

은퇴한 다음에는 다 하나님의 백성의 신분으로 하나가 되는 것이다. 목사는 목회할 때 목사라고 불러야 하고 장로는 사역할 때 장로라고 불러야 마땅하다. 필자는 전통적 목사가 아니고 선교목사이다. 굳이 따지자면 교수 선교사이다.

여섯째, 모든 성도는 목회자로서 하나님과 목회 지도자 앞에서 책임을 진다. 모두가 전문인(Professional)으로서 사는 것이다. 이를 도식화하면 아래와 같다.

신자의 비세속성의 원리+직업의 전문성+사역의 전문성 = 전문인 선교사

이러한 삶의 모델은 브리스길라, 아굴라 부부가 제시하여 주었으며 바울 사도의 사역을 위해서 저들의 목까지도 내어 줄 정도로 신실한 목회자와 평신도의 동반자적인 공동체의 하모니를 이룬 것이다.

일곱째, 교회는 소명을 받은 평신도들을 목회자가 되도록 교육하고 훈련한다. 전통적인 교회가 이러한 기능을 하지 못하기 때문에 지금은 인격적인 종교개혁에 기초한 새로운 교회개혁 운동이 일어나야 할 시점이다. 어떠한 교육이 실제적으로 필요할 것인가?

(1) 통전적 치유목회학

(2) 통전적 성령신학

(3) 크리스천 경영전략

(4) 전문인 선교 세계관

(5) 성경적 영성신학

(6) 탁월한 목회 리더십

(7) 전문인 선교학

여덟째, 통전적 상담(여기서 통전적이라는 말은 이분법적인 사고를 버리고 변형된 한국의 신앙노선을 개혁하려는 박형렬박사의 개혁 신앙의 노선이다). 이러한 영역에서의 연장교육은 목회자와 장로에게도 동시이 필요하다. 이를 통해서 다음과 같은 학습효과를 얻을 수 있다고 본다.

(1) 조직적이고 체계적인 성경말씀을 토대로 통전적 치유신학을 정립하고 실제적 적용을 통해 복음적 치유사역의 발전을 도모한다.

(2) 탁월한 지도력 훈련과 개발을 통해 탁월한 목회지도자를 양성하고 사회발전과 교회성장에 기여할 전문지도자를 양성한다.

(3) 성경적 상담, 정치, 경영, 교육, 문화 등에 대한 바른 교육으로 평신도 전문 상담가와 선교목사를 양성한다. 이들은 직장과 타문화권에 가서 선교하는 것을 우선 사명으로 여긴다.

(4) 개혁신학과 선교세계관 정립을 통한 학문적 훈련과 실제적 훈련이 단계적으로 진행하며 생활 가운데 선교하는 사회 각층의 지도자와 전문인 선교사를 배출한다.

(5) 총체적 전문 치유 지도자 양성을 도모하여 개교회 및 한국교회의 치유와 성장 그리고 세계 선교로 미전도종족어 이르기까지 하나님 나라확장에 주력하게 된다.

18세기 영국의 존 웨슬리는 대각성 운동 과정 속에서 평신도를 소그룹으로 조직하여 그들로 하여금 사역을 하게 함으로써 평신도를 해방시켜 목회자화한 접근을 통해 감리교의 성장과 소그룹목회에 결정적인 계기를 제공했다. 그렇다면 21세기의 전세계 165개국에 흩어져 있는 615만 명의 한국인 디아스포라를 동력화하여 전 세계 258개 국가를 영적으로 인도하는 선교사로 일할 수 있도록 마당을 마련하는 역할을 할 장로는 없는가?

한국에는 없는가?
진젠도르프와 같이 평신도 선교운동을 일으킬 장로는 없는가?
무디와 같은 평신도 설교가는 없는가?
그와 함께 사역한 생키와 같은 찬송가는 없는가?
CCC의 빌 브라이트와 같은 학생운동가는 없는가?

한국교회개혁의 걸림돌은 목사인가, 장로인가? 평신도의 신앙의 삶의 불일치와 목회자의 영적 지도력 결여가 양대 걸림돌이다. 이러한 문제를 해결하기 위해서는 신자의 비세속성의 원리(요17:16)에 의해서 세속주의, 물질만능주의, 신비주의를 이기고 아마추어가 아닌 전문인으로서의 목회자와 장로로 구비되어 한다. 그래야 모퉁이 돌되신 주님의 성전을 든든히 세워 가는 거룩한 산 돌로서의 기능을 다 할 수 있다.

제 8장

포스트모던 사회와
선교형 교회의 성숙

_ 전문인주의를 향해서

1. 전문인주의로의 패러다임 전환

      한국과 세계 선교계에서 필자가 만난 많은 사람들은 '복음주의 그 다음'에 대한 관심이 많으나 '어떻게 how'에 대한 해결책은 가지고 있지 않은 것 같다. 이것은 시대의 변화에 융통성(flexibility)을 가지고 적응하며 변화의 추세에 맞추어서 자기 자신이 살려고 하는 위기관리능력이라는 의지가 결여되어 있기 때문에 일어나는 현상이라고 본다. 그러나 우리가 살고 있는 이 세상은 세속적 인본주의(Secular Humanism)에 기초한 포스트모던사회의 강력한 미혹케 하는 영과의 영적전쟁의 일환으로 말미암아 복음주의 진영도 재고려를 할 대가 되었다. 다시 말해서, 근세 사회에서 가장 적응을 잘 하던 것이 복음주의(Evangelism)인 것과 마찬가지로 현대사회에서 시대를 선도하고 창조적인 하나님의 역동성을 잘 나타내주는 것은 전문인주의(Professionalism)라는 새로운 선교운동의 출현을 초래하게 되었다는 것이 필자의 주장이다. 세속적 인본주의라고 하는 극단적인 자유주의의 물결이 교회 안으로 들어왔기 때문에 이에 대한 면역력으로 하나님은 전문인주의를 예비하셨다.

      이러한 전문인주의는 복음주의를 새 술을 새 부대에 붓는 심정을 가지고 성서에 대한 열정과 체험적인 신앙에 대한 것을 중시하는 20세기까지의 복음주의의 정신을 한 단계 더 높게 차원을 달리하여 지구촌 시대인 21세기에는 소프트웨어적인 기능을 감당할 수 있는 GPN(Global Professional

Network)의 일환으로 복음주의 교회를 성숙시키고자 하는 선교전략이다. 이를 위해서 생활 가운데 전도하는 복음주의의 전통을 되살리고 더 나아가서 자신의 직업을 가지고 타문화권에까지 나아갈 수 있는 선교전략인 것이다. 이러한 교회의 핵심 구성인은 목사와 선교사이다. 이들은 모두 전문인(Professional)이라고 할 수 있다. 이러한 전문인 운동은 크리스티 윌슨 박사님의 자비량 자원 운동(Tentmaker's Volunteer Movement)에 기초를 두며 그의 제자인 현 세계전문인 선교협회(T.I.E.)의 총재이신 데니 마틴 박사에 의해서 계승이 되었다. 한국에는 2002년 5월에 제주도의 서귀포 KAL에서 열린 세계전문인 선교대회 이후에 성령의 역사가 한국에 강력하게 임하므로 이러한 전문인주의에 대한 논의가 시작되었다. 크리스티 윌슨 박사님은 소천하시기 전에 국제적인(Global) 차원에서 전문인 선교운동을 일구기 위해서 한국을 방문했을 때, 지역적인(Local) 차원에서 한국에서 전문인 선교의 사명이 필자의 양 어깨에 있다고 하시며 격려하신 말씀을 지금도 기억하고 있다. 글로컬(Glocal)한 입장에서 자비량 선교를 이해하고 한국에서의 전문인 선교(Professional Missions)로 토착화하는 작업을 필자는 하게 된 것이다.

전문인주의(Professionalism)은 포스트모던사회의 산물이라고 본다. 이 일을 위해서 한국사회에서 전문인부흥운동과 전문인 선교 교회운동, 그리고 전문인 선교운동이 일어남으로 인해서 전 세계 165개국에 흩어져 살고 있는 615만 명의 코리안 디아스포라(Korean Diaspora)에게 전문인에 대한 사명을 심어줌으로서 저들을 통해서 미전도 종족에게 까지 복음이 증거되는 크리스천 팍스 코리아나(Christian Pax Koreana)의 비전을 이룰 수 있게 될 것이다. 좀 더 구체적으로 말하면 우선적으로 동남아에 살고 있는 150만명의 복음적인 한인 크리스천 교인들에게 이러한 운동이 일어나게 되면 10/40창문 지역에 있는 미전도 종족들에게 복음이 효율적으로 증거가 될 것이다. 따라서, 복음주의에서 전문인주의로 패러다임의 전환의 특징을 이렇게 표시할 수 있을 것이다.

복음주의 ⇨ 전문인주의
개인구원 우선 ⇨ 전신자 선교사주의로 생활전도로 전환
대중기독교 문화 ⇨ 문화변혁자로서의 세속적 인본주의 침투
비디오, TV 전도교회 ⇨ 인터넷선교, 사이버선교교회,
　　　　　　　　　　　　다 캠퍼스 인공위성교회 시도

이러한 패러다임의 전환은 그리스도의 몸으로서의 교회의 구성원 중심의 필요를 채워 주는 시대적인 흐름에 부합하는 방법인 것이다. 이 일을 위해서 전문인 선교형 교회론이 재정립이 필요하다. 단지 1차적인 복음이라는 하드웨어적인 기능만을 제시해 주는(Presence-Proclamation-Persuasion) 것이 아니라 교회의 구성원이 전문인으로 성숙할 수 있도록 인간의 필요를 채워주는 소프트웨어적인 기능도 채워질 때, 세속적 인본주의의 물질만능을 좇고 있는 10/40(50) 창문 지역의 불신자들에게 총체적인 구원을 베풀 수 있을 것이다. 이 일을 위해서 전문인주의에서는 종교다원주의 사회에서도 여전히 하나님 중심의 세계관(God-oriented Worldview)을 가지고 나아가게 되는 것이다.

1. 자유주의와 전문인주의의 비교

자유주의는 임마누엘 칸트(Immanuel Kant)의 이신론(Deism)에 기초한 초자연주의의 부정을 그 골자로 한다고 볼 수 있다. 이는 하나님 중심의 세계관을 가지고 자연과 도덕율을 본 것이 아니라 인간의 이성(reason)을 중심으로 본 것이기 때문에 세속적 인본주의와 구별이 안되는 점이 많이 발생하게 된 것이고 그 결과로 자유주의 교회들은 부흥을 하지 못하고 선하게 살려고 하는 이성적인 인간들만을 양산한 형태가 되고 말았다. 이러한 영향으로 성서에 대한 고등비평을 하게 되었고 진화론을 주장하게 되었고 사회를 변혁시킨다고 하는 것이 사회복음이라는 차원으로 발전하게 된 것이다. 그러므로, 처음의 fundamental이 하나님 중심의 세계관이 아니고 인간의 자유의지에 기초한 사상을 전개했기 때문에 이분법적으로 항상 보수주의와 물과 기름과 같은 관계를 유지할 수 밖에 없었던 것이다. 그러나 이러한 자유주의의 약점을 간파하면서 몇 가지만 지적하고자 한다.

첫째로, 자유주의에서는 기독교의 자유를 개인의 자유라고 말하는 반면에 전문인주의에서는 역설적으로 임마누엘 칸트의 실천이성비판에서 인용하여 자유가 아닌 자율을 이야기하며 한걸음 더 나아가서 개인이 아닌 전문인이라고 말한다. 한마디로 개인주의에서 전문인주의로까지 발전시켜서 이해한다는 것이다. 개인이라고 하는 한 개체를 의미하는 것이 아니라 다양한 조화를 이루면서 네트워킹할 수 있는 개인이라는 것이다. 다시 말해서 자발적인 의지(자율)에 의해서 스스로의 삶을 개척하는 모든 근로자로서의 개인이라는 의미를 가지고 있다는 것이다. 이것이 진정한 의미에서의 새 피조물(고후5:17)의 해석이다.

둘째로, 자유주의에서는 하나님의 나라를 국가가 아닌 개인의 차원에서 이해를 한 반면에 전문인주의에서는 하나님의 나라는 영원한 본향이라는 차원으로 이해하며 초교파, 초교회, 초교단의 차원에서 네트워킹하여 이루어나가야 할 궁극적인 하늘나라로 본 것이다. 아직도 독일은 국가가 교회에 영향을 미치고 있으나 교회는 하나님의 나라 차원에서 일을 하지 못하고 있으며 미국은 영국에서 독립한 후에 국가와 교회는 분리가 되어 있지만 그 중간지대인 사회를 변혁시키는 데 너무나 많은 어려움을 겪고 있는 형편이다. 이러한 차원에서 이제는 인터넷을 통해서 전 세계가 1억 5천 개의 국가로 재편이 되는 시대를 산다고 하면 우리의 관심이 초국가인 우주적인 하나님의 나라 차원에서 개인과 국가를 이해하는 전문인이 되어야 한다고 본다. 한국에 속해 있으면서도 동시에 한국에 속하지 않은 하나님의 나라 백성으로서의 세계를 품은 그리스도인이 전문인이다.

셋째로, 자유주의에서는 엘리트 집단을 이야기 하지만 전문인주의에서는 전문인을 이야기 한다. 엘리트(Elite)라고 하는 것은 전문가(specialist)를 의미한다고 볼 수 있다. 학위와 능력을 가진 소수의 가진 자들이다. 이와 반면에 전문인(Professional)이라고 하는 것은 창조적 소수자들로 시작이되어서 대중사회의 모든 사람들이 추구해야 할 21세기의 성육신적인집단으로서 학위와 상관이 없이 기능적으로 능력을 가진 위기관리의 능력을 지닌 자들을 의미한다. 지역의 전문성과 언어의 전문성과 직업의 전문성과 사역의 전문성을 가진 자이다. 그러므로, 이들은 타문화권에 나아가서 셀 그룹을 형성할 수가 있는 장점을 가지고 있다. 이러한 전문인 집단이 형성이 되었음에도 불구하고 현대 교회는 이들을 수용할 태세가 되어있지 못하다는 데에 문제점을 가지고 있다. 자유주의 교회의 설교는 성경과 무관하게 사회참여와 현실 중심의 메시지를 던지고 있고 복음주의 설교는 개인 구원과 간증을 중심으로 청중을 깨우는 강해설교를 하고 있다. 그러나, 전문인 교회는 총체적 구원과 세계를 품은 그리스도인으로서의 선교적 해석(missiological hermeneutics)에 기초한 선교 현장의 이야기 설교를 하고 있다. 전문인 선교형 교회의 교인들은 인기 부흥사식의 설교자의 메시지에 관심을 기울이는 엘리트 교인 중심이기보다는 메시지를 전하는 자의 인격과 생활에 관심을 가지고 세속주의 문화를 변혁시킬 수 있는, 모든 직업을 가진 자들에게 눈높이를 맞추어 동일시(identification)되는 메시지를 소망하고 있다.

2. 복음주의와 전문인주의 그리고 보수주의의 상관관계

많은 사람들은 복음주의와 전문인주의의 차이가 없는데 왜 차별화하느냐고 질문을 할 것이다. 복음주의의 한계를 깨달았을 때, 출애굽의 개념을 가지고 비판적 상황화에 기초하여 포스트모던 사회에 가장 복음을 잘 증거할 수 있는 선교의 차원에서 전문인주의는 특화된 개념으로 비롯되었다. 이러한 차이점을 1세기 전에 우리의 선배들은 똑같은 차원에서 보수주의와 복음주의는 아무런 차이가 없는데 왜 나누냐고 동일한 질문을 했던 것으로 기억이 난다.

　　보수주의는 신앙의 정통성을 강조하는 것으로서 옳다고 하는 한가지만을 고집하게 될 때 지적인 것과 형식을 존중하지만 행태론적 근본주의(molphological findamentalism)에 빠져서 상황을 해결할 수 있는 주체성을 상실하게 된다. 그러나 복음주의는 부흥운동을 통해서 정통교리를 가진 개개인의 간증을 나누는 체험을 존중하는 민주적인 공동체로 변화된 것이 차이점이다. 그리고, 여기에 한걸음 더 나가서 초대 교회와 같은 예루살렘 공동체로 변한 그들을 안디옥 교회와 같이 선교사로 변혁시키는 차원에까지 이르러야 한다고 주장하는 것이 전문인주의이다. 분명히 Yesterday와 Today와 Tomorrow는 차이가 있는 것이다. 복음의 본질적인 내용은 바뀔 수 없으나 복음이 역사하는 방법과 차원과 시간은 시대를 따라서 변해온 것이다. 이러한 변화하는 세대 가운데 변하지 않는 복음을 증거하는 것이 우리 전문인들의 사명이라고 본다. 그러므로 시대를 따라서 이러한 주의들은 변천을 거듭해 온 것이다.

근본주의 ⇨ 보수주의 ⇨ 복음주의 ⇨ 전문인주의

　　요엘서에 보면 메뚜기의 사이클을 보여주는 데 이와 같은 차원에서 이해가 될 수 있다.

늦 ⇨ 황충 ⇨ 황충 ⇨ 메뚜기

의 순서로 성숙되어 가는 과정을 밟는다.

> 팟종이가 남긴 것을 메뚜기가 먹고 메뚜기가 남긴 것을 늦이
> 먹고 늦이 남긴 것을 황충이 먹었도다(욜1:4).

로마 가톨릭의 전례주의(Sacramentalism)에 반기를 들고 오직 믿음이라는 기치로 종교개혁을 한 마틴 루터도 사실은 전례주의를 완전히 개혁하지는 못했다. 전문인주의의 핵심사상이 전신자 선교사주의인데 이는 만인제사장설이라고 하는 마틴 루터의 주장에서 그 용어를 차용한 것은 분명하지만 전문인주의가 마틴 루터와 그 뿌리를 같이 한다고 할 수는 없다. 우리의 뿌리는 복음주의이다. 따라서 정확히 전문인주의를 설명하자면 아래와 같다.

복음주의+Exodus=전문인주의

이러한 종교개혁 이후에도 교회는 복음주의지 못했으나 그 후에 경건주의운동을 거치면서 교회는 복음주의로 방향을 잡을 수 있었다. 특별히 전문인주의 차원에서 볼 때, 윌리엄 캐리가 쓴 연구라는 글을 통해서 이방인 선교에 대한 선교의 문이 열렸기 때문에 우리는 그를 전문인 선교의 아버지라고 부른다. 그 당시 하이퍼 칼뱅주의(hyper-Calvinism)의 신앙노선에 사로 잡혀 있는 영국의 침례교 목회자들을 깨우는 위대한 전환점을 하나님은 윌리엄 캐리를 통해서 여신 것이다.

하나님으로부터 위대한 일을 기대하라.

Expect the great things from God.

하나님을 위해서 위대한 일을 시도하라

Attempt the great things for God.

이는 행태론적 근본주의자인 하이퍼 캘빈주의에서 복음주의로의 1차적인 전환이며 복음적 알미니안주의의 성격을 띠고 있는 전문인주의로의 전환을 알리는 신호탄이었다. 그러나, 복음적 알미니안주의와 전문인주의는 동일시될 수가 없다. 전문인주의는 새 술을 새 부대에 붓는 것과 같은 전혀 새로운 차원에서의 하나님의 백성(the family of God) 모두가 참여하는 체험적인 선교현장 중심의 선교운동이기 때문이다.

이러한 보수주의와 복음주의 그리고 전문인주의의 상관관계를 통해서 볼 때 전문인주의는 기독교의 최후의 적인 이슬람교와 싸우기 위해서는 다음과 같은 두가지 문제점을 해결하는 양손복음을 전해야 한다.

1) 세속적 인본주의를 이길 수 있는 신자의 비세속성의 원리이다.

2) 종말론의 부재를 이길 수 있는 종말론적인 성령론이 그것이다.

이러한 특성을 가지고 있는 복음주의적인 교단인 성결 교단은 자체적인 구조조정에 의해서 21세기에 쓰임받는 전문인 선교형 교단의 1순위에 올라 있다.

복음주의가 교리 수호의 차원을 넘어서서 타문화권에 나아가서 복음을 전파하는 차원에 까지 이르려고 하면 전문인 선교를 통한 선교 현장을 강조하는 전문인 선교가 그 해결책이다. 우리는 이를 전문인주의라고 한다.

3. 전문인주의와 포스트모던사회의 변화

변화하는 시대에 적응을 못하는 주의는 소멸하게 되는 것이다. 우리가 살아온 시대를 이렇게 구분하여 보자.

Blue Color Age ⇨ White Color Age ⇨ Golden Color Age ⇨ Diamond Color Age

오늘 우리가 사는 시대는 이 가운데 Diamond Color Age로서 다이아몬드가 빛을 그대로 투과하는 것과 마찬가지로 하나님의 음성을 듣고 최종적인 판단을 할 수 있는 CWO(Chief Wisdom Officer)가 지배하는 포스트모던 사회이다. 참고로, CEO ⇨ CFO ⇨ CSO ⇨ CKO ⇨ CWO 로 주체자들이 변화했다고 본다. (E: Executive, F: Financial, S: Security, K: Knowledge, W: Wisdom)

구약의 사사 시대와 마찬가지로 저마다의 소견대로 살아온 인간은 이제 마지막 때에 마지막 주자로서 이 세속주의의 심연 가운데서 종말론적인 선교관을 가지고 살아야만 한다. 전문인주의는 이러한 현실을 직시하고 미래를 예견할 수 있는 하나님 중심의 세계관을 가지고 있다. 필자는 모든 전문인 선교사들은 CWO와 같은 역할을 해야 한다고 본다. 전문인 한사람 한사람은 움직이는 교회이고 하나님의 나라를 위해서 일하는 사역자이고 진정으로 거듭난 새 피조물로서 하늘나라의 시민이다. 우리가 꿈꾸는 교회는 교회지상주의를 말하는 것이 아니라 천국으로 들어가기 위한 순례자의 도상에서 만난 장막교회이다. 이 교회는 장막의 이동성과 마찬가지로 다캠퍼스 인공위성교회(multi-campus satellite mission church)로서 자문화우월주의(ethnocentrism)에 사로잡힌 근본주의, 보수주의 그리고 복음주의 교회를 넘어서 타문화권을 관통하는 자문화관통주의(ethnobreakthroughism)에 의해서 하나님의 나라 차원에서 자문화방사주의(ethnoradientism)로 나가는 범세계적인 교회를 지향한다.

(1) 포스트모던사회의 전문인 신학의 위치

기독교 역사와 선교 역사상으로 살펴보면 포스트모던 사회의 전문인 신학의 위치가 나오게 된다. 각 인물이 시대적으로 어떤 입장을 대변하느냐 하는 것은 전문인 신학의 위치를 설정하는 나침반의 역할을 할 수 있다.

제 1기는 어거스틴이다. 어거스틴은 라틴 신학을 대변하며 그 근원은 사도 바울의 신학에서 비롯되었다고 말할 수 있다. 그러므로, 어거스틴의 한계는 우주적인 하나님을 라틴 문화계열을 위한 신학으로 정립했기 때문에 포스트모던사회의 신학의 입장을 대변하기에는 praxs차원에서 문제가 있다.

　제 2기는 아퀴나스이다. 아퀴나스는 중세의 성직자 중심의 신학을 대변한다. 따라서, 또 다른 초점인 평신도 중심의 신학을 대변하는 데에는 한계를 드러내고 있다고 본다. 이것은 이분법적인 신학의 절정이라고 말할 수 있다. 하나님 중심의 세계관에 기초한 신학이 되어야 한다.

　제 3기는 루터이다. 루터의 신학은 독일 민족주의를 대변하는 것이다. 전 세계에 258개국이 있는데, 게르만 민족에게 고하는 신학이 어떻게 범세계적인 신학이 될 수가 있겠는가? 자문화우월주의에서 벗어나 자문화 방사주의를 실천하며 축복의 통로가 되고자 하는 민족이 마지막 시대의 마지막 주자가 될 것은 자명한 이치이다.

　제 4기는 칼뱅이다. 칼뱅은 산업혁명 이후의 신흥 상인 계층의 입장을 대변한다. 그러나 칼뱅주의가 형성이 되고 하나님의 주권을 강조함으로서 수동적으로 전락한 인간의 무기력이 어떻게 해결이 될 수 있는 지에 대한 해결책을 제시해 주지 못하고 있다. 신흥상인계층은 정당한 노력에 의한 청부론을 주장하겠지만 그러한 부를 가지고 축복의 통로로 쓰임을 받아야 한다는 사명의식이 결여될 수 있는 것이 한계이다. 여기에 전문인이라고 하는 주체가 필요하다는 해결책을 제시할 수 있다. 인간의 자유의지에 대한 강조라기보다는 자발적인 무능한 인간이 새로운 피조물이 되어서 성령의 능력으로 자발적으로 하나님의 나라를 위해서 동참하는 전문인의 개념에 대한 이해가 필요하다.

제 5기는 웨슬리이다. 웨슬리는 산업사회에서 기독교를 적응시킨 최초의 사람이자 최후의 사람이라고 평가되기도 한다. 그러나, 웨슬리는 적응하기에 급급했지 결과적으로 선교적인 차원에서의 고민을 충분히 하지 못했다. 성화되어진 웨슬리안 교도들에게 그 다음 단계에서 진지하게 선교에의 동참을 가능하게 하는 소프트웨어적인 기능이 결여가 되었다는 것이다.

제 6기는 칼 바르트이다. 칼 바르트는 그의 로마서 주석을 통해서 20세기를 연 원자탄과 같은 역할을 한 세기의 신학자였으나 그가 미친 영역은 목회자에게 국한되었다. 따라서, 모든 신자에게 영향을 미칠 수 있는 전신자 선교사주의(Every Believer' s Missionaryhood)에 입각한 전문인 신학이 중요한 것이다.

마지막으로, 제 7기는 빌리 그래함이다. 빌리 그래함은 실지로 많은 사람들에게 영향을 끼친 세계적인 복음전도자이다. 그러나, 그의 시각은 대중전도에만 있었지 구체적인 그로 인해서 야기된 1, 2차 세계대전 이후의 산업사회의 문제점들을 치료하는 데에는 미치지 못한 것 같다. 1차적인 구원과 영접이라는 단순한 복음을 전 세계에 전파한 것은 사실이지만 그 다음 단계로서의 시도는 하지 못했다. 예수를 영접한 사람들이 어떻게 실생활에서 가르쳐 지키게까지 하고 성령의 열매를 맺는 삶을 지속적으로 잘 할 수 있는 그 다음 단계에 대한 준비가 없다. 그러나, 전문인주의에 의하면 직업의 전문성을 강조하고 동시에 사역의 전문성을 강조함으로서 균형 잡힌 시각에서 양손복음을 구비할 수 있다. 이를 도식화하면 아래와 같다.

1.어거스틴 ⇨ 2.아퀴나스 ⇨ 3.루터 ⇨ 4.칼뱅 ⇨ 5.워슬레 ⇨ 6.칼 바르트 ⇨ 7.빌리 그래함

해결책

(1) 범세계적인 지구촌으로서의 우주적인 교회의 입장이해

(2) 하나님 중심의 세계관으로 보는 통합적 사고가 필요하다.

(3) 자문화우월주의에서 벗어나 자문화방사주의로 나가야 한다.

(4) 주체로서의 전문인에 대한 완성된 입장에 대한 수용이 필요하다.

(5) 웨슬리에 대한 그 다음 단계로서의 software적인 기능이 필요하다.

(6) 전신자 선교사주의에 입각한 모든 신자들에 대한 영향력이 필요하다.

(7) 양손복음으로서 다음 단계의 성숙한 신앙생활을 제시해 주어야 한다.

그러므로, 우리는 한눈은 현실을 직시하고 한 눈은 미래를 예견하는 전문인의 시각을 가지고 이러한 7대 신학자들의 장점을 살리고 단점을 보완해서 전문인 신학으로서의 위치에 맞는 신학을 전개할 필요충분조건을 가지게 되었다고 볼 수 있다. 오늘날 현대 교회는 성도들에게 현대 사회에 적응하는 데 실패했을 뿐 아니라 새로운 비전을 제시해 주지 못하고 있는 실정이다. 포스트모던사회의 무질서하고 다양한 종교다원주의의 선택 앞에서 절대적인 진리인 하나님의 말씀을 성령의 능력으로 믿고 의지함으로서 초대 교회의 신앙의 기적을 체험하는 성령의 인격성과 성령의 역사하심이 동시에 강조되는 포스트모던시대의 새로운 신학사조로서의 출현을 우리는 대기하고 있는 것이다. 전문인 신학이 영미의 신학사조가 아닌 한국

복음주의 상황화 신학의 정수가 되기만 한다면 제 3세계의 선교 신학으로서 손색이 없을 것이고, 미국의 복음주의 신학계에 소개되어 정당한 평가를 받을 수 있으리라 본다.

(2) 포스트모던시대의 전문인 선교의 위치

기독교의 선택은 개인의 자유에 속한다고 주장한 것은 재세례파 (anabaptist)들이다. 저들은 종교의 박해를 피해서 종교개혁 당시에 로마 가톨릭으로부터도 핍박을 받았고 개신교도들로 부터도 핍박을 받았다. 분파 (sects)와 같이 여겨지고 인정을 받지 못했다. 그러나, 그들을 통해서 여전히 우리가 그리스도의 복음을 이야기할 때 종교개혁사에서 이들을 꼭 언급을 하고 있는 이유는 무엇일까? 이들이야말로 예수족적 혈혼을 가진 친족공동체이기 때문은 아닐까? 핍박 가운데 공동체로서의 긴밀함과 유연성 그리고 통합성을 가지고 있기 때문에 분열되어가는 프로테스탄트 가운데서도 저들은 마음속에서 제세례파의 정신을 배우기를 원했을 것이다. 이들이야말로 그 시대 가운데 전문인이라고 볼 수 있다. 오늘은 비록 반달로 떠도 언젠가 이루어질 예수 그리스도의 인격에 동참하는 죽으심과 부활하심의 스티그마를 지닌 진정한 의미에서의 크리스천이라고 볼 수 있다. 이들은 이러한 정신을 가지고 선교공동체로 전환이 되었으며 자발적인 의지에 의해서 스스로가 선교지를 향해서 나아간 것이다.

이러한 개인의 자유를 중시하는 현상은 개인주의를 낳았으며 세속적 인본주의의 차원에서는 이기주의가 되고 말았으나 개인주의는 전문인 주의로 견인이 되어야 할 주의이다. 근대사회에서 가장 중요한 것은 개인 이다. 그러나, 그 개인이 사적인 영역에서만 개인의 입장을 대변하는 것이 아니라 하나님의 백성으로서 하나님 중심의 세계관을 가지고 직업의 전문 성과 사역의 전문성을 지닌 양 날개를 활짝 펼친 'full-fledged function' 으로 서의 전문인이라는 개념으로 정립이 되어야 하는 것이다. 선교지에서 만나 는 현지인들은 각 교단의 독특한 특성을 담은 교리를 배우기보다는 현재 깨 어지고 있는 가정의 문제를 해결할 수 있는 특수한 선교에 대한 관심을 요 구하며 해결책에 대한 제시를 요구하고 있는 실정이다. 예를 들면, 어린이 사역, 긴급구호사역, 경제개발사역, 의료사역, CHE(Community Health Evangelism)사역, 군선교사역, 장애인사역, 재난복구사역 등에 대한 해결책 을 요구하고 있는 것이다.

이러한 일들이 선교 현지에서는 이미 실천이 되고 있는 반면 전문인 신학이 정립이 되고 있지 않기 때문에 더 적극적인 성육신적인 사역이 이루 어지지 못하고 있는 실정이다.

(3) 복음주의 교파 제도와 전문인주의와의 관계

AD 313년 콘스탄틴 대제가 기독교를 공인하면서부터 교회와 국가 는 지각변동을 시작한 것이다. 영국의 성공회교회도 이 중간의 산물이고 독일의 루터란 국가 교회도 그러한 교회와 국가의 산물이다. 이러한 교회 들은 신앙 고백과 지역주의에 기초한 것이다. 그러나, 미국의 정교 분리는 근대교회의 구조를 바꿔 놓은 것이다. 다시 말해서 강제적으로 그러한 것을 구속하지 않았다는 것이다. 사회학자인 뒤르켐에 의하면 인간욕망을 규제하기 위한 규범이 너무 약하면 아노미 자살을 하게 되고 너무 강하면 숙명적 자살을 그리고 집단의 연대가 너무 약하면 이기적 자살을 그리고 너무 강하면 이타적 자살이라고 하는 병리 현상이 나타난다고 한다(이혜경, 프로이드의 정신분석과 사회학이론, 배재대학교, 1998, p.15). 어느 정도의 카리스마에 의한 리더십이 필요하고 이러한 카리스마가 전통이 되어지게 될 때 개혁이라고 하는 것이 필요하게 되는 것이다.

이와 마찬가지로, 복음주의는 지역주의(Localism)을 타파하고 세계화(Globalization)로 나가기를 원한다. 이러한 과정에서 일어나는 수많은 갈등들에 의해서 복음주의는 다양한 가운데 무질서라고 하는 말이 무색할 정도로 수많은 교파 제도가 세워지게 된 것이다. 존 웨슬리가 "세계는 나의 교구다."라고 했다면 필자는 "세계는 나의 선교현장이다."라고 말한다. 이러한 교파주의는 탈국가주의적 성향을 가지고 있기 때문에 반체제적이고 반사회적일 수밖에 없다. 정교분리 이후부터 모든 교파는 각각 대등한 관계로 자기들의 신앙을 일반 대중에게 전할 수 있게 된 것이다. 이러한 교파제도는 주님이 오시기까지는 없어지지 않을 것이며 교파주의(Denominationalism)와 초교파주의(Suprainterdependent)는 씨줄과 날줄처럼 포스트모던사회의 변화와 전문인주의의 교회성숙을 위해서 상호 협력해야 할 파트너이다.

교파 제도의 특징을 후기교파주의를 주장했던 피터 와그너(Peter Wagner) 박사의 신사도적 교회(new apostolic church)의 입장에서 분석해 보면 아래와 같다.

교파주의 교회의 특징	신사도적 교회의 특징
신조가 아닌 성경으로	동일시 회개로 적용
자발성	개척자의 정신을 포함한 자발성
선교지향적	전문인 선교, 미전도종족선교 지향적
부흥운동	선교부흥운동
개인의 경건	선교공동체의 경건숲
경쟁제도	윈-윈(win-win) 파트너십

이처럼 교파주의는 초교파주의라고 하는 긍정적인 현상을 불러일으킨 반면에 다원주의라고 하는 부정적인 입장에서 다양한 종교를 인정해야 하는 현상을 가져왔다. 이제는 독점기업이 아닌 자유경쟁기업의 논리가 복음주의 안의 교파주의에도 적용을 강요당하게 된 것이다. 그러므로 더이상 복음을 강요하는 방법이 아니라 수요자의 구매력을 채워주는 방법으로서의 선교전략이 필요하게 된 것이다. 대체로 이러한 상황에서 복음주의자들은 새로운 종교시장이라고 하는 상황에 적응은 하고 있는 것으로 보인다. 그러나, 적응에서 끝나면 안되고 비판적 상황화에 의해서 글로컬(Glocal)한 전문인주의로 나가야 한다. 이러한 과정 가운데 '자기의 의'를 주장하는 교단과 교파가 횡포를 하면 안되고 '하나님의 의'를 주장하는 차

원에서 네트워킹으로까지 견인이 되려면 성육신적인 희생이 전제되어야 한다(빌2:5-9).

　　19세기를 미국 복음주의의 전성기라고 한다면 그 이유는 이 시기에 2차 대각성운동이 일어났기 때문이라고 요약할 수 있다. 그러나, 이 시기에는 두 가지의 양립할 수 없는 사상이 있었다. 그 하나는 칼뱅주의이고 다른 하나는 계몽주의이다. 이러한 이분법적인 갈등은 시대를 따라서 용어만 달리했을 뿐 21세기를 사는 현재에도 계속되어지고 있다.

칼뱅주의	계몽주의	전문인주의
보수주의	자유주의	통합주의
정통주의	분파, 이단	성육신주의
사역의 전문성	직업의 전문성	양손복음
영성	탁월한 기술	조화
특별소명	일반소명	부동의 소명
목회자	평신도	전문인
전통적 선교사	평신도 선교사	전문인 선교사
전통중심	개혁중심	복음주의의 승계자
세대주의	사회복음	복음주의적 사회참여
교회중심	사회중심	범 세계 중심

　　이러한 이분법적인 사고를 제3의 길로 화해의 사고로 패러다임을 전환할 수 있는 것이 전문인주의라고 볼 수 있다. 우리는 제 3차 각성 운동의 주체로서의 전문인주의를 주장하는 전문인에게 마지막 시대, 마지막 주

자로서의 희망을 가지고 있다. 이러한 주의는 소극적인 차원에서 이루어지는 것이 아니라 문화를 침투하고 변혁시키는 차원에서 이루어져야 하는 것이다.

3. 전문인주의를 통한 세계 선교

필자가 주장하는 전문인주의란 자발적인 의지에 의해서 스스로가 미래의 삶을 개척하는 모든 근로자인 전문인(professional)이 세계 선교의 주체라는 의미이다. 이들은 복음주의의 전통을 계승하고 있으며 복음주의를 글로컬화한 입장에서 수행하고자 하는 것이다. 다시 말해서 복음주의의 한계를 보고 여기서 현실을 직시하고 미래를 예견하는 입장에서 복음주의를 자 신학(self-theologizing)하자는 것이다. 여기에서 핵심적으로 다루어야 할 양대 개념은 신자의 사도성과 신자의 비세속성의 원리일 것이다.

첫째로, 신자의 사도성은 교회의 사도성이 가리워진 세대 가운데 건물이라는 교회 중심의 정적인 개념이 아니라, 창조적인 선교성이라는 개념을 확인하며 움직이는 교회로서의 그리스도의 몸된 성도가 생활 가운데 어떻게 효율성(efficiency)을 가지고 복음을 증거할 수 있느냐는 것이다. 이 일을 위해서 자신의 직업의 전문성에 사역의 전문성을 배양 받아서 양손 복음을 지닌 전문인 선교사로 사는 것을 전문인주의 자(professionalist)라고 말한다. 이 일을 수행하기 위해서 신자는 이 세상에서 목회자가 될 것인지 아니면 전문인 선교사가 될 것인지 두 가지 중에 한 가지를 택일해야 한다는 결론에 도달하는 것이다. 국제적인 시각을 가진 하나님 중심의 세계관을 지닌 목회자는 당연히 선교사라고 본다면 모든 신자는 각자가 다 선교사라고 하는 것이다. 이를 필자는 17세기 초에 영국의 콜롬비아 신학원의 학장이셨던 화란의 개혁교도 출신인 싸라비아 교수의 의견을 받아들여 전신자 선교사주의(Every Believer's Missionaryhood)라고 말한다.

둘째로, 신자의 비세속성의 원리이다. 19세기 이후에 미국에서 신유와 재림에 대한 관심이 시작되었고 그 결과로 이러한 운동을 강조하는 교단과 선교단체가 지속적으로 성장하고 있다. 그런데 이러한 교단 가운데 특별히 한국의 성결 교단(기성, 예성)을 예를 든다면 교회 성장을 위한 모든 요소들을 다 갖추고 있다고 볼 수 있다. 그런데 한 가지 지적하고 싶은 것은 신유를 통한 성결 그 다음에 종말과를 연결시켜 주는 선교에 대한 결여성이다. 만일 이러한 교단에서 성결 그 다음에 선교를 넣고 성령의 인도하심 가운데 세계를 품은 그리스도인으로서 지상 대명령의 과업을 준수한다고 하면 성육신적인 선교를 할 수 있으리라고 본다. 신자의 비세속성의 원리(All Believer's Non-Secularism)는 모든 신자는 이 세상 가운데 살고 있지만 이 세상에 속한 사람이 아닌 문화변혁자로 살아야 한다는 적극적인 개념이다. 그렇게 살면 하나님 중심의 세계관으로 이 세상을 바라보게 될 것이고 그 다

음에는 자신의 삶 가운데 선교하는 생활 선교사(life-style missionary)가 되고
싶을 것이다.

신자의 사도성+신자의 비세속성의 원리=전문인주의

이러한 원리에 의해서 복음주의의 software적인 기능을 다할 수 있
는 네트워킹을 만들게 되면 21세기의 포스트모던시대의 교회는 성숙한 교
회로 제자리를 잡게 될 것이다. 전문인 교회 내에 목회자를 포함한 전문인
들이 은사재배치에 입각하여 팀 다이나믹스(Team Dynamics)를 체험하게 될
것이다. 전문인 교회가 코리안 디아스포라를 중심으로 우주적 교회를 배우
는 자문화방사주의(ethnoradiantism)이 경험될 것이다. 종교 다원주의 하에
서도 여전히 전문인 교회는 유일한 절대 진리의 종교로서 위기관리의 능력
이 있으면서 생활 가운데 축복의 통로가 되는 삶을 제시하는 종교가 될 것
이다. 전문인 교회는 지역 교회에 머무는 것이 아니라 성도 모두가 자신의
사역의 현장을 지닌 살아있는 유기체로서의 다캠퍼스인공위성교회(multi-
campus satellite mission church)가 될 것이다. 전문인 교회는 하나님 중심의 세
계관을 가지고 창조-타락-새창조-완성의 already-not yet의 긴장 가운데 사
는 종말의 세상에 자신의 직업의 전문성에 사역의 전문성을 더하고, 타문화
권에 나아가서 화해의 메신저가 될 것이다.

그리고 이러한 전문인 교회의 출현과 성장 그리고 성숙을 통해서 전
문인 자원 운동(professional volunteer movement)이 전세계적으로 일어나게 될

것이다.

하나님으로부터 위대한 일을 기대하라

하나님을 위해 위대한 일을 시도하라

-윌리엄 케리

제 9장

구속적 위비와 전문인 선교의 상관관계 고찰

_ 지역선교학연구를 위한 전제로

1. 전문인 선교와 구속사적 흐름

전문인 선교사에게 구속적 유비(Redemptive Analogy)를 설명하는 것은 쉬운 일이 아니라고 생각된다. 이제까지 지역 연구를 하면 수도, 인구, 주요종족, 주요종교, 주요언어, 1인당 소득에 대한 것을 기초로 해서 선교 전략을 소개하는 것이 패트릭 존스톤이 지은 세계기도정보의 내용이었다. 이란에 대한 예를 소개해 보고자 한다.

수도: 테헤란 (11,000,000)

인구: 67,702,199 (2000), 94,462,501(2025)

주요종족: 인도계 이란 71.8%, 터키 22%, 셈3%

주요언어: 페르시아어(파시어, 다리어, 타직어가 주 방언)

1인당 소득: 1,000 (미국의 5.6%)

1.역사상 처음으로 무슬림 배경을 가진 복음주의 기독교인들의 수가 소수 기독교 공동체 신자들의 수를 넘어섰다. 이슬람혁명 후 이어진 20년간의 잔인하고 억압적인 통치로 인해 많은 무슬림들이 이슬람교와 아야톨라 독재정권의 대안으로서 그리스도를 찾았다.

2. 이란의 사회와 정치변화를 위해서 기도하자.

3. 현재 금지되고 있는 성경과 기독교 문서, 교회소식지 등의 제작과 보급이 가능해져서, 기독교인들을 제자삼고 격려하는 데 잘 활용될 수

있도록 기도하자.

그러나, 이러한 내용만을 가지고서 현지에 들어가서 복음을 증거한 다고 하는 것은 외부자적인 시각(etic view)이고 내부자적인 시각(emic view)에 의해서 복음을 증거하기 위해서는 선교의 접촉점으로 저들의 문화를 기독교로 할례를 주고 복음이 생각날 만한 인물, 사건, 배경 등을 중심으로 구속적 유비(Redemptive Analogy)를 찾아내는 것이 중요하다.

이러한 문화적 지도(cultural mapping)를 찾아가는 길은 선교적 천로역정과 같이 험난한 길이지만 "내가 곧 그 길이요 그 진리요 그 생명(요한 14:6)"이라고 하신 주님이 가신 피의 발자취를 따라 간다면 반드시 유교, 불교, 샤머니즘, 공산주의, 세속적 인본주의에 사로잡힌 자들에게 복음을 증거할 수 있는 길이 열릴 것이다. 우리는 이 일을 위해서 먼저 원복음(proto-gospel)이라고 할 수 있는 창세기 6장의 내용에 나타난 노아의 방주를 통한 구속사의 흐름(the stream of redemption)에 대해서 살펴보아야 한다. 계속해서, 성서 해석학적인 입장과 전문인이라는 입장에서 새 해석(new hermeneutics)으로서의 구속사에 대해서 연구할 필요가 있다. 그 후에 조직신학의 그리스도론에 나타난 구속론을 살펴보면 우리는 각 나라와 민족과 허다한 방언 가운데 저들의 문화를 보면서 이제 본격적으로 구속사를 어떻게 조직신학적으로 이해할 수 있는 지 방법론을 배우게 될 것이다.

이러한 흐름을 거쳐서 문화 지역 선교학의 입장에서 구속적 우비를 찾아가는 방법을 배우고 또 우리가 실제적으로 연구하는 북한, 중국의 소수

민족, 이라크, 팔레스타인, 브라질, 캄보디아. 미전도 종족에게 어떻게 구속사적인 차원에서 선교전략을 세울지에 대한 그림자라도 찾을 수 있을 것으로 보인다. 비록 오늘 우리의 연구가 몽학선생과 같이 미약해 보일 수 있으나 이러한 시도를 통해서 성령이 지혜를 주신다면 '지역 선교학' 이 발전할 수 있는 계기가 될 것을 확신한다. 이를 통해서 미전도종족에까지 복음이 증거되는 선교전략이 도출될 것을 기대한다. 특별히 한국전문인 선교훈련원의 공동체훈련 기간을 통하여 연구한 이러한 구속적 유비가 외국어대학의 외국학종합연구센터와 함께 시작되는 '지역선교학교' 에 은쟁반에 금사과와 같은 역할을 할 수 있으리라고 사료된다.[1]

2. 창세기 6장에 나타난 홍수심판에 대한 구속사적 이해

먼저 성경전체의 흐름과 창세기 6장에 나타난 그림을 이해하는 것이 창세기 1-11장에 나타난 구속사의 흐름을 맥을 잡는 것이다. 노아의 홍수사건은 구속사의 두가지 요건인 하나님의 심판과 하나님의 은혜라는 균형잡힌 구속사적인 신학을 내포하고 있다. 이는 하나님의 공의에 의한 심판과 그의 은혜에 의한 구원이 무엇인지를 명확하게 보여 주는 역사적인 사건이다.

그러므로 노아의 홍수와 관련하여 '공의에 의한 심판', '은혜에 의한 구원', '보존의 언약'에 대해서 살펴보면 구속사적인 큰 의미를 발견하게 될 것이다.

1. 공의의 심판

노아의 홍수는 죄에 대한 하나님의 심판행위이다. 이 홍수는 보편적인 심판이면서 동시에 최후심판을 예견케 하는 역사적인 심판이다. 그래서 노아의 시대에 왜 이런 일이 일어나게 되었는가를 고찰하는 것은 구속사의 흐름을 이해하는 데 중요한 관건이 된다. 이를 고찰하려면 먼저 홍수심판이 일어나기까지의 역사가 어떻게 전개되어 왔는 지를 살펴보아야 한다. 그렇게 함으로서 이 심판의 보편성을 찾을 수 있기 때문이다. 그리고 노아 홍수가 최후심판을 미리 보게 하는 심판이라면 최후심판과 어떤 점에서 성격을 같이 하는 가를 탐구하여야 한다. 그래야만 이 두 심판이 서로 연결되기 때문이다.

심판은 보편적인 성격을 지닌다. 첫 사람인 아담이 타락함으로 역사는 서로 대립하는 두 개의 큰 흐름으로 진행되었다. 여자의 후손과 사탄의 후손이 서로 대립하는(창3:15) 역사가 계속 펼쳐지게 된 것이다. 다시 말하면 하나님께서 친히 다스리는 '하나님의 나라'와 사탄이 주관하는 '세상의 나라'가 역사에서 공존하며 전개된 것이다.

가인과 그 후손에 이르러 죄는 급속히 발전했다(창4:5-24). 그런데 이와 같은 무서운 죄의 세력은 가인의 계열과 셋의 계열이 서로 혼인을 함으로써(창6:1-2), 셋의 계열에 들어오게 된다. 셋과 그의 후손은 찬란한 문화는 이루지는 못하였지만 하나님의 은혜를 받고 하나님의 복 안에 거하는 삶을 희미하게나마 보존해 왔다(창4:25-5:32)하지만 이러한 것조차 그릇된 혼인으로 인해 무너지게 되었다.(세속적 인본주의 vs 신자의 비세속성의 원리)

죄악이 극에 달한 노아시대의 상황을 살펴보면 심판의 성격을 이해하는 데 도움이 된다. 보편적 심판을 초래할 만큼 이 시대에는 죄악이 만연되어 있었다. 창세기 6장 4절에 네피림에 대한 이야기가 나오는데 네피림을 자문화우월주의의 상징이라고 본다면 네피림의 허구에 대해서 살펴볼 필요가 있다. 헨리 M. 모리스는 이렇게 말했다.

> 사단의 지배를 받은 이 당시의 남녀 사람들의 결합에서 생겨난 자녀들은 '네피림', 즉 고대의 힘센 사람들이었다고 기록하고 있다 … 돌연변이는 또한 '이상체구'를 초래할 수도 있다고 한다. 또한, 유전학자들이 언젠가는 인간의 수정란 속에 몸의 세포를 이식시킴으로써 그들이 원하는 인간을 만들어낼 수 있다고 생각하는 클로닝(cloning)이라는 기이한 과정이 이 일을 행하는 또 다른 수단이 될 수 있다.[2]

"인간들의 강포가 땅에 가득함으로 끝날이 가까웠으니 내가 그들을 땅과 함께 멸한다"(창6:13)는 표현이 클로닝이라는 기이한 과정을 생각해내는 인간에 대한 하나님의 처방을 잘 나타낸다. 하나님의 한탄은 그 시대의 사악함이 더 이상 돌이킬 수 없고 치유될 수 없다는 것에 대한 고통의 표현이었다. 홍수심판은 심판의 선언(창 6:7, 13, 17)과 시행에 있어서 모두 보편적이었다.

> 이 심판과 우주적인 심판의 비교
> 공통점 : 범위면에서 전세계적이다
> 차이점 : 최후의 심판은 불로 심판을 한다는 것이다(마25:41,계20:7-10)

이처럼 홍수심판은 하나님의 공의에 근거를 둔, 죄에 대한 전세계적인 심판이었다. 하지만 세상에 대한 하나님의 보편적인 심판은 아직 끝나지 않았고 그 절정으로 최후심판은 아직 남아있다. 이 최후 심판은 궁극적으로 홍수 심판처럼 '보편적인 멸망의 형태' 를 취할 것이다.

최후심판은 예견적 성격을 성격을 지닌다. 홍수 심판은 최후 심판을 예견하게 한 역사적인 심판이다. 이는 다음 몇 가지 사실에 근거해서 생각할 수 있다.

첫째, 홍수심판은 예측하기 어렵게 갑자기 임했다(마24:39). 그리고 최후 심판도 '이와같을 것' 이라고 말씀하심으로 홍수심판의 성격이 최후 심판의 그것과 유사함을 나타내고 있다. 이같은 사실은 결국 홍수심판이 최후 심판을 예견하게 하는 심판이라는 것을 말해 준다.

둘째, 홍수심판은 심판의 확실성을 보여 준다(눅17:26, 27, 30). 예수님은 전우주적인 최후심판이 확실히 있다는 것을 예시하기 위해 홍수 심판을 언급하신다. 역사적으로 볼 때 하나님께서는 죄에 대한 책임을 개인이나 사회, 또는 민족이나 백성에게 물으시어 형벌을 내리셨다(민26:10, 신28:25, 26, 36, 28:48, 삿8:16). 이처럼 심판은 국부적인 성격을 띄기도 한다. 하지만 홍수 심판은 이와 같은 수준이 아니다.

끝으로, 홍수는 분명히 경건치 아니한 자들에게 심판을 가져온 것이었으나, 노아에겐 그의 구원을 외적으로 확인시켜 주는 수단이 되기도 하였다. 이러한 차원에서 최후 심판도 성도의 구원을 외적으로 확인시켜주는 수단이 될 것이다. 한 가지 기억할 것은 최후심판은 홍수 심판과는 달리 더 이상 기회가 없는 '최종적인 심판' 이라는 것이다.

2. 은혜의 구원

노아와 그의 가족이 홍수로부터 구원을 받은 것은 하나님의 은혜로 말미암은 결과이다. 이 구원은 하나님의 절대주권의 결과요 하나님의 은혜에 의한 것이지 사람의 공로로 말미암은 것이 아니다.(하나님의 의vs 인간의 의)

노아는 여호와께 은혜를 입은 자였다(창6:8). 이 은혜는 값없이 주시는 하나님의 특별한 은총이었다. 그것은 홍수 심판에 임박하여 인간의 공로에 관계없이 하나님의 구원계획을 계속 진행시키려는 은혜의 우선성에 힘입은 결과였다.

하나님께서는 노아에게 은혜를 계속 내리셨다. 여호와께서는 처음에만 은혜를 내린 것이 아니라 계속적으로 내리시어, 온 세상을 부패와 강포로 죄의 큰 세력을 이길 수 있게 하셨다(창11:10-32).

이 모든 일은 노아와 그의 가족이 하나님의 심판으로부터 구원받은 것이 사람의 재능이나 노력에 있는 것이 아니라 전적으로 하나님의 은혜에 의한 것임을 보여 준다. 노아의 가족은 하나님의 구원 역사를 계속 진행시키기 위해 그들을 도구로 쓰셨다는 것이다. 노아는 장차 나타날 '여자의 후손'(창3:15)의 계보를 이은 자가 되었다. 홍수 심판이 노아에게는 구원이 되었듯이 최후심판이 성도에게는 구원의 완성이 된다.

3. 보존의 언약

홍수 후에도 하나님은 노아와 언약을 맺으셨다(창9:8-17). 이 언약은 완성의 때까지 이 땅을 현 질서대로 보존하신다는 내용이다. 그 대상은 노아와 그의 후손과 그들과 함께한 모든 생물이었다(창6:18, 9:9-10).

이 언약은 창조의 보존을 내재하고 있다. 이것은 언약을 맺기 전에도(창9:1-7), 언약의 체결시에도 주어졌다. 그리고 홍수 심판 이후에 주어진 언약은 구속사적으로 중요한 의의를 지닌다. 이제 공의의 심판은 더 이상 해결책이 되지 않기 때문에 예수 그리스도를 보내서 죄와 사망의 권세를 이기게 하시고 그 구원의 복을 우리에게 주시려고 보존의 언약을 체결하신 것이다. 하나님께서는 세상과의 언약의 증거로 무지개를 구름 속에 두셨다. "내가 내 무지개를 구름 속에 두었나니 이것이 나의 세상과의 언약의 증거라"(창9:13). 이 증거는 하나님의 신실성을 보존한다(창9:14-15).

4. 노아의 방주에 나타난 구속사적인 해석

'방주 안에' 라는 말의 의미와 '그리스도 안에' 라는 의미는 구속사적으로 볼 때 일맥 상통하는 말이다. 피영민 교수는 창세기 1-11장의 성서적 설교세미나에서 방주에 대해 이렇게 설명하고 있다.

> … 그리고 그 노아의 방주는 어떤 풍랑에도 넘어지지 않는 그런 구조를 가지고 있다는 것을 발견했습니다. 그렇기 때문에 이 방주는 틀림없이 실물입니다. 실물이면서도 많은 의미를 비유로서 예표하고 있습니다. 방주는 한마디로 얘기하면 방주는 구원의 예표요, 예수 그리스도의 예표입니다. 방주만이 구원이라는 것은, 예수 그리스도만이 구원이라는 것을 예표합니다. 방주에 들어간 사람은 다 구원받았고, 방주 밖에 있는 사람은 다 죽었기 때문입니다.[3]

그는 노아의 방주의 의미를 아래와 같이 6가지로 설명하였다.

첫째, 노아 홍수에서 구원받은 수단은 오직 방주뿐이었다. 비가 40주야를 쏟아지게 되었을 때 살아남는 유일한 길은 방주에 들어가는 길이다. 오직 예수 그리스도를 통해서만 우리는 죄를 용서받고 영원한 부활에 이른다.

둘째, 노아의 방주는 대단히 큰 규모였다. 전문인 선교는 전통적 선교와 평신도 선교를 모두 아우르는 대단히 큰 선교의 개념이다.

셋째, 노아의 방주는 안전한 피난처였다. 방 안팎에 역청을 칠했기 때문에 방주에는 물샐틈이 없었다. 복음에는 새는 구멍도 없고, 수리할 허물도 없다.

넷째, 노아의 방주에는 창이 하나 밖에 없었다. 성령님의 사랑의 창을 통하지 않고서는 우리의 어두워진 심령의 무자비함을 치료받을 수 없다.

다섯째, 노아의 방주에는 문도 하나밖에 없었다. 이 문은 정결한 짐승도 들어가고 불결한 짐승도 들어가는 열린 문이다. 예수의 복음도 한 가지이다. 예수 그리스도라는 문은 죄가 있는 자들도 들어올 수 있도록 열려 있다.

여섯째, 노아의 방주에는 방이 많이 있었다. 하나님께서 택한 백성은 얼마든지 하나님이 모으시려는 것이다.

그러므로, 이미 구원의 방주에 들어온 우리는 큰 물결이 설레는 어둔 바다를 향해서 나아가야 하는 사명을 받았다. [4]

우리가 문화적 해석학을 위해서 노아의 방주에서 배울 수 있는 것은 노아의 방주가 메시아를 상징한다는 것이다. 누구든지 그리스도에게 나아오면 구원을 받는다는 말의 의미와 부합되는 본문이다. 세상에서 가장 위대한 곳은 '그리스도 안' 이다.[5] 우리는 '그리스도 안에서' 라는 말의 의미가 그리스도와 관계하여(in connection with Christ)라는 의미를 이해해야 한다. 그리고 그리스도의 마음을 품고 하나님의 뜻을 준행하는 선교 세계관을 가지고 나아갈 때, 타이타닉호의 선장이 아니라 로고스호의 선장이 되는 것이다.

3. 구속사와 성서해석학

1. 구약의 본질과 신약과의 관계

오늘날 구약 연구에 관심을 가지게 되는 것은 현대인의 생활 감정에서 구약이 보여 주는 것과 일맥상통한 것을 찾아 볼 수 있기 때문이다. 우리는 이라크의 모술 지역이 구약에 나오는 니느웨라고 하는 이야기를 들을 때마다 미국과 이라크의 전쟁에도 하나님의 뜻이 있을 것이라고 본다. 이러한 연구가 기초를 이루는 것은 선교지역을 연구함에 있어서 정의롭지 못하고 공의가 이루어지지 않던 구약 시대 그 지역의 모습과 오늘날의 이라크의 모습이 너무나 비슷하다는 것이다. 더구나 천대받고 구박을 받으면서 사회적 공의에서 제외된 무리들에게 나아갈 때 전문인 선교사들은 전문인 예언자(professional prophet)가 되어서 저들의 선교현장 이야기를 기록하고 그것이 본질적으로 무엇인지 그 본질에서 무엇이 연구되고 전파되어야 하는지를 내부자적인 시각에서 찾아내는 일은 너무나 소중한 것이다.

구약 성경은 천지창조로 시작하여 하나님의 능력이 역사 속에서 진행되어 감을 말하는 가운데 그리스도가 육신으로 오시기 앞서 있는 그리스도를 지향하는 성결부분으로서 오실 것으로 선포된 그리스도 안에 있는 하나님의 점진적인 계시(progressive revelation)를 설문화한 것이다. 한마디로 구약은 그리스도를 지향하는 것이다. 따라서, 우리는 선교현지의 문화가 그리스도를 지향하는 문화인지를 우리는 찾아야 하고 유사점과 접촉점이 될 수 있는 선교현장의 하급문화(정령숭배, 토테미즘, 범신론, 범재신론, 유교, 불교, 샤머니즘, 이신론)를 최초의 타문화권 선교사인 그리스도의 렌즈로 비춰보는 선교적 관찰 일기(missiological observation training)는 너무나 중요한 것이다. 구약이라는 text인 identity(정체성)과 선교현장이라고 하는 context의 상관성(relevence) 사이의 조화시키는 것이 선교지의 현장 이야기를 통해서 구약의 본질과의 상관성을 맺을 수 있도록 시도하는 것이다. 우리는 예수님의 시대가 되었지만 여전히 구약이 폐기되지 않았다고 믿는 율법불폐기론의 입장을 취하고 있는 선교적 해석자들이다. 우리는 이러한 해석을 하는 가운데 구약의 예표이신 예수 그리스도를 통해서 구약의 완성이신 예수 그리스도를 신약에서 만나고 그 예수님을 오늘날 선교현장에서 선교지의 문화 가운데서 재발견하고 비판적 해석을 함으로서 전문인 선교가 간지 현지의 기능적인 데서 머무는 것이 아니라 복음의 메시지를 정확하게 증거하는 축복의 통로로서의 구속적 유비를 찾고자 하는 것이다. 그러나, 이것은 극단적인 유형론자와 같은 경우는 아니다. 저들은 무리하게 성경외의 교회에서나, 교회사에서 유형을 찾는다. 이들은 구약이 형성되는 데는 한 옛 전통에 그리스도를 말하는 것이 있었으면, 그것이 후시대에 다시 새로이 받아들여지고 새로운 상황에서 신학적으로 재해석이 되어 왔다고 주장한다.

그러나, 우리가 추구하는 구속적 유비는 구약을 단순히 신약의 그림자로 보는 것이 아니라 구약을 통해서 신약을 해석하고 신약을 통해서 선교지를 해석하는 것처럼 양방통행적 사고와 종교혼합주의(syncretism)에 빠져 있는 문화를 비판적 상황화(critical contextualization)를 통해서 선교의 접촉점이 되는 개념들을 찾아가는 작업이다. 때문에 이론만 있고 선교 현장이 결여된 교조주의(legalism)가 아닌 타문화권에서 영혼구령을 위한 전문인주의(professionalism)에 입각한 것이므로 건전하다고 본다. 그러므로, 우리는 사회적 접근방법으로 성경을 이해할 때, 사회의 구조와 발견과정이라는 구조 속에서의 막힌 담을 헐고 구조 속에서 역사하시기 원하시는 그리스도를 발견하여 그리스도를 전하는 방법을 찾아내야 한다. 그런 차원에서 우리에게 위로가 되는 것은 구약이 하나님의 영감된 말씀으로 믿어지고 그 본질을 믿게 되는 것은 구약성경 자체에서 오는 확신인데 이를 성경의 자증성이라고 본다. 그 가운데 가장 좋은 모형이 성막론이다. 성막의 지성소와 성소 안에 있는 기구들의 의미는 우리에게 구속적 유비를 일깨워주는 가장 좋은 모형이다. 성소 왼편에 등대, 오른편엔 떡상, 그 뒤편엔 향단이 있었고 향단 뒤 휘장으로 가려진 지성소에는 법궤가 있었다. 각 기구들에 담긴 의미는 아래와 같다.

등대

어두운 세상에 빛을 비추는 예수님의 사역을 의미한다(요8:12). 아침저녁으로 등대에 감람유를 넣어 빛을 비추었듯, 우리도 성령님의 도움이 있어야 빛된 삶을 살 수 있다. 또 등대불이 꺼지지 않도록 점검했듯이(출27:20-21) 우리도 자신의 모습을 늘 살펴보아야 한다.

떡상

금으로 된 떡상에는 12갱의 떡이 준비되어 있다. 떡상은 예수님을, 12개의 떡은 이스라엘의 12지파를 의미한다. 이것은 떡상이 떡을 잘 받치고 있듯이, 예수님께서 그 백성들을 항상 돌보고 계심을 말해준다. 제사장들은 안식일마다 차려진 떡을 먹고 새 것으로 바꾸어 놓았다. 이는 하나님의 백성들이 진짜 생명의 떡(요6:47-51)이신 예수님의 말씀을 묵상하고 이를 통해 성정하여 하나되어야 함을 의미한다.

분향단

분향단에서는 아침 저녁으로 향기로운 향을 피웠다(출30:7-8). 이 향은 소합향, 나감향, 풍자향, 향품을 유향에 섞어서 만들었다(출30:34-38). 향은 오직 하나님께 드리기 위해서 만들어야 했다(출30:37). 이 향은 성도들의 기도를 말하는데(시141:2, 계8:3), 향을 피워 하나님께 올려 드렸듯이 우리도 끊임없이 기도해야 함을 말해주고 있다.

법궤

법궤 안에는 아론의 싹난 지팡이, 만나 항아리, 십계경을 넣었다. 하나님은 이곳에서 대제사장을 1년에 한번 만나 주셨다(출25:21-22). 그러나, 오늘날의 우리는 예수님의 피로 인해 하나님의 은혜의 보좌 앞으로 나아갈 수 있게 되었다.[6]

문화 선교의 차원에서 이러한 성막론에 대한 사역을 통해 구속적 유비(redemptive analogy)를 시도하는 모델이 우리 가운데 있다. 21세기 한국예술연구원장이신 권병기 목사는 하나님의 영광인 쉐키나의 의미를 이렇게 성서적 선교적으로 해석을 하고 있다.

모세 당시 성막의 신현에서 하나님의 영광이 그 하나님의 임재의 모습으로 나타나고 있는 데, 이와 같이 요한은 요한복음 1장 1-12절에서 그 신현의 영광과 같은 맥락에서 예수 그리스도의 영광을 "우리가 그 영광을 보니"라고 언급하고 있다. 이런 의미에서 이 구절은 예수 그리스도의 성육신을 구약의 신현과 동일시하고 거기서 나타난 하나님의 임재의 영광을 예수 그리스도의 영광으로 말하고 있다고 볼 수 있다. 영광을 보았다는 동사는 요한복음에서는 문자 그대로 나사렛 예수의 살아계신 인격에 함께한 영광에 대하여 말하고 있는 것이다. 예수님은 성육신하신 하나님이시기 때문에 그는 신적 영광의 화신이시다 … 성육신하신 예수 그리스도는 성막과 성전의 실제이며, 성막과 성전에 임하였던 영광이 예수 그리스도의 임재의 영광임을 알수 있다. 시내 산, 성막, 성전에 나타난 쉐키나는 신약에 와서 예수 그리스도의 성육신하심으로 절정에 이르게 된다. 구약의 지역적이고 건물적인 성전의 개념은 예수 그리스도의 구속의 사역을 통하여 그 의미가 완성이 되었다. 각 교회와 성도는 각 개인의 생활과 인격면에서 성전으로서 이미(already)와 아직(not yet)의 긴장 속에 하나님의 나라를 확증하여 쉐키나의 임재를 드러낸다. [7]

따라서, 성막은 움직이는 성도가 그리스도의 몸된 교회라고 하는 것을 가장 이상적으로 설명해주는 본문이자 구속적 유비이다. 더구나 텐트메이킹 미션(tentmaking missions)을 이야기하는 우리야말로 성막론에 대해서 깊이 있게 이해할 필요가 있다. 일본의 진사에 가면 그들이 행하는 의식들도 구약의 성막론과 유사하다는 것을 우리는 느낄 수가 있다.

우리는 신구약을 종교적 개념으로만 이해하는 것이 아니라 구속사적인 개념으로 이해할 때 선교적 해석을 할 수가 있는 것이다. 우리가 만일 믿음의 눈을 열어서 엘리사와 같이 엘리아의 불병거와 휴거됨을 볼 수 있는 믿음이 있다면 힌두교, 불교, 이슬람교 등 미지의 신 앞에 허다한 예배들을 드리는 이방인들을 보면서 그리스도와 하나님의 임재의 상징인 성막과 비교하여 내부자적 시각으로 볼 수 있는 경우들을 여럿 발견할 수 있다.

또한 구속적 유비의 모형으로서 요셉과 예수의 비교는 가장 탁월한 경우이다. 고난받는 종으로 오신 그리스도의 모형을 발견하게 되고 복음을 인해서 오늘도 선교현장에서 고난을 당하는 많은 선교사들의 이야기도 요셉의 이야기이다. 우리는 내재하시는 성령의 역사 가운데 이러한 각 나라와 민족마다 하나님이 허락하신 영원을 사모하는 마음을 구체적으로 응집된 노력들을 발견해 내야 한다. 이러한 해석은 선교 현장을 중시하는 것이기 때문에 기존의 해석학보다도 더 많은 설득력을 지니게 된다.

우리 민족의 기원에 대해서 알지도 못하면서 100년만에 한국의 재래식 종교를 철폐하고 기독교 국가가 된 한국이라는 이야기는 근본주의자들의 아전인수격인 해석이다. 그렇다면 아직도 복음을 들어보지 못한 불교인, 무속인에 있는 하나님의 예정 안에 있는 백성들은 어떻게 구원을 하려는 것인가? 단군신화에 대한 심각한 고민이 없는 자가 타민족의 종교와 문화 가운데서 구속적 유비를 발견한다고 하는 것은 어불성설이다. 허호익은 이렇게 주장하였다.

> 기독교가 한국에 전래되는 과정에서 성서가 번역되면서 구약성서의 여호와 엘로힘을 하나님으로 번역하였는데, 이 '엘로힘'은 신명에 관한 히브리어 보통명사로서 단군 신화에 등장하는 '환인 하느님'과 같은 뜻이다 … 우리 조상 대대로 전승되어온 하나님 신앙 때문에 기독교가 전래되었을 때 기독교의 여호와 엘로힘을 하나님으로 번역함으로써 단군신화의 환인 하나님 바로 기독교의 여호와 엘로힘 하나님이라는 신앙으로 토착화된 것이다.[8]

이는 무비판적인 상황화(unconditional contextualization)에 의한 토착화라고 하는 비난을 면할 수 없으나 장국원 박사를 중심으로 한 창조사학회의 노력과 그동안의 창조과학회의 노력을 통해서 한민족의 기원을 입증할 수 있는 정체성과 상관성을 지닌 균형 잡힌 토착화가 정립 되었으면 한다. 이러한 일에 대한 연구의 자유가 주어지지 않고서 어떻게 타민족에 대한 신화를 비신화화하여 비판적으로 상황화하는 방법을 모색할 수 있을까?

예를 들면, 우리가 단군신화와 기독교를 시도한다면 오해를 살 여지가 충분히 있으나 연구를 하게 되면 우리는 한국인이면서 동시에 세계를 품은 기독교인이면서 동시에 세계인이라는 삼중적인 실존을 발견해내는 것과 마찬가지로 새롭고 통전적인 미래지향적인 해석이 필요하다. 그러기 위해서 창세기 1-11장의 셈의 후손으로서 동방으로 이주해 온 단군의 뿌리에 대한 창조사학회의 연구와 현재 중앙아시아에 산재해 있는 우랄 알타이 언어 창에 대한 현지 조사가 뒷받침되어야만 Christian Pax Koreana를 향한 선교적 해석으로 까지 나아갈 수 있을 것이다. 우선 우리는 4가지의 기본적인 질문을 하고자 한다.

1. 단군신화는 전승초기에는 무엇을 의미했으며

2. 왜 이런 신화가 형성이 되었으며

3. 오늘까지 어떻게 전승이 되었으며

4. 오늘날 우리에게는 무슨 의미가 있는가 하는 것이다.

이러한 방식으로 전 세계를 8대 권역으로 나누고 미전도 종족을 포함한 지역연구를 한다면 선교적 입장에서 지역연구가 활성화될 것이다.

2. 전문인 선교사의 소명과 구속사의 관계

전문인 선교사들은 전문인이라고 하는 개념을 이해 하지 못하는 자들을 통해서 일반적 소명(general calling)을 받은 것이지 특수 소명(special calling)을 받은 자들과는 신분적으로 구분이 된다고 하는 말을 많이 듣는다. 그러나 이러한 소명은 부동의 소명(immutable calling)이라고 본다. 왜냐하면 이러한 소명은 구원의 궁극적인 근원에서 시작이 된 것이기 때문이다. 사도 바울이 "미리 정하신 그들을 부르시고"라고 말했을 때 이는 분명히 구속적용을 그 시작으로 추적해 올라가는 것이다. 그러므로 소명은 구속적용상 시초적 활동일 것이다. 이러한 사실을 이해하고 타문화권에서 구속적 유비를 찾으려고 노력하는 전문인 선교사들이야말로 선교적 소명을 받은 것이 분명하다. 하나님의 단독적인 행위인 구속사를 이해하고 영혼을 구속 시키려는 영혼구령자(soul-winner)로서의 전문인 선교사는 하나님의 은혜로운 뜻 안에서 선교 세계관을 가지고 선교의 하나님과 태초부터 동행하는 것이다.

이러한 이유들 때문에 구속적용은 구속자이며, 구원자이며, 주가 되시는 하나님께서 그 안에 있는 모든 특전을 축복의 통로로서 전문인 선교사에게 베푸시는 것이라는 사실을 이해한다면 우리는 그리스도와 연합하여 안내하는 자리로 이끄시는 주권적이며 크레딧이 있는 은혜의 '시은소'로 나가서 하나님의 구속의 의미를 깨닫고 영적 전쟁에 나아가야 한다.

> 이 세상 풍파 심하고 또 환난 질고 많으나
> 다 편히 쉬게 될 곳은 주 예비하신 시은소
> 그 향기로운 기름을 주 내게 부어 주셔서
> 내 기쁨 더해 주는 곳 주 피로 사신 시은소
> -찬송가 247장 1, 2절

3. 구속사와 조직신학

우리의 속전으로서의 예수의 죽음을 생각하게 되면 선교사들이 선교지에서 해야 할 영혼구령사역의 핵심이 무엇인지 다시 한번 확인하게 된다.

(1) 우리의 속전으로서의 예수의 죽음

성경의 몇몇 구절들은 예수는 우리의 속전(贖錢)이려고 명시적으로 말하고 있다.(엡1:7, 히9:12, 딤전2:6) 예수의 사역은 "모든 불법에서 우리를 속량하신"(딛2:14) 것이고 조상들로부터 우리에게 대물림된 "헛된 행실"로부터 우리를 구속하는 것이다(벧전1:8). 여기에 선교접촉점이 있는 것이다. 이러한 행실 가운데예 수님이 생각날만한 선한 행실도 있을 것인데 그러한 것을 각 종족 가운데 발견할 수 있다면 복음을 증거하는 구속의 통로가 될 것이다. 이는 마귀의 역사를 물리치고 죄와 결부된 사망(계6:2)에 대한 그리스도의 승리라는 주제이다. 요한계시록의 요한은 전문인 예언자로서 예수의 죽음을 어떤 피조물인 권세에 바쳐진 속전이라는 것에 초점을 맞추고 있는 것이 아니라 신약의 공동체 전체를 대변하여 예수의 죽음의 목표는 모든 민족으로부터 한 백성을 하나님을 위하여 사신 것이라고 선포한다. 그러므로, 우리는 종교철학을 다시 한 번 자세히 배울 필요가 있다. 단순히 신학을 배우기 위해서 서론으로서의 종교철학이 아니라, 구속적 유비를 제대로 이해하기 위해서이다.

(2) 우리의 화목제물로서 예수의 죽음

그리스도는 우리의 화목이 되셨다. 돈 리차드슨의 『화해의 아이』 (peace child)에 나오는 이야기의 원조 예수 그리스도의 십자가의 죽음이다. 한국인 유학생이야기이다.

월밍턴이란 도시에서 윌밍톤 감리교회에 출석하던 윤현준 군이 뒤에서 총을 겨눈 인종차별주의자인 백인 저격범에 의해서 즉사하게 되었을 때, 장로인 윤군의 아버지인 윤장로는 현지에 가서도 4대 독자인 아들을 죽인 저격범을 한번도 원망하지 않고 하나님께 영광을 돌렸다고 한다.

이 이야기를 듣고 월밍턴 시 전체가 울음바다가 되었다고 하는 이야기를 듣게 되었다. 주신 이도 하나님이시요 데려가신 이도 하나님이시기에 우리는 다만 하나님께 영광을 돌린다면서 자신이 죽으면 장기를 세브란스병원에 기증하기로 결정을 했다고 한다. 하나님의 사랑의 넉넉함이 무엇인지를 알게 해주는 이야기이다(롬5:10-11).

여기서 사도 바울이 말하는 요지는 예수의 죽음은 우리와 하나님 사이에 새로운 관계를 가져왔다. 하나님의 원수되었던 우리는 그리스도로 말미암아 이제 하나님과 교제를 나누게 되었다. 죄악된 인간과 의로운 하나님 사이의 화목은 우리의 선교 신학의 중심이 되어야 한다.

성경의 기독론(골1:19-20)의 중심은 우리로 하여금 이러한 화해가 우주 전체를 위한 그리스도의 사역의 효력으로서 올 것이라는 결론을 내리게 한다. 우리 전문인 선교의 공동체의 핵심도 화목이다. 많은 것을 나누었음에도 마귀는 공동체의 마지막 부분에서 형제들을 이간질하여 분리의 영으로 역사하여 전문인 선교의 공동체를 파괴하는 것이다.

(3) 속죄와 인간의 곤경

예수 그리스도는 21세기 포스트모던사회이 세속적 인본주의와 급격히 우리의 타락, 그리고 종교다원주의를 주장하는 이들로 인하여 곤경에 처해 있다. 우리는 더 이상 이들이 알고도 속고 모르고도 속는 정사와 권세, 죄, 마귀, 사망에게 종노릇하는 지역신과의 영적 전쟁에서 엉거주춤하는 것이 아니라 예수가 우리의 구속을 위해서 죽으셨다고 하는 것을 강력히 믿고 증거해야 하는 사명이 있다. 유교, 불교, 힌두교, 이슬람교를 신봉하는 지역인 10/40 창문지역에 사는 자들은 예수의 십자가에 죽으심을 부인하고 행위 종교를 신봉하는 자들이기 때문에 성령의 강력한 역사어 의해서 십자가의 속죄를 증거해야 한다.

(4) 그리스도의 속죄에 대한 우리의 수용

신약성서는 예수의 속죄사역이 객관적으로 완료된 사실(at one moment)라고 선포한다(벧전3:18). 우리의 구주는 단번에 죽으셨다. 그러므로 우리는 죽음 앞에서 겁을 내는 자가 되지 말고 평소에 우기 상황 앞에서 어떻게 처신해야 하는지에 대한 산 순교자의 자세를 가질 필요가 있다. 그러면 우리는 겉보기에 다양한 속죄의 개념들을 어떻게 결합시킬 수 있을까? 구속적 유비(redemptive analogy)가 그 대답을 명확히 줄 것이다.

예화1: 이란의 어느 왕조의 지도자가 감옥에 갇힌 모든 죄수들에 대하여 사면을 공표하였다고 한다. 이러한 조치는 오직 죄수 개인이 이 조치를 자기의 것으로 받아들여서 감옥으로부터 걸어 나와야만 감옥에서 고생하던 그에게 효력이 있는 것이다.

예화-2: 한국전쟁이 발발하자 서울에 있는 대학교의 교직원들이 피난을 가게 되었다. 1950년 6월 26일 월요일에 한양대학교의 재정담당자가 은행에 가서 교직원들의 3개월분의 월급을 미리 찾아서 나누어주었기에 9월 28일에 수복을 하기 전까지 한양의 가족들은 생계를 유지할 수 있었다고 한다. 누군가가 어려운 일을 대신했기 때문에 남은 자들의 생명을 연장한 것을 우리는 기억하게 된다.

예화-3: 옥한흠 목사가 퇴임을 하게 되었다. 그분은 예전에 설교 말씀 중에 이렇게 말했다. "예수님은 우리를 위해서 목숨을 버리셨습니다. 만일 예수님이 죽지 않으셨다면 내가 죽어요, 죽어요!"

이와 마찬가지로, 예수의 죽음은 하나님과 인간의 관계를 변화시켰고, 우리를 적대적인 권세들의 지배로부터 자유케 하셨다. 그렇지만 우리가 우리에게 제공된 새로운 지위를 우리의 것으로 삼을 때까지, 우리 구주의 죽음은 구원의 효력을 받을 수 없다. 속죄가 오직 죄에 대한 하나님의 태도에 관련이 되어 있는 것이라면 우리는 모든 인간이 결국 하나님의 종말론적인 공동체에서 교제를 누리게 될 것이라고 기쁜 마음으로 말하게 될 거이다. 이 세상은 시식코너에 불과한 것이다. 이 세상에서의 우리의 태도를 보고 우리는 천국에서 영원한 잔치에 참여할 수 있는 기회가 주어지는데 이는 주님의 살과 뼈를 상징하는 떡과 포도주를 마시는 주의 만찬에 참예할 자격이 있을 때 가능한 것이다.

그러나, 우리는 죄 가운데 여전히 하나님과 반목하고 인간끼리 반목하고, 집안의 탕자와 돌아온 탕자가 되어서 때로는 겹치기 출연을 하면서 반목하고 있다. 이것은 모든 사람이 구원을 받을 수 없다고 하는 것을 의미한다. 이러한 가운데 20억 명이나 되는 미전도종족에게도 이러한 복음이 증거되어 하나님에 대한 견고한 적개심이 철폐되도록 전문인 선교사는 화해의 제물이 되어야 한다.

(5) 속죄의 공동체

우리는 하나님이 통치하시는 종말론적인 공동체를 이루기 위해서 노력하는 전문인 선교사들이다. 우리는 공동체를 세우기 위해서 예수의 죽음의 역할을 이해하기 위해 십자가의 결과들을 소극적인 측면과 적극적인 측면으로 나누어 보기로 한다.

첫째, 소극적인 측면이다. 예수의 죽음은 자신을 주시는 이러한 행위를 통해서 우리가 인간의 실존을 위한 하나님의 계획에 참여하는 것을 방해하는 모든 것을 해체하였다는 점을 각인시킨다. 구체적으로 말해서, 예수의 희생제사는 우리에 대한 하나님의 정죄를 불러일으키는 우리의 죄를 덮어버리셨다(롬8:38-39).

둘째, 적극적인 측면이다. 우리가 하나님께로 나아가는 것을 방해하는 것들을 제거하신 것과 더불어, 예수의 죽음은 하나님께서 세우고자 하셨던 공동체 자체를 촉진시킨다. 우리의 구주는 우리를 하나님의 원수로부터 친구로 변화시키기 위한 대가를 친히 치룸으로써 하나님과의 교제를 향한 길을 열어 놓으셨다. 이러한 정신이 전문인 선교사의 공동체 훈련에 배에 나와야 진정한 의미의 예수가족 공동체, 하나님의 가족공동체라고 할 수 있다. 하나님 자신이 성육신하신 삶을 통해서 자신의 신적인 권리를 일부 양도하고 자기비하를 통해서 인간의 역사 속에 직접 사심으로써, 우리로 하여금 그 삶에 직접 알게 하시고 자발적으로 예수님처럼, 바울처럼 살게 하신다. 이러한 역할은 성령을 통해서 오늘도 이어지고 있다.

(6) 그리스도의 대속

성경에 나타난 그리스도의 대속 교리는 4가지로 정리가 된다.

첫째. 대속의 교리(A Vicarious/Substitutionary Death Doctrine)이다. 그리스도의 죽으심은 그의 목숨을 많은 사람들의 대속으로 주신 것이었다(막 10:45). 대속은 대신하여 속죄한다는 의미에서 대신(anti)이라는 이 말의 본 의미는 '누군가의 자리를 대신 취하였다' (in the place of)는 뜻이다.

둘째. 구속의 교리(A Redemptive Death Doctrine)이다. 구속이라는 말은 누군가를 노예된 자리에서 자유케 하기 위하여 값을 지불하였다는 뜻이다. 성도들은 하나님의 아들이신 그리스도 안에서의 구속, 죄 사함을 얻은 자들이다(골1:14, 벧전1:18-19).

셋째, 만족의 교리(A Propitious Death) Doctrine)이다. 만족이라는 말의 원어는 hilasterion이라는 뜻인데 가장 번역이 어려운 단어이어서 때로는 '구속' 으로 때로는 '화목제물' 의 단어로 번역이 되었으나, 본 의미는 '하나님을(그의 공의를) 만족시키는제물' 혹은 '제단' (속죄소-mercy seat)이라는 뜻이다. 만족은 그리스도의 죽으심으로 하나님의 의를 충족시키셨다는 뜻이다.

넷째, 화목의 교리(A Reconciliatory Death Doctrine)이다. 예수 그리스도 께서는 그의 십자가의 희생의 죽으심으로 하나님과의 화목을 가져왔다. 우리가 죄인 되었을 때 그의 아들의 죽으심으로 말미암아 하나님과 더불어 화목하게 된 것이다.그리고 한 걸음 더 나아가서 우리로 하여금 화목케 하는 그리스도의 대사의 직분을 주신 것이다(롬5:10, 고후5:18-19). [9]

따라서, 속죄는 우리가 더 이상 죄의 궁극적인 결과들을 짊어질 필요가 없다는 것을 의미한다. 예수는 우리의 화목제물이기 때문에 죄가 위협하는 영원한 소외-하나님의 종말론적인 공동체로부터의 분리-가 무력화되었다. 아울러 우리가 종말론적인 공동체에 참여할 것이라는 관점에서 보면, 예수의 희생제사는 죄의 효과들에 대한 우리의 현재적 체험들을 상대화시키고 일시적인 것으로 만들어 버린다. 우리는 더 이상 예수님이 직접 지신 고난을 대신 짊어질 필요가 없고(배타적 대속) 예수는 더구나 우리의 사망 권세를 직접 통과하여 부활하심으로서 저를 믿는 자마다 영생을 얻게 하셨다(포괄적 대속). 그러므로, 예수의 속죄는 완전한 것이다. [10]

칼뱅은 제한 속죄론을 주장하고 있다. 구원의 진행에 있어서 제한 속죄론은 칼뱅의 주장이다. 초자연주의가 기독교 전체의 증표이며, 복음주의가 개신교의 증표인 것처럼, 제한 구원론은 칼뱅주의의 증표이다. 『기독교강요』에 나타난 그의 교리는 아래와 같이 TULIP으로 요약이 될 수 있다.

T. 전적부패(Total Deprivity): 죄인들은 그들 자신의 구원을 위해서 나면서부터 아무 것도 할 수 없는 것이다.

U. 무조건적인 선택(Unconditional election): 각 사람은 하나님에 의해서 영원한 생명 또는 영원한 지옥형벌로 택하여진다.

L. 제한된 속죄(Limited atonement):영생으로 선택된 자들의 구원을 위해서만 준비된 속죄이다.

I. 항거할 수 없는 은총(Irresistible grace):효과적 소명으로서 선택된 자들은 구원받게 되는 일들이 절대적으로 보장이 된다는 것이다.

P. 궁극적 구원(Perseverance to the end): 한번 구원을 받도록 그리스도를 믿는 사람들은 신앙을 버리고 타락하게 되는 데서 영원토록 보전된다.[11]

칼뱅은 주장하기를, "구원의 진행에 있어서 제한구원론은 이미 구원의 초자연주의와 하나님의 은혜로운 사역 가운데 직접성 가운데 주어져 있다고 한다. 그리고 제한 구원론은 그것을 부정하는 것은 해석상 구원하는 은혜의 직접성, 곧 복음주의와 구원의 초자연주의, 곧 기독교 자체에 대한 부정이라고 주장한다. 칼뱅주의자는 충분한 자각을 가지고 주 하나님은 당신의 구원사역에 있어서, 전체적으로 크게 인류를 대하지 않으시고, 구체적으로 실제로 구원받는 개인들을 대하신다고 주장하는 자이다. 칼뱅주의의 서로 다른 다양함은 타락 전 선택설과 타락 후 선택설 그리고, 구속 후 선택설로 대별된다. 이는 하나님의 작정 순서를 어디에 두느냐에 따라 달라진다.

"하나님이 세상을 이처럼 사랑하사 독생자를 주셨으니 이는 저를 믿는 자마다 멸망치 않고 영생을 얻게 하려 하심이라"(요3:16), "영접하는 자 곧 그 이름을 믿는 자들에게는 하나님의 자녀가 되는 권세를 주셨느니라"(요1:12) 등의 구절들은 제한 속죄론보다는 만민구원론 쪽에 더 가까워 보이지만 알곡과 가라지의 비유, 양과 염소의 비유 등은 만인구원론을 부정하고 있다. 우리는 전문인 선교사로서 하나님의 택한 족속, 왕같은 제사장, 그의 거룩한 나라, 하나님의 소유된 백성이라고 하는 개념이 더욱 확실해졌다. 그러므로, 우리만 구원을 받았다고 하는 데에 만족할 것이 아니라 또 언제 구원을 받았냐는 것이 중요한 것이 아니라 아무런 자격이 없는 자에게 하나님의 사랑의 마음을 품게 하시고 미력하지만 하나님의 나라를 위해서 기도할 때처럼 행함에도 쓰임을 받아야 한다는 것이다.[12]

미국의 조지아주에서 인디안 선교를 하다가 추방된 웨슬리는 후에 모라비안 교도들을 통해서 구원의 의미를 다시 한번 교정을 받게 된다. 이를 통해 그는 신앙에 의한 의를 찾지 않고 행위에 의한 의만을 추구해 온 사실을 봄으로써 그는 다시 한번 회심을 하게 된다.

웨슬리는 인간이 그리스도안에 있으면 이 땅에서도 전적으로 새 피조물이 될 수 있고 실제로 예수의 피를 통하여 모든 죄에서 정결케 될 수 있다는 확신, 즉, 최종적으로 남아있는 죄에서도 자유로와질 수 있다는 확신에 도달하게 되었다. 예수 그리스도의 이름 안에서 모든 죄인들에게 자유롭고 완전하며 현재적인 구원을 제공하였다. 즉 이 구원은 십자가의 희생에 근거하여 하나님을 향한 회개와 우리 주 예수 그리스도를 향한 믿음을 조건으로 주어지는 것이다. 그는 내적으로는 마음의 평화를 가져다주는 하나님의 영의 증거와 하나님의 아버지로서의 사랑의 인식으로 증명되고 외적으로는 경건한 복종의 생활에 의해서 증명된다고 주장하였다. 웨슬리의 모든 만민의 구원에 대한 복음적 확신과 복음전도적 선교사명을 정리하면 아래와 같다.

첫째, 모든 사람이 구원을 받을 필요가 있다(All need to be saved).

둘째, 모든 사람이 구원을 받을 수 있다(All can be saved).

셋째, 모든 사람이 구언의 확증을 얻을 수 있다(All can be assured).

　(1) 참회 또는 죄의 속죄

　(2) 위대한 변화, 죽음에서 생명에로의 변화

　(3) 하나님 앞에서 우리 연약함을 인정하는 겸손, 인내, 온유, 절제 등의 성령의 열매

　(4) 외적 생활의 새로워짐

　(5) 참으로 하나님을 사랑하고 이웃을 사랑함으로, 하나님의 뜻을 땅위에 이루기 위해 분주한 것

넷째, 모든 사람이 완전한 성화를 얻을 수 있다(All can be satisfied to the utmost).[13]

그러므로, 전신자 선교사주의(every believer's missionayhood)에 기초하여 전문인들은 전문인 선교사로서 자신의 직업의 전문성에 사역의 전문성을 배양받아 지구촌 곳곳을 다니면서 복음을 증거하는 사역을 감당해야 한다. 그리고 평신도라는 개념도 없지만 평신도가 전문인의 의미를 깨닫고 전문인 선교사가 된 후에 목사안수를 받는다면 선교목사가 되는 것이다. 그러면 선교지에서 예배권, 축도권, 치리권을 모두 행사할 수 있다. 그러나 헌법이 존재하는 국내에서는 자신의 권리를 일부 제한하는 것이 성육신으로 오신 예수 그리스도의 삶을 본받는 것이 된다.

4. 구속사와 전문인 선교현장

한 종족에게 복음이 전해진 지 100년도 되지 않아 거의 종족 전체가 복음화 되었다는 것은 놀라운 일이다. 인도네시아의 이리안자야의 부족의 이야기를 다룬 『화해의 아이』(a peace child)를 보면 전문인 선교사는 복음을 상황화하는 능력이 가장 많이 필요하다.

> 인도네시아의 오지인 이리안쟈야에서 사역하던 선교사인 돈 리처드슨은 가치관과 세계관이 서구와는 너무나도 다른 샤위 부족 가운더 서 너무나 많은 커뮤니케이션의 어려움을 겪었다. 이들은 예수님이 정직성과 신실성보다는 가롯 유다와 같은 인물을 존경하는 부족이었다. 이런 와중에 이웃 부족과의 전쟁에서 엄청난 피를 흘린 후에 정전(停戰)을 하기 위해서 저들의 전통에 의한 화해를 제안한다. 부족의 추장이 자신의 아이를 취해서 상대방 부족에게 보내 그 마을에 살게 하는 것이다. 이 아이가 살아있는 한, 두 마을 사이

에는 전쟁은 없는데 이를 화해의 아이라고 한다.[14]

　　사람들의 이런 성장과 성숙을 무엇으로 설명할 수 있을까? 제가 생각하기로는 '구속적 유비(redemptive analogy)' 개념 때문이라고 생각하는데, 샤위 부족의 관습과 문화가 구속적 개념에서 잘 활용된 것이라 할 수 있다.

　　타문화권 사역을 효과적으로 하려면 그 문화를 깊이 있게 이해해야 한다. 그리고 타문화권에서 복음을 전할 때 중요한 것은 수용자들의 틀을 이용하는 것이다. 돈 리처드슨은 각 문화마다 구속적 유비가 있으며, 그 유비들이 그리스도안에서 원래 의미와 목적이 성취되어야 한다고 했다. 이것이 바로 그의 '성취론(concept fulfillment)'인데, 이 성취론이야말로 타문화와의 커뮤니케이션에서 문화의 중요성과 역할을 잘 보여 준다. 그렇다면 샤위 부족들의 문화적 관습이나 개념들 가운데 그리스도 안에서 성취되어야 할 것들은 무엇이었는가? 그리고 그 덕분에 복음이 단 기간 안에 폭 넓게 수용되었다고 할 수 있는가? 다음의 치앙 족의 예를 보면서 어떻게 문화선교를 할 수 있는 지를 토의하자.

　　　　오랜 옛날 치앙족이 자기 본토, 친척, 아비집인 중국의 서북부 고원을 떠나 사천의 민강 상류를 정착할 때였다. 그 때 만강지역에는 과기인이라는 토착민족이 살고 있었다. 이들은 가나안 땅의 거민처럼 기골이 장대한 사람이었다. 이들을 쳐부수기에 치앙족은 너무나 왜소했다. 그 때에 하늘에서 계시가 내려와서 흰 돌을 가지고 싸우면 승리할 것이라고 했다. 마침내 그들은 흰 돌을 가지고 그 땅 거민을 물리칠 수 있었다. 그 때부터 치앙족은 흰 돌을 그

민족의 우상으로 섬기게 되었다. 이들이 숭배하는 흰 돌은 집의 옥상이나 처마 끝 등 가장 높은 곳에 위치한다. 이들의 다신교 신앙 중에서 흰 돌은 모든 신보다 뛰어난 신이다. 명절이나 절기 때 양을 잡아서 흰돌 주위에 피를 뿌리고 제사를 지낸다. 고대 이스라엘 사람들과 상당히 흡사한 풍습을 가지고 있다. 그래서 혹자는 치앙족을 가리켜 중국의 유대인이라고 한다. 약혼을 하는 날 그들은 흰 돌을 반을 쪼개어 훗날을 기약하는 정표로 삼았다고 한다. 이들이 섬기는 신은 약 30가지가 있는데 주신과 종신의 계급 차이가 분명히 있다. 흰 돌은 이 모든 신 중에서 가장 뛰어난 신이다. 집집마다 문설주에 붙여 둔 부적과 거실에 있는 신당은 이들의 종교적인 형태를 알게 해 준다. [15]

제 10장

전문인 신학의
정립을 위한-ism연구

_ 전신자 선교사주의를 중심으로

1. 서론

최근 우리시대의 화두 중 하나는 1인당 국민소득 2만 달러 시대이다. 그러나 삶의 질을 보면 세계 40위권 밖으로 밀려나 있다. 우리의 문화수준도 일본의 3분의 1 수준이다.[1]

우리의 교회의 질도 예외가 아니라고 본다. 다시 한번 점검해 보지 않으면 한국의 그리스도인 총수가 1,200만 명에서 이제는 순 숫자가 580만 명이라고 하는 숫자를 인정할 수밖에 없는 때가 올 것이다. 참고로 이단의 숫자는 200만 명을 이미 넘어서고 있다고 한다.

세종대의 황호선 교수가 한국교회 250개를 조사한 결과에 의하면 한국교회의 예산 중 대내적 비용과 대외적 비용은 87%:13%라고 하며 사회선교와 봉사비는 3%에 미치지 못하고 있는 것으로 나타나 있다.[2]

교회는 자신의 의에서 나눔의 의로 하나님의 의를 실천해야 한다.

(1) 우리는 성육신적인 선교의 자세로 정직성을 회복해야 한다.
(2) 우리는 생활전도자로 살아야 하기에 성실성을 회복해야 한다.
(3) 우리는 이분법적인 사고가 아닌 제 3의 길로서의 연합을 통해서 합리성을 회복해야 한다.
(4) 우리는 전문인 선교의 방법을 통해, 효율성을 가져오는 실천성을 구비해야 한다.
(5) 우리는 전문인이라는 헌신된 마음을 가지고 주체성을 가져야 한다.

이러한 말씀이 오늘날 한국의 미래를 밝히는 이정표가 되기를 원하며 한국교회에 주시는 선교의 사명을 생각할 때 우리는 지금이야말로 자다가 깰 때이다. 다시 한번 기업이 추락하는 시점에서 다시 회복하는 시점으로 돌아서는 점인 S-S Curve를 그리며 복원력을 가지고 한국교회를 바로 세워야 할 때이다.

이러한 시점에서 최근에 사랑의 교회를 중심으로 한 새벽기도 운동이 1907년의 평양의 장대현 교회에서의 부흥운동으로 이어지리라는 조짐이 있었다. 한국교회의 미래를 준비하는 모임(한미준)의 소속 목사들을 중심으로 연쇄새벽기도운동이 일어나게 되고 여의도 순복음교회에서는 4만명이 모이는 새벽 기도를 시작했다니 다행한 일이라고 본다. 교리가 조금 부족해 보여도 행동하는 신앙이 있었기에 여의도 교회는 1번지 교회가 된 것이라는 것을 명심할 필요가 있다. 오늘날 우리가 사는 세대(generation)는 세대와 세대를 이어져 내려오면서 커다란 시험대에 서 있는 것으로 보인다. 정의로운 일들은 사람들의 관심을 모으지 못하고 주최하는 자들도 관심을 모을 수 있는 방법을 모르는 대신에 이단과 이단의 친구들은 문화상품을 활용하여 적극적으로 이 세대와 오는 세대의 2030을 공략하고 있는 실정이다.

내가 아는 한국교회는 적어도 기도하는 교회였다.
내가 아는 한국교회는 적어도 핍박을 당한 교회였다.

내가 아는 한국교회는 적어도 전도하는 교회였다.

내가 아는 한국교회는 적어도 정화되어진 교회였다.

그러나 오늘의 교회는 대부분 이러한 부분에서 미숙한 교회이다. 공(公) 교육이 무너지고 어린 아이들이 지구상을 떠돌며 공부하고자 하는 모습들을 볼 때 저들이 가더라도 전문인으로서의 가치관과 하나님 중심의 세계관을 가지고 나가지 않는다면 우리는 너무나 많은 인재손실을 체험하게 될 것이다. 남은 자들에게 너무나 큰 사명이 느껴지는 현실이다. 한국의 해마다 대학생 졸업자 수는 48만 명이고 이 중에 취업을 하는 숫자는 2만 6,000명이라고 하는 어느 현직 국회의원의 이야기는 대학도 구조조정의 대상임을 명백히 하고 있다.

한국교회는 한국사회 문제점의 해결자가 아니다. 한국교회의 공신력은 급강하고 또한 한국교회는 복음적 기치관이나 도덕성을 내세울 만큼 쌓아놓지 못했다. 오늘의 한국교회는 급성장하는 데만 혈안이 됐다는 데 혈안이 되어 있으며, 이는 질적으로 교인을 잘 양육하지 못한 결과이다.[3]

이처럼 폐쇄적인 한국의 유교 사회가 글로벌 시대의 현실을 목도하고 있는 것이다. 제자 훈련은 했으나 하나님 중심의 세계관으로까지 바꾸지 못했다는 것이 우리의 현실이다. 아무리 제자훈련을 해도 가진 자는 계속 가진 자의 편에서 제자와 스승이 되고, 없는 자는 제자 훈련을 아무리 받아도 없는 자의 편에서 제자일 수밖에 없고 있는 교회의 노예로 종속이 되고 마는 것이 한국 교회의 현실이다. 초대형 교회의 프로그램에 종속이 되어 있는 많은 중소형 교회의 목사들은 프로그램만을 위한 교회로 언제까지 초대형 교회의 뒤만 따라가려고 하는가! 패러다임의 전환을 통해 차별화된 교회들로 전환이 되어야 하나님이 축복하신다.

현재, 한국의 1,500만 명의 직장인 있는데 그들 가운데 10% 미만이라도 헌신하면 100만 생활 전도자 운동을 일으킬 수가 있을 것이다. 그리고 그 가운데 10%만 자신의 직장을 가지고 선교사로 사역할 수 있다면 10만 선교사가 나오게 될 것이고 그 가운데 하나님이 지구촌을 향해서 나아가라고 하시면 추가로 1만 명의 성육신 선교사(incarnational missionary)들을 파송할 수 있을 것이다. 이러한 일을 시작하기 위해서 우리에게는 많은 기도가 필요하고 비전을 나누는 공동체가 필요하다.

이 일을 위해서 목회자들이 깨어나야 한다. 목회자들은 전쟁을 경험하지 않은 유약한 평신도와 같이 세대의 많은 유약한 지도자들이 풍전등화와 같이 지역교회를 지키고 있다. 3,040세대가 비주류인 이들을 동력화할 수 있는 시스템을 준비하지 않고서는 한국교회의 성도는 계속해서 backsliding하게 될 것이다. 이를 해결할 수 있는 길은 목회자들이 다시 일제시대의 우리의 선배 목사들과 마찬가지로 전문인 예언자(professional prophet)의 기능을 해야 한다. 포스트모던시대에 부합되는 부드러운 이미지에만 너무 관심을 가지다 보니 목회자도 유약해지고 평신도도 유약해져서 위기관리능력이 있는 지도자가 배양되지 못하고 있는 실정이다. 예를 든다면 지역 교회는 이질적인 상업적 가치에 의해 주도되는 행함이 없고 N.C.D.(Natural Church Development) 운동에서 제시하는 시리즈만 따라가다 볼 것 같으면 교회의 삶과 공동체는 파편화가 된다. 그러면 그 교회는 더이상 살아남을 수 없다는 것이다.

오히려 성경으로 돌아가서, 초대교회가 모이면 예배하고 전도하러 나간 사실을 기억해볼 필요가 있다. 오늘의 교회는 스스로 초대교회의 성장의 비결인 교회개척과 복음 전도에 대한 열정을 잃어버리고 포스트모던 시대에 다양한 이름으로 포장된 교회 성장 세미나 시리즈 등에 열정을 소모하고 있는 것이 문제다. 교회의 목회자는 이러한 각종 세미나에 참석을 하면서도 교회가 성장하지 못하는 이러한 일들이 오히려 성도들에게 목회자와 평신도 계급의 이원화라고 하는 단절과 소외를 느끼게 한다는 점을 깨닫고 전문인 예언자(professional prophet)로서의 기능을 감당해야 한다.

2003년 11월 13일과 14일에 조선족들이 한국의 정부종합청사에 가서 국적을 회복하게 해달라고 과천에서 농성을 하고 14일에는 헌법재판소에 소원을 성취하기 위해서 서초동에서 농성을 했다. 이 일을 주도한 분 가운데 한 사람인 서경석 목사는 새문안교회를 세운 믿음의 명가 집안의 목사이다. 그는 조선족교회를 설립해서 한국에 와서 불법체류자로 전락한 5,000명의 영혼을 위해서 사역을 하고 있다. 이러한 일은 여의도순복음교회의 일은 아니었다는 말인가? 사랑의 교회의 일은 아니었다는 말인가? 필자는 의문을 제기하지 않을 수 없다.

이제 한국교회는 단절과 소외를 유발시키는 이러한 일들에 타이타닉호의 멸망과 같은 개인의 멸망을 구원하려는 종교적 구속적 유비(religional redemptive analogy)에서 벗어나 노아의 방주사건과 같이 방주 안에 들어온 자들을 구원하는 개념의 '사회적 구속적 유비(social redemptive analogy)'를 실현하는 일에까지 앞장 설 만큼 균형잡힌 성장을 했다고 본다. 그러나 한편 아직도 교회문화우월주의(churchcentrism)을 벗어나지 못하고 있기 때문에 이 사회를 선도하지 못하는 안타까움을 보여 주고 있다. 우리는 아직도 포스트모던 사회의 앞잡이인 '성공과 축복의 신학'(success and health theology)에서 벗어나지 못하고 있는 실정이다.

복음주의 입장에서 포스트모더니즘을 최초로 논의한 사람 가운데 하나인 토마스 오든은 포스트모더니즘의 도래가 기독교에 유익을 줄 것이라고 주장한다. 이러한 판단은 근대의 토대인 계몽사상과 인본주의가 붕괴된 이후 오히려 정통적 기독교의 입지가 향상되었다고 보기 때문이다. 그는 특히 과학이나 인본주의와 타협하지 않았던 근본주의적이고 보수적인 신앙에 새로운 기회가 오고 있다고 본다. 왜냐하면 과학이나 인본주의의 실패를 인정하는 포스트모던적 분위기 속에서는 초자연적 기독교 신앙의 위상이 높아지기 때문이다. 한편 레슬리 뉴비긴도 근대의 붕괴와 인격적 지식론이 대두되는 요사이의 분위기가 오히려 기독교가 본래적 복음으로 돌아가 순수한 복음을 제시하는 계기가 되어야 한다고 주장한다. 왜냐하면 타협하여 길들여진 기독교는 그 본래적 도전을 상실하기 때문이다.[4]

이러한 시대의 흐름으로 볼 때, 성공과 축복의 신학에서 십자가의 신학을 실천하는 실천신학으로 패러다임의 전환이 포스트모던시대에 오히려 더 강력히 요구 되는 것을 알 수 있다. '자발적인 의지에 의해서 스스로가 미래의 삶을 개척하는 모든 근로자'인 전문인들에 의해서 성육신적인 전문인 선교의 신학(incarnational professional mission theology)으로 전환을 해야 할 것이다. 이 일을 해결하기 위해서 우리는 이원론이라고 하는 구시대의 행태론적 근본주의(morphological fundamentalism)에서 반드시 벗어나야 한다. 보수주의와 자유주의로 대별되는 20세기까지의 신학에서 벗어나서 21세기의 신학은 기독교 변증법적인 신학으로서 제 3의 길인 화해의 신학이 되어야 하기 때문이다.

여기서 기든스의 제 3의 길이 어떻게 전문인 신학에 적용하게 되었는지에 대해서 설명을 하고자 한다.

기든스는 기존의 모든 정치사조들을 이러한 세월의 변화에 비추어 본다. 보수주의, 신 자유주의, 사회주의, 민주주의, 혁명과 개혁, 복지국가들이 그것이다. 세계의 변화는 기존의 이데올로기들을 빛바랜 것으로 바꾸어 놓고 말았다. 그런데 역설적인 것은 보수주의는 급진화되고 사회주의는 오히려 보수화되었다는 것이다. 보수주의가 급진화하면서 나타난 것이 신자유주의다. 구 보수주의는 전통과 질서를 보존하려고 했지만, 새로운 보수주의인 신자유주의는 세상의 질서를 보존하려는 것이 아니라 급진적으로 개혁하고 있다는 것이다. 급진적인 개혁의 방향 그것은 다름이 아닌 시장의 세계화다. 반면에 지난 2세기 동안 진보주의의 표본이 되어온 사회주의는 달라진 사회현상에 앞서 자신을 바꾸기 보다는, 당황하거나 붕괴하거나 방향을 찾지 못해 기존체제를 옹호하는 수구적 태도를 보이고 있다. 복지국가에도 이와 비슷한 모순이 발생했다. 대표적인 것은 복지국가의 성공 그 자체가 바로 복지국가 그 자체를 침식하기 시작한 것이다. 이와같은 상황에서 기든스는 좌우를 뛰어넘는 새로운 정치의 필요성을 강조한다. 기존의 좌와 우의 개념으로는 현대사회에 필요한 대화정치와 생활정치에 적응할 수 없으며, 앞으로 인류가 추구해야 할 유토피아적인 현실주의에도 대응할 수 없다는 것이다. 유토피아적 현실적인 과제는 빈곤과 전쟁, 환경파괴의 예방, 독재 권력에 대한 저항, 강제력과 폭력의 감축이다.

따라서, 기든스는 제 3의 길을 개척할 책임이 인간성을 옹호하고자 하는 모든 사람들에게 있음을 지적하고 있다. 즉 제 3의 길은 기존 좌파의 고집과 신자유주의의 질서를 뛰어넘는 새로운 사회재편의 원리를 만들겠다는 비전을 설정해가고 있다. 결국 제3의 길은 창의성의 경쟁을 촉진하며, 시민사회의 의존성과 개인의 약화와 타율성을 경계하면서 자율성과 향도성을 증진하는 것이다. 그런 점에서 한국은 제 3차산업혁명과 함께 새롭게 떠오르고 있는 정보 지식산업과 문화(제 4차산업), 체육 관동 산업(제 5차산업), 환경, 생명산업(제 6차산업), 정신,문명사업(제 7차 산업)의 동향에 주목해야 한다. [5]

이러한 변화 속에서 한국은 사회의 주체성을 회복하고 한국인들이 세계화의 시대에 약자들을 도태시키는 것이 아니라 그들을 재생산할 수 있는 전문인으로 구비시켜서 정치, 사회 경제 문화 종교 전반에 걸쳐서 제 3의 길을 모색하고 추구해야 한다. 그러나, 아직도 종교적인 측면에서는 제 3의 길이 요원해 보인다. 기독교학회 신임회자인 고용수 목사는 보수-진보 신학통일에 앞장을 서서 "학계는 학문간 논의를 발전시켜가고 있는 데 신학 분야가 군이 보수와 진보 등의 이름으로 갈라져 있거나 접촉점을 끊을 이유는 없다" 면서 "주제를 세심하게 선정하면 충분히 가능할 것"이라고 전망했다.[6]

　　그러나, 앞에서 김성철 교수가 지적한 대로 정신, 문명 산업을 제 7차 산업으로 명명한 것과 마찬가지로 진정한 의미에서 선교 기업으로 일구어서 한국사회의 영적인 유산을 물려주는 역할을 하는 것이 시급하다. 이러한 일은 전문인들이 적극적으로 나설 때 가능하게 될 것이다. 하나님이 이 일에 지혜를 주셔서 이제는 기독교학문통합연구에 모두가 참여하는 계기가 되었으면 한다. 이런 제 3의 길을 이끌어 나갈 주체가 자기절제와 성찰로 이루어진 지역과 지방에 대한 전문성을 갖춘 전문인임을 우리는 알아야 한다. 세계 속의 한국을 실현하고자 하는 한국의 종교계는 21세기 전세계에 흩어진 Korean Diaspora를 통해서 165개국의 615만명에게 복음이 증거되는 Christian Pax Koreana를 실현할 수 있는 주체로서 모든 영역에서의 전문인들의 출현을 기대하고 있다. 이제는 출신 성분이 아니라 능력있는 자가 정치를 한다는 메리토크라시(meritocracy)가 이루어지게 될 것이다. 한국도 노무현 대통령이 이러한 시도를 하고 있으나 앞으로 10년은 시간이 걸릴 것으로 본다. 여기서 정치용어인 메리토크라시(meritocracy)를 선교경영 용어로 바꾸면 전문인(profesional)이라고 할 수 있다. 신학 용어는 새로운 피조물(new creature)이라고 할 수 있으며 이들이 이 사회의 주체가 되면 이들은 4중 전문성에 의해서 구비되어진 하나님의 백성으로서 하나님의 나라 차원에서 일하게 될 것이다.

이러한 비판적인 해석에 대한 성서적 근거를 이제 로마신화에 기초하여 이름을 알지 못하는 미지의 신을 섬기는 사상의 도시인 에베소시를 향한 바울의 외침에서 들어보는 것도 시사적이다. 우리는 에베소서에서 사도 바울이 이야기한 것과 마찬가지로 그리스도가 십자가에서 돌아가심으로써 유대인과 이방인 사이에 둘로 나누어진 담이 허물어지고 갈라진 두 개의 페트로스(조약돌)를 새로운 하나의 페트라(반석)가 되게 하는 성령의 역사에 깊숙이 잠김으로써 하나님과 인간 사이의 중보자의 역할을 할 수가 있는 것이다. 그리스도안에서 하나되는 성령의 역사가 multi-campus satellite mission church 차원에서 하나님의 몸된 교회인 전 세계의 그리스도의 교회로 나타나게 되기를 주님은 고대하신 것이다.

> 그는 우리의 화평이신지라 둘로 하나를 만드사 중간에 막힌 담을 허시고 원수된 것 곧 의문에 속한 계명의 율법을 자기 육체로 폐하셨으니 이는 이 둘로 자기의 안에서 한 새사람을 지어 화평케 하시고 또 십자가로 이 둘을 한 몸으로 하나님과 화목하게 하려 하심이라 원수된 것을 십자가로 소멸하시고(엡 2:13-16).

여기서 새사람을 필자는 전문인이라는 용어를 사용하고 싶다. 피터 드러커 박사가 전문인을 정의하며 자발적인 의지에 의해서 스스로가 미래의 삶을 개척하는 지식 근로자라고 했는데 인간론의 입장에서 좀더 자세한 설명이 필요하다. 현대인들이 이원론을 극복할 수 있는 가장 좋은 방법은 자신의 직업에 충실하면서 사역에도 투철한 전문인 선교사의 모델이 얼마나 많이 배출되는지가 관건이다. 이들에 대한 특징을 문계완 박사는 생산 활동에 있어서의 창의성, 협력활동으로서의 사회성, 그리고 나아가 생산 활동에 있어서의 합리성을 들었다.[7]

전문인이라는 개념을 신학적으로 접목하게 하신 것은 하나님이 우리에게 주신 때가 이른 한국교회를 향한 축복이라고 본다. 전문인이라는 개념은 인간의 자유의지와 자원주의에 기초한 실존주의적 인간관에서 출발한 개념으로서 전문인은 왕-선지자-제사장의 역할을 하는 선교사로서의 제 3의 길로서의 조정의 역할을 하고 성육신적인 리더십을 발휘하여 조직체를 유기체와 같이 생동감이 넘치는 조직으로 바꾸는 역할을 하는 소명을 부여받은 자이다. 이러한 일을 위해 선교학에서 가장 중시하는 유연성(flexibility)를 갖춤으로서 진취적으로 타문화권을 향해서 나아갈 수가 있는 것이다. 여기서 유연성이란 개인에게 의사결정권이 위양되어 환경의 변화에 각 개인이 자신의 책임 하에 의사결정을 하도록 권한이 허용되어지는 정도를 말한다.[8] 그는 전문인의 자격에 대한 공감이 가는 글을 제시했다.

수평적인 조직구조의 특성을 지녀 구성원간의 평등의식을 기본적으로 보장하는 점이 만인제사장설로 표현되는 성경적 인간관과 잘 병행할 수 있는 구조를 제시하고 있다. 각인의 은사를 따라 서로 보완하여 직무를 수행할 수 있는 기반을 지니게 되고, 이와 같은 평등의식은 정보의 공유로 이어져서 구성원의 의사결정능력이 제고되며 … 지속적인 문제의 해결은 하나님의 창조사역의 연장으로 이해할 수 있디. 이것은 문화명령의 수행과정이며 월터스가 언급한 제 3의 창조로 연결 지을 수 있겠다.[9]

이를 위해서 우리는 여섯 가지로 전문인이 사역할 수 있는 변화의 방향을 제시할 수 있다.

첫째, 수평구조이다. 전문인 사역자들이 사역하기에 가장 좋은 구조는 수평적인 네트워킹이 형성이 되는 구조이다. 우리는 문화변혁자로서 인터넷을 통해 이러한 구조를 인터넷을 통한 세계화시대에 가속화시켜야 할 것이다.

둘째, 정보의 공유이다. 우리는 정보를 공유하는 데 주저할 필요가 없다. 그 다음 정보를 다운로드 받았다면 그 전 정보는 얼마든지 공유하고 정보가 지식화를 거쳐서 지혜로 바뀔 수 있도록 하나님의 음성을 듣는 하나님 중심의 세계관을 작동시켜야 한다.(정보 ⇨ 지식 ⇨ 지혜)

셋째, 강화된 구성원이다. 팀별로 은사별로 강화되어진 구성원들은 전문인으로서 자신의 기능을 발휘하게 된다. 이들의 최종 목표는 직업의 전문성과 사역의 전문성, 언어의 전문성 그리고 지역의 전문성을 구비한 세계내화(glocalization)가 이루어진 오메가 지도자여야 한다.

넷째, 전략의 형성이 필요하다. 4대 전문성을 갖추고 상황의 변화에 따라 순응할 수 있는 전략을 세우되 복음의 핵심은 손상하지 않는, 위기관리 능력이 있는 리더십에 의해서 고통을 극복하고 승리하는 전략을 도출해 내야 한다. 이 일에 구속적 유비의 개념과 전신자 선교사주의는 중요한 변수가 될 것이다.

다섯째, 섬기는 리더십이다. 빌립보서 2장 5-9절에 나타난 성육신 선교의 비결을 몸소 섬기신 예수님과 마찬가지로 섬기는 리더십을 통해서 팀원의 단합과 팀 다이나믹스(team dynamics)를 이룸으로써 선교하는 것 자체가 즐거움이 되어야 한다.

여섯째, 강력한 그리스도의 문화가 선포되어야 한다. 우리는 이들을 문화변혁자(Transformer of culture)라고 부른다. 세속적 인본주의의 문화를 타개(breakthrough)하고 변혁시키는 자가 되어야 한다. 이들은 팀으로 일함으로써 삼위일체로 인간을 만드신 하나님의 사역모델을 거울삼아야 한다.

김진홍 목사는 이러한 전문인들에 의해서 한국교회가 감당해야 할 사명에서 다음의 말씀을 인용하였다.

> 그 뜻의 비밀을 우리에게 알리셨으니 곧 그 기쁘심을 따라 그리스도안에서 때가 찬 경륜을 위하여 예정하신 것이니 하늘에 있는 것이나 땅에 있는 것이 다 그리스도안에서 통일되게 하려하심이라(엡1:9-10).

여기서 경륜이라는 단어를 설명한다면 아래와 같이 파생하는 의미를 가지게 된다.

첫째는 Economics이다. 경제란 단어이다. 그러나 우리는 이를 자비량 정신으로 이해를 해야 한다. 우리의 경제가 회복되기 위해서는 우리는 자원주의(Volunteerism)에 입각하여 희생하는 차원에서 이루어지게 될 때 형통하게 될 것이다.

둘째는 Ecumenics이다. 일치운동이라는 뜻이다. 그러나, 우리는 제3의 길의 연합으로서 다양한 가운데 조화(unity in diversity)라는 방법으로 다양한 가운데 무질서를 지향하고 있는 포스트모던사회에 질서를 부여하는 일치운동을 해야 하는 것이다. 이는 통일을 의미하는 uniform과는 다른 것으로 이해가 되어야 한다.

셋째는, Ecumenics이다. 이는 다양한 하나님의 창조 세계를 하나로 이끌어가는 통일 운동이다. 그러나 우리는 전문인 자원 운등으로 이해를 한다. 우리는 기업을 선교하는 기업, 선교를 위한 기업, 그리고 크리스천 기업으로 구분을 한다. 이러한 기업의 경영을 통하여 우리는 전문인 자원운동이야라는 가장 효율적인 경제운동을 벌일 수가 있다.

이 일을 위해서 우리는 이 세상의 권력자들과 경제인들에게 기독교의 경륜을 불어넣어야 한다고 김진홍 목사는 말한다.[10]

첫째는 이 나라가 채택하고 있는 자본주의와 민주주의에 혼을 불어넣는 일이다. 그러나, 나는 하나님 중심의 세계관을 가지고 전문인주의로 나아가야 한다고 말한다.

둘째는 퇴폐일변도로 나아가는 이 땅의 문화를 쇄신할 성경적 문화 내지는 기독교문화를 창출하는 것이다. 나는 이것을 신자의 비세속성의 원리(All Believer's Non-Secularism)를 지켜나가는 성령의 역사와 열매를 가진 신앙을 가져야 한다고 말한다.

셋째로 만신창이가 되어버린 이 땅의 교육에 대하여 대안을 제시하여 바람직한 대안교육을 모색하는 일이다. 이러한 대안 교육은 전신자 선교사주의에 입각한 전문인 선교사로 양성하는 길이다. 이를 요약하면, 아래와 같다.

신앙관 ⇨ 전신자 선교사주의
직업관 ⇨ 자원주의에 기초한 전문인 선교사
재물관 ⇨ 축복의 통로로서의 자비량선교(tentmaking missions)
윤리관 ⇨ 신자의 비세속성의 원리

이를 통해서 하나님의 기업이 네트워킹되는 전문인 선교기업운동이 일어나게 될 것이다. 이 일을 위해서 우리는 이 시대를 분명히 파악할 필요가 있다.

2. 포스트모더니즘시대의 전문인 선교의 방법

전문인 선교사역은 위기 속에서 기회를 맞이하고 있다. 마치 타이타닉호의 침몰과 같이 점점 세속적 인본주의의 파고 속으로 빨려 들어가는 상황에서 우리는 이 놈의 포스트모더니즘이라는 사생아로 인해서 고민을 할 것이 아니라 오히려 20세기까지의 신학사조를 반성하고 하나님의 뜻에 맞는 선교의 방법으로 포스트모던 사회의 내포적 원리를 발견해야 할 것이다. 사도행전을 기록한 누가는 바울에게 "이 새 교가 무엇인지 알 수 있겠느냐"는 요구의 근본적 이유를 이렇게 설명했다. "모든 아덴 사람과 거기서 나그네된 외국인들이 가장 새로되는 것을 말하고 듣는 이외에 달리는 시간을 쓰지 않음이더라"(행17:21).

문상철 박사는 「포스트모던 세계관의 위기와 선교적 기회들」이라는 글에서 새로운 전도의 기회들을 아래와 같이 인용했다.

포스트모더니티를 살고 있는 사람들은 대체적으로 초자-연계 혹은 영적 실체들의 가능성에 대해 이전보다 더 많은 것을 인정하고 더 많은 관심을 가지고 있다. 더러 반제도적 반교회적 태도들을 취하기는 하지 만 이러한 성향은 번영적, 혹은 반복음적 태도와는 구분되어야 한다. 성직주의에 대한 반감을 표출하는 것이 사실이지만, 이것은 평신도들에 의한 전도의 필요성을 더욱 강조할 뿐이다.[11]

이러한 이분법적인 신학이 힘의 균형상 '비대칭의 원리'에 의해서 힘을 잃어가고 보수주의가 자유주의에, 자유주의가 보수주의에 계속해서 영향력을 미치지 못함으로써 계속해서 기독교인들의 수는 줄어들고 유약한 그리스도인들만 지도자로 남는 현상이 표출되고 있는 것이다. 그러는 사이에 그리스도인의 숫자는 580만 명까지 적어졌고 이단의 수는 200만 명에 육박하고 있다. 심지어는 한 때 이단시된 '베뢰아 아카데미'를 수료한 목사들의 교회가 성장하는 것을 보고 이들을 이단으로 정죄하기보다는 이들의 영향력을 받고 싶어하는 역삼투압 현상이 일어나고 있다고 보고된다.[12]

현대신학이 계속해서 21세기에 포스트모던 신학으로 이어지면서 사탄에 대한 절대적인 저의가 무너지고, 상대적인 정의로 변환이 되면서 세계관에 더욱 혼란을 주고 있는 것이 지금의 상황이다. 2003년 서종대 교수가 기독신학대학원의 '세계관과 영적전쟁'에서 강의한 사탄론에 대한 전문인 신학의 입장에서 평가를 하면 아래와 같다:

첫째, 제한된 이원론(limited dualism)

평가: 우리는 제한된 이원론의 입장이 아니라 제 3의 길로서 삼위일체 하나님의 사역을 본받아서 제 3의 길로의 연합을 통한 다양한 가운데 조화를 이루는 전방위적인 방향으로 나아가는 것이다.

둘째, 사탄도 이 세상에서 많은 부분들에 실제적인 영향력을 행사하고 있다.

평가: 종교다원주의 입장에서 중간지역(middle zone)에 해당하는 혼합주의 영역에 명목적인 신자들과 실천론적인 무신론자들이 집중배치가 되어있는 데 이러한 크리스천들의 재배치도 논의가 되어야 한다. 회개를 통한 영적인 각성이야말로 이 시대가 필요로 하는 가장 강력한 영적인 무기이기 때문이다.

셋째, 죄를 인간의 행위로 보기보다 인간의 상태로 본다.(저항하기에는 너무 무력한 세력에 의해 사로잡힌 인간의 상태)

평가: 인간이 행위 이후의 상태는 원죄를 지니고 있는 인간이기에 너무나 나약해 보이기 때문에 죄인의 신분에 있는 것으로 보이지만 이론적인 차원에서 끝이 나는 것이 아니라 성령의 역사와 간섭하심으로 넉넉히 이길 수가 있는 것이다. 무력한 상태의 인간에게 다이나믹한 힘을 주시기 위해서 오신 인격적인 성령의 역사를 지속적으로 인정하고 함께 윈-윈(win-win) 파트너십을 형성하여 사역하는 것이 중요하다.

넷째, 인간은 스스로 무엇을 결정할 수 있는 존재가 아니라 외부에 있는 초자연적인 능력의 간섭에 좌우되는 무기력한 존재로 간주된다. 이것은 사단에 대해서 뿐 아니라 성령에 대해서도 마찬가지이다. 그 이유는 인간은 외적인 능력(성령 혹은 악령)의 영향력에 대해서 열려 있기 때문이다.

평가: 인간은 자발적인 의지에 의해서 스스로가 미래의 삶을 개척하는 전

문인이다. 우리가 위기를 관리할 수 있는 것은 사망의 음침한 골짜기로 다닐지라도 주의 지팡이가 함께 하시기 때문이다. 성령이 역사로 말미암아 지속적으로 예수님의 사역이 계승되고 유지되고 발전되는 것을 우리는 깨달아야 한다.

다섯째, 구원이란 악의 우두머리에 복종하고 있는 노예화된 세상을 정화하는 우주적이거나 물리적인 행위로 간주된다.

평가: 구원은 하나님이 예정하심 가운데 역사에 나타난 것이고 하나님은 점진적 구속의 방법을 통하여 자연계시를 통한 접근으로서 특별계시를 통한 접근을 통해서 총체적인 구속을 완수하셨다. 때문에 십자가의 죽으심과 부활은 최종계시의 완성이라고 본다. 이제 다시 오시는 것만을 기다리는 종말의 시대를 우리는 살고 있는 것이다.

여섯째, 종말론은 우리가 알고 있는 세상의 진정한 종말을 의미한다.

평가: 그렇다. 마귀도 이러한 위기상황을 내걸고 삼킬 자를 찾는 것이다. 삼킬 자는 스스로가 잡아먹힐 행동을 하는 자이고 따로 떨어져서 이기적이고 다변적인 인격을 가지고 행동하다보면 마귀의 올무에 걸려들게 되는 것이다. 그러므로 우리는 하나님의 가족이라는 선교 공동체로 만나는 종말의 위대성을 하나님의 나라 차원에서 믿어야 한다.

일곱째, 예수님의 부활과 재림은 승리의 정황 안에서 해석되어야 한다. 이 승리는 과거에 빈 무덤을 통해서 주어졌는데 이는 사단의 행위가 최종적으로 종식을 고하는 예수님의 재림에 있을 최후의 승리에 대한 전주곡이다.

평가: 이미 주님의 재림은 예정이 되어 있는 것이고 그러한 선택으로 부활하심을 통해서 이루어 선택된 날(Determined Day)로 1대 1의 무승부를 한 상태이다. 이제는 연장전으로 짧은 시간 동안 예정된 마지막 승리의 날(Victory-Day)을 기다리는 삶이 성도의 삶이다. 그러므로, 오늘 비록 인생이 당신을 속이는 것처럼 보일지라도 실망할 필요가 없는 것은 주님이 곧 오시기 때문이다.

여덟째, 하나님의 나라는 사단의 수하에 있는 전 세계의 해방의 관점에서 정의된다.

평가: 지역 신(territorial spirits)으로서의 사탄이 부하들의 활동을 묶을 수 있는 방법은 지역에 대한 정확한 조사에 기초한 영적 전쟁을 수행하는, 그리스도의 군사가 되는 일이다.

아홉째, 사단을 향한 관점은 예수님의 신성을 강조하는 경향이 있다. 아버지와 하나됨, 사단과의 전투에서의 하나됨을 강조한다. 예수님의 순종은 아버지의 뜻에 대한 이행이다. 사단을 향한 관점은 예수님의 천상의 측면을 강조한다. 왜냐하면 신적인 분만이 강력한 원수와 대항할 수 있기 때문이다.

평가: 내 안에도 계시며 천국에도 계시는 하나님의 내재성과 초월성의 두 측면이 조화된 임마누엘 하나님과 동행하는 삶을 이 시대의 신자들은 요구받고

있다. 여기서의 하나됨은 포도나무와 가지의 비유처럼 하나님과의 유기적인 관계에서 타문화권을 넘나들며 선교사로 살아갈 때 생활 가운데 선교사가 되는 삶을 살 때 승리하게 되는 것을 뜻한다.

이러한 사탄과의 전쟁을 미국의 조지 W. 부시 대통령은 악의 축이라고 규정한 바가 있는 미국-북한간의 전쟁 시나리오에 대입을 해 볼 수 있다.

한국의 남북간이 대치 상황에서도 미국이 전면전에서는 유리하지만 현재의 이라크의 모습과 북한이 게릴라전으로 나온다고 하면 불리하게 전개될 것을 염두에 두고 북한을 쉽게 손대지 못하고 있는 것으로 보인다. 이러한 미국-북한간의 전쟁시나리오를 보는 한민족의 시선도 저들이 하나님의 군대에 속하였느냐 아니면 십자군에 속하였느냐에 따라서 해석을 달리하고 있는 실정이다. 이것이 포스트모던사회의 한반도에서의 정치 군사적 현실이다. 이러한 한반도에서의 위기상황에서도 남한의 백성들은 세속적 인본주의와 쾌락주의와 타락의 정치사회를 구가하고 있는데 이러한 혼란을 빠른 시간 안에 극복하고 정화 작업을 하지 못하면 통일한국의 위상도 상당히 실망스러워질 것이다. 최종적인 전쟁이 일어나지 않는 것은 하나님의 손에 달린 것이다. 이러한 전쟁를 비대칭적인 전쟁이라고 하는 등 보수주의 신학과 자유주의 신학이 엉켜있는 실타래는 생활 가운데 전도자를 일으켜서 하나님의 왕국의 회복을 꾀하는 방법으로 화해시킬 수 있다. 이는 전문인 신학으로 적용되며, '힘의 비대칭의 원리'를 균형 잡힌 감각으로 바꾸어줄 수 있는 것이 우리 시대의 복음의 역동성이라고 본다.

열째, 예수님의 고난을 강조한다.

평가: 예수님의 고난만을 강조하면 안되고 고통 그 너머의 희망을 강조해야 한다. 한국교회가 새로워질 수 있는 길은 고난을 극복한 승리의 신앙의 모델들을 많이 발굴하는 것이다.

여기서 결론적으로 스탠리 그렌츠가 제시하는 포스트 복음을 네 가지로 정리한다.

1. 포스트 개인주의적 복음이다
2. 포스트 이성주의적 복음이다.
3. 포스트 이원주의적 복음이다.
4. 포스트 지성중심의 복음이다. [13)]

전문인주의가 이러한 포스트 복음주의 신학의 내용들을 가질 수 있는지를 다음과 같은 틀에 담아보고 선교적 해석을 하고자 한다.

첫째로, 포스트 개인주의적 복음(A Post-Individualistic Gospel)이다.

평가: 우리는 초개인주의적이라는 말의 의미가 인간이 자신의 의를 강조하는 것이 아니라 하나님의 의를 강조하는 자기 정체성의 확립이라고 본다. 이는 전문인 선교세계관을 가진 하나님의 백성들이 예수님과 같이 자신의 신성을 제한하고 성육신적으로 희생의 삶을 산 것과 같은 차원에서 자신을 성결케 하겨 절제하는 믿음 가운데서 이루어진다고 본다. 이는 실천신학으로서 전문인 신학의 현주

소이다.

둘째로, 포스트 이성주의적 복음(A Post-Rationalistic Gospel)이다.

평가: 타종교의 세계관이 난무하는 종교다원주의의 세상에서 저들의 세계관에 까지 변화를 주지 못한다면 절대주의가 아닌 상대주의적 사고를 하고 있는 오늘의 세대들에게 복음을 전하기 어려울 것이다. 한걸음 양보하여 상대적 절대주의로 나간다고 해서 복음의 진전을 가져오는 것이 아니라 그것은 성육신적인 하나님 중심주의적으로 나아갈 때에만 가능하다. 이는 문화변혁자의 주체로 서 있는 전문인 선교사의 세계관이 단순히 문화에만 머무는 것이 아니라 상황적으로 문화에 침투할 수 있는 지역학의 연구에까지 임해서 문화+지역의 개념으로 이름을 뜻한다. 지역 신(territorial spirits)에 대한 영적 전쟁에서 승리할 수 있는 선교세계관을 선교현장을 가진 채 실질적 크리스천들에게 인식시키는 것이 중요하다.

기독교 세계관 ⇨ 선교 세계관 ⇨ 전문인 세계관
문화인식론차원 ⇨ 지역인식론차원 ⇨ 문화지역인식론차원

이제 20세기와 21세기의 선교방법이 조화를 이루는 인식의 변화와 세계관의 변화 운동이 일어나야 한다. 이러한 변혁적인 문화작업의 요청에 대해서 임성빈 교수는 이렇게 요약한다.

변혁적 작업이란 말씀이 육신이 되셨듯이 복음이 선포되는 곳에서 그것이 문화로 성육화됨을 의미한다(요1:14). 그러나, 복음은 항상 특정한 문화에 종속되는 위험에 처할 때도 있으며, 또한 정치적 목적을 위하여 오용될 수 있다는 점을 잊지 말아야 한다. 그러므로 우리는 문화에 있어서 하나님의 영광을 향한 지침과 방향성을 제공하는 존재로서의 복음의 초월성을 항상 우선시하여야 한다. 변혁이란 복음이 선포되는 곳에서 문화의 특정한 요소들을 정화(purification)시키는 것을 의미한다. 즉, 변혁이란 억압적 측면이 있는 요소들로부터 세상을 자유케 하는 것이다. 예컨데, 다메섹 도상에서의 바울이 특별한 체험(행9:1-19)은 종교적 편견으로부터의 해방을 의미한다. 복음에 의해서 초래된 변혁은 온 집안을 밝히는 빛(마5:15)과 같다. 그러므로, 변혁이란 사람들에게 복음과 자신들의 고유한 문화에 대하여 깊은 통찰력을 가지고 도전하는 것을 말한다. 교차문화적 차원에서는 그리스도에 대한 경험과 복음이 증거되는 현장의 문화적 가치와 상징에 대한 신실한 증거가 동시에 요구된다. 복음은 해방이 메세지를 선포하는 것을 통하여 개인의 정체성을 확증하며 줌과 동시에 새로운 성령 공동체로의 편입을 확증한다(행 4:32-35). [14]

따라서 문화지역인식론의 차원에서 전문인세계관의 영역으로까지 연구가 되어야 한다. 예를 들면, 의학도가 해석한 창세기 1-11장 연구와 신학도인 스펄전 목사가 해석한 창세기 1-11장이 서로 다양한 가운데, 조화를 이루는 모델들이 나와야 하는 것이다.

셋째로, 포스트 이원론적 복음(A Post-Dualistic Gospel)이다.

평가: 전도와 사회참여의 이원론을 극복하고 개인구원과 사회구원에 동참하는 방법을 요구하게 되는 것이다. 전문인 선교는 자신의 직업의 전문성을 가지고 사회에 침투하여 인간화 중심의 소비자 중심의 선교방법을 통해서 구매자를 확

보하고 그 접촉점을 활용하여 사역의 전문성을 가지고 선교하는 이원론을 극복한 제 3의 길로서의 전문인 선교의 통합적인 방법이다. 이는 전문인 선교 신학의 특징이다. 더 나아가서 전문인 선교신학은 이제 지역학연구와 함께 언어의 전문성과 지역이 전문성을 포함하는 사중 전문성으로 나아가야 하는 세계화의 기로에 서있다.

넷째는 포스트 지성 중심의 복음(A Post-Noeticentric Gospel)이다.

평가: 우리는 그리스도의 복음을 다양한 방법을 통해서 복음의 상징성을 활용하여 적극적으로 구속적 유비 차원에서 이야기체로, 때로는 예수 영화로 시청각을 총동원하여 총체적으로 전해야 한다. 이를 통해서 서로 다른 이질 집단이 총체적으로 연결되고 형식주의적인 20세기의 보수주의의 모든 것을 배우는 것이 아니라 interdisciplnary의 방법처럼 신앙은 보수 그러나 사역은 통전적이라는 말처럼 지역성과 문화의 세대를 초월하는 그러나 변하는 세대 가운데 변치 않는 말씀을 증거하는 전문인 신학의 실제를 보여 주는 모델 선교사가 많이 배출이 되어야 한다.

여기서 구속적 유비를 다시 한번 정리하면 각 문화마다 구속적 유비가 있으며, 그 유비들이 그리스도 안에서 원래 의미와 목적이 성취되어야 한다고 돈 리처드슨은 말했다. 이것이 바로 그의 성취론(concept fulfilment)인데, 이 성취론이야 말로 타문화 커뮤니케이션에서 문화의 중요성과 역할을 잘 보여 주는 것이다(EMQ:Evangelical Missions Quarterly, 1992년도 4월호 pp. 182-

87 요약 핵심정리) 그는 종교적인 차원에서의 구속적 유비에서 사회적인 차원에서의 구속적 유비로 전개해 나가면서 구속적 유비를 설명했다.

이러한 구속적 유비를 찾는 작업은 하루아침에 되는 것이 아니고 최소한 8년 이상이 체류를 통해서 그 종족의 특징을 하나님의 지혜 가운데 찾아내는 것이다. 이러한 사례를 전문인협력기구의 주영찬 선교사가 발견했는데 그 내용을 소개하면 아래와 같다.

중국의 소수민족 가운데 하나인 치앙 족은 흰 돌이 자기들의 주신의 상징이다. 옛부터 흰 돌은 자신들의 운명을 결정짓는 신으로 여겨져왔다. 성경에서 말하는 흰 돌은 하나님의 나라에서 신앙의 정절을 지킨 승리자, 죄의 사함을 받은 순결한 백성에게 주는 상급이며 영광스러운 하−님 나라의 잔치에 참예하는 상급의 표시라고 생각하기도 한다(계2:17).

우리는 흰돌을 숭배하며 양을 신성시하는 백성인 치강 족과 사랑하는 백성을 위하여 영원한 반석이 되셔서 마지막에 승리하는 백성에게 하나님 나라의 잔치에 참석케 하기 위하여 스스로 양의 문이 되신 예수 그리스도와 유사점이 있음을 발견할 수 있다. 치앙족이 아직 주님을 알지 못하는 백성이지만 이들의 문화는 복음을 효과적으로 전달할 수 있는 복음의 접촉점이 될 수 있다. 이들에게 상황화된 복음의 접촉점이 개발되어서 전도가 효과적으로 이루어지는 전략이 필요하다.[15]

이처럼 종교적인 차원에서 구속적 유비가 선교사역 차원에서의 N.G.O.와 같은 사역을 통해서 사회적인 차원에서 구속적 우비가 이루어지는 전문인 선교의 사역의 길이 열리게 되는 것이다. 이것이 바로 선교현장이 있는 신학이요 지역화가 아닌 국제화시대에 한국이 내놓을 수 있는 복음주의 신학이다. 이러한 구속적 유비를 찾아가는 과정을 도해하면 아래와 같다.

localization ⇨ globalization ⇨ glocalization

legalism ⇨ syncretism ⇨ contextulization

contextulization ⇨ decontextulization ⇨ recontextulization

culture ⇨ supraculture ⇨ interdependent culture

이러한 모든 도해를 가능케 한 세계화에 대해서 기든스는 이렇게 말했다. 그는 세계화는 멀리 떨어진 지역을 결합하는 세계적 사회관계의 강화로 정의하였는데 이는 지역적 사건이 멀리 떨어진 곳에서 일어나는 일에 의해 결정되거나 그 반대의 과장도 성립할 수 있다는 것이다. 그에게 있어서 세계화는 변증법적 과정인데 이것은 그러한 지역적 사건이 아주 먼 곳에서 그것이 원인이 되었던 관계와 역의 방향으로 움직일 수 있기 때문이다. 지역적 변형(세계내화)은 시간과 공간에 걸친 사회관계의 수평적 확장과 마찬가지로 세계화의 일부이다.[16]

진정한 의미에서의 세계화는 지상대명령을 어떻게 하면 효과적으로 준행하느냐의 과제라고 본다. 비판적 해석학(critical hermeneutics)에 기초한 비판적 다수(critical majority)에 의해서 문화의 맥도날드화(Macdonaldization)와 자국의 문화가 힘이 없어지면 주변문화에 머물고 타국의 문화가 힘이 있으면 중심문화로 자리를 잡는 문화의 혼합화(hybridization)가 사라지게 되고 성육신적인 상황화에 의한 전문인 선교에 의해서 지상대명령이 성취되리라고 본다. 이를 위해서 포스트모던시대의 신학의 틀에 전문인 신학을 비교하는 일은 리트머스시험지에 실험하는 것처럼 중요한 시험대가 될 것이다.

따라서, 복음주의 신학으로서 전문인 신학의 요체를 요약하면 아래와 같다.

포스트 개인주의적 복음 ⇨ 전문인 신학
포스트 이성주의적 복음 ⇨ 전문인세계관
포스트 이원론적 복음 ⇨ 전문인 선교신학
포스트 지성주의적 복음 ⇨ 전문인 신학의 실제

이처럼 세계관에 변화를 둔 선교훈련을 통해서 총체적인 하나님의 백성이 탄생하게 된다. 이들이 목사가 되면 선교형 목사가 되는 것이고 이들이 선교사가 되면 생활 가운데 전도를 하는 전문인 선교사가 되는 것이다. 그런데 이러한 신학의 기초를 이루는 것이 전신자 선교사주의인데 이에 대한 설명을 자세히 할 필요가 이제 시대적으로 대두가 된 것이다.

3. 만인제사장주의와 전신자 선교사주의의 상관성

종교개혁 당시에 세계선교가 둔화된 이유는 지상대명령에 대한 책임 이 예수님 당시의 12제자에게 국한된 것이라는 종교개혁자들의 해석 때문이었다. 이현모 교수는 이 당시의 루터의 모순된 행동을 이렇게 분석한다.

마틴 루터는 이렇게 주장하였다. 지상위임명령은 사도들에게만 국한된 명령으로 사도 시대에 이미 성취되었고 오늘날 교회는 자신의 지역을 벗어나서 선교하라는 명령을 위임받지는 않았다. 물론 이 주장은 루터가 교황의 세습권을 제한하기 위해서 세습권의 근거로 주장되는 모든 구절들을 차단하기 위한 해석이었지만 이 주장을 추종하는 많은 교회들은 주로 자신들의 교구 내에 있는 가톨릭교도를 개종하는 것에 열심을 내었지 자신들의 지리적 한계를 넘어서려는 어떤 시도도 스스로 금하고 있었다.[17]

마틴 루터의 만인제사장설(All Believer's Priesthood)은 여러 가지 차원에서 함정이 있고 잘못된 해석으로 말미암아 오해를 사고 있는 듯하다. 그리하여 필자는 만인제사장설의 참된 의의를 비판적 해석학의 입장에서 전신자 선교사주의로 발전을 시켰다.

1. 전신자제사장주의의 역사적 발전

먼저 전신자제사장주의의 역사적 발전에 대해서 소개해 보기로 하자. 레지 맥닐(Reggie McNeal)은 이렇게 설명하고 있다.

> 전신자 제사장이라는 성경적 교리는 사명으로 결속된 하나님의 백성(corporated people)이라는 명칭을 강조한다. 위의 성경구절(출19장, 벧전 4장) 어디에서도 제사장이라는 단어는 단수로 등장하지 않았으며, 그 용어는 제사장직(priesthood)이거나 제사장들(priests)이다. 하나님 앞에서의 개인 양심의 자유에 초점을 맞추면서, 이 성경적인 교리를 '신자의 제사장직(the priest of the believer)' 이라고 칭하는 것은 성경의 자료를 불충분하게 해석했음을 보여 준다. 그리스도 안에 있는 자라는 사실에 입각한 신자에게 개인적인 특권들이 결과로 주어지는 것이라면 보편적 제사장직(universal priesthood)교리는 하나님의 백성들이 세상에서 하나님을 위한 사명으로 살아야 한다는 집단적인 책임을 말하는 것이다.[18]

핵심적인 내용은 초대교회 당시 대제사장적인 그리스도에서 시작된 전신자제사장주의에 대한 이해가 마지막에는 교회의 선교적 사명에까지 이르렀다고 하는 것을 명백히 했다고 하는 것이다.[19] 그러나 카알라일 마니는 종교개혁 당시의 루터의 제사장적인 개념은 서로에 대한 제사장이라고 하는 공동체적 개념을 시사한다고 주장했다.[20] 더욱이 안타까운 것은 헤겔과 슐라이에르마허에 이르러서는 개인주의가 침투하여 전신자제사장주의가 사람은 누구나 자신을 믿는다는 엉뚱한 인본주의적 고리로 추락을 했다는 것이다.[21]

전신자제사장주의는 19세기에 이르러서 발전을 가져오게 되었다. 존 대그(John L. Dagg)는 교회의 행정과 정체성의 민주정체를 옹호하면서 다시 한번 그리스도인의 사역을 교회를 위한 은사들 중 하나로 간주했다.

대그는 교회의 사역을 위해 은사들을 주시는 하나님의 공급하심을 해석하면서, 신자들의 제사장직의 집단적인 개념을 확립했다. 그는 침례교 회중들 내에서 은사들이 불완전하게 사용되는 것을 보고 한탄했다.

> "어떤 그리스도인들이 가지고 있는 은사들을 적극적이며 신중하게 사용함으로써 기독교의 이익은 헤아릴 수 없을 만큼 증진될 것이며, 복음전파를 위한 모든 노력과 경건의 증대를 소수에게만 제한하는 것은 그리스도의 의도를 크게 저해할 것이다."[22]

여기서 대그는 팀 다이나믹스(team dynamics)로서의 전신자 선교사주의의 원형을 제시해 주고 있는 것이다. 소수에게만 제한하는 것이 아니라 진정한 의미에서 선교세계관을 가진 자에게 주어져야 마땅한 것이다. 그러므로, All이라는 단어보다는 every라고 하는 단어가 올바른 용어이다.

드디어, 20세기 초에서 중반에 이르러서 멀린스(E. Y. Mullins)와 카너(W.T. Conner)를 통해 인격주의 철학적 구조에 의해 변증적인 세계관을 가지게 되었다. 이들은 전신자 제사장직 교리에 대한 언급들은 하나님의 제사장들의 집단적인 책임성보다 그 교리의 개인적 특권-민주주의가 교회론의 측면에서 기독교적인 삶의 표현인 것처럼, 하나님께 대한 영혼의 능력의 표현이다라는 측면에 대한 강조를 보여 준다.[23] 따라서 교회는 정체적이고 가시적인 건물로서의 교회라는 개념에서 지상대명령의 사명을 받은 그리스도의 몸으로서의 움직이는 활동의 개념으로서의 교회라는 이해돼야 한다. 그것이 가능해진다면 제사장의 개념에만 묶여있는 이 교리가 세상사를 다스리는 왕같은 제사장 개념으로까지 발전하게 되는 것은 무리가 아니다. 이에 대해서 교회의 활동 속에서 이러한 개념의 변천을 찾았다. 카너는 이렇게 말했다.

> 그들은 이 세상 속에서 나라와 제사장들이 되었다. 그들은 그리스도와 하나님의 통치를 받는다는 점에서 하나의 나라이다. 그들은 하나님의 권위와 능력을 인간에게 중재한다는 점에서 제사장들이다.[24]

이러한 보편적 제사장직 교리는 결국 왕 뿐 아니라 빈다면 목화자를 포함하여 4만 개의 직종에 있는 모든 그리스도인이 직업에 대한 하나님의 소명과 모든 그리스도인의 편에서 하나님의 나라를 확장해야 할 책임에 대해서 논하게 되는 것은 자명한 귀결이라고 본다.

최근에는 남침례교신학교의 교회사 교수였던 티모시 조지(Timothy George)는 신자들의 제사장직을 신분보다는 사역 쪽에 비중을 두고 말했다. "신자들의 제사장직은 … 그리스도인의 신분보다는 그리스도인의 봉사와 더 관련이 있다."[25] 여기에서 전신자사역자주의에 대한 의견으로 발전하게 되는 것은 물이 더 큰 바다를 향해 흐르는 것처럼 자명한 일이다. 이렇게 되면 평신도의 사역에 대한 논쟁으로 발전을 하게 되는 것이다.

프랭클린 지글러(Franklin Segler)는 평신도 신학의 중요성을 이렇게 공언했다. 그는 목회에 대한 자신의 논의가 "줄곧 전신자 제사장직 교리에 기초해 왔으며 … 결과적으로 교회의 목회는 교회 전체의 책임이고 지도자 혼자의 책임이 아니기에 교회회원들이 이 사역을 분담해야 한다."고 밝혔다. 그는 "종교개혁이 보편적 제사장직 원리를 갱신함으로써 평신도의 중요성을 회복시키는 공헌을 했으며, 현대 교회는 진정한 평신도 신학이 긴박하게 필요한 상황에 직면했다."고 말했다.[26]

결국 모든 그리스도인이 제사장이라고 하는 것은 구원의 소명과 사역의 소명이 성화되어가는 단계에서 긴밀하게 연관성을 가지고 있는 것을 보여 준다. 카알라일 마니는 평신도들에게 "이 세상 속에서 교회 사역자가 됨으로써 자신들의 사명을 감당하라"고 촉구했다.[27] 여기에서 핀들리 에지(Findley Edge)라고 하는 기독교 교육학자가 중요한 발언을 하는 것을 유념할 필요가 있다.

하나님은 그의 백성을 사역자로 부르시며, 그 사역은 평신도들이 알든 모르든 상관없이 평신도들에게 속한 것이다. 하나님의 사역은 평신도들이 그것을 이행하든 그렇지 않든 간에 평신도에게 속한 것이다. 그리고 평신도는 사역을 받아 수행하든지 그렇게 않든지, 자신의 태도에 대해 하나님 앞에

서 책임을 져야 한다.[28]

따라서, 평신도들이 세상 속에서 하나님의 구속목적을 수행함에 있어서 직장선교나 전문인 선교를 통하여 직접적으로 참여하는 것은 당연한 것이다. 이처럼 전문적이고 직업적인 사역자들과 다름이 없는, 직업의 전문성에 사역의 전문성을 배양받은 평신도들을 훈련시킬 수 있는 준비가 되어 있지 못하다는 데에서 목회자가 왜 전문인이 되어야만 하는가 하는 도전이 생기게 되는 것이다. 목회자라고 하는 전문인은 자발적인 의지에 의해서 목회자로 소명을 받고 스스로가 교회개척과 성장 그리고 평신도를 팀으로 동원하여 하나님 나라의 차원에서 교회를 성숙을 시키는 전략적 조정자가 되어야 한다는 것이 필자의 의견이다. 만일 신자들이 선교사가 되어지는 교육이 충분히 했다면 한국의 신학교는 오늘날처럼 취직이 안되는 신학교로 전락을 하지 않았을 것이다. 직장선교학과와 직장사목과 등 세상이 필요로 하는 제사장들을 많이 배출할 수가 있었을 것이다. 고 오엔 쿠퍼는 평신도로서 남침례교 총회장을 한 사람인데 이런 유언을 남겼다.

> 남침례교인들이 전신자 제사장직에 대한 신념을 실천하고, 모든 신자들에 대한 소명이 있음을 깨닫고, 신자들 모두가 사역이 있음을 깨닫고, 모든 신자들에게 그들의 사역을 성취할 수 있는 통로를 제공하그, 앞에 있는 모든 것들을 뒷받침하며 확증해 주며 보편적으로 수용되고 성걷에 기초한 신학을 발전시키게 되면, 세상 속에 막강한 지원 세력을 풀어 놓게 되어 '힘찬 선교운동(Bold Mission Trust)' 의 획득을 거의 현실화하여, 아마도 세상을 뒤엎을

수도 있을 것이다.[29]

복합문화권인 미국과 같은 남침례교단에서는 국내선교와 외국선교를 분리해서 모두 선교로 이해를 하고 있기에 저들이 말하는 '전신자사역자주의'는 한국과 같은 단일 문화권에서는 '전신자 선교사주의'에 해당한다고 보면 된다. 여기에서 우리는 몇 가지 결론에 도달할 수 있다.

> 만인제사장설 ⇨ 전신자제사장설 ⇨ 전신자사역자설 ⇨ 전신자 선교사주의
> 전신자제사장설+신자의 비세속성의 원리=전신자 선교사주의
> 전신자사역자주의+타문화권=전신자 선교사주의
> 전통적 선교 ⇨ 직업선교 ⇨ 전문인 선교 ⇨ 미전도종족선교

2. 전신자 선교사주의의 요체

전신자 선교사주의(Every Believer's Missionaryhood)는 하나님의 자녀가 된 각 개개인이 자신의 생업을 가지고 생활 가운데 선교하는 삶을 사는 것이 지상대명령의 삶을 준행하는 것이라고 하는 입장이다. 또한 이 세상의 직업은 목사 아니면 선교사이기 때문에 목사와 선교사는 국내와 해외에서 각각 선교사역에 우선순위를 두고 살아야 한다. 또한 세상 속으로 들어가서 축복의 통로가 되어서 서로 간에 자신의 직업에 기초한 선교적 접촉점을 중심으로 친교하고 섬기고 말씀을 증거하며 주님오실 때까지 증인의 삶을 살아간다고 하는 순례자적인 리더십에 의거한 성육신적 섬김의 삶을 의

미한다.

첫째로, 전신자 선교사주의의 성서적 기초에 대해서 알아보자.

전신자 선교사주의의 성서적 기초는 전신자제사장-주의의 성서적 기초와는 차별화해서 설명하는 것이 올바르다고 본다. 선교에 대한 모델이 되는 말씀은 창세기의 선교명령의 말씀과 문화명령 지상다명령 그리고 바울의 말씀으로 종합할 수 있겠다.

구약에서 선교명령을 주신 하나님은 선교의 하나님이시다. 믿음이 없는 아브람을 우상의 집에서 불러내신 것은 오늘날 종교다원주의의 세상에서 불러내셔서 선교하도록 하시는 것과 너무나 같은 상황이다.

> 여호와께서 아브람에게 이르시되 너는 너의 본토 쳔척 아비
> 집을 떠나 내가 네게 지시할 땅으로 가라(창12:1).

선교명령+문화명령=전문인 선교명령

위의 공식과 마찬가지로 전문인 선교는 직업의 전문성을 가지고 문화명령대로 경영하며, 사역의 전문성을 가지고 선교명령대로 나아가는 것을 의미한다.

> 하나님이 그들에게 복을 주시며 그들에게 이르시되 생육하고
> 번성하여 땅에 충만하라, 땅을 정복하라, 바다의 고기와 공중

의 새와 땅에 움직이는 모든 생물을 다스리라 하시니라(창1:28).

구약에서 지상대명령에 해당되는 말씀이 출애굽기 19장 5-6절이라고 Dr. Walter Kaiser는 말했다.

> 세계가 다 네게 속하였나니 너희가 내 말을 잘 듣고 내 언약을
> 지키면 너희는 열국 중에서 내 소유가 되겠고 너희가 내게 대
> 하여 제사장 나라가 되며 거룩한 백성이 되리라. 너는 이 말을
> 이스라엘 자손에게 고할찌니라(출 19:5-6).

이러한 선교명령의 말씀들이 지상대명령으로 누구든지 세계를 품은 그리스도인으로서 지상대명령을 준행할 주체인 제자라고 생각하는 자는 초대교회의 12제자에게 국한 된 것이 아니다. 오고 가는 세대 가운데 아직도 주님의 유언을 지켜야 할 피조물된 자신의 신분을 아는 전문인 선교사와 전문인 예언자들이다. 16세기의 네덜란드 개혁교도인 싸라비아 교수가 영국의 콜롬비아 신학교의 학장으로 있으면서 그는 모든 신자는 지상대명령의 말씀을 지켜야 할 주체라고 하면서 만인선교사주의를 부르짖었다. 그 당시에는 이것은 받아들여질 수 없는 것이었으나 오늘 다시 '전신자 선교사주의'라고 하는 이름으로 불려지는 것을 볼 때 전문인 선교의 성서적 기초는 마태복음 28장 19-20절이다.

> 너희는 가서 모든 족속으로 제자를 삼고 아버지와 아들과 성
> 령의 이름으로 세례를 주고 내가 네게 분부한 모든 것을 가르

처 지키게 하라(마28:19-20).

이러한 지상대명령의 실행 주체의 변천 과정은 아래와 같다.

만인제사장주의 ⇨ 전신자제사장주의 ⇨ 만인사역자주의 ⇨ 만인선교
사주의 ⇨ 전신자 선교사주의

그러나, 좀더 자세한 성육신 선교의 요체를 보여 주는 성경갈씀은
역시 빌립보서 2장이다.

너희 안에 이 마음을 품으라. 곧 그리스도 예수의 마음이니 그
는 근본 하나님의 본체시나 하나님과 동등됨을 취할 것으로 여
기지 아니하시고 오히려 자기를 비어 종의 형체를 가져 사람들
과 같이 되었고 사람의 모양으로 나타나셨으매 자기를 낮추시
고 죽기 까지 복종하셨으니 곧 십자가에 죽으심이라(빌2:5-8).

이 말씀을 통해서 우리는 자기 비하의 교리와 동일시의 원리 그리고
성육신의 원리를 발견하게 된다. 더구나, 위기관리 능력이 요구되는 선교
현장에서 선교사는 성령으로 깨어 있으며 하나님의 능력을 발휘하는 전천
후 선교사가 되어야 하는데 이러한 성육신 선교사의 모델을 제시하는 성경
귀절은 바로 아래와 같다. 세계적인 신약신학자인 Dr. Richard Melick은 이
말씀이 신구약전체에서 가장 중요한 말씀이라고 했다.

내가 그리스도와 그 부활의 권능과 그 고난에 참예함을 알려 하여 그의 죽으심을 본받아 어찌하던지 죽은 자 가운데서 부활에 이르려 하노니(빌3:10-11).

이러한 삶을 산 바울은 제 3차 선교사역 가운데 전문인 선교사역의 모델이 되는 귀한 말씀을 사도행전 18장 1-15절에 제시해 주고 있다.

이에 바울이 아덴을 떠나 고린도에 이르러 아굴라라 하는 본도에서 난 유대인 하나를 만나니 글라우디오가 모든 유대인을 명하여 로마에서 떠나라 한 고로 그가 그 아내 브리스길라와 함께 이달리아로부터 새로 온 지라 바울이 그들에게 가매 업이 같으므로 함께 거하여 일을 하니 그 업은 장막을 만드는 것이더라. 안식일마다 바울이 회당에서 강론하고 유대인과 헬라인을 권면하니라 … 만일 문제가 언어와 명칭과 너희 법에 관한 것이면 너희가 스스로 처리하라 나는 이러한 일에 재판장되기를 원치 아니하노라 하고(행 18:1-15).

이 본문에서 네비우스가 말한 삼자원칙의 원리가 이미 나오고 있다는 것은 자비량선교가 얼마나 성서적이냐 하는 것을 입증해 주는 것이다.

2절:자립(self-supporting)을 보여 주는 대목이다. 장막을 깁는 일을 할 수 있었기에 동역자로서 브리스길라와 아굴라를 만날 수 있었다. 랍비로서 배웠던 바느질 기술을 재정의 위기를 돌파하는 직업으로 사용한 것이다.

4절:자전(self-propagating)을 보여 주는 대목이다. 안식일마다 회당에 가면 회당장이 두루마리를 읽는데 무슨 뜻인지 모르고 읽고 있는 것이다.

이 때 강해설교(expository preaching)의 일환으로 그가 만난 예수에 대해서 말씀에 기초하여 바울은 복음을 전할 수 있었다.

15절:자치(self-governing)을 보여 주는 대목이다. 유대인의 법대로 유대인을 다스리라고 하는 이 말씀을 통해서 회당장 소스데네가 회중들에게 재판자리 앞에서 매를 맞아도 갈리오 아가야 총독은 개의치 않았다.

이 말씀 가운데서도 어렵지 않게 목적을 가지고 찾으면 삼자 원칙에 기초한 비지니스 선교의 기초를 찾아낼 수가 있다.

이러한 사역의 기초에는 자원주의(Volunteerism)이 전제가 된 것이다. 바울은 헬라 교회의 가난한 유대 그리스도인들을 돕는 일을 할 때, 자발적이었으며, 선택이 아니라 의무감을 가지고 한 것이었다. 이러한 바울의 선교정신이 위기상황이 발생했을 때 자원주의운동으로 나타나는 것이다.

필자가 하와이의 마우이 섬에 은퇴해 있는 어머님과 아버님을 만나러 갔을 때의 일이다. 그 곳의 주민들은 바다에서 그 날 먹을 것만 노획을 하는 것이었다. 그들은 바다에 있는 물고기를 마치 우리가 음식을 냉장고에 넣어둔 것처럼 안전하게 여기고 있었다. 그 모습을 보며 우리는 광야에서 그 날의 만나를 주신 하나님이 각자의 필요에 따라서 충분히 소유하게 하시는 의미를 깨달을 수 있었다. 이러한 자원주의 운동이 오늘날 전문인 선교의 효시가 되었다. 이를 설명하면 아래와 같다.

S.V.M(Student Volunteer Movement):학생자원운동⇨ T.V.M.(Tentmaker's Volunteer Movement):자비량자원운동⇨P.V.M.(Professional Volunteer

Movement): 전문인자원운동으로 이어지는 전문인 선교사역의 모델을 제시하는 핵심 성경 구절인 것이다.

여기서 목회자와 평신도가 모두 전문인으로 일할 수 있는 목회자와 평신도간의 화해도표가 나오게 된다.

전문인 선교 ⇨ 바울선교 ⇨ 디모데선교 ················· (a)

전문인 선교 ⇨ 바울선교 ⇨ 브리스길라와 아굴라 선교 ··········· (b)

여기서 (a)라인은 목회자 전문인 선교로 이어지는 라인이고 (b)라인은 평신도 전문인 선교로 이어지는 라인이다. 그러므로, 목회자와 평신도의 구별이 없이 이제는 전문인으로 화해의 길을 모색할 수가 있다. 여기서 우리가 깨달을 수 있는 것은 상대적 전문성이라는 것이다. 서로의 필요에 따라서 그리고 헌신의 정도에 따라서 (a)라인과 (b)라인으로 나아가되 서로 연합됨으로서 공생적 효과(symbiotic effect)를 이루는 라인이 되어야 한다는 것이다.

이러한 선교기업을 목적으로 한 동역을 하기 위해서는 4가지에 있어서 합의가 이루어져야 한다. 첫째, 처음부터 전적으로 솔직하려는 합작선 각자의 확고한 의지가 있어야 한다. 둘째, 하나님 말씀의 원리에 기초한 합작선 상호간의 헌신여부에 달려 있다. 셋째, 합작이 깨어지는 것은 마치 이혼처럼 황폐케 시키기 때문에 아주 신중하게 합작을 해야 한다. 넷째, 합작에 관해 상호간 만족할 만한 합의에 이르면 모든 세부 항목들에 관해서

합의서를 작성하고 합작선들이 모두 서명하도록 해야 한다.[30]

목사와 장로가 팀이 되어서 최소한의 팀을 형성하고 목사는 사목의 역할을 하고 장로는 기업의 경영을 책임을 지면 된다. 그러나, 선교를 위한 기업을 하려고 하면 처음의 투자금액은 교회의 종자돈으로 하는 것이 합자가 깨지지 않는 원-윈(win-win) 파트너십이 된다고 본다.

이러한 모든 내용을 담고 있으면서 목사 선교사나 평신도 전문인 선교사나 모두가 한마음이 되어서 선교사역을 하라고 주신 사역의 말씀은 에베소서 4장 11절 "그가 혹은 사도로 혹은 선지자로 혹은 복음전하는 자로, 혹은 목사와 교사로 주셨으니"라는 말씀이다.

여기에서 5중 사역에 대한 설명이 나오는 데 사도란 창조적인 선교사(creative missionary)를 지칭하는 것으로서 이 시대 가운데 전문인 선교사를 그렇게 적용한다고 해서 문제가 될 것은 없다고 본다. 그리고 앞에 나왔다고 목사보다 우세한 일이라고 해석하기보다는 동등의 원-윈(win-win) 파트너십으로 이해를 하는 것이 바람직한 해석이라고 메튜 헨리는 그의 주석에서 적고 있다.

그리고 마지막으로 4중 신분에 대한 사명의 말씀을 우리는 기억해야 하는 데 이 말씀은 베드로후서 2장 9절의 말씀이다.

오직 너희는 택하신 족속이요 왕 같은 제사장들이요 거룩한
나라요 그의 소유된 백성이니 이는 너희를 어두운 데서 불러
내어 그의 기이한 빛에 들어가게 하신 자의 아름다운 덕을 선
전하게 하려 하심이라(벧전 2:9).

여기에는 택하신 족속, 왕같은 제사장, 거룩한 나라, 그의 소유된 백성이라고 우리의 4중 시민권의 신분을 사도 베드로가 말하고 있는 것이다. 미국의 시민권만 가지고도 대단한 것처럼 생각하는데 천국의 시민권을 가진 여러분의 전문인 선교사의 모습을 생각해 보라! 베드로가 고넬료 집의 환상 사건 이후에 타문화권에 대한 인식이 달라지고 세계관이 달라진 것은 오늘 이 땅에 목사 선교사들이 전문인 선교사들을 이해하는 것과 같은 차원에서 중요한 '선교의 코페르니쿠스적 전환'이었다.

둘째로 전신자 선교사주의의 역사성을 살펴보자. 전신자 선교사주의는 화란의 개혁교도들에게서 시작된 것으로 보이며 중세 가톨릭의 교리에 대한 완강한 반대였고 칼뱅주의와 루터란주의의 투명한 선교사상의 부재에 대한 하나님의 때가 찬 응답이었다고 밖에 볼 수 없다. 분명히 말하지만 전신자제사장주의에서 전신자 선교사주의라는 용어를 차용해 온 것은 사실이나 그 내포적 의미는 전신자제사장주의와는 차원이 다른 것이다. 교회 안에서 목사는 제사장으로서 사역을 한다고 하면 그것은 국내선교에 해당하는 것이다, 교회 밖에서는 전문인들이 생활 가운데 선교사로 사역한다고 하는 해외선교에 해당하는 것이다. 이 양자의 역할은 기능적 분담일 뿐

어떤 차별이 있는 것은 아니다. 그러나, 우선적으로 이것은 분명히 한국이 아닌 선교지를 전제로 한 대화이어야 하며 점진적으로 세대를 이어가며 실천해야 할 선교명령이라고 본다.

직업이라고 하는 것은 아무런 차이가 없이 다 하나임이 주신 소명이기 때문에 우리는 직업을 가지고 생활 가운데 비즈니스를 하고 프로테스탄트 윤리를 세워나간 막스 베버는 좋은 기업을 통한 선교의 모델을 보여 주었다고 본다.

만인제사장주의+직업의 소명론=전신자 선교사주의

다시 말해서 직업의 소명은 선교적인 차원에서 목사는 특별소명을 받았고 평신도는 일반소명을 받았다기보다는 양자가 상호보완적인 성격을 띤다. 이해하는 것이 통합적인 사고방식에 더 부합된다고 본다. 문화변혁자로서의 목사와 선교사의 사명은 상호보완적이며 귀한 것이다. 이는 칼뱅주의가 너무 지나치게 하나님의 주권을 강조함으로서 하나님의 주권 하에서 자유의지를 가지고 성령의 능력하에 사역하고자 하는 역동성을 의한 가장 좋은 소명에 대한 선교적 해석이다. 이러한 선교의 소명들은 팀 사역을 통한 다이나믹스를 가져오게 되는 것이다. 서로간에 섬기는 선교사들이 됨으로서 선교 공동체로서 섬길 수가 있다면 평신도들도 자신의 직업에 매여서 일생을 교회 안에만 수동적으로 있는 것이 아니라 하나님의 나라를 위해서 타문화권을 향하여 나갈 수 있는 놀라운 축복을 한국 교회에 주신 것이라고 본다. 그런데 솔직히 말해서 한국교회는 아직도 교단마다 교파마다 이해가 다르고 전문인 선교를 종속시키려는 데 국한함으로서 하나님의 예비하신 축복을 누리지 있다. 이러한 문제는 사랑의 공동체로 회복이 되어야 한다. 이제 한국의 전문인들은 우물쭈물하지 말고 설교하고 성경공부 인도하고 성찬과 세례 그리고 축복의 안수를 하는 일들을 전 세계에 다니면서 할 수 있도록 이 민족을 치유하고 세계를 복음화하는 전문인 선교사가 되어야 한다.

4. 선교변증학으로서의 전문인 신학

오늘날 포스트모던 시대의 가장 큰 문제는 미혹케 하는 영의 역사가 범람해 있다는 데 있다. 너무나 많은 신학사조와 함께 너무나 많은 교단들이 산재해 있어서 일반인들이 건전한 교단을 판단할 수가 없는 실정이 되었다.

이번에 열린 한국복음주의 신학회가 주체한 제 2차 국제신학학술대회에서는 복음주의 신학의 다양성과 통일성을 다루었는데 참가한 복음주의 신학교만도 28개나 된다.

지금 전 세계의 복음주의적인 신학의 동향은 통전적인 신학의 방향으로 나아가고 있다. 무엇보다도 지구촌 전체가 한 가족이 될 마당에서 한국에 들어온 그리고 한국 내에서 토착화하여 들어온 신학교의 교단적 배경이나 교리적 배경을 볼 때 각기 다른 전통에 속해 있다. 복음주의라는 미명하의 이러한 지성적 혼란(intellectual confusion)을 초래를 수습할 수 있는 유일한 길은 이제는 전문인대학원대학교의 출현을 위한 그림자에 불과하다고 하는 것을 다시 한번 깨닫게 되었다.

Seminary+EXODUS=Seminex

라고 하는 공식이 미국의 보수주의가 자유주의화 할 때 시작이 되었던 것처럼 한국은 이미 자유주의 그 다음의 변증적 신학의 차원에서 전문인 세계관에 기초한 전문인 신학이 세워져야 한다. 앞으로 전문인 신학은 선 회개 후 구원을 논한 것처럼 선 성결 후 선교를 강조하게 될 것이다. 기러한 선교신학의 재정립이 없이는 극단적인 칼뱅주의에 사로잡혀있는 보수교단과 선교에 무관심한 중소교단들이 이분법적 사고라고 하는 상호고순에서 벗어나서 자율적인 의지를 가지고 선교사역에 동참하는, 새로운 복음주의운동의 실천신학으로 마땅히 제시되어야 할 것이 바로 전문인 신학인 것이다.

도날드 데이튼은 복음주의에 대해 국제학술회의에서 발제한 내용은 전문인주의가 시대의 요청임을 알리는 선지자의 메시지임을 이렇게 말했다.

나는 복음주의에 대한 상당히 자의적인 해석은 근본적인 범주적 오류에 기초하고 있어서 그것을 반드시 수정해야만 우리가 '복음주의'의 본질, 복음주의의 역사 그리고 그 의미에 대해 분명하게 말할 수 있다고 믿기에 이르렀다 나는 이 용어를 사용하며 특히 신학분야에서 '복음주의적'이라는 단어를 분명하게 사용하는 것이 대단히 어렵다는 것을 주장하려고 한다.[31]

한상화 박사는 복음주의 신학의 가장 당면한 과제에 대해서 이렇게 말했다.

복음주의 신학의 가장 당면한 신학적 문제는 개혁주의신학과 경건주의의 융합과 조화의 문제라고 본다. 이것을 해결해 갈 하나의 실마리가 바로 칼뱅신학과 웨슬리 신학의 종합적 연구이다. 복음주의신학의 통일성을 발견한 근거는 바로 칼뱅과 웨슬리가 공통적으로 한 목소리로 주장했던 바로 그 신학의 공통적 기반이라고 보기 때문에 복음주의 내의 다양한 전통들 간에 차이성도 보다 분명하게 규명되어야 하지만 신학적 통일성을 밝히는 것이 가장 급선무라고 본다.[32]

필자는 이러한 근거에 빙자하여 아래 공식이 가능하게 될 것이라고 본다.

복음주의 신학+EXODUS=전문인 신학

Evangelism+Critical Hermeneutics=Professionalism

그러나, 피터 와그너 박사의 신사도적 교회와는 다르기 때문에 기능적으로만 exodus한 것이지 복음주의를 떠나는 개념이 아니라 interdependent하고 다이나믹한 신학을 제시하는 비판적 상황화에 의한 비판적 해석인 것이다. 오늘날의 복음주의 신학만으로도 험한 세상을 마귀와의 영적전쟁에서 이길 수가 있다. 그러나 나는 성령의 능력을 더욱 의지하여 복음전파를 위한 교두보로서 무너진 성벽을 보수하는 자로 넉넉히 이기기 위해서는 전문인 신학이 마지막 대안이라고 본다.

전문인 신학은 문화변혁자로서의 통합적인 신학이기 때문에 신원하 박사의 다음과 같은 말에도 귀를 기울여볼 필요가 있다.

> 짐 월리스(Jim Wallis), 존 알렉산더(John Alexander) 등의 젊은 복음주의자들이 대표적인 인물로서 이들은 기존교회가 성경적 신당과 정치가 아닌 이 세상과 타협하고 제도화된 기독교에 헌신하고 따르고 있음을 비판한다. "기독교인에게 중요한 것은 복음주의자냐, 진보주의자냐, 칼뱅주의 자냐, 알미니안주의자냐 하는 것이 아니라 제도화된 기독교를 따르는가 아니면 성경적 신앙을 따르고 행동하는 것인가 라고 주장하면서 철저히 성경적 신앙에 따라 그대로 살아나갈 것을 강조한다.[33]

이러한 20세기의 복음주의에서 21세기의 전문인주의로의 패러다임 전환을 하는 전문인 신학은 하나님의 의를 증거하는 겸손한 신학으로 한국이 낳은 국제적인 복음주의 신학으로 수삼 년 내에 제시될 것이다. 더 나아가서 성령 충만한 가운데 하나님의 축복의 통로가 되어 생활 가운데 선교하는 겸손과 회개를 촉구하는 신학으로 꽃을 피우게 될 것이다.

제 11장

글로벌 신학으로서의
전문인 신학의 정립

_ 현대 복음주의 운동의 현황 분석을 중심으로

1. 글로벌 신학으로서의 전문인 신학

현대 복음주의 신학을 논하는 교수들은 모두가 아전인수 격으로 자신이 속한 교단이 가장 복음주의적인 교단이라고 말한다. 그러나 세상은 빠른 속도로 변해가고 미래지향적인 수평적 구조에 의한 생동감있는 신학을 요구하는 목소리는 높아지고 있으며 그러한 신앙과 신학이 존재할 수 있는가에 대한 의구심은 여전하다. 결국 한국복음주의 선교 신학이 글로벌 신학으로 총체적인 입장에서 국제적인 관심을 가지게 될 것이다.

이태웅 목사는 제 1회 선교학 포럼에서 글로벌 신학의 도래를 갈구하는 이런 언급을 했다.

세계화 속에 처한 한국선교계가 어떻게 변화되어야 할 것인가, 한국교회는 선교인력 양성과 선교 자료를 보존하는 데 보다 더 많은 투자를 해야 할 것이다. 1만여 명의 선교사들이 경험하고 있는 것들을 통해서 나온 자료들이 보존되고, 이 자료를 분석하여 선교학화하는 과정을 지원해야 할 것이다. 이렇게 했을 때 범세계적 선교학 중에 한국교회가 제시하는 선교학이 그 빛을 발하게 될 것이다. 한국교회의 선교사들이 가지고 있는 강점과 전략적인 특성을 신학의 독특성과 더불어 제시할 때, 범세계 선교 전략적인 것은 물론이고 범세계 영성도 도움을 주게 될 것이다. 이런 면에서 한국 선교계는 범세계 선교학계와 언제든지 호환할 수 있는 선교학을 형성해야 한다. 이는 필연적으로 서구 선교에 대해서 이해하지 않으면 안될 것이다 … 아직까지는 우리가 일방통행식으로 받기만 하였다. 그러나, 이제는 우리도 줄 때가 된 것 같다. 우리가 되돌려주되, 그것이 한국교회의 입김과 영성을 내포한 상태로 세계에 돌려주는 역사가 일어나야 할 것이다.[1]

이러한 차제에 필자는 전문인 신학서설(상,하) 전문인 선교연구소, 2000을 통해서 범세계 선교신학(Global Missiology)으로서 시작된 한국 전문인 선교 신학이라는 선교 실천적인 신학을 제시함으로서 복음주의 한국 신학의 새로운 지평을 열었다고 확신한다. 이 신학의 핵심 용어는 전문인, 전문인주의, 전신사선교사주의이다. 먼저, 전문인주의(Professionalism)라는 말은 복음주의(Evangelism)라는 말의 내부자적 시각(emic view)에 의한 신복음주의(neo-evangelism)에 해당하는 개념으로 사용하며 더 나아가서 타문화권에서 선교하는 차원에서의 자신학(self-theologizing)이라는 의미에서의 신학을 이야기하는 것이다. 여기서 전문인(Professional)이란 '자발적인 의지에 의해서 스스로가 미래의 삶을 개척하는 지식 근로자'라고 하는 피터 드러커(Dr. Peter Drucker) 박사의 정의를 지지하는 것이다. 전신자 선교사주의(Every Believer's Missionaryhood)는 모든 신자는 이 세상에서 목사 아니면 선교사로 살아야 하며 이는 지상대명령을 준행하는 주체로서 생활 가운데 선교사의 삶을 사는 것을 의미하는 것이다.

이는 반드시 준비가 되어야 할 비판적 상황화에 기초한 복음주의 신학에 대한 비평이라고 본다. 필자는 전문인 신학을 정립하면서 전문인 신학을 이해하는 데, 적어도 7가지의 그룹이 존재하거나, 존재하게 될 것이라고 본다.

(1) 개혁파 전문인주의

이들의 그룹은 기성 교단과 보수적인 신학을 가지고서는 이 사회를 전문인이 주도하는 사회로 전환할 수 없기 때문에 개혁을 해야 한다는 주장을 하는 학자들의 움직임이다.

(2) 웨슬리안 전문인주의

웨슬리안들이 칼뱅주의만을 의식하지 말고 저들의 장점인 인간의 자유 의지에 의한 구원의 완성을 이루는 주체로서의 전문인에 대한 인식을 하기만 하면 놀라운 발전을 할 수 있는 가능성이 있는 집단이라고 볼 수 있는 움직임이다.

(3) 오순절 전문인주의

이들은 오순절의 5중 복음에 기초하여 성령운동을 중심으로 전문인에 대해서 접근하기 때문에 신학적인 정립보다는 실천을 통해서 전문인의 길이 무엇인지를 잘 보여 줄 수 있는 움직임이다.

(4) 평신도 전문인주의

이들은 목회자 전문인주의와 달리 평신도로서 전문인주의를 구축하고 있는 실질적으로 전문인의 속성을 가지고 있는 집단이다. 사도 바울을 전문인주의의 시조라고 한다면 사도 바울과 맥을 잇는 브리스길라, 아굴라를 이러한 부류에 넣을 수 있다.

(5) 사회 복음 전문인주의

이들은 현대 사회의 이슈가 되어 있는 현실의 필요를 채우기 위해서 하나님 중심의 세계관을 가지고 문제를 해결해 나가고자 하는 행동하는 전문인의 모습이라고 볼 수 있다.

(6) 침례교적인 전문인주의

이들은 성경 말씀을 단순히 이해하고 복음을 증거하는 일을 하는 초대교회의 디아스포라와 같은 유형의 전문인이라고 할 수 있다. 이들에게 있어서 신학의 정립보다는 신앙의 실천을 강조하는 것이 현지의 상황이다.

(7) 독립적인 전문인주의

이들은 초교파, 초교단, 초교회의 특성을 가지고 전문인 선교를 비교적 자유롭게 구사하는 것을 목표로 하는 전문인주의(Professionalism)이다.

이러한 전문인주의(Professionalism)는 크리스티 윌슨 박사의 아버지가 S.V.M.(Student Volunteer Movement)운동의 소속으로 중동의 부탄에 선교사로 나간 후에 크리스티 윌슨이 아버지의 뒤를 이어서 아프카니스탄에 선교사로 간 것에서 본격적으로 시작되었다고 그 역사적 근거를 들 수 있다. 현재 T.I.E.(Tentmaker's International Exchange)의 총재이신 Dr. Danny Martin은 크리스티 윌슨 박사의 생애를 조명하는 역사적인 사업을 구상하고 있다. 이러한 자비량자원운동(Tentmaker's Volunteer Movement)이 단순한 선교운동이 아니라 전문인 선교운동으로 견인되기 위해서는 전문인 선교에 대한 성서적인 조명이 필요하다. 필자는 자비량자원운동이 한국에서는 지난 1991

년 이후에 전문인자원운동(Professional Volunteer Movement)으로 자리를 잡아왔다고 주장한다. 이를 다시 한번 도해로 표시하면 아래와 같다.

TVM ⇨ PVM ⇨ P' VM ⇨ T' VM

TVM(Tentmaker' s Volunteer Movement)

PVM(Professional Volunteer Movement)

P' VM(Pauline Volunteer Movement)

T' VM(Timothy Volunteer Movement)

그리고 평신도 전문인 선교는 브리스길라, 아굴라로 이어지는 계보로 발전해 왔다고 볼 수 있다. 따라서 전문인자원운동은 목회자나 평신도 모두에게 전문인주의(Professionalism)으로 나아갈 수 있는 길을 열어 준 것이다. 이러한 전문인주의의 근간을 이루는 사상이 전신자 선교사주의(Every Believer' s Missionaryhood)이다. 이는 주님의 제자가 된 모든 신자가 각각 (every) 주님의 지상대명령인 마태복음 28장 19-20절의 말씀을 준행할 사명이 있다고 하는 필자의 주장이다.

그러나, 이러한 주장은 자유주의적인 방향으로 나가는 것이 아니라 복음주의를 좀 더 software적인 기능으로 이해하고자 하는 문화 변혁자 (Transformer of Culture)로서의 자세인 것이다. 1980년대와 1990년대의 복음주의가 현대문화를 자기들의 목적을 위해서 충분히 활용한 것처럼, 2000년대의 전문인주의는 후기 기독교 사회라고 명명되는 포스트모더니즘 (Postmodernism) 사회에서 오히려 복음주의로 회귀하는 패러다임의 전환

(paradigm shift)를 제시하고 있는 것이다. 미국과 이라크의 전쟁 그리고 북핵의 위협 등으로 신자들의 믿음이 동요를 하고 있으며 마치 조지 W. 부시 대통령이 이 전쟁을 십자군 전쟁에 비유함으로 인해서 보수적인 신자들이 부담을 가지고 있는 상황에서도 전문인주의의 입장에서 보면, 복음이 이라크와 이란 그리고 아프카니스탄에 NGO 활동 등을 통해서 들어갈 수 있는 축복의 통로(channel of blessing)를 만들었다.

　　오늘날 한국은 새로운 유형의 교회가 탄생하기를 대망하고 있다. 조직 신학의 교회론에 대한 재해석이 강력히 요구되고 있는 상황이다. 어떠한 교회를 말하는 것일까? 이는 선교하는 교회로서 우리는 이를 '선교형 교회(missional church)' 라고 부른다. 필자는 이에 대해서 한걸음 더 나가서 '전문인 선교형 교회(professional missional church)' 가 정립이 되어야 한국 교회가 전신자 선교사주의에 충실하며 한민족을 치유하고 전 세계에 선교 파장을 불러일으키는 역할을 할 수 있으리라고 본다.

　　필자가 속한 미국의 남침례교단(Southern Baptist Convention)도 한때는 미국문화의 변두리에 있었던 적이 있었다. 그러나, 빌리 그래함 이후 남부 복음주의 기독교가 미국을 지배한 경험이 있는 것처럼 성경을 중시하는 남침례교단의 뿌리를 가지고 있는 필자가 IT+CT=ICT에 의한 전문인 문화를 한국 문화를 변혁할 수 있는 중요한 도구가 될 수 있다고 보는 것이다. 이러한 전문인주의의 효율성은 사도행전 18장 1-4절에 기초한 전문인 선교의 성서적 기초의 내용과 마찬가지로 자신의 직업의 전문성에 사역의 전문성을 배양받아서 지구촌 곳곳에서 생활 가운데 선교사(life-style missionary)로 산다는 말씀에 기초를 두고 있는 것이므로 정통성을 가지고 있다고 본다.

이러한 전문인주의(Professionalism)의 활성화를 위해서는 전문인 선교부흥운동을 일으켜야 한다고 본다. 이는 미국과 영국의 18, 19세기 부흥운동의 결과로 회중교회, 장로교회 그리고 감리교회의 부흥이 있었다고 하면 20세기에는 성결교·오순절의 부흥은 이러한 미국의 부흥운동과 밀접한 관계를 가지고 있다(박명수, p. 163). 전문인운동도 이러한 흐름의 연속선으로 이해되어야 한다고 보며 최근에 성결 교단의 한 역사연구소에서 전문인운동을 어떻게 접목시킬 것인지에 대해서 많은 고심들을 하고 있는 것은 우연한 일이 아니다. 이러한 변혁은 그동안의 행태론적 근본주의(molphological fundamentalism)에 사로잡혀 있는 안이한 자세에 유연성(flexibility)을 더해주는 작업으로 전문인주의라고 하는 새로운 시스템을 도입하게 한 것이다. 전문인주의는 기존의 보수주의와 같은 기득권을 가지고 있지 못하기 때문에 문화선교 등 여러 가지 매스컴을 동원하고 평신도 전문인들을 적극적으로 활용해야 한다. 평신도에서 시작한 운동이라고 무시되던 평신도선교의 방법의 하나로서의 자비량선교는 목회자에게까지 변혁을 일으키는 인격적인 종교개혁으로 평가를 받게 될 것이다. 이렇게 될 때 전문인들은 더 이상 복음주의의 변두리에 서 있는 것이 아니라 복음주의를 변혁시킨 전문인주의의 주체가 되는 것이다.

따라서, 전문인주의는 복음주의에서 주장해 온 파라 처치 운동(para church)에 대해서도 TVM(Tentmaker' s Volunteer Movement)으로 견인시켜야 할 사명이 있는 것이다. 이러한 신학의 기초없이 아무리 파라 처치 운동을 일으켜도 자신의 교단과 선교 단체라는 hardshell에 갇혀서 다시 한번 융통성을 잃어버리고 용신할 수 없게 만드는 것이다. 교회는 파라 처치에 우선하는 것이며 교회가 파라 처치의 기능을 다 한다면 파라 처치는 없어져야 한다고 본다. 이에 시의 적절하게 NCD(Natuaral Church Developm:ent)라는 운동이 일어나서 셀 그룹을 통해서 사역하는 법들을 한국 사회에 소개하기에 이르렀고 이러한 운동을 전문인들은 타문화권에서의 셀 그룹 사역(cross-cultural cell-group ministry)으로 이미 실행을 하고 있는 것이다. 그러나 이러한 운동이 효과를 거두기 위해서는 공동체로서의 교회의 전환이 필수적인 것이다. 커뮤니티 처치가 그래서 설득력이 있는 것이다. 그런데 그 공동체가 무엇을 위한 공동체인가를 다시 한번 생각을 해보아야 한다. 예루살렘과 마찬가지로 친교를 위한 공동체인가 아니면 안디옥 교회와 마찬가지로 선교를 위한 선교 공동체인가를 결정해야 할 것이다. 그리고 한국에서의 전문인시대에 걸맞게 '전문인 선교 공동체'가 이루어지는 것이 대중 지향적인 강점을 유지할 수 있는 전략이라고 본다. 필자는 이러한 새로운 한국형 전문인 교회의 출현을 위해서 아래와 같은 발상의 전환을 하게 되었다.

예루살렘 교회+안디옥 교회=고넬료의 집 교회

따라서 이 교회는 전적으로 타문화권을 겨냥하는 교회이며 비전과 환상을 볼 수 있는 성령이 역사하는 교회가 되어야 한다. 그리고 다양한 직업의 사람들이 성육신적인 자세를 가지고 그리스도의 몸된 교회를 머리되신 그리스도를 중심으로 섬기는 세계내화 교회(glocal church)가 되어야 한다 (행20:20).

2. 크리스티 윌슨 박사와 전신자 선교사주의의 위상

우리는 21세기의 전문인 선교를 논하면서 크리스티 윌슨 박사를 빼놓고 이야기를 할 수가 없다. 그가 아프카니스탄에서 돌아와서 골든 칸윌 신학대학원에서 현대의 자비량 선교를 강의하면서 현대의 선교는 자비량 선교를 통해서만이 가능한 시대가 올 것을 예측했다. 불과 10년이 지나자 크리스티 윌슨 박사에 의한 제 1의 물결이 시작이 되었고 그 후, 10년이 지나서 데니 마틴 박사를 포함한 그의 제자들을 통해서 이러한 자비량 자원 운동(Tentmaker's Volunteer Movement)지속이 되고 있다. 이러한 물결은 북극과 남극이 마주 닿아서 녹아내리는 것처럼 전 세계에 영향력을 미치기 위해서 한국 땅에서도 제3의 물결로 향후 10년 동안 필자를 중심으로 한국외국어대학(HanGuk University of Foreign Studies)과 연합하여 전문인자원운동(Professional Volunteer Movement)으로 소개되고 영향력을 미치게 될 것이다.

제 1의 물결: 크리스티 윌슨 주도 ⇨ 제 2의 물결:데니 마틴 주도 ⇨ 제 3의 전문인 물결(?)

이러한 제 1, 제 2, 제 3의 물결을 가능케 한 기독교적인 세계관은 하나님 중심의 세계관이라고 본다. 통시간적이고 총체적으로 볼 수 있는 시야를 가지고 현실을 직시하고, 미래를 예견하는 마음을 가지고 바라볼 때 전문인주의는 한국 전문인의 관심을 끌게 될 것으로 보인다. 이 일을 성사시키기 위해서 전문인 선교집회가 열려야 한다. 미국에서 2002년 11월 올란도에서 "Strategic Consultation on Partnership & Network" 라는 주제로 세워진 KIMNET(Korean Inter-Missions Network)와 같은 네트웍을 잘 활용하여야 한다. 이들은 다양한 분과 네트웍들을 통해서 상호간에 동반자 선교를 할 수 있도록 더불어 사는 공동체를 형성하고 있는 것이다. 이 일을 실천하기 위해서 GPN(Global Professional Network)이라는 전문인 연구소가 세워져서 전문인주의를 초교파, 초교단, 초교회적으로 파급하는 일이 시급하다. 이러한 GPN의 사상적 기초가 되는 것은 역시 신자의 비세속성의 원리와 전신자 선교사주의에 입각한 전문인 선교이다.

신자의 비세속성의 원리+전신자 선교사주의=전문인 선교

이러한 실천을 가능케 하는 이론이 전문인주의로서 전문인의 세계관과 철학 그리고 각종 학문의 영역에서 어떻게 전문인으로 사역을 할 것인지에 대한 영역별 연구가 이루어지게 될 것이다. 그 결과로 크리스티 윌슨의 사상을 기초로 한 '전문인주의' 는 확실히 여타의 선교운동과는 차별화를 이루는 전략을 가지고 한국 선교계를 토착화시켜나가게 될 것이다. 지금이 시기적으로 이슬람교를 기독교의 적으로 규정하고 전문인주의의 출현을 통해 미국과 한국의 복음주의운동에 주력할 수 있는 전략적 배치가 가장 시급한 시기이다.

침례교 목회자인 빌리 그래함이 대중전도를 통한 선교를 강조하였다면 필자는 같은 침례교인의 한 사람으로서 C3TV와 CIT를 중심으로 한 문화선교사역 등을 통해서 변화하는 세대 가운데 영원하신 하나님의 말씀을 전파하는 사역을 감당하게 될 것이다. 이를 통해서 한단계 기어를 올려서 '전 교파 선교사주의(Every Denomination's Missionaryhood)'라는 운동을 전개하게 될 것이다. 여전히 세계화(Globalization)에 대한 안목을 가지고 있지 못한 거대 교단들을 세계내화(Glocalization)로 비판적 상황화를 시키기 위해서는 이러한 전문인운동이라는 슬로건이 필요한 것이다.

근본주의 ⇨ 보수주의 ⇨ 복음주의 ⇨ 전문인주의

이러할 때에 하나님 중심의 신학의 4 Cycle이 완성이 되는 것이다. 여기서 우리는 전문인주의가 어떠한 뿌리를 가지고 있는지에 대한 통합적인 사고를 하게 된다.

20세기의 복음주의가 미래 기독교를 위해서 가장 큰 업적을 올린 것이 선교분야라고 하는 데는 모두가 동의를 한다면, 21세기에는 전문인 선교를 통해서 진보주의자들이 도덕의 증진을 위한 인간화 중심의 선교를 치유할 수 있게 될 것이다. 또한 목회자 중심의 전통적인 선교 방법으로 선교의 문이 막힌 지역에 대한 선교도 가능해질 것이다. 현지에서 목회자 선교사들이 전문인 선교를 할 수 있는 선교 단체에 가입을 하는 등 이중 membership이 보편화되고 있는 것은 시대임을 반증한다. 그러므로, 새 술을 새 부대에 부어야 함에도 불구하고 새 술을 헌 부대에 붓기를 고집하면 부대가 터지게 되고, 결국 여러 사람들에게 누를 끼치게 될 것이다. 이러한 일들을 구체적으로 이해하기 위해서는 선교사 탈락률에 대한 이해와 최근의 교회 성장률에 대한 조사를 하고 대안을 제시하는 전문인 선교연구소의 설립이 시급한 실정이다. 이러한 교단에 속한 교회들이 추락을 하고 있는 상황 가운데서도 침례교는 꾸준히 성장을 계속하고 있고 성결·오순절 교단도 성장을 계속하고 있는 것을 볼 때, 21세기는 영적 전쟁에서 하나님의 말씀을 중심으로 성령을 의지하는 것이 소중하다고 하는 것을 보여 주고 있다. 그 외에도 교단에 속하지 않은 독립 교회들이 성장을 계속하는 것은 Faith Mission에 기초한 자비량 선교와 전문인 선교가 보수화되어가는 복음주의 신앙 노선에 활력을 부어 넣어 줄 수 있는 선교전략이라고 본다.

Faith Mission ⇨ Tentmaking Mission ⇨ Professional Mission

더구나, 전문인 교회가 성숙을 통한 성장이 되기 위해서는 성경학원 운동이 일어난 것과 마찬가지로 전문인주의가 교회 성숙을 통한 성장이 되기 위해서는 전문인 신학원운동이 일어나야 한다고 본다.

이는 Seminary+Exodus=Seminex라는 개념으로서의 신학원을 의미한다. 한국에서는 앞으로 차별화된 multi-campus satellite mission seminary 라는 개념을 가지고 '전문인 선교 신학원' 들을 운영함으로서 서울-워싱턴-파키스탄-캄보디아-예멘-중국-일본 등을 중심으로 전 세계 39개국에서 전문인 자원운동(Professional Volunteer Movement)이 일어날 것이다. 이를 위해서 비판적 상황화에 의한 한국 복음주의 신학의 재정립 시에 반드시 총체적인 조직신학으로서의 전문인 신학이 세워져야 한다고 본다. 앞으로 10년 후의 한국사회를 내다보면서 전문인 신학대학원이 설립이 되고, 미국의 저명한 대학원과 학점 교류를 하면서 더욱 선교 중심적인 선교 신학원으로 자라나야 한다. 새로운 형태의 선교형 교회인 전문인 교회는 모든 교파와 교단 가운데서 기능적으로 글로벌 교회로 성장하는 데 큰 역할을 하게 될 것이다.

복음주의 교회가 사회 참여에 소극적으로 처신한 데 비해서 사회를 변혁시켜야 한다는 논리로 나아가게 될 것이다. 보수주의적 복음주의자들은 하나님의 의를 주장한다고 하면서 자신도 모르게 자기의 의를 주장하기 때문에 세상과의 구별에 더 관심을 기울였지 세상을 하나님의 나라로 변혁을 시켜야 한다는 문화 변혁자로서의 사명을 소홀히 했기 때문에 한국의 크리스천들에게 소외되고 불신자들에게 비판을 받게 된 것이다. 이를 치유할 수 있는 길은 세상의 직업 가운데 있으면서 사역의 전문성을 가지고 생활 가운데 영혼 구령자(soul-winner)가 되는 전문인주의가 그 해결책이다. 이를 위해서 1686년 라이프찌히 대학의 프랑케(A.F. Francke,1663-1717)가 스페

너의 도움으로 할레대학의 교수가 되어 1727년까지 재직하면서 할레 대학을 경건주의의 중심지로 만들며 외지선교에도 힘을 써서 후일에 진젠도르프 백작이 이끄는 모라비안 교도들에게 영향을 미친 것을 기억해야 한다(정도출, 교회성장과 부흥신학, 쿰란출판사, 2002, pp. 95-96). 이와 마찬가지로 필자는 한국외국어대학의 교수로서 외대 교회를 '전신자 선교사주의(Every Believer's Missionaryhood)'의 메카가 될 수 있도록 해서 후일에 '전문인주의(Professionalism)가 꽃을 피우는 계기가 되도록 할 것이다.

복음주의가 공산주의에 대해서 자신의 목소리를 낸 것과 마찬가지로 전문인주의자들은 이슬람주의에 대해서 자신의 목소리를 낼 필요가 있다. 이번 미국-이라크의 전쟁을 통해서 본 것은 이제는 기독교의 적이 이슬람교라는 것이다. 이러한 하나님 중심의 세계관 운동의 결과로 젊은 전문인주의자들이 계속해서 배출되면서 복음주의가 풀지 못했던 과제인 여성문제, 빈곤문제, 장애인 문제 등에 적극적인 개입을 하게 될 것이다. 특별히 여성문제를 다루어서 여성과 남성은 21세기 전문인의 윈-윈(win-win) 파트너십을 형성하는 전문인 주체들로서 상호 성육신적인 순종(incarnational obedience)를 통해서 리더십을 공유하게 될 것이다. 현재 포스트모더니즘 사회의 특징을 세속적 인본주의(secular humanism)라고 본다면 이를 치유할 수 있는 것은 전문인들을 통한 방송매체 더 나아가서 사이버 교회의 적극적인 활용과 인터넷 방송 등을 통한 문화변혁자로서의 사명을 완수할 수 있어야 한다. 필자는 이를 위해서 전문인들이 만신자 비세속성의 윈킥(All Believer's

Non-Secularism)를 실천하는 운동을 일으켜야 한다고 본다.

3. 선교형 교회의 성장 원리

한국 상황화 신학으로서 전문인 신학이 정립이 되기 위해서는 복음주의 그 다음으로 새로운 모습으로 준비된 전문인주의가 필요하다. 이것에 의해 선교형 교회는 내실있는 성장을 계속하게 될 것이다. 이러한 내실있는 성장을 가능케 하는 원리는 무엇일까?

첫째로, 하나님 중심의 세계관 운동이다. 무능력한 인간은 불가항력적으로 하나님의 구원을 요청할 수밖에 없다고 하는 하나님 중심의 구원관이 여전히 요청된다. 이는 선교세계관으로서 하나님은 다음의 4 Cycle에 주체가 되신다.

Creation ⇨ Corruption ⇨ New Creation ⇨ Completion

둘째로 전문인에 기초를 두었기 때문이다. 오늘날 현대사회의 주체는 누구인가? 전문인이다. 피터 드러커는 전문인이란 자발적인 의지에 의해서 스스로가 자신의 미래의 삶을 개척하는 지식 근로자라고 명명했다. 이러한 전문인에 의한, 전문인을 위한 전문인의 전문인주의가 든든한 기초 틀(fundamental)이 될 것은 자명하다고 본다.

사도행전 18장 1-15절에 나타난 사도 바울의 선교 정신인 삼자 원칙에 기초하여 전문인주의는 성경적인 기초를 튼튼히 하고 있기 때문이다.

SVM ⇨ TVM ⇨ PVM ⇨ P' VM ⇨ T' VM

SVM(Student Volunteer Movement)

TVM(Tentmaking Volunteer Movement)

PVM(Professional Volunteer Movement)

P' VM(Pauline Volunteer Movement)

T' VM(Timothy Volunteer Movement)

셋째로, 신자의 비세속성의 원리이다. 오늘날 세속적 인본주의에 의해서 기독교가 허물어져 가고 있으며 이슬람교도 기독교를 세속적 인본주의를 가져오는 종교라고 하며 적대시하는 시점에서 본다면 전문인주의는 신자의 비세속성의 원리에 의해서 소극적인 자기 자신만의 의를 주장하는 것이 아니라 문화변혁자로서의 하나님의 의를 실천한다는 점에서 너무나 소중한 일이다.

넷째로, 선교형 교회를 세우자는 것이다. 제사장적인 교회는 선교형 교회로 가는 길목에 있는 교회였기 때문에 패러다임의 전환이 필요하다. 기능적으로 살펴보면 예수님의 생애를 아래와 같이 정리할 수 있다.

왕적인 교회 ⇨ 선지자적인 교회 ⇨ 제사장적인 교회 ⇨ 선교사적인 교회

예수님은 최초로 하늘의 문화를 버리시고 이 땅에 오신 타문화권 선교사이기 때문이다.

다섯째로, 문화 선교이다. 전문인 선교는 구속적 유비에 기초하여 현대인에게 더욱 가까이 접근하기 위해서 선교전략으로 IT+CT=ICT라고 하는 문화 예술 선교 사역을 실시해야 한다. 그래야 복음주의적인 메시지를 지닌 전문인들에 의해서 전문인주의는 활성화가 될 것이다.

제 12장

한국 전문인 선교 운동의
내용과 방향

1. 후기 복음주의의 새로운 운동

한국 교회는 지난 80년대의 교회 성장을 계기로 해서 비록 비정상적이긴 하지만 세계선교역사에 유래가 없는 폭발적인 성장을 체험했다. 그런데 그 성장이 1990년대에 이르면서 하강 곡선을 긋게 되었고 그 대안을 마련하지 못한 채로 여러 가지 문제점을 유발하면서 하나님의 뜻에 어긋나는 유사 하나님의 뜻(Pseude-will of God)을 실천해왔다. 오늘까지 교회 내의 수요를 위한 자기교회중심주의(self-churchcenterism)의 세계관을 가지고 온 것이다. 이제 세계선교 2위의 강대국이라고 하면서도 2003년의 미국-이라크 사태 이후의 중동의 이슬람권에서의 미국인의 백안시로 말미암아 선교의 공백을 메워야 할 한국 교회는 선교의 역할을 제대로 하지 못하는 구조적인 모순을 가지고 있다. 교회수입의 80%를 자체적인 수요를 충당하기 위해서 사용하고 있기 때문이다. 이러한 차원에서 필자는 그동안 고심을 하면서 교회수입의 80%를 교회 밖에 사용하는 전주 안디옥 교회와 같은 선교형 교회(missional church)를 형성하는 법들을 모색하게 되었다. 이 교회는 사역을 중심으로 하는 교회이기 때문에 담임 목사부터 선교사로서의 사명을 감당하고 평신도 지도자를 제자로 양성하여 사역 장로가 되게 한 후에 이들을 중심으로 한 새 교회 운동을 실천하게 될 것이다. 사도 바울이 구상한 소아시아의 교회의 multi-campus satellite mission church의 형태로 맥도날드 체인점과 마찬가지로 영적인 파라처치(parachurch)운동을 한다는 것이다.

각 선교단체가 교회를 형성하는 방식으로 리모델링하는 새 교회 운동을 시작하려고 하는 것이다. new church ministry movement를 시작함에 있어서 우리는 기존의 전통적인 교회들이 초대형 건물을 지으면서 보낸 20년의 목회의 시간을 접고 바로 선교사역에 투자하는 실질적인 교회운동을 벌이고자 하는 것이다. 이 일을 위해서 대학교, 고등학교의 캠퍼스를 활용하여 예배를 드리고 월 1회 축제성 예배를 드리는 새로운 형태의 소아시아의 7대 교회와 같은 평신도 사역자를 구비시키는 운동을 일으키려고 하는 것이다. 인터넷을 통한 홍보와 윈-윈(win-win) 파트너십에 의거한 협력사역을 통해서 교회간의 협력을 펼칠 수 있는 새로운 개념의 교회가 세워지게 된다는 것이다.

벌써 20년이라는 80년대의 리더들의 사이클이 지나가고 있다. 이들은 모두 은퇴와 세습 등 입으로 담을 수 없는 비난을 받아가면서 영적인 감옥을 드나들면서 마지막 사역을 성령으로 시작했다 육체로 마치는 수순을 밟고 있다고 보여진다. 전문인 선지자의 시각에서 한국 교회는 선교적 사고에 의한 새로운 리더십을 요구하는 전환기의 시점에 와 있다고 본다. 이러한 논의는 시의 적절한 것으로 평가된다. 필자는 전문인주의(professionalism)이라는 신학적인 정립을 통해서 후기 복음주의 교회의 새로운 운동을 일으키는 것만이 지상대명령을 준행하라고 하신 주님의 유언을 받드는 길이라고 본다. 그러나 이 교회운동은 신사도적 교회운동과는 차별이 된 것임을 먼저 밝혀두는 바이다.

2. 전문인주의 운동과 과제

최근 유명한 신학교의 교수님들과 앉아서 식사를 나누면서 한국교회의 신학의 방향에 대해서 대화를 나누었다. 칼뱅주의에 속한 분들은 칼뱅주의의 입장이 되어달라고 하고 웨슬리안주의에 입각한 분들은 웨슬리안주의의 입장이 되어달라고 이야기한다. 그러나 필자는 분명히 신앙의 노선은 칼뱅주의의 입장을 취하지만 선교사역을 하는 입장에서는 웨슬리안의 평신도 선교의 참여를 지지하는 입장이다. 좀 더 자세히 세분화하면 칼뱅주의 가운데서도 평신도 선교를 지지하는 입장을 취하는 주의가 있는 데 그런 부류라고 말할 수도 있을 것이다. 그러나 필자는 어느 한편이라기보다는 성경적인 예수님의 성육신적인 선교주의를 전문인주의로 주장하는 바이다.

1. 전문인주의와 전문인 운동의 과제

현재 교회는 성장을 중단하고 있고 무소유의 정신에 입각한 목회자들과 그들의 셀 그룹들이 성장하고 있는 것으로 보인다. 그러나 분명 교회는 성장하고 있고 교파는 주님 오실 날까지 현존하는 것은 부정할 이유가 없다. 그러나, 우리의 과제는 좀 더 본질적인 데서 점검이 도어야 할 것이다. 선교에 관심이 없는 개척교회를 깨우기 위해서 우리의 초점을 중소 교회에 두게 되면 그 가운데 선교에 관심을 가지고 접근하는 중형 교회를 만나게 된다. 이들의 관심은 처음에는 선교였으나 이들은 여전히 종교혼합주의에 의거하여 선교를 교회성장에 이용하는 자세를 취한다고 하는 것이다. 이러한 목회자와 함께 신앙 생활하는 자들은 신앙의 진수를 맛보기 전에 우선 이기고 보자는 식의 세상적인 논리에 의해 판단한다. 이것이 현재의 교회에 전문인 선교를 이식하지 못하는 가장 큰 문제이다. 따라서 이러한 전문인운동이 한국 땅에 그리고 Korean diaspora에 까지 전파가 되기 위해서는 비전은 크게 가지지만 현실은 상당히 멀고 험한 가시밭길이 될 공산이다. 외부적으로 세속주의의 협공을 받으면서 동시에 내부적으로 권위주의의 공격을 받는 가운데 여전히 우리가 의지해야 하는 것은 하나님의 은혜이다. 바울이 선교를 할 때에도 하나님의 절대적인 주권에 의해서 그가 감당을 한 것이지 환경을 보고는 하지 못했을 것이라고 본다. 따라서 전문인 선교를 하고자 하는 자들은 하나님의 음성을 겸허하게 듣는 자세가 중요하다. 그리고 하나님의 음성에 응답하는 삶으로 우리는 인도될 것이다. 선교 중보기도가 우리에게 필요한 것은 이러한 이유에서이다.

이제 한국도 필자가 처음 전문인 선교에 투입된 때보다 전문인 선교에 대한 이해도가 훨씬 높아졌다. 모두가 전문인 선교를 해야 한다고 하지만 저들이 하는 것이 전문인 선교냐 하는 것은 교단별, 교회별 목회자별, 선교단체별로 너무나 다른 것을 보고 놀라움을 금치 못하게 된다. 여기에서 꼭 전문인이라면 지켜야 할 기본적인 원칙이 있다고 본다. 필자는 이를 전문인주의(Professionalism)이라고 본다.

2. 전문인주의(Professionalism)이란 무엇인가.

전문인주의는 복음주의의 선교적 표현이라고 본다. 복음주의를 자유적으로 해석한 신자유주의가 아니고 신사도적 교회 운동도 아니고 복음주의 노선대로 사는 타문화권을 향한 관심을 명사로 표시한 것이라고 해석하고 싶다. 따라서 교리에 대해서 다시 왈가왈부할 필요가 없다고 본다. 복음주의자가 오늘날의 21세기 선교영역에 어떻게 능동적으로 참여할 수 있는 지의 나침반을 알려주는 것이라고 본다. 꼭 정확한 것은 아니지만 여기에 몇 가지 원칙을 제시해 보고자 한다. 이러한 원칙은 전문인들을 네트워킹하는 데 도움이 될 것이다.

첫째, 자원봉사의 원칙이다. 세상의 직업을 가지고 일하는 자들보다 선교사역에 일하는 자들의 생활이 열악하기 때문에 선교단체에 일하면서 작은 월급이라도 급여가 있어야 한다고 생각했다. 그러나, 현실은 늘 천수답과 마찬가지로 위기가 반복이 되고 사람들만 바뀌지 재정적인 어려움은 반복이 되는 것으로 보인다. 그러나 우리가 자원주의(volunteerism)에 입각하여 사역을 할 수 있다면 이러한 어려움은 하나님의 예비하심을 경험하며 하나하나 극복해 나가게 될 것이다. 자립의 의지를 가지고 있는 것이 중요하고 이러한 것은 언제든지 하나님의 만나와 메추라기에 의해서 일시적으로는 유연성을 가질 수 있다. 이러한 정신이 없이는 전문인 자원운동을 결코 이룰 수 없을 것이다.

둘째, 팀 사역의 원칙이다. 이제 세상은 혼자서 일을 할 수 없는 시대가 되었기 때문에 누가 얼마나 더 네트워킹을 잘 하느냐에 따라서 공존할 수가 있는 것이다. 이러한 공존지수가 가장 높은 분이 예수님이셨다. 예수님은 끊임없이 배반을 당하고도 베풀었으며 스스로 축복의 통로가 된 것이다. 어느 복음 성가의 내용을 다시 음미할 필요가 있다.

> 주님 말씀하시면 내가 나아가리라
> 주님 뜻이 아니면 내가 멈춰서리라
> 나의 가고서는 것 주님 뜻에 있으니
> 오 주님 나를 이끄소서
> 주님 뜻하신 곳에 나 있기 원합니다.
> 이끄시는 대로 순종하며 살리니
> 연약한 내 영혼 통하여 일하소서
> 주님 나라와 그 뜻을 위하여

얼마나 주의 길이 고통스러운 길이라면 이러한 고백을 드렸을까!

바울은 별 볼일 없는 팔레스타인의 청년이었다. 그가 역사의 무대에서 의미있는 선교사역을 할 수 있었던 것은 주변의 동역자들로 인해서이다. 바울이 과업 중심이기 때문에 벌려 놓은 일을 뒷감당해 주는 동료들이 있었기 때문에 가능한 일이다.

이러한 co-leader group가 없다면 전문인 선교는 불가능한 것이다. 연약하기 때문에 함께 변두리로 팀이 되어가 줄 수 있는 자들을 주님이 원하시기 때문이다.

셋째, 전문성을 갖추어야 하는 원칙이다. 처음에는 직업의 전문성과 사역의 전문성을 이야기했으나 최근에는 언어의 전문성과 지역의 전문성까지 이야기함으로서 포괄적인 의미에서의 전문인을 의미하게 되었다. 이제 전문인들은 컴퓨터를 통해서만 선교를 하는 것이 아니라 언어 번역 선교를 통해서 선교를 해야 하며 이 두 가지가 함께 네트워킹해서 선교를 하는 시대에까지 도전을 해야 한다. 그러나 은퇴한 전문인의 경우는 저들의 전문성을 현지의 필요에 맞추는 자세를 가져야 하는 것은 물론이다. 이 길이 이처럼 힘든 길이기 때문에 우리에게 같이 일하는 동역자를 주신 것이다. 이러한 전문성을 갖춘 사회로 전환을 하게 되면 이 시대의 주체는 전문인이 되고 이 세상의 직업은 목사와 선교사 둘 중의 하나가 될 것이다. 목사가 되면 오히려 전도하기 어려워지는 것이 우리의 현실이다. 우리에게 목사님이라고 부르는 자들은 대부분 교인이기 때문이다. 그러나, 선교사가 되면 저들은 낮은 데로 임한 자로 여기고 오히려 어떻게 낮은 데로 임할 수 있었는지 그 이야기를 듣고 싶어하는 자들이 주위에 생겨나게 될 것이다.

그러므로, 이제 선교를 하고자 하는 이들은 한가지 이상의 전문성을 갖추어야 한다. 필자가 다닌 대학은 전공과 부전공을 대학과정에서 배우게 해서 사회에 진출하는 데 용이하게 하는 방법을 제시해 주었다. 또 본인이 원한다면 1년을 더 배워 복수 전공을 할 수 있도록 했다. 그러므로 이제 전문인 선교를 하고자 하는 이들은 적어도 4중전문성에 의거한 선교사역에 임해야 한다. 필자의 주변에는 이러한 4중 전문성을 갖춘 분들이 많이 늘어가고 있는 것을 보면서 이제 전문인 선교의 시대가 활짝 열리게 되는 것을 기대하게 되었다.

3. 전문인주의 운동의 내용과 방향

전문인주의의 운동의 내용과 방향은 하나님의 지혜 가운데 계속해서 발전해 나가게 될 것이며 몇 가지 중요한 키워드를 중심으로 골격을 제시하고자 한다.

(1) 전문인주의의 범위

전문인은 지역적 한계를 초월하는 자여야 한다. 이어령 박사는 세계화(Globalization)와 대조된 지역화(Localization)를 화합시키는 세계내화(Glocalization)이라는 유명한 말을 남겼다. 특별히 한국의 전문이들은 서구 사회의 전문으로부터 많은 것을 배울 수 있을 것이다. 물론 동양의 사상과 미덕에 기초한 인격을 우리는 소유하고 있지만 합리주의에 기초한 투명한 사고는 우리가 배워야 할 부분으로 보인다. 우리는 이러한 국제적인 감각을 지닌 전문인으로 구비가 되어지는 과정 가운데 우리는 사역에 임하는 것이고 계속해서 사역 가운데 예수님의 성육신적인 인격을 배우게 된다.

이러한 지역을 초월한 사고에 의해서 전문인 선교를 감당한다면 중앙아시아 선교, 동북아시아 선교. 동서남아시아 선교, 중동아프리카 선교, 중남미 선교, 남태평양 선교, 유럽 선교 등에 있어서 지역별로 네트워킹된 전문인들의 다양한 사역에 의해서 지역을 초월하여 한국인에 의한 크리스천 팍스 코리아나가 이루어지게 될 것이다. 이 일을 위해서 그 지역의 전문성 다시 말해서 구속적 유비(redemptive analogy)를 이룰 수 있는 전략적 사고(strategic thinking)이 우리에게 필요한 것이다. 그 때 비로소 나열식이 아니라 다양함 가운데 조화를 이루는 선교사역이 가능하게 된다. 여전히 성화되지 못한 선교사들이 선교 현장에 있기 때문에 선교지는 이중적으로 영적전쟁을 겪고 있는 지역이 있게 된다. 전략적인 배치만 중요한 것이 아니라 재배치 그리고 범세계적인 미군의 재배치를 참조로 해서 이동성이 강조가 되는 전진배치만이 최상의 전문인 선교의 방법이다.

(2) 전문인주의와 선교사 재배치 과제

한국교회의 70%가 연 3,000만원 미만의 미자립교회이다. 한국교회의 20%만이 선교에 참여하고 있는 현실에서 한국교회의 선교참여 교회수를 늘리기 위해서 중소교회를 네트워킹하여 전문인 선교운동을 일으켜야 한다. 우리의 우선적인 고객은 중소교회여야 한다. 지난 9월 6일에 있었던 KWMA(한국세계선교협의회) 대표자 회의에서는 한인선교사의 전략적 재배치의 결의안을 채택하게 되었다.

한인선교사의 53.5%가 아시아 지역에 밀집해 있다는 사실과 92.2%에 달하는 선교사들이 도시지역에 편중되어 있다. 그중 39.0%가 국제항공노선이나 외국의 대사관 금융기관이 밀집되어 있는 대도시에 자리 잡고 있다는 사실이 발견되었다. 더 나아가 선교사 스스로도 전략적 재배치에 72.5%가 동의함으로써 한인선교사의 전략적 재배치가 매우 시급한 현안임을 파악하게 되었다.

목회자 출신의 선교사의 재배치가 이루어지게 되면 평신도 출신의 선교사의 재배치가 이루어지게 되고 그러한 차원에서 전문인 선교사로 통합적인 사역의 시너지효과가 이루어지게 될 것을 기대한다. 사역을 바꾸는 방법도 있으나 기능적 재배치까지 고려를 해야 한다. 예를 들면, 동원팀, 재정팀, 훈련팀, 홍보팀 그리고 중보사역팀, 연구개발팀, 전문비지니스팀등을 재배치하는 것이다. 이러한 개념이 없었다면 이러한 개념을 간들어 재배치를 해야 한다. 횡적·종적으로 타문화권에서 재생산하는 선교사들을 어떻게 재배치하는가 하는 것이 중요한 과제라고 본다. 재배치라는 의미를 전략적 조정자 또는 슈퍼리더를 통한 선교적 돌봄(missiological care)이후의 재배치가 되어야 한다고 본다. 이를 통해서 전문인 선교를 통한 하느님나라 확장과 그에 맞는 선교공동체가 성장하게 될 것이다. 재배치를 마치 구조조정과 연관하여 생각을 하게 되면 또 다른 문제를 야기시킬 수 있다. 재배치가 되면 고정화가 되는 것이 아니라 네트워킹을 통해서 유동성, 효율성을 가지고 전투적 재배치, 이동성 재배치라고 볼 수 있다. 한미연합군의 재배치는 일회성이 아니라 계속 순환성을 가지고 이루어진다. 이러한 재배치의 방법은 다양하며 현지의 리더십을 무시할 수 없을 것이다. 미전도지역이나 미전도종족에게까지 조금이라도 가까이 나아가는 재배치가 되어야 한다.

요약하면, 효과적인 재배치를 위해 선교단체마다 지역별, 사역별 및 기능별 특화를 통한 전문성을 살려 전략적 재배치의 효과가 극대화가 되도록 노력을 해야 한다. 심지어는 은퇴한 목회자들도 전문인 선교훈련을 시켜서 재배치에 합류를 시켜야 한다며 자신도 은퇴 시에 전문인 선교훈련을 시켜달라는 신학교 학장도 있었다. 오늘의 시대가 전문인 선교사를 부르고 있다는 것을 의미한다.

(3) 전문인주의 신학의 과제

전문인주의 신학을 우리 사회에서 이야기하기에는 아직 시기상조라고 볼 수도 있다. 한국의 2030세대와 5060세대의 갈등구조에 대한 해법을 제시한 송호근 교수는 이 시대가 요청하는 것을 다음과 같이 제시하고 있다.

> 그러나 문제는 5060이 사회의 주도층 역할을 담당하게 된 1980년 이후 20년 동안 한국사회를 운영할 대체원리를 만들어 내지 못했다는 점이다. 물론 위 세 가지 요인(국가주의, 권위주의, 성장주의)의 대립항인 시민사회, 분배주의, 민주 질서로서의 이행을 촉구하는 노력들이 없었다는 것은 아니었다. 그러나 1987년 이후 민주화 이행 기간에도 기득권세력, 지배집단, 보수집단의 저항과 기존의 행위양식과 사고방식에 안주하려는 기성세대의 관성에 부딪혀 신속한 전환은 이루어지지 않았다. 전환의 방향은 대체로 설정되었다고

할지라도, 전환의 구체적인 내용에 관해서는 합의를 이루어내기가 그다지 쉽지 않았던 탓도 있을 것이다.[1]

    서구와는 달리 주체라고 하는 자발적 결사체의 문화가 없는 건널목과 같은 민족인 한국은 종교나 도덕 또는 이념도 소기의 사회적 역할을 제대로 수행하고 있지 못함을 대학교나 신학교의 교육을 통해서도 느끼는 바이다. 틀에 사로잡혀 있으면서 당장의 필요 앞에서는 얼어붙어 버리는 사고의 석고화 현상이 우리의 처세술이다. 이러한 가운데 우리의 주체는 양반-상놈의 구조도 아니고 지식인-문맹자의 구조도 아니고 교조주의-실용주의의 구조도 아니고 이러한 개념들을 내 것으로 소화시킨 자와 소화시키지 못한 자들의 구조라고 본다. 그러한 상징적인 구분이 2030세대와 5060세대의 구조이다. 우리는 이것을 행태론적 근본주의(morphological fundamentalism)에서 전문인주의로의 전환이라고 본다. 이제는 행태론적 근본주의에 빠져 있는 보수신학에서 생동감이 있는 생활 가운데 전도자를 양성하는 전문인주의로 나아갈 때 한국 미래 통일 신학에 대한 낙관론을 펼칠 수가 있다고 보는 것이다. 어쨌든 중국의 삼자신학과 북한의 주체 신학은 주체가 있지 않은가! 그런데 우리는 북한보다 체제가 월등하다고 하면서 주체가 아직도 없다는 말인가! 전문인이 주체가 되어야 한다. 어용신학도 민중신학도 해방신학도 삼자신학도 주체가 있는데 우리가 주체가 없다고 하는 것은 한국교회 성장이 1985년을 기점으로 쇠락한 데 그 원인을 찾을 수 있다. 교회성장의 정상에 섰을 때 전문인 신학을 준비하지 못한 것은 우리의 과오이다. 전문인주의는 보수주의와 자유주의의 장점을 모두 포괄하는 힘이 있다. 하나님의 선교를 이룩하기 위해 실질적인 영혼구령의 방법들을 공유하기 때문이다.

전문인주의로 패러다임을 전환하면 한국의 신학은 젊어지고, 탁상공론이 아니라 선교현장과 범세계 신학을 논하는 장이 화상회의를 통해서 형성될 것이다. 선교 접촉점이 결여된 보수 신학의 단점을 보수하고 성령의 역사에 의한 영혼구령이 없는 자유주의의 단점을 공유하는 것이다. 한국의 5060신학은 보수주의 칼뱅 신학이라고 본다면 2030신학은 전문인 신학이라고 볼 수 있을 것이다.

현재 칼뱅주의와 웨슬리안주의로 대별이 되어 있는 한국선교학계의 모습들을 볼 것 같으면 안전하게 양쪽의 선교학계에 발을 담고 활동을 하는 모습들을 보면서 제 3의 길로서 보수적인 노선 가운데에서 선교적인 측면이 강조가 되는 전문인주의는 너무나 소중한 신학으로 평가가 되고 있다. 필자부터도 현대신학을 얼마나 아는가 하면 몇 사람의 이름을 댈 뿐이지 그것이 복음전파와 무슨 관계가 있는지를 이야기하라고 하면 난감할 것 같다. 필자는 20년을 신학공부를 하고 교회생활을 37년을 했음에도 여전히 생활 가운데 전도자가 되는 신학을 가르쳐야지 생활과 아무런 연관이 없는 신학은 이미 죽은 신학이라고 보는 견해에 동참하기 때문이다. 죽기 전에 성경을 부인한 칼 바르트의 장점을 의지하고 공부한다고 하지만 그다지 희망적인 신학 공부가 되는 것 같지는 않다. 죽기 전에 치매에 걸렸을 때 하나님을 부인하고 잘못된 교리를 주장하는 것은 하나님이 용서를 해주신다는 설도 있고 애매하다는 설도 있는데 애매한 분들은 애매한 나라에 가지 분명히 천국은 아닐 것이다. 필자가 다닌 미국의 보수적인 신학교 박사과정의 현대신학 수업수준이 한국의 석사과정 수준인 것을 보고 13년 전에 조직신학을 배우면서 놀란 적이 있다. 저들의 신학은 성경 중심적이고 성경을 알고 선교를 한다는 단순한 논리의 귀결인 것이다.

전문인주의는 복음주의적인 신학의 선교학에 대한 의지적인 신학의 반영이라고 말할 수 있다. 복음주의라는 말로서는 전문인 선교의 내용을 다 표현할 수 없어서 전문인주의라는 용어를 사용한 것이다. 자유주의도 전문인주의에 포함이 될 수 있느냐는 것은 우문에 불과한 것이다. 자유주의의 창조적인 신학접근방법은 본받을 수 있다.

교리적인 것은 보수적인 신학에 기초하는 것임을 다시 한번 밝혀 둔다. 이러한 해석은 앞으로 교단별로, 교파별로, 선교학자별르, 선교사별로, 선교위원장별로 다양하게 해석할 가능성이 있다. 그러나, 전문인주의는 피터 와그너 박사의 신사도적 교회(neo-apostolic church)와는 질적으로 차이가 있는 것임을 다시 한번 밝혀 둔다. 전문인주의는 이 시대에 자유 의지를 주신 하나님을 위해서 자유의지를 사용하여 자신의 의가 아닌 하나님의 의를 위한 것이 무엇인지를 밝히 알고 남한에 사는 크리스천들의 수평적 네트워킹에 의한 구심점의 역할을 하고자 하는 것이다. 이를 위해서는 은퇴한 자들을 위한 신학도 필요하겠지만 또한 동시에 2030세대를 위한 신학으로 계속적으로 발전시켜 나가야 할 것이다.

(4) 전문인주의와 사회 개혁

옥한흠 목사는 조기은퇴를 선언하면서 이런 말을 남겼다.

한국교회의 현실을 직시하고 교회가 연합해 자정능력을 갖춤으로써 한
국교회의 대사회적 이미지를 혁신해야 한다.[2]

여기서 말하는 자정능력이란 이야기는 국제예수제자이고 필자가
말하는 것은 타문화권 셀 그룹 리더로서의 전문인 선교사일 것이다. 우리
사회의 사회개혁을 꿈꾸고 실패하는 일들을 보면서 우리 사회에 더 많은 전
문인들이 활동을 하고 저들이 이 사회의 주체가 되어서 제자를 삼는 사역을
감당할 때에 비로소 전문인들을 통한 사회개혁이 이루어지게 될 것이다.
그것은 하나님의 나라 완성의 차원에서의 사회개혁이지 물리적이거나 또
다른 계급을 창출하는 피터 와그너식의 신사도적 교회운동은 아닌 것이다.

세속적 인본주의에 기초한 사회개혁은 실패로 돌아갈 것이 분명하
다. 왜냐하면 사회개혁을 하는 동안에 우리는 끊임없이 자기 자신과의 개
혁과 싸워야 할 것이기 때문이다. 비록 사회 개혁을 했을지라도 자기 자신
과의 싸움에서 졌다면 하나님 앞에서 진 것이다. 하나님이 이겼다고 선언
을 해 주었기에 야곱이 얍복강 나루에서 이스라엘이 된 것이지 사실은 이긴
것으로 여겨주시는 구약의 칭의(justification)에 해당하는 부분이다. 이를 위
해서 우리는 모든 신자의 비세속성(all believer's non-secularism)의 원리에 의해
서 끊임없는 자기와의 싸움에서 승리를 해야 할 것이다. 그리고 전문인주

의에 입각한 사회개혁의 성공여부는 천국에 가면 들어나게 될 것이다. 그러므로 우리는 오늘 남북이 나뉘인 대립과 긴장의 시대에 사랑의 씨를 뿌려서 하나님 중심의 혁명을 완수해야 하는 과업을 받은 것이다. 앨런 넬슨은 개혁을 위한 10가지 방법을 이렇게 제시하고 있다.

(1) 리더십과 조직변화를 주제로 다룬 책들을 두루 연구한다.

(2) 교회에서 영향력 있는 사람들을 파악해 성향을 분석한다.

(3) 4명에서 10명의 한도에서 팀을 구성한다. 팀원 중에서 대개 진보적 유형의 지도자들이 개혁의 방향을 제시하고, 전략을 세우는 것이 보통이다.

(4) 팀원들을 교회성장세미나에 참석시키는 한편, 성공적인 교회들을 탐방하게 한다.

(5) 본서와 같은 책을 교재로 삼아 수련회를 하든지, 정기모임을 갖고 연구할 수 있는 기회를 마련한다.

(6) 팀원들과 함께 조용히 기도할 수 있는 시간을 갖고 개혁에 관한 아이디어를 나눈다.

(7) 외부에서 전문가를 초청해 개혁에 대한 조언을 듣는다.(성공적인 교회를 이끌고 있는 목회자나 사업에 성공을 거둔 기독교 인사를 강사로 선정하는 것이 좋다.)

(8) 여러 가지 통계 자료를 참고해 교회의 현재상태를 정직하게 진단한다. 꼭 하고 싶은 데 아직 하고 있지 않은 일 5가지를 선정한다.

(9) 주일 아침 예배에 교회성장과 개혁을 주제로 설교를 한다.

(10) 팀원들을 훈련시킨다.[3]

여기에서 필자는 8번째로 특별히 꼭 하고 싶은 데 아직 하지 않은 일 5가지에 대해서 생각을 해 보고 싶다.

    (1) 교회 안에서 예배와 전도이외에는 프로그램을 단순하게 하고 싶다.

    (2) 대안 교회와 마찬가지로 형식에 구애를 받지 않는 교회를 하고 싶다.

    (3) 생활 가운데 전도자가 되어 수요일 저녁예배는 전도 보고하고 세계 선교를 위해서 기도하는 시간을 가지고 싶다.

    (4) 많은 사역을 하기보다도 네트워킹하는 사역을 통해서 저들이 잘 되는 것을 보고 싶다.

    (5) 축복의 통로가 되는 교회개혁에 참여하는 가정들이 믿음의 명가로 누리는 삶을 보고 싶다.

3. 결론:2005-25년 전문인주의 운동을 위하여

남북은 지금 2015년 통일을 향해서 질주하는 기관차와 마찬가지로 계속해서 방향을 알지 못하고 나아가고 있다. 최종적인 목적이 무엇인지 세속주의의 정욕이 이끄는 삶을 살면서 시간만 다를 뿐이지 앞서고 뒷서고 따라가는 형국이다. 이러한 때에 인물이 나온다고 한다. 그러나 이제는 예수님 외에 인물이 나와서는 안된다. 나는 죽고 그리스도만의 자세를 가지고 예수님의 사랑을 실천할 기독교 사상이 나와야 한다. 모두가 헌신은 되어 있다. 그러나 실천할 수 있는 방법은 구비되어 있지 못하다. 그래서 우리가 주님 오실 길을 예비하기 위해서 남북의 철도를 다시 놓고 실크 로드를 지나서 다시 복음이 역귀환하는 비전을 꿈꾸는 것이다. 이 비전은 전문인들이 주체성을 회복하고 성육신적인 생활선교사가 될 때 이루어지게 될 것이다. 그 날에 우리가 보게 될 것이다.

> 열국의 보좌를 엎을 것이요, 열방의 세력을 멸할 것이요, 그 병거들과 그 탄자를 엎드러뜨리리니 말과 그 탄자가 각각 그 동무의 칼에 엎드러지리라(학 2:22).

메시아가 오시면 이러한 심판이 이루어지게 된다는 말씀이다. 이 분이 주인이 되시고 중심이 되시도록 우리는 성육신적인 선교 사역을 해야 한다. 그것은 체면과 실리 사이에서 왔다갔다 하는 주의를 택하지 말고 균형 잡힌 감각을 가지고 이 시대가 요청하는 전문인주의로 나아갈 때 가능하다.

제 13장

한국 전문인 신학의
정립과 적용

오늘날 인간을 이해함에 있어서 세계관에 대한 이해가 가장 중요한 것이다. 피터 드러커는 '세계관까지 변화되지 않은 자는 리더가 아니다'라고 할 만큼 세계관에 대한 연구는 소중한 것이다. 한편, 이퇴계는 평생을 유교의 틀에 사로잡혀서 인생관을 연구한 문화인류학자라고 볼 수가 있다. 그러나, 행태론적 근본주의(morphological fundamentalism)라고 할 수 있는 세계관의 틀을 깨지 못했기 때문에 이퇴계는 한국의 사상가이지 기독교 사상가는 되지 못한 것이다. 쉽게 말해서 그가 내부자적으로 보았다고 하는 시각(emic view)이 기독교의 시각에서 보면 외부자적 시각(etic view)에 불과한 것이다. 왜냐하면 이분법으로 인간관과 신관이 막혀 있었기 때문에 신의 존재를 이(理)라는 로고스로 이해를 했을 뿐이지 살아계신 참 하나님의 음성을 듣고 실천하는 입장에서의 하나님을 경험하는 차원으로까지 나아가지 못했던 것이다.

인간의 삶은 수신-제가 차원의 삶을 1차원적인 삶이라고 본다면 치국-평천하는 2차원적인 삶이라고 볼 수 있다. 많은 사람들이 2차원적인 삶을 살기 원하지만 1차원적인 삶에 머물고 마는 것을 볼 수 있다. 우리 크리스천의 삶은 개인 구원을 통하여 수신-제가하는 삶의 단계를 넘어서 치국-평천하할 수 있는 단계로 나아가는 사회 구원의 차원으로 이해를 해야 할 것이다.

유교의 인(仁), 의(義), 예(禮), 지(知), 신(信)은 인간관에 대한 이러한 개인구원의 덕목이라고 하면[1] 신(薪) 인간이 된 크리스천의 입장에서는 기도, 찬송, 말씀, 생활전도, 세계선교로 패러다임을 전환해서 생각해 볼 수가 있을 것이다. 유교에서의 삶은 성취 동기로 사는 것이라면 기독교에서의 삶은 헌신 동기로 전환이 되는 것이기 때문이다. 불교를 받아들인 나라들은 현재 모두 가난한 나라들이지만 유교를 받아들인 중국과 일본 그리고 한국은 여전히 잘 사는 나라인 것은 수신, 제가, 치국, 평천하라고 하는 성취동기를 향해서 나아가기 때문이다. 기독교를 받아들인 나라인 한국은 복층식 아파트 구조와 같이 그 성장의 원인에 대한 평가가 어려운 것이기는 하지만 성취 동기가 아닌 헌신 동기로 전환이 되었기 때문에 가능한 것일 것이다. 그리고 동양의 삼국인 한국과 중국 그리고 일본은 한(恨)의 정치를 하고 있는 것으로 볼 수 있다. 그래서 아직도 성취동기로 살고 있으며 예루살렘, 유다, 사마리아, 땅끝이라는 헌신 동기로 전환된 기독교 문화의 차원으로 나아가지 못하고 있는 것이다. 물론, 오늘의 한반도의 현실을 볼 때 한국의 국방비의 400배가 넘는 미국이라고 하는 공룡의 실체가 우리에게는 너무나 힘겹게 보이고 축복의 통로가 아닌 성취동기로 전 세계를 지배하려는 지배자로밖에는 보이지 않는 것도 문제이다.

그러나, 미국도 살기 위해서는 약소민족이지만 경제 강국의 대국을 실현한 한국과 손을 잡을 수 밖에 없는 현실로 보인다. 그러므로 앞으로 통일을 이루기 위해서는 헌신동기로 바뀐 하나님 중심의 세계관을 가진 크리스천 전문인들의 역할이 너무나 소중한 것이다.

오늘날 한국의 선교사가 1만 4,000명 이상이라고 하지만 그 가운데서 헌신 동기로 살고 생활 가운데서 복음을 증거하는 무명의 선교사들인 전문인들이 있다고 하는 사실을 독자들은 기억을 할 필요가 있다. 이들이 추구하는 전문인 신학은 한국의 유교문화권에서 한을 풀 수 있는 우리만의 성육신적인 신학의 모델을 제공하게 될 것이다. 이를 위해서 몇 가지로 제안을 하는 바이다.

첫째로, 수신(修身)-제가(齊家)를 위해서 인, 의, 예, 지, 신으로 외부자적 시각으로 인간관을 다룬 유교의 이기이원론을 통시적 시각(symbiotic view)으로 해석한다. 기(氣)를 활성화하기 위해 내부자적 시각으로 칼뱅의 5대 강령에 기초하여 하나님의 백성이 먼저 되어야 한다. 그 후에, 제가(齊家)하기 위해서 기도, 찬송, 말씀, 생활전도, 세계 선교로 전환을 하는 것이 필요하다. 여기까지는 자신을 위한 최소한의 성취 동기의 삶이라고 볼 수 있다.

둘째로, 치국(治國)-평천하(平天下)를 이루기 위해서 자발적인 의지에 의해서 스스로가 미래의 삶을 개척하는 지식 근로자들이 중심이 되는 전문인(professional) 선교의 4대 기둥들을 유교적 선교학에서는 채택할 필요가 있다. 전신자 선교사주의(every believer' s missionaryhood)는 모든(every) 성도는 하나님 앞에서 선교사로 살아야 한다고 하는 지상 대 명령의 준행자가 되는 일이다. 다양한 타문화권에서 내부자적 시각(emic view)으로 보고 통시적 시각(symbiotic view)을 보는 관점을 가지고 예수의 피가 생각이 날만한 구속적 유비(redemptive analogy)를 발견하는 일이다.

이것이 구속적 실체(redemptive reality)가 되어질 때 복음의 문이 열리게 될 것이고 한국과 중국을 비롯한 일본 등 유교 문화권에서의 종족세계내화(ethnoglocalization)에 기초한 자 신학(self-theology)이 성립이 될 것이다. 우리는 이러한 실현을 최소한 중국의 60개 소수 민족과 고려인들을 통해서 이룰 수가 있을 것이다. 언어의 전문성, 지역의 전문성, 사역의 전문성, 그리고 직업의 전문성에 기초한 전문인은 신자의 비세속성의 원리(every believer's non-secularism)에 의해서 세계를 향하여 성육신적인 선교를 펼쳐 나아가야 한다.

이러한 원리는 유교의 성(誠)의 신학과 마찬가지로 성육신적인 선교 차원에서 빌립보서 2장 5-9절에 기초한 자기를 비워(자기 비ㅎ-의 교리) 종의 형제를 입고(동일시의 원리) 인간으로 오신(성육신의 원리) 예수님의 종의 정신을 실천하게 될 것이다.

따라서, 선교적 차원에서 유교는 우리가 버릴 것이 아니라 그것을 유교 선교학(Confucian missiology)의 차원에서 더욱 계승 발전시켜서 진정한 의미에서의 기(氣)인 성령의 코드에 접목시켜야 할 자연 신학이라고 볼 수 있다. 우리가 훈련시켜야 할 한국 사람들은 모두 이러한 복층식 아파트 구조를 가지고 있는 유교문화에 바탕을 둔 샤머니즘적인 인간들이기 때문이다.

전문인 선교 훈련의 10가지 방법

전문인 신학에 기초한 전문인을 위한 선교 훈련은 적어도 아래와 같은 10가지에 있어서 전환이 되어야 해외선교에 있어서 효율적인 사역을 감당할 수가 있을 것이다.

첫째, 자문화우월주의에서 벗어나야 한다. 자문화우월주의 (ethnocentrism)는 유교의 바탕에서 기인한 것으로 보인다. 좀 더 정확히 말하면 인본주의를 달성하고자 하는 데서 기인한 것이다. 여기에서 무비판적으로 상황화한 것이 공산주의이고 더 극단적으로 나아간 것이 독재적 공산주의인 김일성주의이고 문선명주의이다.

자문화우월주의라고 하는 성취동기의 삶에서 벗어나서 자문화방사주의라고 하는 축복의 통로로 전환할 때 그것이 진정한 의미의 헌신 동기로서 기독교를 대변하게 되는 것이다. 예수님이 십자가에서 돌아가시기까지의 성육신적인 선교의 삶은 인간의 입장에서는 헌신동기이지 성취동기는 아니었다고 본다. 따라서, 전문인들을 훈련시킬 때 저들에게 성취동기에 기초한 자문화월주의를 가르쳐서 목사 선교사와 경쟁을 한다거나 적대감을 가지게 되는 것은 지양해야 한다.

둘째, 실제적 타문화권 훈련을 해야 한다. 현재 한국에서 선교훈련을 받고 선교지로 간 자들은 25%정도이다. 여기서 훈련이라고 하는 것은 적어도 6개월 이상 1년의 과정을 마친 것을 의미한다. 10년 전의 15%에 비하면 10%나 상승한 것이다. 그리고 선교하는 교회가 10% 정도에 불과하기 때문에 선교에 대한 교육도 국내선교를 위한 차원에서의 선교교육이다. 그리고 선교여행도 비전 트립이라고 해서 땅 밟기 정도의 훈련과 사역이다.

이렇게 훈련하고도 한국교회의 부와 명성을 가지고 선교사를 파송하여 업적 중심으로 교회를 개척하고 가시적인 사역을 내세우고 있다.

따라서, 제대로 훈련을 하고 있는 선교훈련원들을 제의한 나머지 훈련원들은 선교 훈련의 반절을 타문화권에 노출시켜 빨리 타문화권의 몸살을 앓고 일을 하는 것이 바람직하다고 본다. 이 일을 위해서 서구의 선교훈련원들은 많은 노하우를 가지고 있으나 훈련생들이 부족한 실태이고 훈련을 받으러 오는 자들 가운데 목사는 5%에 불과한 실정이다. 이러한 세계선교환경을 보게 될 때 우리는 국내용으로 훈련할 것이 아니라 타문화권으로까지 나아가는, 막혀진 담을 관통(breakthrough)을 통한 자국화방사주의(ethnoradiantism)로 까지 나아가는 훈련을 실시해야 한다. 공식적(formal) 교육과 비공식적(informal) 교육, 그리고 비형식적(nonformal) 교육을 조화를 이루어서 훈련의 반은 타문화권에서 할 수 있는 길을 열어야 한다 신학교의 교육도 타문화권에서 할 수 있다면 오늘날 1년에 5,000명씩이나 배출하는 전도사들이 서울을 비롯한 신도시의 수도권에서 택시 기사로 그렇게 많이 일하지 않아도 될 것이다.

셋째, 전문인을 훈련해야 한다. 글로벌 시대의 다양ㅎ-면서도 무질서한 포스트모던 사회에서 다양한 직업을 가진 자들을 모아서 훈련을 시켜야 다양한 복층식 아파트구조와 같은 종교 사회 문화적 타문호-권에 나아가서 사역을 할 수가 있다. 이 세상의 직업은 9대 직업군으로 나누어져 있으며 약 4만 가지라고 한다. 그 가운데 한국에 들어와 있는 직업은 2만 5천 가지이며 그 가운데 하나가 목사라는 직업이다.

목사는 여러 종류가 있기 때문에 잃어버린 양의 비유에 나오는 99대 1의 비유와 마찬가지로 아무리 작게 보아도 평신도가 99명이면 목사는 1명에 불과하다. 그렇기 때문에 글로벌 시대의 지도자가 될 수가 없고 지역시대의 지도자가 될 뿐이다. 따라서, 목회자들은 글로벌 시대의 지도자가 되는 훈련을 받아야 하는 데 그것이 전문인들과 함께 더불어서 연장 교육을 받는 것이다. 선교훈련의 시스템을 전문인 선교로 전환을 한다면 다양한 직업을 바탕으로 한 실버 목사들은 얼마든지 재훈련을 통하여 전문인 선교 사역을 하는 타문화권 목회를 할 수가 있을 것이다.

따라서, 세상 물정을 모르고 줄서기만을 하는 교파주의에 사로잡힌 전도사 출신의 선교사 후보생들을 한국식으로 선교 훈련을 한다는 것은 '훈련원의 어항'에 짚어놓고 미지근한 물을 붓고 결국은 나는 죽고 그리스도만 고난의 현장에 있는 성취동기로 사는 선교사들을 양산하는 것이다. 필자도 그런 길을 걸어왔고 이제 50세가 되어 헌신동기로 전환하고 있는 실정인 것을 보면 상당수가 하나님의 음성을 듣고 하나님의 뜻대로 실천을 해야 하는 것으로 보인다. 유교에서도 50세가 되어야 지천명(知天命)이라고 하는데 20-30대의 선교사 후보생들이 헌신동기로 전환되기 위하여 연단이 필요한 것으로 보인다. 전문인 선교훈련원에서는 다양한 직업을 가지고 있는 선교사 후보생들이 전신자 선교사주의에 입각하여 선교사로 양성함으로써 글로벌 시대에 걸맞는 훈련을 이미 15년 동안 실시해왔다.

행태론적 근본주의자(morphological fundamentalism)인 교권 주의에 입

각한 세대들이 은퇴를 하면 한국의 선교훈련도 전문인 선교형태로 전환이 될 것이다. 물론 비즈니스를 통한 선교 훈련 등 여러 가지로 흔련을 많이 시키고 있으나 중요한 것은 세계관에서부터 하나님 중심으로 바뀌지 않으면 안된다는 것이다. 전문인 선교관으로 전환이 되지 않으면 물이 포도주로 바뀌는 것과 같은 변화가 이루어지지 않을 것이고 한국선교는 이미 파송한 4000여명의 선교사로 인하여 어려움을 당하기 시작할 것이다. 또한 허수로 잡혀 있는 8000여명의 선교사들로 인하여 많은 후유증을 앓게 될 것이다.

이러한 것은 성취동기로 사는 세속적 인본주의자들이 리더가 되어서 교파별, 초교파별로 조직 암약 활동하여 훈련을 시킨 결과이다. 초교파도 초교파을 가장한 교파인 것이다.

넷째, 타문화권 훈련에 대한 과제를 주어야 한다. 대부분 한국에서 해외에 나가서 훈련을 하는 것을 보면 전통적인 선교훈련원의 경우는 언어 훈련을 하거나, 영성 훈련을 한다. 그러나 타문화권 훈련을 단지 pre-field orientation의 차원으로 '타문화권 훈련원 어항' 속에 가두어 둘 것이 아니라, 현지의 선교사들의 사역을 컨설팅하고 supporting하는 차원의 견습생과 같은 훈련을 해야 한다. 국내의 교회에서 전문인들에게 견습생과 같은 기회가 주어지지 않는다면 과감히 해외에 나가서 견습생과 같은 기회를 갖는 것이 중요하다. 우리는 전문인을 훈련하며 다양한 배경을 가진 전문인이 오기 때문에 신학교의 교육이 필요한 자들을 신학교로 보내지만 개척자의 정신을 가지고 선교지로 가고자 하는 자들은 훈련의 시간의 50%를 타문화권의 사역의 현장에서 보내도록 하여 헌신동기로 전환하는 타문화권에서의 몸살을 먼저 앓도록 하는 것이다.

이러한 과정 가운데 저들은 life-mapping을 하게 될 것이고 하나님 앞에서 자신의 영성을 점검하고 나아가게 될 것이다. 그러한 차원에서 선교훈련은 미국, 영국, 호주와 같은 추수기 지역에 있는 서구의 선교 훈련원을 활용하는 것이 바람직하고 실제적인 배치는 중앙아시아나 중국 그리고 미전도 종족과 같은 씨 뿌리는 지역으로 할 수가 있을 것이다. 이 일을 위해서 추수기 지역에 있는 코리안 디아스포라들을 네트워킹하여 Korean diaspora Silk Road를 개발하고 사역할 수 있는 길을 열어 주어야 한다. 이것이 타문화권에 가서 문화 충격을 경험할 한국선교사의 과제인 것이다.

다섯째, 연합 훈련을 해야 한다. 대부분의 선교사들이 선교훈련을 마치고 선교지에서 사역을 하다가 안식년을 활용하여 신학교에서 선교훈련을 받는 것을 많이 본다. 그리고 한국으로 돌아와서 의미있는 교회의 담임으로 청빙되는 것을 많이 보았다. 그러나 진정한 의미의 헌신 동기에 기초한 사역이 되기 위해서는 창조적 소수자만이라도 선교학 박사과정을 공부하기 보다는 요즈음 각광을 받는 선교 정치학이나 선교 경영학이나 문화 지리학과 같은 영역에서 공부하는 것이 더 바람직하다고 본다.

대학에서 이러한 학문을 전공한 목회자 선교사들은 필자가 말하는 의미가 무엇인지를 잘 이해할 수가 있을 것이다. 진정한 의미의 헌신동기로 사명자가 되었다면 준비시킨 모든 학문을 다 하나님의 때에 사용하시는 하나님을 체험하게 될 것이다. 마치 미육군사관학교의 교육방법과 마찬가지로 자신의 전공에 필요한 사역의 전공을 갖추게 하는 것이다. 이것을 직업의 전문성에 사역의 전문성을 갖추는 것이라고 우리는 말하고 있다. 여기에 언어의 전문성과 지역의 전문성을 배양받기 위해서는 어려운 일이기는 하지만 한국 사람뿐 아니라 서구의 선교 훈련자을 통해서도 훈련이 이루어지는 연합 훈련이 되어야 한다.

여섯째, 훈련자의 구성을 국제적으로 해야 한다. 우리는 현재 신학대학원 교수와 일반대학교 교수 그리고 선교 현장 경험이 있는 박사학위 소지자들이 훈련을 시키고 있다. 그러나 앞으로는 외국인 근로자 가운데 지역 전문가를 모셔서 타문화권 지역 셀 그룹의 코치로도 활용을 하려고 할 것이다. 더 나아가서 국제적인 선교 훈련으로 발 돋음을 하면서 초대 교회의 선교형 교회인 안디옥 교회처럼 다양한 인종들이 함께 모여 훈련을 하고 실습을 하고 파송을 하고 관리를 하는 모델을 개발하게 될 것이다.

일곱째, 외국인 근로자들을 지역 전문가로 초빙할 수 있다. 최근에 한국교회들 가운데 외국인 근로자 사역을 하는 교회들을 볼 수 있다. 성가대원들의 식기를 사용하여 식기를 기증했다는 교회도 있지만 아직도 외국인에 대한 사역의 초보 단계인 구제를 면치 못하고 있는 것으로 보인다. 이것도 자문화우월주의에 입각한 디아스포라들을 멸시하는 태도이며 하나님의 눈동자를 찌르는 행위이다. 현재 40만 명 이상의 외국인들이 국내에 들어와 있다면 우리나라가 '외국인 근로자 어항'을 자초하다가 향후 40년 안에 통일 한국을 이슬람 국가화시키려는 중동의 세력에 한국의 정체성을 잃어버릴 공산이 크다. 통일교에 넘어가는 것도 안되고 이슬람에 넘어가도 안된다. 선교한국, 성서한국, 통일한국을 실천해야 한다. 성육신적인 차원에서 저들을 섬기는 방법은 저들도 한국 사회에서 지도자로 세워지도록 상위 단계로 빨리 전환시키는 것이다.

손자병법에 "적을 알고 나를 알면 백전백승이다"이라고 하는데 우리는 얼마나 우리에게 가까이 다가온 외국인 근로자들을 알고 있는가? 저들을 알기 위해서는 저들을 '서울의 어항'이라는 게토에 묶어 두지 말고 우리가 저들에게 선한 사마리아인으로서 손을 내밀어야 할 것이다. 그리고 그들에게 언론의 자유를 주어야 할 것이다. 우리가 처음 미국으로 이민을 갔을 때 느꼈던 인종 차별을 우리는 하지 말아야 한다. 그렇게 해서는 한국교회가 선교독재자가 되어 자신의 부동산을 늘리는 선교를 하는 것이지 글로벌 시대의 주역으로 쓰임을 받을 수가 없다. 교회는 그리스도의 몸이고 우리는 움직이는 교회이기 때문이다. 세계적인 선교학자를 초빙하지 못한다면 외국인 근로자들을 활용할 수도 있다고 본다.

은퇴하고 연금을 받기에 사례비의 걱정이 없는 자비량 선교사들을 해외에서 적극적으로 영입할 수 있는 것도 한 방법이 될 수가 있다. 선교 공동체에 숙소를 마련하고 저들에게 의미 있는 사역을 나눌 수 있는 계기가 마련되어야 한다.

여덟째, 선교형 교회를 키워야 한다. 향후 10년 안에 중국이 급격히 세계 1위 국가로 용처럼 부상하게 되고 그 사이에 북한이 붕괴되기 직전의 상황을 감안하면 국내 선교와 해외 선교의 비중도 조정이 되어야 한다. 한국의 교회 가운데 S-S Curve를 긋고 있는 상당수의 교회성장 지향적인 교회보다는 차세대가 주축이 될 수 있는 성도수가 500명 미만의 중소형 교회에 전문인 선교학교와 같은 프로그램을 정착시켜서 전문인들이 선교에 자연스럽게 빨리 몸살을 앓을 수 있는 기회를 제공해 주어야 한다. 이러한 교회에서 온 지도자들을 양성하게 되면 일당백의 효과를 거두게 될 것이다. 그러나, 초대형 교회의 교인들만 훈련을 시키게 되면 한 명만 훈련시킨 결과가 나오게 되고 자체적으로 독립하게 되면 훈련의 효과가 반감이 되어지고 시너지 효과는 무너지게 될 것이다. 현재 초대형 교회들은 선교학교를 열어서 대부분 '선교학개론' 수준에서 선교에 대해서 기초적인 교육을 받고 있을 뿐이다.

이러한 교육으로는 선교를 할 수가 없을 것이고 선교훈련을 받은 자들이 선교학교를 운영하면 선교학교가 제대로 가동이 될 것이다. 그리고 교회에서 파송/협력하는 선교사들이 있는 지역별로 소위원회를 구성하고 특별 소위원회와 NGO 등을 통하여 사역의 장을 열게 된다. 이를 위해서 인터넷을 통한 전문인 선교학교를 실시하는 것이 바람직하다. 그리고 극동방송 등 선교 방송을 하는 기관들의 직원들이 먼저 선교훈련을 받고 사역을 해야 한다. 모든 것이 수평적 네트워크로 전환이 되는 한국 사회에서 교회가 수평적 네트워크를 받아들이게 될 때 필자의 '전신자 선교사주의' 이론에 기초한 실천편인 강승삼 박사의 '전교인 선교사화운동'을 이룰 수 있는 선교형 교회의 수도 증가하게 될 것이다.

아홉째, 언어 · 지역 훈련이다. 언어훈련은 국내애서 하는 것이 우선적이다. 그 후에 타문화권에 가서 해야 상류층을 공략할 수가 있다. 선교사들 가운데 영어를 잘 하는 분들을 보면 대개가 한국에서 영어를 배웠고 한국어로 통역하는 일들을 통하여 언어를 잘하게 된 경우이다. 왜냐하면 성취동기로 기본적인 언어 훈련이 되어진 후에야 헌신 동기로 직업의 전문성과 사역의 전문성이 배양이 되어야 함에도 불구하고 우리는 성취동기로 직업의 전문성과 사역의 전문성을 배양받고 헌신 동기로 언어의 전문성과 지역의 전문성을 배양 받으려고 한다. 때문에 헌신동기가 부족한 상태에 머물러 언어와 지역의 전문성을 등한시하게된다.

코리안 디아스포라 차원에서 한국어의 중요성을 인식할 필요가 있다. 북반구에 있는 미전도 종족 지역에 살고 있는 고려인 3세, 조선족들에게 한국어를 가르치는 사역도 중요한 사역이다. 이 일을 위해서 한국어교사자격증이 현지에서 한국문화원을 설립하는 데 중요한 TOOL을 제공해 줄 것이다. 정약용이 말한 대로 유교의 경세치용과 실용주의의 방법이 적용되는 것이다.

열째, 글로벌 훈련이다. 유엔 소위원회에 속한 수많은 NGO 단체들을 보면서 선교훈련도 글로벌한 차원으로 발전이 되어야 한다고 생각한다.

결국 허다한 종족과 방언과 언어 가운데로 보혈의 피가 지나가게 될 때 선교사의 마음속에도 보혈의 강이 흐르게 되는 것이기 때문이다. 한국이라고 하는 지역에서 비롯된 전문인 선교가 세계에 영향을 미치고 미전도 종족에게까지 영향을 미치기 위해서는 전문인 세계관을 가지고 전신자 선교사주의의 입장에서 사역을 하는 "하나님이 세상을 이처럼 사랑하사"의 마음을 품고 나아가야 할 것이다. 이들은 이미 만들어진 커튼과 마찬가지로 걸기만 하면 하나님의 맨션을 장식할 수 있는 상태이기 때문이다.

세계화(Globalization)는 이미 세계성(Globality)으로 귀착이 되었다. 우리는 글로벌 훈련이라고 해서 그대로 서양의 선교 방법을 배우는 것이 아니라 잘 음미하여 우리의 것으로 토착화시킨 세계내화(Glocalization)를 실시하고자 하는 것이다. 이 일은 한민족 디아스포라들을 적극적으로 네트워킹하는 일들을 통해서 가능하게 될 것이다. 북한의 지하 감방에서 신음하는 크리스천들도 이 일을 위해서 고난을 받고 하나님의 때가 차기를 기다리고 있는 것이다. 이들이 함께 나아가서 간증을 시작하기만 한다면 마지막 시대 마지막 주자로 한민족이 쓰임을 받는 것을 우리 시대에 보게 될 것이다. 우리는 이처럼 위대한 시대에 살고 있다. 더 나아가서 우리는 전문인 선교의 마지막 과업인 미전도 종족에게까지도 저들도 세계내화를 실천할 수 있도록 물이 바다를 덮음같이 종족세계내화(Ethnoglocalization)를 목표로 하는 선교 훈련을 하고자 하는 것이다.

결론적으로 이 일을 위해서 사랑의 하나님에 기초한 하나님의 백성

(God's Family)들이 헌신동기로 전환되고, 예수님이 생각날 만한 성육신적인 섬김을 통해 공동체로 훈련이 되어지는 것이 가장 중요하다.

부록

1907년 평양 대부흥에 대한
전문인 선교적 해석

1. 한국교회의 오늘

요한 바오로 2세의 서거 소식을 들으면서 한국교회를 생각해 보았다.

한국은 아리랑과 같은 심성을 가진 하나님의 마음을 가진 천국의 모형인 나라이다. 땅이 기름지고 가장 중요한 아시아 대륙의 발톱과 같은 해안 지역을 끼고 있어서 대륙문화도 해양문화도 점령하고 싶은 복층문화의 결정적인 발톱과 같은 나라이다. 그리고 인하여 수많은 외침과 내침을 당하고도 살아남은 어머니의 마음이다.

하반신만 움직여서도 세계 월드컵 4강, 올림픽 4강의 신화를 이루어낸 기적의 땅이다. 세계 10위의 GDP에 오른 경제 강국이다. 한국교회는 100년 된 하나님의 영원하신 기업이다.

이 기업은 선교적인 차원에서 보면 비영리 사단법인이고 생명보다도 귀한 것이다. 교회를 하나님의 기업으로 보는 선교적 자본주의(missiological capitalism)의 입장에서 보면 한국 교회는 하나님의 심판의 칼이 목에 임박한 구조 조정이 필요한 특별한 집단이다. 100년 전에 한국교회 평양 대부흥의 역사가 지금도 동일하게 필요하지만 지금 평양이 수도인 북한은 앞으로 3년 안에 망한다고 하는 이야기가 지속적으로 나오고 있다. 남한은 친중 정권을 유지하는 댓가로 통일 신라 시대의 영토인 원산 이남을 통일 국가로 받게 될 것이고 수도는 공주로 내려가게 된다는 이야기이다.

더 이상 동북공정에 항의하는 고구려의 후예라는 이야기는 없다.

우리는 일본과 북한과 중국을 극복하고 새 예루살렘을 향하여 나가는 전문인들이기 때문에 비판적 상황화(critical contextualization)의 입장에서 1907년 평양 대부흥에 대한 재해석이 필요하다.

2. 1907년의 평양 대부흥

1907년의 평양 대부흥이 있던 자리에는 현재 김일성 동상이 서 있다. 마지막 종말의 때에 가증한 물건이 서 있는 것이다. 어쨌든 이러한 1907년의 부흥은 선교사님들의 성경공부에 기초한 것이라고 한다.(각주-1 김영재, 초기 한국 교회 대부흥의 역사적 의미, 2007 포럼, 새벽 교회, 2005. 4 2.)

이와는 대조적으로 2007년 대부흥을 기대하는 한국에는 현재 너무 많은 제사장적인 목회자들이 있다. 이들도 1980년대의 한국교회 성장으로 인한 성경공부에서 비롯된 직장인들의 수평적 이동에 의한 목회자군이다. 그러나, 그 가운데서 감사할 것은 1905년의 원산에서의 대부흥이 있었을 때 이를 주도한 선교사 하디는 의료 선교사였다고 하는 것이다. 다시 말해서 전문인 선교사이다. 그리고 그는 감리교 선교사였다. 우리는 전문인

(professional)의 정의로 자발적인 의지에 의해서 스스로가 미래의 삶을 개척하는 지식 근로자라고 하는 피터 드러커(Peter Drucker) 박사의 정의를 따르고 있다. 피터 드러커 박사는 경영학의 입장에서 성경을 선교적으로 해석하는 감리교 신자이다. 전문인 선교사가 한국교회의 1907년의 평양 대부흥의 효시라고 하는 것을 우리는 주목해보아야 할 것이다. 다시 말해서 언더우드와 아펜젤러 이전에 의료 선교사인 알렌 선교사가 있었던 것과 마찬가지로 전문인 선교사가 국가적 위기 앞에서 국가적 선교사로 쓰임 받고 있는 연속성(continuity)을 우리는 확인할 수 있다.

어쨌든 평양 대부흥은 성령의 역사(empowering of the Holy Spirit)에 의해서 이루어진 회개 운동이었다. 외유내강으로 역사하고 계신 성령님께서 외강내강으로 표출된 것이다.

오늘날 한국은 사분오열이 되었으며 대통령은 보수중도적인 시각에 의하면 만취한 권력자로 비춰지고 있다. 과거사 재규명을 비롯한 역사 왜곡, 이념적 좌향화, 수도분할, 외교좌표의 대륙행으로 전환되었기에 이 나라를 이제 살릴 수 있는 자는 고통의 길을 가는 시민들뿐이다.(문화일보, 윤창중, "만취한 권력", 2005. 4. 4.) 그리고 2005년 4월 5일 조선일보의 유근일 논설의원의 글을 보면 주변 강대국의 시선에는 아랑곳하지 않고 우리의 목표를 달성하려고 하는 우리나라에 대해 안타깝게 여기고 있다.

여기서의 시민은 전문인의 입장에서 보면 의당 지식 근로자들을 포함한 모든 근로자들이라고 볼 수가 있다. 1907년에 평양 대부흥 후에 3년

만에 나라는 일본에 망하였다. 돈수백배하고 아뢰옵나니, 2007년의 부흥 어게인(1907 Revival Again) 운동 후에 나라가 망할 수 있는 여건들이 산저해 있는 실정이다. 한국 교회는 1980년대 여의도 광장에서 100만명의 선교사를 파송하겠다는 하나님께 약속한 흩어지는 교회(Scattered church)로의 마태복음 28장에 기초한 지상 대 명령을 준행해야 한다. 사도행전 1장 8절의 말씀을 지키지 아니하고 이러한 본연의 사명을 게을리 한다면 한민족은 소아시아로 흩어지는 유대인들처럼 디아스포라로 응답하신 성령의 역사를 체험하게 될지 모른다.

한국교회의 문제점은 하나님의 의(the righteousness of God)가 아닌 자신의 의(self-righteousness)를 주장한 데서 연유한다. 세계의 10대 강국이 되었는데 미국과 갈라서고 일본을 배반하는 한국인의 사고는 아직도 자문화우월주의(ethnocentrism)에 머물고 있는 동방의 작은 지역일 뿐이다. 세계화 지수가 36위라고 하는 것은 우리에게 무엇을 시사하고 있는가! 머리 속으로는 용미(用美)-용중(用中)-용일(用日)을 하고 싶다는 것이다. 그러나, 강대국들은 그냥 보고만 있지 않을 것이라는 생황은 윗도리는 벗겨지고 허리춤을 붙들고 있는 100년 전의 조선의 여인의 비극과 같은 것이다.

그 당시의 부흥은 교회의 지체인 모든 성도가 다 참여하는 데 목적을 두었기 때문에 그리스도의 몸으로서의 교회를 강조하며 회개를 통하여 뭉친 것으로 볼 수가 있다. 그러나 오늘날 교회의 머리되신 주님의 자리에 교회의 목인 목사가 대신 앉아 있다면 이것은 하나님의 의가 아니라 인간의 의를 추구하는 신성모독이라고 볼 수 있다. well-being 교회가 아닌 spirirual being 교회가 되어야 한다. 최근에 『하늘에 속한 사람』이라는 간증 집이 많이 팔리면서 이에 대한 많은 찬반이 있는 것은 사실이다. 어쩌면 중국인인 윈 형제의 이야기가 한국 교회에 제 2의 회개와 부흥을 가져오는 기폭재가 되지 않았나 생각해 본다. 그러나, 윈 형제의 이야기가 픽션이라고 하는 이야기가 나돌고 있다. 또 이와 같은 기적적인 예는 오히려 탈북자 가운데 더 많이 있는 것인데 우리는 중국에 대한 사대주의로 중국의 가정 교인들은 영웅시하고 우리의 동포는 헌신짝으로 여기고 돌보지 않고 있는 형국이다. 진정한 의미의 '2007 어게인' 이 되기 위해서는 탈북자 문제와 북한의 지하 수용소에 있는 20만 명 이상의 수감자들에 대한 관심을 기울여야 할 것이다.

얼마 전에 김장환 목사님의 사역을 정리하면서 빌리 그래함 전도 집회 시에 모여든 군중들의 얼굴 모습과 오늘 2005년의 강남에 있는 술집, 모텔 그리고 술집으로 이어지는 황금의 트라이앵글과 같은 지역에 있는 S 교회의 교인들의 얼굴이 많은 차이점을 보여 주고 있다는 사실을 화면으로 확인하고 경악한 적이 있다. 세속적 인본주의(secular humanism)으로 인한 영적 진공 상태에 있는 남한의 크리스천들은 이러한 국가적 위기 가운데에서 옛날의 중국에 대한 동정심과 아울러 미국을 제치고 세계의 초강대국으로 진출하고 있는 것처럼 보이는 중국에 대한 사대주의로 기울고 있는 것으로 보인다. 지금 우리는 하나님의 공의도 없고 의분도 없는, 무력한 그리스도인들만 가득 찬 가두리 양식장과 같이 되고 말았다. 지금 만일 다시 빌리 그래함과 같은 영적인 거장을 초빙해 고수부지에서 대형 전도 집회를 한다면 100만 명의 십일조인 10만 명을 모을 수가 있을까, 심히 우려되는 바이다. 마치 이순신 장군 당시의 조선수군이 일본 수군을 이겼는데, 지금 은 독도 문제로 전쟁이 일어나게 되면 단 2시간을 견디지 못할 것이고 잠수 함으로 게릴라전을 해야 할 것이라는 전 해군참모총장의 이야기와 같이 우리나라는 영적 전쟁과 군사 전쟁에서 모두 패닉 상태에 있는 것을 보여 주는 것이다.

국민 개개인은 돈이 있어도 나라는 돈이 없는 것이 우리의 현실이다. 이러한 실질적인 증인은 조영남이다. 그는 빌리 그래함 전도 대회 당시에 '영광 영광 대한민국' 특송을 불렀고 미국에까지 가서 신학교를 졸업했으나 지금 그는 기독교를 망치는 2명 가운데 한명으로 불리고 있다. 신자의 '비세속성의 원리'(All Believer's Non-secularism) 최고의 기독교 윤리로 부각시켜야 함에도 그렇지 못한 것이 문제이다. 요한복음 17장 16절에는 "내가 세상에 속하지 아니함같이 저희도 세상에 속하지 아니하였삽나이다"라는 예수님의 모범 기도를 지키지 못했다고 하는 것이다. 큰 부흥도 중요하나 온갖 시험을 이길 수 있는 정금같은 부흥이 우리에게 진정으로 필요하다.

1. 1907년 이전의 부흥운동에 대한 평가

1907년 이전에 1905년부터 외교권이 이미 일본으로 넘어가면서 성령의 파도 타기와 마찬가지로 한국교회에는 회개와 대부흥의 불길이 일어나게 되었다고 본다. 피터 와그너 박사의 교회 성장 이론에 의하면 다 캠퍼스 인공위성 선교 부흥(multi-campus satellite mission revival)과 같은 부흥이 한반도 전역에서 일어나게 된 것이다. 필자의 고모 할머니도 개성의 호수돈 고녀 출신인데 이미 복음이 우리 가정에 들어온 것을 보여 주는 것이다. 이들은 새벽기도, 통성기도, 축사기도 그리고 묵상기도에 이르기까지 기도에 특별히 토착화하여 개인적으로 사회적으로 개혁에 실패하고 망국의 위험 앞에서 유교와 불교와 도교를 믿던 한국인들이 하나님 앞으로 물밀듯이 돌아오게 된 것이다. 왜냐하면, 회개라고 하는 개념은 기독교에만 있는 개념이기 때문이다(interview with 허호익, 2007 포럼, 2005. 4. 2.).

미국의 교회가 포스트모더니즘의 영향을 강하게 받던 1980년대에 미국은 구원을 받는 데 먼저 회개하지 않고 영접한 후에 회개해도 된다고 하는 교리를 앞세워 많은 크리스천들이 교회로 들어왔으나 교회의 윤리수준은 하향조정이 되었던 일이 있다. 그 당시에 J.I. Packer라고 하는 조직 신학자가 John MacArther의 보수적인 구원관을 뒤집으며 이러한 운동의 태풍의 찻잔과 같은 역할을 한 것이다.

구원=회개+믿음······················(O)
구원=선믿음+후회개·················(x)

이러한 미 제국주의의 신학이 한국의 초대형 교회에 일정부분 영향을 미쳤을 것이다. 창업보다 수성이 힘들다고 한국의 대부눈의 초대형 교회들이 복층식 아파트구조와 같은 세속적 인본주의의 유혹 앞에서 길을 잃고 암혈 속을 전진을 하는 양상이 아닐까? 자성해 보아야 한다.

이에 필자는 한국 교회의 부흥에 대한 '6R 운동'에 대한 소개하고자 한다. 필자는 마지막 시대에 대한 예언서인 말라기서를 읽는 가운데 하나님께서 '6R 운동본부'를 세우라고 하는 음성을 들었다. 전문인 선지자의 기능이 너무나 소중하다고 성령님이 말씀하셨다. 피터 드러커는 진정한 지도자는 세계관까지 변혁이 된 자라고 말씀하셨으며 한눈은 2달 후를 다른 한 눈은 2년 뒤를 바라보아야 한다고 말했다. 사랑의 교회 오정현 목사가 말하는 통찰과 예견에 해당하는 말이라고 본다.

특별히 말라기서 4장에 이르러서는 주의 날에 대한 약속을 하고 있다. 여기에서 6가지로 종말의 때에 성도가 해야 할 것을 보여 주고 있다.

1절: 회개(Repentance)-극렬한 풀무불 같은 날…남기지 아니할 것이로되
2절: 부흥(Revival)-의로운 해가 떠올라 치료하는 광선을
3절: 재선교(Remission)-너희가 악인을 밟을 것이나
4절: 기억(Remember)-구조조정(Reconstruction)--기억하라
5절: 개혁(Reformation)-내가 선지 엘리야를 너희에게 보내리니
6절: 화해(Reconciliation)-돌이키게 하리라

왼눈은 회개를 오른눈은 선교를 생각해 볼 때 두 눈 사이에는 우뚝 선 코가 있는 것과 마찬가지로, 성결(Sanctification)이라고 하는 것이 가장 중요한 이 시대의 첫 번째 원인자(a first cause)가 되어야 한다. 신자의 비세속성의 원리를 실천하는 것이다.

> 1단계 : 회개 ⇨ 부흥 ⇨ 개혁을 이룬 후에
> 2단계 : 기억 ⇨ 재선교 ⇨ 화해를 이루어야 한다
> 위와 같이 순환식으로 사고해 볼 수가 있다.
> 화해(reconciliation)는 정치적 용어임을 기억해야 한다.
> 그런데 1907년에는 일본의 점령 앞에 애국운동이 아니라 비정치화 운동으로 부흥운동을 이루었다고 김영재 박사는 말한다(초기 한국 교회 대부흥의 역사적 의미, p. 6.). 일본은 미국 선교사들에 의해서 주도된 이 운동으로 말미암아 한국을 접수하게 되었습니다. 진정한 의미에서의 화해를 이루지 못한다고 하면 1907년의 대부흥 후에 나라가 망한 것과 마찬가지로 사분오열된 나라는 2007년에 망할 수가 있다는 것이다.(interview with 김상철 변호사, 2005. 4. 2)

따라서, 이번의 2007년을 향한 부흥은 한국사회의 진정한 주체 세력인 시민들이 전문인으로서 전 세계 8대 권역 9대 직업군으로 흩어져 있는 코리안 디아스포라들을 네트워킹하는 일을 하는 전문인 자원 운동(professional volunteer movement)으로 승화되지 않으면 나라는 국제적인

시각으로 보면 영적으로 인본주의에 기울며 망하게 될 것으로 보인다. 한 마디로 윤극영의 반달과 같은 처지인 것이다.

돛대도 아니 달고 삿대도 없이 가기도 잘 도 간다 서쪽 _나라로…

이미 정신적으로는 패배 의식에 물들어 있으나 선진국 4강이라는 비전을 세우고 다시 한번 시민들의 힘을 모으는 '6R 운동'을 일으켜야 할 것이다.

2. 2007년을 향한 대책

(1) 우리는 진정한 회개를 해야 한다.

회는 되는 데 개가 안된다는 소리는 하지 말아야 한다. 우리는 회개에 인색하고 감정적으로 회개하고 눈물을 씻은 후에는 원위치로 돌아가는 샤머니즘적인 민족이기 때문에 6R 운동을 통하여 조직적으로 체계적으로 회개운동의 알파와 오메가를 다 이루어야 한다고 본다. 이 일을 위해서 전문인 예언자(professional prophet)가 나와야 한다. 먼저 신학이 행태론적 근본주의의 사슬에서 벗어나서 성령의 법에 지배받는 행동하는 선교적 신학으로 전환이 되어야 하는 것이다. 필자는 이를 전문인 신학이라고 밝힌다. 일제 시대의 조선 교회를 최태웅 목사는 이렇게 비판했다.

조선교회의 신앙은 정통적이다. 그래서 나는 그서의 자랑할 만한 일의 일면을 인정하는 데 주저하지 아니한다 … 그러나 가련하다. 조선교회의 신앙경험은 그 생명다운 기간이 겨우 3, 4년이 아닌가. 대개의 조선교회 신자는 저희가 성령의 역사를 받아 참된 의미에서 믿음에 들어서게 된 후 3, 4년, 길어서 4,5년이 생명다운 충동이 있을 때이고 그 후는 내면적으로 점차 그 생명이 마르고 그것은 한 개념세계로 옮겨가서 죽은 형체 이것이 조선교회의 자랑하는 정통주의이다. 죽은 정통주의, 이것이 조선교회가 자랑하는 정통주의이다.(박승인, 『최태용의 신앙운동, 신학운동, 교회운동』, 한국 조직신학회편, 생명의 영성, 대한기독교서회, 2005, pp. 53-54)

최태용 목사의 신학은 상황화 신학과 같은 개념을 이미 일제치하에서 제시하였다고 하는 것이 놀라울 뿐이다. 삶의 현장에서 하나님의 살아 계시는 영성을 구현해 줄 수 있을 때 그 신앙이 복음적인 신앙이라고 하는 것이다.

1907년과는 다르게 농경 사회, 산업 사회, 그리고 정보 사회를 수십 년 사이에 모두 경험한 2007년의 한국 사회는 웰빙을 추구하고 현실에 안주하고자 하는 한국초대형 교회의 정통신앙에 기초할 것이 아니라 코리안 디아스포라를 향하신 원심적인 하나님의 선교를 우선적으로 고려해야 한다. 통합적인 사고에 의해서만 이 어려운 국면을 헤쳐나갈 수가 있을 것이다. 하나님의 말씀인 성경을 진솔하게 읽으면서 전략적 사고를 해야 한다.

그것은 트리니티 신학대학원의 Paul G. Hiebert 박사가 주장하는 예수님이 이 세상에 오셔서 자기를 비어 종의 형체를 입고 자신을 낮추시고 우리와 동일하게 사셨던 것과 마찬가지라고 하는 성육신적 선교(incarnational mission)를 지키는 것을 의미한다. 또한, 국제기아대책본부 총재를 역임하고 현재 로잔 세계 위원회 국제 총무인 테드 야마모리(Ted Yamamori)가 주장하는 제 3세계의 구조와 난민들을 돌보는 인간화 중심의 사역을 아우르는 총체적 선교(holistic mission)에도 보수주의자들이 책임을 지는 것을 의미한다. 50대 50으로 균형을 이루는 전문인 선교의 활성화를 이루어야 한다는 것이다. 전문인 선교는 목사를 포함한 모든 전문 직업인들을 아우르는 360도 선교사요 전천후선교사인 것이다.

지금 일본이 한국을 짓밟으려고 할 때 가장 두려운 대상이 기독교인이고 중국이 한국을 짓밟으려고 할 때 가장 두려운 적이 또한 기독교인들이다. 이 말이 진실이기를 원한다면 바알에 무릎 꿇지 않은 자가 7,000명이라고 하시는 말씀과 마찬가지로 기독교인들은 거룩한 산 제물이 되어서 순교자적인 순례자로 저들의 삶을 전환해야 한다. 그리고 저들은 어쨌든 현정권에 의하여 창출된 수평적 네트워킹의 흐름을 적극적으로 활용하여 유연성을 가지고 서로 그리스도의 몸(the Body of Christ)된 지체로 연합이 되어서 움직이는 교회의 역할을 하는 대안 교회 운동(Alternative church movement)을 일으켜야 한다.

(2) 우리는 분열을 통합해야 한다.

우리는 너무나 다양한 가운데 무질서를 경험하고 있다. 다메섹 도상까지 가서 기독교인들을 핍박한 사울의 심정을 이해할만 하다. 너무 기독교인들은 질서가 없고 '율법'을 이야기할 때 '은혜'를, '은혜'를 이야기할 때 '율법'을 이야기하며 질서를 어기고 있다. 여기서도 통합적 사고가 필요하다. 한국의 장로교단만 120여개가 되는 것은 필리핀의 마닐라에만 150여개의 한국계 신학교가 있다고 하는 사실이 입증하고 있다. 참고로 전 세계의 교단 수는 5만 개가 넘는다.

개 교회주의도 개인주의였을 때는 좋으나 이기주의가 된 후에는 어느 누구의 중재도 받아들이지 않는 몬스터와 같이 되고 말았다. 이제는 필자와 여러분이 속한 지역 교회가 세계 속의 한국 교회로 변환을 해야 한다.

미국의 교회는 땅이 넓기 때문에 서로 문제가 생겼을 때는 창조적 분리(creative split)라는 명분으로 옳은 편이 나와서 개척을 하게 된다. 그러나, 우리와 같이 좁은 땅을 가진 한국에서는 IT 교회로 분리가 되는 것은 좋으나 미 제국주의의 교회나 중국의 가정 교회를 모델로 해서는 안될 것이다. 교회는 만민이 기도하는 하나님의 집이기 때문이다. 분열을 통합하기 위해서 분리의 영의 역사를 막아야 하며 이는 필자가 주장하는 '전문인 선교 문화관'의 정립으로 해결을 할 수가 있다.

선교관 ⇨ 전문인 선교

윤리관 ⇨ 신자의 비세속성의 원리

가치관 ⇨ 생활 가운데 전도자

세계관 ⇨ 하나님 중심의 세계관

현재 한국의 기독교인의 숫자는 영국의 BBC 방송의 선교 통계에 의하면 580만 명이라고 한다. 그리고 이단의 숫자는 200만 명이 넘어서고 있다고 한다. 최근에 와서 통일교의 약진은 대단해 보인다. 반포 고속터미널 앞의 모 호텔의 지분의 45%를 통일교인이 가지고 있다고 하며 여의도에 엄청난 본부건물을 짓는다고 한다. 한국 교회는 더 늦기 전에 선교 클리닉을 받고 전문인 선교로 전환을 해야 한다.

예를 들면, 선교 2위 국가이나 평신도를 핍박하는 속빈 강정과 같은 한국 교회의 길을 제시하는 모임들이 있어야 한다. 최근에 새벽교회에서 개최한 2007 포럼이나, 한국교회 100주년 기념관에서 제 4회 코리안 디아스포라 포럼을 개최한 외대선교센터와 한국전문인 선교원 그리고 조선족, 고려인을 비롯한 선교 현장의 선교사님들과 연합하여 길을 제시하는 것은 너무나 소중한 네트워킹의 모습이다. 이와 같은 전투적인 포럼들이 10개 정도만 씽크탱크(think tank)로 형성이 된다면 한국교회는 희망이 있다고 본다.

(3) 총체적 헌신을 해야 한다

우리는 회개 운동과 동시에 선교 운동을 이루어야 한다.

지금 우리에게 필요한 것은 니느웨성의 회개를 요청한 요나의 회개 운동과 동시에 담임목사와 부목사를 모두 선교사로 파송한 안디옥 교회의 선교형 교회(missional church)와 같은 전환을 동시에 하는 것이다. 여기에 하나님의 소망이 있다. 우리가 만일 효율성과 창조성, 그리고 자발성을 가지고 생활 전도자(life-style evangelist)가 되어서 이 어두운 한국사회의 등불이 된다고 하면 아직은 소망이 있다.

주변의 국내외 선교사들의 의견이 대부분 2007년에 북한이 망한다고 한다. 그러나 남한은 국제적 책임(Global responsibility) 아니면 최소한 아시아에 대한 책임(Asian responsibility)를 느끼고 2007년이 되기 전에 최소한 10만 명이상의 전문인들을 전략적 사고에 의해서 축복의 통로가 되는 선교 자원 봉사자로 양성을 해야 한다. 우리는 인본주의의 극치가 공산주의이고 세속주의와 합리주의가 콜리에스톨과 같이 꽉 막혀 있어서 예수의 보혈이 흐르지 못하는 혈관과 같은 한국 교회를 관통(breakthrough)할 필요가 있다. 이 일을 위해서 한국의 기독교는 하부구조를 튼실히 해야 한다.

다시 말해서 한민족은 우리가 이 세상에 살지만 이 세상에 속한 사람이 아니라고 하는 하늘에 속한 백성이라고 하는 천선(hevean chosen people) 사상을 모든 크리스천들이 신앙의 기본으로 받아들여야 한다. 신자의 비세속성의 원리(All Believer' s Non-secularism)으로 수신하고 모든(every) 사람이 목사 아니면 선교사로 살아야 한다고 하는 전신자 선교사주의(every believer' s missionaryhood)를 실천할 때 이 나라와 세계를 모두 섬기는 진정한 전문인이 되어 하나님의 치유하시는 광선을 받고 전문인 선교는 뛰는 송아지와 같이 될 것이다.

우리는 2007년 어게인을 생각하며 통찰과 예견의 전문인 예언자가 되어야 한다. 이대로 가다가는 대한민국이라는 명목적인 나라가 망할 수도 있다고 하는 갈등과 문제의식을 가지고 살아야 한다. 또한 동시에 한신 교회의 이중표 목사님이 주창한 '나는 죽고 그리스도만' (갈 2:20)의 자세로 주님의 얼굴을 구하고 산다면 때가 찬 마지막 축복으로 긍휼과 자비와 회개와 은총이 이 민족 가운데 수삼 년 동안에 나타나게 될 것이다.

각장 연구과제

제 1장

1. 한국 교회 내 전문인 신학의 위치에서 폴 스티븐스가 말하는 베드로전서 2장 9절의 의미가 목회자와 평신도에게 동등하게, 인격적·신분적으로 적용이 될 수 있는가?

2. 21세기 후기 현대주의신학에서 말하는 7대 교리에 대한 저자의 입장을 평가하라.

3. 21세기 사도적 교회에 대한 노윤식 교수의 선교적인 해석을 소개하라.

4. 복음주의 실천신학의 위치에 대해서 4가지로 평가하고 토의하라.

5. 한국 상황화 신학의 시도를 통해서 복음주의와 자유주의의 연속성이 하나님의 나라 차원에서 유지되기 위한 믿음이란 장치가 신학자들에게 있는가?

6. 한국교회의 복음적인 상황화 시도를 위해서 필요한 것은 세계내화 (glocalization)의 의지이다. 토착화와 상황화의 차이점을 설명하고 왜 한국의 신학자들은 보수와 자유가 아우르는 균형잡힌 신학이 필요한지 설

명하라.

7. 한국의 상황화 신학은 종교혼합주의에 대한 검토이므로 Paul G. Hiebert 가 말하는 4가지 상황에 대한 지침은 중요하다고 본다. 이에 대해서 설명 하라.

8. 주재용 교수가 말한 5가지 한국 상황화 신학의 과제에 대한 전문인 신학 의 응답을 설명하라.

9. 김영한 교수가 주장하는 변혁주의적 문화신학의 9가지 요소에 대한 전 문인 신학의 응답을 설명하라.

10. Paul G. Hibert의 전문인 신학의 입장에서 9가지 신학의 함정을 응답한 내용을 설명하라.

11. 전문인 신학이 발전할 수 있는 5가지 상대주의의 영역(히버트)을 넘어 서는 실례를 설명하라.

12. 중국인의 세계관에 기초한 전문인의 의식구조 12가지와 기독교세계관 과 상관성 유무에 대해서 토의하라

13. 개혁주의 신학과 복음주의신학의 변증성에 대한 리처드 갬불의 의견을 정리하라.

14. 사도행전 14장에 나오는 미지의 신에 대한 연구를 예수 그리스도와 연 관하여 설명하라.

15. 개혁주의 전통과 목회방향에 대한 김영재 교수의 의견을 비판하라.

16. 전문인 신학의 연구의 문제에 대해서 토론하라.

17. 전문인 신학의 임무수행을 위한 전략에 대해서 토론하라

제 2장

1. 이용도 목사에 대한 필자의 평가를 재평가하라.

2. 김재준 목사에 대한 필자의 평가를 재평가하라.

3. 함석헌 선생에 대한 필자의 평가를 재평가하라.

4. 김재준 목사의 교회론의 상황화에 대한 필자의 평가를 재평가하라.

5. 함석헌 선생의 씨알 사상에 기초한 전문인 신학의 전문인에 대한 개념을
   비평하라.

6. 자연적인 교회갱신을 이룰 수 있는 전문인에 대해서 NCD의 이론에 기초
   하여 적용해보라.

7. 피터 드러커 박사의 사상에 기초한 전문인의 정의를 목회자의 입장에서
   비판하라.

8. 전문인 선교사의 개념을 전통적 선교사와 비교하여 설명하라.

9. 전문인 신학의 본질과 과제에 대해서 설명하라.

제 3장

1. 전문인 신학의 선교형 교회론에 대해서 설명하라.

2. 교회의 4가지 속성과 선교적 접근에 대해서 설명하라.

3. 전문인 신학이 범세계적 교회를 지향하는 선교신학인 것은 교회의 선교
   성을 회복하는 운동이기 때문이라는 필자의 사상에 대해서 토론하라.

제 4장

1. 점진적 선교의 완성으로서의 만인선교사주의에 대한 아드리아누스 사라비아 교수의 설을 설명하라.
2. 전문인 신학을 수행할 전문인 선교사의 자질 9가지를 써라.

제 5장

1. 전문인 신학이 사도 바울의 제 3차 선교사역에 기초한 것임을 사도행전 18장 1-4절에 기초하여 선교적으로 해석하라.
2. 코리안 디아스포라를 위해서 전문인 선교의 동원이 왜 필요한 지 설명하라.

제 6장

1. 전문인 선교의 미래 방안에 대해서 토론하라.
2. 전문인 선교의 변천사에 대하여 도식을 그리고 설명하라

제 7장

1. 한국 장로의 전문인화를 통한 선교목사제도가 가능한지에 대해서 토론
   하라.

2. 만일 가능하다면 한국교회의 시스템을 어떻게 정비해야 하는가?

3. 만일 불가능하다면 최소한의 접촉점을 어떻게 설정할 수 있는가?

4. 장로의 전문인 사역자로서의 패러다임의 전환에 대해서 설명하라.

제 8장

1. 자유주의와 전문인주의를 비교하라.

2. 복음주의와 전문인주의의 상관성을 설명하라.

3. 자유주의-복음주의-전문인주의 상관성을 설정하고 전문인주의의 차별
   성을 말하라.

4. 포스트모던시대의 전문인 신학의 위치에 대해서 설명하라.

5. 복음주의 교파제도와 전문인주의의 관계를 비교하라.

6. 칼뱅주의-계몽주의-전문인주의의 관계를 상호 비교하라.

제 9장

1. 구속적 유비(redemptive analogy)에 대해서 정의하라.

2. 창세기 6장에 나타난 홍수심판에 대한 구속사적 이해를 요약하라

3. 칼뱅의 제한속죄론과 웨슬리안의 구속교리의 장점들을 도출하라

4. 연구과제를 보고 구속사와 전문인 선교의 현장에 대한 내구자적 시각의
   예를 들어라.

제 10장

1. 제3의 길로서의 전문인 신학에 대한 김성철 교수의 글을 읽고 평가하라.

2. 전문인이 물이 포도주로 변화하는 것 같은, 6가지 변화의 방향에 대하여
   제시하라.

3. 만인제사장주의와 전신자 선교사주의의 상관성을 설명하라.

4. 전문인 신학의 입장에서 본 세계관과 영적전쟁에 대한 해석을 평가하라.

5. 스탠리 그랜츠가 제시하는 포스트 복음의 4가지 특징을 전문인 신학의
   입장에서 논하라.

6. 복음주의신학으로서의 전문인 신학의 요체를 요약하라.

7. 전신자 선교사주의에 기초한 전문인 신학의 가능성에 대해서 자신의 견
   해를 밝혀라.

제 11장

1. 전문인주의의 7가지 유형의 가능성에 대해서 평가하라.

2. 크리스티 윌슨 박사와 전신신자선교사주의의 위상에 대해서 설명하라.

3. 전문인 신학을 통한 한국교회의 성숙 가능한 나침반 5개를 제시하라.

제 12장

1. 전문인주의란 무엇인가?

2. 전문인주의와 선교사재배치의 관계에 대해서 설명하라.

3. 전문인주의 신학의 과제에 대해서 써라.

4. 전문인주의와 한국사회의 인격적인 개혁에 대해서 논하라.

제 13장

1. 전문인 신학 모델로서의 유교 전문인 신학에 대한 평을 하라.

2. 유교 전문인 신학이 중국의 삼자신학의 대안이 될 수 있는가?

3. 전문인 신학에 기초한 선교훈련의 효율성을 논하라.

참고문헌

Books

1. Ahn, Byung-M., ed. *Social Interpretation of the Bible*. Seoul, Korea:Korea Theological Studies Institute, 1986.

2. Ahn, Kye-Hyun. *The History of Korean Buddhism*. Seoul, Korea: Dongguk University Press, 1983.

3. Baker, Eileen. *The Making of Moonies*. New York:Basil Blackwell, Inc., 1984.

4. Bennett, John C., and Harrey Seifert. *U.S Foreign Policy and Christian Ethics*. Philadelphia, Pa.: The Westerminster Press, 1977.

5. Birkey, Del. *The House Church:A Model for Renewing the Church*. Scottdale, Pa.: Herald Press, 1988.

6. Bjornstad, James. *Sun Myung Moon and the Unification Church*. Minneapolis, Minn.: Bethany House Pub., 1976.

7. Blair William N., and Bruce F. Hunt. *The Korean Pentecost and the Sufferings Which Followed* .Carlisle, Pa.: The Banner cf Truth Trust, 1977.

8. Boff, Clodovis. *Theology and Praxis.* Maryknoll, N.Y.: Orbis Books, 1979.

9. Boff, Leonardo, and Clodovis Boff. *Salvation and Liberation.* Maryknoll, N.Y.:Books for Libraries Press, 1972.

10. Bryant, David. *In the Gap: What It Means To Be a World Christian.* Ventura, Calif.:Regal Books, 1979.

11. Byun, Sun-Hwan. *The Condition of Acceptance between Christianity and Buddhism Since 1945.* Seoul, Korea: The Institute of Korean Methodist Theology, n. d.

12. Cho, Paul Yong-Gi. *Salvation Health & Prosperity:Our Threefold Blessings in Christ* Altamonte Springs, Fla.: Strange Communications Company, 1987.

13. _____, *Suffering...Why Me?* South Plainfield, N.J.: Bridge Publishing, Inc., 1986.

14. Chou, Chai-Young, and David Kwang-Sun Suh. *History and Theology* Seoul, Korea: Korea Theological Study Institute, 1986.

15. Chun, Duo-Ha. *The Hermeneutics of the Philosophy of T' oe Gye Lee* Seoul, Korea: Il Gi Sa, 1974.

16. Clark, Allen D. *History of the Korean Church* Seoul, Korea: Christian Literature Society, 1916.

17. Clark, Charles Allen. *Religions of Old Korea* Seoul, Korea: Korean Literature Society of Korea, 1961.

18. Clark, Donald N. *Christianity in Modern Korea* New York: University Press of America, 1965.

19. Cobb, John B. Jr. *Christ in a Pluralistic Age* Philadelphia, Pa.:

Westerminster Press, 1975.

20. The Committee of Reconciliation in Korean Nation Council of Church, ed. *Peace and Reconcilation Theology between South and North Koreans* Seoul, Korea:Korean Christian Social Affairs Study Center, 1988.

21. Coste, Rene. *Marxist Analysis and Christian Faith.* Maryknoll, N.Y..: Orbis Books, 1976.

22. Covell, Ralph R. *Confucius, the Buddha, and Christ:A History of the Gospel in China.* Maryknoll, N.Y.: Orbis Books, 1986.

23. Dickson, C. Fred. *Demon Possession & the Christians:A New Perspecti ve.* Westchester, Ill.: Good News Publishers, 1987.

24. Dongguk University Press, ed. *Buddhism and Its Culture in Korea.* Seoul, Korea: Dongguk University of Press, 1964.

25. Erickson, Millard J. *Christian Theology.* Grand Rapids: Baker Book House, 1985.

26. Fenwick, Malcolm C. *The Church of Christ in Korea.* Seoul, Korea: Baptist Publications, 1967.

27. Fields, Western W. *Unformed and Unfilled: The Gap Theory.* Philipsburg. N.J.: Presbyterian and Reformed Publishing Co., 1978.

28. Gilliland, Dean S, ed. *The Word among Us: Contextualizing Theology Mission Today.* Dallas, Tex.: Word Publishing, 1989.

29. Grunlan, Srephen A., and Marvin K. Mayers. *Cultural Anthropology: A Christian Perspective.* With a Foreword by Eugene A. Nida. Grand Rapids: Zondervan Publishing House, 1979.

30. Han, Chun-Gun. *Theological Criticism on Success and Health Belief.* Seoul, Korea: ElMen Publishing Co., 1967.

31. Hesselgrave, David J. *Communicating Christ's Cross Cross-Culturally.* Grand Rapids: Zondervan Publishing House, 1978.

32. Hesselgrave and David J., and Edward Rommen. *Contextualization: Meanings, Methods, and Models.* with a Foreword by George W. Peters. Grand Rapids: Baker BookHouse, 1989.

33. Hiebert, Paul G. *Anthropological Insights for Missionaries.* Grand Rapids: Baker BookHouse, 1985.

34. Hong, Dong-Gun, and Harold Hak-Won Sunoo. *Juche Ideology and Christianity.* LosAngels, Calif. Korean American Juche Ideology Study Institutes, 1990.

35. Hunt, Dave, and T. A. McMahon. *The Seduction of Christianity:Spiritual Discerment in the Last Days.* Eugene, Oreg.: Harvest House Publishers, 1985.

36. Ingram, Paul O., and Frederick J. Streng, eds. *Buddhist-Christian Dialogue: Mutual Renewal and Transformation.* Honolulu, Hawaii: University of Hawaii Press, 1986.

37. Joh, Myung-Gee, Jung-Sang Woo, Su-Young Hwang, Kyu-Hyon Ahn, Nak-Chun Paek, and Zae-Chang Lee. *Buddhism and Its Culture in Korea.* Seoul, Korea: Dongguk University Press, 1964.

38. Kagan, Richard, Matthew Oh, and David Wessbrodt. *Human Rights in the Democratic People's Republic of Korea(North Korea) December 1988.* Minneapolis, Minn.: Minnesota Lawyers International Human Rights Committee and Washington, D.C.: Asia Watch, 1988.

39. Kim, Esther Ei-Sook. *If I Perish.* Chicago, Ill.: Moody Press, 1977.

40. Kim, Ha-Tae. *The Bridge of East-West Philosophies.* Seoul, Korea: Chongro Sujuk, 1985.

41. Kim, Ki-Dong. *Demonology.* Vol. 1. Seoul, Korea: Berea Academy, 1986.

42. _____, *Demonology.* Vol. 2. Seoul, Korea: Berea Academy, 1986.

43. _____, *The Divine Healing & Miracles of Christ : Experienced.* Seoul, Korea: Berea Press, 1988.

44. _____, *Theories of Church Growth: Centered on SungRak Baptist Church.* Seoul, Korea: Berea Press, 1983.

45. Kim, Kwang-Sik. *Christian Theology.* Seoul, Korea: Yonsei University Press, 1983.

46. _____, *Indigenization and Hermeneutics: Dialogue with Other Religions and Indigenization Theology.* Seoul, Korea: The Korean Christian Literature Society, 1987.

47. Kim, Sang-Il. *Han Philosophy.* Seoul, Korea: Jeon Mang Sa, 1983.

48. Kim, Sae-Yoon. *The Origin of Paul's Gospel.* Grand Rapids: Wm. B. Eerdmans Publishing Co., 1982.

49. _____, *"The Son of Man" as the Son of God.* Grand Rapids: Wm. B. Eerdmans Publishing Co., 1985.

50. Kim, Yong-Bock. *Korean Minjung and Christianity.* Seoul, Korea: Hyung Seung Sa, 1984.

51. Kim, Yong-Choon. *Oriental Thought: An Introduction to the Philosophical and Religious Thought of Asia.* With a Foreword by David H.

Freeman. Savage, Md.: Littlefield, Adams Quality Paperbacks, 1973.

52. Kim, Yong-Oon. *Unification Theology and Christian Thought.* New York: Golden Gate Publishing Co., 1975.

53. Knitter, Paul F. *No Other Names? A Critical Servey of Christian Attitudes towards the World Religions.* Maryknoll, N.Y.: Orbis Books, 1985.

54. Kraemer, Handrik. *The Christian Message in a Non-Christian World.* New York: International Missionary Council, 1937.

55. Kung, Hans. *On Being a Christian.* New York: Doubleday and Company Inc., 1984.

56. Kung, Hans, and Julia Ching. *Christianity and Chinese Religions.* Translated by Peter Beyer. New York: Doubleday and Company Inc., 1989.

57. Kwak, Chang-Hwan. *Divine Principle.* New York: Holy Spirit Association for the Unification of World Christianity. 1974.

58. _____, *Outline of the Principle, Level 4 .* New York.: Holy Spirit Association for the Unification of World Christianity. 1980.

59. Kwon, Shin-Chan. *Liberation of Conscience.* Seoul, Korea: Ill Yu Sa, 1977.

60. Larkin, William J., Jr. *Culture and Biblical Hermeneutics: Interpretation and Applying the Authoritative Word in a Relativistic Age.* Grand Rapids: Baker Book House, 1988.

61. Lee, Jung-Young. *The Change and Christian Thought.* Translated by Ching-Hong Chung. Seoul, Korea: Korea Theological Study Institutes, 1980.

62. _____, *An Emerging Theology in World Perspective: Commentary on Korean Minjung Theology.* Mystic, Conn.: Twenty-Third

Publications, 1988.

63. _____, *Korean Shamanistic Rituals.* The Hague. Netherlands: Mouton Publishers, 1981.

64. Lee, Jung-Young, ed. *Ancestor Worship and Christianity in Korea.* Ontario, Canada: The Edwin Mellen Press, 1988.

65. Lee, Song-Bae. *Confucianism and Christianity.* Wae-gwan, Korea: Benedict Press, 1979.

66. Lee, Won-Yul. *Study on the Berea, Cult.* Seoul, Korea: Korean Logos Study Institute, 1991.

67. Lewis, I. M. *Religion in Context: Cults and Charisma.* London: Cambridge University Press, 1986.

68. Lyon, David. *Karl Marx: Christian Assessment of His Life and Thought.* Chicago, Ill.: Inter-Varsity Press, 1979.

69. Martin, Walter. *The Kingdom of the Cults.* Minneapolis, Minn.: Bethany House, 1965.

70. McDowell, Josh, and Dan Stewart. *Handbook of Today's Religions.* San Bernardino, Calif.: Campus Crusade for Christ Inc., 1983.

71. Min, Byung-So. *Reverend Paul Yong-Gi Cho: The Godfather of Full Gospel Church* . Seoul, Korea: Del So Ri Publications, 1982.

72. _____, *Word of God, Devil Destruction Theology.* Seoul, Korea: Religious Phenomenon Institute Press, 1987.

73. Min, Kyung-Bae. *A History of Korean Theology.* Seoul, Korea: The Christian Literature of Korea, 1978.

74. Moltman, Jurgen. *The Logic of Promise in Moltmann's Theology* . Philadelphia, Pa.: Fortress Press, 1979.

75. _____, *Theology of Hope: On the Ground of the Implications of a Christian Eschatology*. Translated by James W. Leitch. New York: Harper & Row, 1975.

76. Moon, Cyris H. S. *A Korean Minjung Theology: An Old Testament Perspective* . Maryknoll, N. Y.: Orbis Books, 1985.

77. Morris, Leon. *I Believe in Revelation*. Grand Rapids: Wm. B. Eerdmans Publishing Co., 1976.

78. Mullins, Edgar Young. *The Christian Religion in Its Doctrinal Expression* . Philadelphia, Pa.: Judson Press, 1945.

79. Nelson, Ethel R. and Richard E. Broadberry. *Mysteries Confucius Couldn't Solve: Analyses of Ancient Characters Reveal Intriguing Facts Shared with Hebrew Scriptures*. Dunlap, Tenn.: Read Books Publisher, 1986.

80. Neuhaus, Richard John, Alberto R. Coll, Dean C. Curry, and James Davison Hunter. *Evangelicals and Foreign Policy*. Edited by Michael Cromartie. Washington, D. C.: Ethics and Public Policy Center, 1989.

81. Nevius, John Livingston. *Demon Possession*. 8th ed. Grand Rapids: Kregel Publications, 1968.

82. Niles, Daniel Thambyrajah. *Buddhism and the Claims of Christ*. Richmond, Va.: John Knox Press, 1967.

83. Norris, Russel Brander. *God, Marx, and the Future*. Philadelphia, Pa.: Fortress Press, 1974.

84. Oh, Young B. *Wonhyo's Theory of Harmonization*. Seoul, Korea: Hong Bub Won, 1989.

85. Panikkar, Raimundo. *The Intrareligious Dialogue*. New York:

Paulist Press, 1978.

86. _____, *The Unknown Christ of Hinduism*. London Darton Longman and Todd, Ltd., 1964.

87. Rhi, Ki-Young. *Won-Hyo's Thought: Fundamental Principle of Life* . Seoul, Korea: Hong Bub Won, 1967.

88. Ricoeur, Paul. *Essay on Biblical Interpretation*. Translated by Robert S. Sweeney; Edited with an Introduction by Lewis S. Mudge. Philadelphia, Pa.: Fortress Press, 1980.

89. Ro, Bong-Rin. ed. *Christian Alternatives to Ancestor Practices*. Taichung, Taiwan: Asia Theological Association, 1985.

90. Ro, Bong-Rin, and Marlin L. Nelson, eds. *Korean Church Growth Explosion: Centennial of the Protestant Church (1884-1984)*. Taichung, Taiwan: Asia Theological Association and Seoul, Korea: Word of Life Press, 1983.

91. Ro, Bong-Rin, and Mark C. Albrecht, eds. *God in Asia Context: Communicating the God of the Bible in Asia*. Taichung, Taiwan: Asia Theological Association, 1988.

92. Ro, Bong-Rin, and Ruth Eshenaur, eds. *The Bible and Theology in Asian Contexts* . Bangalore, India: Poonam Printery, 1984.

93. Shim, Il-Sup. *A Study on National Movements and the Historical Situation of the Acceptance of Christianity in Korea: Korean People, Church, Indigenization*. Seoul, Korea: Asia Mun Hwa Sa, 1982.

94. Shin, Sang-Ok, and Eun-Hee Choi. *Fatherland Is Far Away*. Vol. 1. Pacific Palisades, Calif.: Pacific Artist Cooperation, 1988.

95. Song, Choan Seung. *Tell Us Our Names*. Maryknoll N. Y.: Orbis

Books, 1984.

96. Song, Gil-Sop. *History of Theological Thought in Korea*. Seoul, Korea: The Christian Literature Society, 1987.

97. Sontag, Frederick. *Sun Myung Moon and the Unification Church*. Nashville, Tenn.: Abingdon Press, 1977.

98. Strong, Augustus H. *Systematic Theology*. Valley Forge, Pa.: Judson Press, 1907.

99. Suh, Cheong-Soo and Chun-Kun Pak, eds. *Aspects of Korean Culture*. Seoul, Korea: Soodo Women's Teacher's College Press, 1974.

100. Suh, Nam-Dong. *In Search of Minjung Theology*. Seoul, Korea: Han Gil Sa, 1983.

101. _____, *Theology at a Turning Point*. Seoul, Korea: Korea Theological Study Institute, 1976.

102. Tahk, Myeong-Hwan. *The Research on Christian Cults*. Seoul, Korea: International Religious Research Institute, 1986.

103. Theological Concerns of the Christian Conference of Asia Commission, ed. *Minjung Theology: People as the Subject of History*. Prefaced by James H. Cone. Mary-knoll, N. Y.: Orbis Books, 1985.

104. Theological Study Committee of KNCC, ed. *Minjung and Korean Theology* . Seoul, Korea: Korea Theological Study Institute, 1985.

105. Thompson, Laurence G. *Chinese Religion: An Introduction*. Belmont, Calif.: Dickson Publishing Co., 1969.

106. Tillich, Paul. *Christianity and the Encounter of the World Religions*. New York: Colombia University Press, 1963.

107. _____, *Perspectives on 19th and 20th Century Protestant*

Theology. Translated by Carl E. Bratten. New York: Harper & Row Publishers, 1967.

108. _____, *Systematic Theology*. Vol. 1. Chicago, I.l.: University of Chicago Press, 1951.

109. Tippett, Allen, ed. *God, Man, and Church Growth*. Grand Rapids: Wm. B. Eerdmans Publishing Co., 1973.

110. Toynbee, Arnold Joseph. *The Point of Christology*. San Francisco, Calif.: Harper & Row Publishers, 1982.

111. Van Buren, Paul. *The Secular Meaning of the Gospel*. New York:Macmillan Press, 1963.

112. Warfield, Benjamin B. *Miracles: Yesterday and Today, True and False*. Grand Rapids: Wm. B. Eerdmans Publishing Co., 1918.

113. Wimber, John, and Kevin Springer. *Power Healing*. San Francisco, Calif.: Harper & Row Publishers, 1987.

114. Yi, Ki-Baik. *A New History of Korea*. Translated by Edward W. Wanger and Edward J. Shultz, Cambridge, Mass.: Harvard University Press, 1984.

115. Yoo, Boo-Woong. *Korean Pentecostalism: Its History and Theology* . Frankfurt am Main, Germany: Verlag Peter Lang, 1988.

116. Yoo, Byung-Un. *The Chain That Binds My Soul*. Seoul, Korea: Woo Jung Press, 1981.

117. Yoo, Tong-Sik. *The Christian Faith Encounters the Religions of Korea* . Seoul, Korea: The Christian Literature Society of Korea, 1965.

118. _____, *Korean Religion and Christianity*. Seoul, Korea: Literature Society of Korea, 1965.

119. _____, *A Mineral Vein of Korean Theology*. Seoul, Korea: Jeon Mang Sa, 1982.

120. _____, *Tao and Logos: The Task for Mission and Korean Theology*. Seoul, Korea:The Christian Literature Society of Korea, 1965.

121. Yoo, Yu-Shin. *The Making of Modern Korea*. Murray, Ky.: Golden Pond Press, 1990.

122. Young, Josiah U. *Black and American Theologies: Siblings or Distant Cousins?* Maryknoll, N. Y.: Orbis Books, 1986.

123. Zodhiates, Spiroz, comp. & ed. *The Hebrew-Greek Key Study Bible*. Iowa Falls, Iowa: World Bible Publishers, Inc., 1984.

Periodicals

124. Ahn, Byung-Moo. "The Minjung Theology." *Theological Thought*. 34 (Fall 1981):50-58.

125. Allison, Philip. "The Proper Walk for Believers." *Mid-America Theological Journal* 3 (Fall 1979):39-47.

126. Bockmnehl, Klans. "Humanism and Kingdom of God." *Evangelical Review of Theology* 3 (October 1977):206-24.

127. Byun, Sun-Hwan. "The Missiology since Missio Dei." *Theological Thought*. 14 (Fall 1976):545-54.

128. Cha, Young-Bae. "Korean Church and the Works of the Holy Spirit." *Ministry and Theology* 15 (September 1990):43-49.

129. Do, Han-Ho. "Criticism on the Berea Demonology." *Ministry and Theology* 16 (October 1990):79-88.

130. _____, "Modern Interpretation of Demon Possession." *Chim Shin Ron Jib* 6 (Winter 1983):261-84.

131. Gram, Robert L. "Unification Theology and Gnostic Thought." *Reformed Review* 31 (Spring 1978):143-47.

132. Han, Sung-Hyng. "Church Nihilism (1): Centered on Kyo-Shin Kim's Life." *Ministry and Theology* . 13 (July 1990):228-32.

133. Han, Sung-Hyng. "Church Nihilism (3)." *Ministry and Theology* 15 (September 1990):182-84.

134. _____, "Orthodox Conservative Theological Thought (1)." *Ministry and Theology* 16 (October 1990):196-209.

135. Kang, Thomas Ho-Suck. "Confucian Society under Democracy in South Korea and under Communism in North Korea." *Korean Christian Journal* 1 (Spring 1975):32-49.

136. Kim, Byung-Sun. "Ideology, Conversion and Faith Maintenance in a Korean Sect: The Case of the Unified Family of Rev. Sun Myung Moon." *Korean Christian Scholars Journal* 2(Spring 1977):8-59.

137. Kim, Se-Yoon. "Christianity and Culture in Korea: Nationalism, Dialogue, Indigenization, and Contextualization." *ACTS Theological Journal* 2 (March 1986):32-63.

138. Kwon, Sung-Su. "The Influence of Orthodox Theology in Korean Theology." *Ministry and Theology* 2 (August 1989):56-62.

139. Lee, Samuel. "Covenanting for Peace and Unification in Korea." *Reformed World* 40 (December 1988):46-52.

140. Rhi, Ki-Young. "Won-Hyo' s View of Boddhisattvasila." *The Bulgyo Hakpo* 5 (December 1967):261-62.

141. Ro, Bong-Rin. "Theological Trends in Asia." Themelios 13 (January-February 1988): 55-57.

Handbooks and Encyclopedias

142. *The Billy Graham Christian Worker' s Handbook*, 1984 ed. S.v. "Cults."

143. *Encyclopedia Britannica*, 1972 ed. S.v. "Utopia."

144. *Encyclopedia Americana*, 1979 ed. S.v. "Memorial Day."

Theses and Unpublished Materials

145. Ahn, Young-Kwon. "Building an Evangelical Theology for

Ministry to the Urban Poor in Korea." D. Miss. dissertation, 1988. Fuller Theological Seminary.

146. Cho, Timothy Hyo-Hoon. "A History of the Korean Baptist Convention (1889-1969)." Ph.D. dissertation, Southern Baptst Theological Seminary, 1970.

147. Chung, Dong-Sup. "A Comparative Study of the Christian Evangelical Baptists (the Salvation Sect) of Korea with the Southern Baptists in America." M.A.R.E. theses, Korea Baptist Theological Seminary, 1984.

148. De Wet, Chris R. "Signs and Wonders in Church Growth." M.A. Theses, Fulleheological Seminary, 1981.

149. Han, Sang-Sup. "The Examination of the Charismatic Movement at Full Gospel Central Church." M.Div. theses, Korean Methodist Theological Seminary, 1982.

150. Huh, Kin. "A Historical Analysis of the Korean Baptist Convention in the Light of Baptist Principle." Th.M. theses, Southeastern Baptist Theological Seminary, 1980.

151. _____, "The Influence of the Traditional Religions of Korea Upon Christian Faith in Korean Context." Ph.D. dissertation, California Graduate School of Theology, 1982.

152. Kim, Jong-Il. "*Mukyo* and Its Implications to the Christian Church in Korea." Ph.D. dissertation, Fuller Theological Seminary, 1985.

153. Kim, Seung-Jin. "Development of Protestant Theologies in Korea." Th.M. thesis, Southeastern Baptist Theological Seminary, 1986.

154. Kim, Young-Il. "The Study on the Biblicalism and Nationalism by Kyo-Shin Kim." M.Div. M.Div. Thesis, Korea Theological Seminary,

1989.

155. Kinster, Arthur W. "A Study in Fertility Cult for Children in Korean Shamanism." M.Div. dissertation, The Graduate School, Yonsei University, 1976.

156. Kong, Sung-Jin. "A Study on the Exorcism of Rev. Ki-Dong Kim." M.A.R.E. thesis, Yonsei University, 1976.

157. Korean Methodist Theological Seminary Press, ed. Vol. 2 of An Introduction on *Theology in Context*. Seoul, Korea: Korean Methodist Theological Seminary Press, 1990.

158. Lee, Jae-Bum. "Pentecostal Type Distinctives and Korean Protestant Church Growth." Ph.D. dissertation, Fuller Theological Seminary, 1986.

159. Shim, Jae-Ryong. "The Philosophical Foundation of Korean Zen Buddhism: The Integration of *Son* and *Kyo* by Chinul (1158-1210)." Ph.D. dissertation, University of Hawaii, 1979.

160. Skinner, R. David. "*Genesis 1-11 Exposition.*" Class Notes, Mid-America Baptist Theological Seminary, 1989. (Mimeographed).

161. Suh, Chang-Won John. "A Formulation of *Minjung* Theology: Toward a Socio-Historical Theology of Asia." Ph.D. dissertation, Union Theological Seminary, 1986.

Interviews and Other Materials

162. Cho, Timothy Hyo-Hoon. Council of Korean Southern Baptist Churches in North Korea, St. Louis, Missouri. Interview, June 18, 1987.

163. Chung, Dong-Sup. Trinity Evangelical School, Deerfield, Illinois. Telephone interview, December 31, 1988.

164. Furge, Bill. Baptist World Alliance in Seoul, Korea. Interview, August 15, 1990.

추가 참고문헌

영문저서

Carson, D. A. ed. *Telling Truth: Evangelizing Postmoderns.* Grand Rapids, Mich.: Zondervan Publishing House, 2000.

Dockery, David. ed. *The Challenge of Postmodernism.* Grand Rapids, Mich.: Baker Academic, 2001.

Erickson, Millard J. *Postmodernizing the Faith: Evangelical Responses to the Challenge of Postmodernism.* Grand Rapids, Mich.: Baker Book House, 1998.

Grenz, Stanley J. *A Primer on Postmodernism.* Grand Rapids, Mich: Wm. B. Eerdmans Publishing Company, 1996.

_____. *Revisioning Evangelical Theology: A Fresh Agenda for the 21st Century.* Downers Grove, Ill.: Intervarsity Press, 1993.

_____. *Renewing the Center: Evangelical Theology in a Post-Theological Era.* Grand Rapids, Mich.: Baker Academic, 2000.

Grenz, Stanley J. & John R. Franke. *Beyond Foundationalism: Shaping Theology in a Postmodern Context.* Louisville, Ky.: Westminster

John Knox Press, 1989.

Groothuis, Douglas. *Truth Decay: Defending Christianity Against the Challenges of Postmodernism*. Dowener Grove, Ill: Intervarsity Press, 2000.

Hicks, Peter. *Evangelicals & Truth: A Creative Proposal for a Postmodern Age*. Leicester, England, 1998.

Middleton, J. Richard & Brian J. Walsh. *Truth Is Stranger Than It Used Be: Biblical Faith in a Postmodern Age*. Downers Grove, Ill.: Intervarsity Press, 1995.

Murphy, Nancey. *Beyond Liberalism & Fundamentalism: How Modern and Postmodern Philosophy Set the Theological Agenda*. Harrisburg, Pen.: Trinity Press International, 1996.

Phillips, Timothy R. & Dennis L. Okholm. *Christian Apologetics in the Postmodern World.*. Downers Grove, Ill.: Intervarsity Press, 1995.

Pinnock, Clark H. *A Wideness in God's Mercy: The Finality of Jesus Christ in a World of Religions*. Grand Rapids, Mich: Zondervan Publishing House, 1992.

Sugirtharajah, R. S. *Asian Faces of Jesus*. Maryknoll, New York: Orbis Books, 1993.

Webber, Robert. *Ancient Future Faith: Rethinking Evangelicalism for a Postmodern World* . Grand Rapids, Mich.: Baker Books, 1999.

한글저서

〈저서〉

김경재, 문화신학담론, 대한기독교서회, 1997.

_____, 해석학과 종교신학, 한국신학연구소, 1997.

김균진. 헤겔철학과 현대신학, 대한기독교출판사, 1997.

김덕수, 셀교회전환과 셀리더세우기, NCD, 2002.

김명용. 열린 신학 바른 교회론, 장로회신학대학교출판부, 1998.

_____, 이 시대의 바른 기독교 사상, 장로회신학대학교출판부, 2002.

김성원. 신학을 어떻게 할 것인가, 대한기독교서회, 2001.

김연택, 한국종교와 교회성장, 대한신학대학원출판부, 1998.

김영한. 21세기와 개혁신학 I, 한국장로교출판사, 1998.

_____, 21세기와 개혁신학 II, 한국장로교출판사, 1998.

_____, 21세기와 개혁신학 III, 한국장로교출판사, 1998.

김태연, 전문인 선교사를 깨워라, 이레서원, 2001.

_____, 전문인 선교사를 구비시켜라, 도서출판 치유, 2001.

_____, 전문인 선교학총론, 미드웨스트출판부 & 전문인 선교연구소, 2002.

김형효, 원효에서 다산까지, 청계, 2000.

김홍기. 한국기독교사상산책, 땅에쓰신글씨, 2002.

김홍수, 한국전쟁과 기복신앙 확산 연구, 한국기독교역사연구소, 1999.

박용규, 복음주의운동, 두란노, 1998.

박종천, 기어가시는 하느님, 감신, 1995.

서정민, 한국교회논쟁사, 이레서원, 1994.

송기득, 사람다움과 신학하기, 대한기독교서회, 1997.

신광철, 천주교와 개신교, 한국기독교 역사연구소, 1998.

오기성, 남북한 문화통합론, 교육과학사, 1999.

유동식, 풍류도와 한국의 종교사상, 연세대학교출판부, 1997.

유초하, 한국사상사의 인식, 한길사, 1994.

이덕주, 조이제편, 한국그리스도인들의 신앙고백, 한들, 1997.

이정배. 조직신학으로서의 한국적 생명신학, 감신, 1996.

_____, 토착화와 생명문화, 종로서적, 1991.

이정배외. 이용도의 생애. 신학. 영성, 한들출판사, 2001.

장동민, 박형룡의 신학연구, 한국기독교역사연구소, 1998.

정상운외. 영암의 신학사상, 바울서신, 2002.

_____, 이명직. 김응조목사 생애와 신학사상, 바울서신, 2002.

_____, 신유, 바울서신, 2002.

정승훈. 종교개혁과 21세기, 대한기독교서회, 2001.

정행업, 아리랑 신학, 대한기독교서회, 1996.

주재용, 한국그리스도교 신학사, 대한기독교서회, 1998.

최인식, 다원주의 시대의 교회와 신학, 한국신학연구소, 1995.

최인식외. 이용도. 함석헌. 김재준., 한들출판사, 2001.

한국조직신학회편. 생명의 영성, 대한기독교서회, 2005.

한숭홍, 한국신학사상사의 흐름(상), 장로회신학대학교출판부 1996.

_____, 한국신학사상사의 흐름(하), 장로회신학대학교출판부, 1996.

황종렬, 한국토착화신학의 구조, 국태원, 1996.

황현조, 성육신적 북한선교, 영문, 1998.

〈역서〉

로버트 슈라이더. 신학의 토착화, 황애경역, 가톨릭출판사, 1991.

발터 슈미탈트, 불트만의 실존론적 신학, 대한기독교출판사, 1999.

C. S. Song, 예수 십자가에 달린 민중, 조재국역,민중사, 1997.

스탠리 J. 그랜즈, 하나님의 비전, CUP, 2000.

스티븐 베반스. 상황화 신학, 최형근역, 죠이선교회, 2002.

유진 오스터헤이븐. 개혁주의전통의 정신, 최덕성역, 본문과현장사이, 2000.

제임스 헌틀리 그레이슨, 한국종교사, 강돈구역, 민족사, 1995.

죤 헤세링크. 개혁주의전통, 최덕성역, 본문과현장사이, 1997.

폴 G. 히버트, 선교와 문화인류학, 김동화외역, 죠이출판사, 1996.

_____, 선교현장의 문화이해, 안영권외역, 죠이출판사, 1997.

폴 G. 히버트외, 성육신적인 선교사역,안영권외역, 기독교문서선교회, 1998.

폴 스티븐스. 21세기를 위한 평신도신학, 홍병룡역, 2001.

〈편저〉

민영진외편, 해석학과 토착화, 한들, 1999.

한국기독교학회편, 21세기 한국신학의 과제, 대한기독교서회, 1994.

_____, 복음과 문화, 대한기독교서회, 1991.

한국사목연구소편, 신관의 토착화, 한국천주교중앙협의회, 1995.

_____, 인간관의 토착화, 한국천주교중앙협의회, 1995.

최덕성편. 개혁주의신학의 활력, 본문과 현장사이, 1999.

〈미간행물〉

김창수. "기독교 윤리적 입장에서 본 전통문화가 기독교 선교에 미친 영향."
유니온 신학대학, 1988.

성기호편. 세계복음주의신학자대회, 한국복음주의학회&성결대학교, 2001.
10. 25-27.

〈신문, 잡지 기타 간행물〉

신동아, 2003. 1월호

조선일보, 2003. 1. 1. A-16

국민일보, 2003. 1. 4.

국민일보, 2003. 1. 18.

주

머리말

1) 김용운, 『세계 천년의 시각으로 본 한국의 백년』, 고려원, 1996, 394.

1장

1) 폴 스티븐스, 『21세기를 위한 평신도신학』, 홍병룡 역, IVP, 2001., 249-50.

2) 성기호, 「세속화 시대와 성결신학」, 〈개교39주년 기념학술세미나〉, 성결대학교, 2001. 9., 7.

3) 피터 드러커, 『프로패셔날의 조건』, 이재규 역, 청림, 2001., 155-168.

4) 김태연, 『전문인 선교사를 구비시켜라』, 치유, 2001., 45, 46, 113, 295.

5) James M. Phillips & Robert T. Coote, *Toward the 21st Century in Christian Mission*, Grand Rapids, Mich. Wm.B. Eerdmans Pub. Co., "The Teaching of

Missions", Allen Neely, 271.

6) 김영한, 「서구신학을 향한 한국복음주의 신학의 제언」,《성경과 신학 Vol. 30.》, 생명의 말씀사, 2001., 6-8.

7) 성기호, 「세속화시대와 성결신학」, 〈개교39주년 기념학술세미나 편〉, 성결대학교, 2001. 9., 8.

8) 김태연, 『전문인선교사를 구비시켜라』, 치유, 2001., 85.

9) Gordon R. Preece, The Viability of the Vocation Tradition in Trinitrian, Credal and Reformed Perspective--The Threefold Call, N.Y.: Lewiston, The Edwin Mellen Press, 1998., 9-10.

10) Ibid., 25-26.

11) Ibid., 134-35

12) 김태연, 『전문인 선교사를 구비시켜라』, 50-51.

13) 이명희, 「21세기 실천신학의 제언」,《성경과 신학, Vol. 30》, 생명의 말씀사, 2001., 171-78.

14) Ibid., 178-95.

15) 존 혜세링크, 『개혁주의 전통』, 최덕성 역, 본문과 현장 사이, 1997., 134.

16) 노윤식, 「사고적 선교의 이상을 향하여: 서양 신학계에 대한 한국 복음주의 선교 신학의 제언」,《성경과 신학, Vol. 30.》, 생명의 말씀사, 2001., 219.

17) 이명희, 「21세기 실천신학의 제언」,《성경과 신학, Vol. 30》, 생명의 말씀사, 2001., 171-78.

18) Ibid., 178-95.

19) 존 혜세링크, 『개혁주의 전통』, 최덕성 역, 본문과 현장 사이, 1997., 134.

20) 박용규, 『한국교회를 깨운 복음주의운동』, 두란노, 156-59.

21) 박종천, 『기어가시는 하느님』, 감신, 1995., 462-23.

22) 이동주, 아시아 기독교와 종교, 259.

23) Ibid., 273-74.

24) 김명혁, 『한국교회 쟁점진단』,규장, 1998., 398.

25) Larry Lauden, *Beyond Positivism and Relativism: theory, method, and evidence* (Cumnor, Oxford: 1996),131-32.

26) Cited in John B. Tompson ed., trans., *Paul Ricoeur Hermeneutics & the Human Sciences* (Cambridge, England: Cambridge University Press, 1994),1-26.

27) 최봉기, 『해석학과 실천』,침례신학대학출판부, 1989., 106-147.

29) Cited in Antony Billington, Tony Lane, Max Turner eds., *Mission and Meaning: Essays Presented to Peter Cotterell* (Carlisle, England, Paternoster Press, 1995), Nick Mercer, "Postmodernity and Rationality: the Final Credits or just a Commercial Break?", 337-38.

30) Charles Van Engen, *God's Missionary People* : Rethinking the Perpose of the Local Church(Grand Rapids, Mich.: Baker Book House, 1995),174-76.

31) 레슬리 뉴비긴, 『다원주의 사회에서의 복음』, 허성식 역, IVP, 1998., 243-44.

32) Don A. Pittman, Ruben L. F. Habito, and Terry C. Muck eds., *Ministry & Theology in Global Perspective* : Contempory Challenges for the Church (Grand Rapids, Mich.: Wm. B. Eerdmans Publishing Company, 1996), Jocele Meyer, "Ten Global Issues for Christian Reflection", 499-502

33) Millard J. Erickson, *Where Is Theology Gooiing?* : Issues and Perspectives on the Future of Theology (Grand Rapids, Mich.: Baker Book House, 1994), 67.

34) Cited in Robert J. Schreiter, *Constructing Local Theologies* (Maryknoll, N. Y.: Orbis Books, 1993), 122-143.

35) Harold A. Netland, *Dissonant Voices* : Religious Pluralism and the Question of Truth (Grand Rapids, Mich.: Wm. B. Eerdmans Publishing Company, 1991),

281-82.

36) 배본철, 기독교회사, 553.

37) 배본철, 기독교회사, 555.

38) 정홍호, 『상황화 신학』, 한국로고스연구원, 1996., 171-76.

39) Ibid., 885-99.

40) 폴 히버트, 『선교현장의 문화이해』, 116-18.

41) Ibid., 131-32.

42) 김연택, 『한국교회와 교회성장』, 대한신학대학원출판부, 1998., 339.

43) 주재용, 『한국그리스도교 신학사』, 대한기독교서회, 1998., 419-21.

44) 노먼 토머스, 『선교신학』, 박영환, 홍용표 공역, 서로사랑, 2000., 6.

45) 김영한, 「한국신학의 패러다임의 진단과 전망」, 《목회와 신학》, 1994. 8., 114-127.

46) 폴 G. 히버트, 「세계관과 전도」, 〈타문화지도력연구원 주최 세미나 편,〉영락교
회, 2000. 6, 26-30, 55-56.

47) Ibid., 55-56.

48) 김태연, 『전문인선교학 총론』, GPTI Press, 2000., 21.

2장

1) 김영한, 「21세기 세계복음주의 신학의 방향」, 〈세계복음주의신학자대회 편〉, 한국
복음주의신학회&성결대학교, 2001., 19.

2) Ibid., 22.

3) Ibid., 26.

4) Ibid., 29.

5) Ibid., 31.

6) Ibid., 31.

7) Ibid., 32.

8) Ibid., 34.

9) Ibid., 35.

10) Ibid., 41.

11) Ibid., 41-43.

12) Ibid., 44-46.

13) Ibid., 47.

14) Ibid., 69.

15) Ibid., 72.

16) Ibid., 71.

17) Ibid., 74.

18) Ibid., 76.

19) Ibid., 79.

20) Ibid., 106.

21) Ibid., 118.

22) Ibid., 139.

23) Ibid., 146.

24) Ibid., 226.

25) Ibid., 232.

26) Ibid., 232.

3장

1) 달라스 윌라드, 「공동체와 인간의 현실로부터 시작하기」,《목회와 신학》11월호, 188-205.

2)《국민일보》, 2004. 10. 1., 선교란.

3) 김영한, 「새천년 한국교회와 복음주의적 신학」, 〈제36차 한국복음주의신학회 논문발표회 주제발표회 편〉, 고신대학교, 2000. 10. 27.

4) 김태연, *An Examination of Indigenous Korean Theologies and Their Impact on the Development of An Indigenous Korean Baptist Theology*, 1991.

5) 김태연, *Christian Pax Koreana* (2)

6) 이용도, 김재준, 함석헌, 〈한국문화신학회 편〉, 한들출판사, 2001., 21.

7) Ibid., 24-25.

8) Ibid., 44.

9) Ibid., 102.

10) Ibid., 110.

11) Ibid., 122.

12) Ibid., 134.

13) Ibid., 147-8.

14) Ibid., 160.

15) Ibid., 163.

16) Ibid., 168.

17) Ibid., 169.

18) Ibid., 172.

19) Ibid., 192.

20) Ibid., 194.

21) Ibid., 213-14.

22) Ibid., 222.

23) Ibid., 230.

24) Ibid., 234.

25) Ibid., 248-51.

26) Ibid., 258-59.

27) Ibid., 263-71.

28) Ibid., 271.

29) Ibid., 274-75.

30) Ibid., 280-84.

31) 주도홍,「새로운 발상의 전환을 요구하는 자연적 교회갱신 프로그램」,〈N.C.D. 학술 심포지움 편〉, 2000. 11. 15, 38-39.; 재인용, 주도홍 편저,「독일의 경건주의, 기독교문서선교회」, 1996, 97-98.;109.

4장

1) AD 381년 제1회 콘스탄티노플 공의회에서 성문화된 교회의 속성이다.

2) 칼뱅 Jean Calvin,『기독교강요』하권, 5.

3) 에드워드 데이톤?데이빗 프레이져, Planning Strategies for World Evangelization.

4) 칼뱅 Jean Calvin,『기독교강요』4권, 2,10.

5) 박형룡,「교의신학교의론」,『박형룡박사 저작전집01:교의 신학. 서론』, 개혁주의 신행협회, 2003., 68.

5장

1) 지형은,「한마당;한글과 성경」,《국민일보》, 1998. 10. 9.

2) 폴 스티븐스, 필 콜린스, 『평신도를 세우는 목회자』, 최기숙 역, 기선월드라이브 러리, 1997., 229-254.

3) Ibid., 243-4.

4) James M. Phillips & Robert T. Coote, *Toward the 21st Cent ıry in Christian Mission*, Grand Rapids, Mich. Wm. B. Eerdmans Pub., Co., "The Teaching of Missions", Allen Neely, 271.

5) 피터 F. 드러커, 『프로페셔널의 조건 : 자기실현 편』, 이재규 역, 청림출판, 2001., 116-26.

6) 스티븐 니일, 『기독교선교사』, 홍치모?오만규 공역, 성광문화사, 1999., 279.

7) 윌리엄 D. 테일러, 『잃어버리기에는 너무 소중한 사람들』, 백인숙 외 공역, 죠이 선교회출판부, 330.

8) Ibid., 330.

9) 김덕수, 『셀교회 전환과 셀리더 세우기』, NCD, 2002., 100-1.

10) 주누가, 〈한국전문인선교훈련원 강의안〉, 1998. 12. 5.

11) 이동원, 〈선교폭발 강의안〉, 지구촌교회, 16.

6장

1) 은준관, 『실천적 교회론』, 대한기독교서회, 1999., 124-28.

2) Ibid., 130.

3) Ibid., 131-35.

4) 김성욱, 『하나님의 백성과 선교』, 기독교문서선교회, 1998., 146.

5) 로저 셉, 『다가오는 사도 시대』, 고세중 역, 죠이선교회출판부, 1998., 12-13.

6) Ibid., 14.

7) Fritz Rienecker and Clean Rogers, *Linguistic Key to the Greek New Testament*, Grands Rapids, Mich.: Zondervan Pub. Co., 1976., 291.

8) Ibid., 324.

9) 이태웅, 〈GMF 창립15주년기념 선교기자간담회 편〉, GMTC, 2002. 11. 7.

9장

1) 패트릭 존스톤, 제이슨 맨드릭, 『세계기도정보』, 죠이선교회출판부, 2002.

2) 헨리 M 모리스, 『창세기연구 상』, 정병은 역, 전도출판사, 2003., 255-57.

3) 피영민, 「방주와 그리스도」, 〈창세기 1-11장의 성서적 설교 편〉, 영암설교연구원, 2003., 180-81.

4) 피영민, 「방주와 그리스도」, 〈창세기 1-11장의 성서적 설교 편〉, 영암설교연구원, 2003., 181-86.

5) 이동원, 『창세기에서 배우는 창조적 인생』, 요단출판사, 2003., 224.

6) 하용조 편, 비전성경, 두란노서원, 2000., 138-39.

7) 권병기, 「21세기 선교전략과 문화사역에 있어서 쉐키나워쉽(SHEKINAH WORSHIP)의 의미와 영향에 관한 연구」, 루이지애나 뱁티스트대학교 신학대학

원, 1999, Ph.D. Dissertation, 26,185-91.

8) 허호익, 『단군신화와 기독교 ; 단군신화의 문화사적 해석과 천지인 신학서설』, 대
　한기독교서회, 2003., 223-24.

9) 이동원, 『성경교리론』, 30-31.

10) 스탠리 그랜츠, 『조직신학』, 신옥수 역, 크리스챤다이제스트, 2003., 498-518.

11) Dale M. Yocum, 『웨슬레신학과 칼빈신학의 비교』, 손택구 역, 노이스사, 135.

12) 도한호, 『조직신학』, 침례신학대학원, 1983.

13) 김진두, 『웨슬리의 실천신학』, 진흥, 2000., 36-65.

14) 김태연, 『전문인 선교학 총론』, 전문인선교연구소 미드웨스트출판부, 2002.,100.

15) Ibid., 285-98.

10장

1) 백두권, 「여의도포럼;2만 달러 시대 삶의 질」《국민일보》, 2003. 12. 14.

2) 황호선, 《기독교신문》, 2002. 11. 3.

3) 이원설외, 『총체적 개혁과 하나님나라의 비전』, 한국기독교총연합회 ? 21세기크
　리스챤연구원, 42-43.

4) 신국원, 『포스트모더니즘』, IVP, 54,267.

5) 김성철, 『리더십과 N.G.O.』, 평화사회복지연구소, 2003., 217-24

6) 고용수, 「보수?진보 신학통일 앞장서겠다」,《국민일보》, 2003. 11. 15.

7) 기독경영연구, 「성경적 세계관과 인사, 조직관리」,《Christian Management》, 2002.
　12., 기독경영연구원,6.

8) 문계완, 『성경적 세계관과 인사, 조직관리』, 11.

9) Ibid., 12-13.

10) 김진홍, 「한국기독교가 나아가야 할 방향」, 〈두레교회 2003년 추수감사주일설교 편〉.

11) 상철. 「포스트모던 세계관의 위기와 선교적 기회들」, 《선교와 신학》가을호, 장로회신학대학, 2003.

12) 전용관, 「베뢰아, 16년간 감추어진 실상과 진실:제1부 무지와 오해의 시작」, 《크리스챤신문》, 2003. 11. 10.

13) Stanley J. Grenz, *A Primer on Postmodernism*, Grand Rapids, Mich:Wm. B. Eerdmans Pub. Co., 1996., 167-74.

14) 문화선교연구원역, 『문화선교의 이론과 실제』, 예영커뮤니케이션, 2003., 28-29.

15) 김태연, 『전문인선교학 총론』. 미드웨스트 전문인선교연구소, 2002., 134-35.

16) Malcom Walters, *Globalization*, London:Routledge, 1995., 50.

17) 이현모, 「침례교회와 선교」, 『한국침례교의 실천적 특성』, 침례교신학연구소편, 침례신학대학교 출판부, 2003, 217.

18) 폴 바스튼, 『1845년부터 최근까지 침례교신학의 흐름』, 침례교신학연구소 역, 침례신학대학교 출판부, 1999., 300-1.

19) Ibid., 301.

20) Ibid., 302.

21) Ibid., 303.

22) Ibid., 307.

23) Ibid., 311-12.

24) Ibid., 315.

25) Ibid., 317.

26) Ibid., 320.

27) Ibid., 321.

28) Ibid., 322.

29) Ibid., 331.

30) 박의범, 「해외진입전략에 관한 성경적 접근 - 무역, 국제합작투자, M&A를 중심으로」, 《기독경영연구》 2003. 12., 111.

31) 도날드 데이튼 「복음주의 : 본질적으로 논쟁의 여지가 있는 개념」, 오광만 역, 《제 2차 국제신학학술대회》, 한국복음주의신학회 편, 천안대학고, 2003. 10. 24., 97.

32) 한상화, 「리챠드 갬블의 "복음주의신학에 대한 개혁신학의 연관성"에 대한 논평」, 《제 2차 국제신학학술대회》, 한국복음주의신학회 편, 천안대학교, 2003. 10. 24., 156.

33) 신원하, 「사회변혁모델의 다양성과 일치를 향한 신학적 모델:복음주의 진보파와 급진적 좌파의 신학적 사회윤리 비교 연구」, 168-69.

11장

1) 이태웅, 「글로벌 선교의 동향과 이슈들」, 밀알학교 편, 《제1회 선교학 포럼》, KRIM, 2004. 1. 10.

12장

1) 송호근, 『한국 무슨 일이 일어나고 있나』, 삼성연구소, 2003., 109.

2) 국민일보 기획대담, 「교회가 먼저 섬김의 본을 보여야」,《국민일보》,2003. 9. 22.

3) 앨런 넬슨 · 진 아펠, 『교회를 살리는 교회개혁』, 조계광 역, 생명의 말씀사,
   2002., 196-97.

13장

1) 최인호, 『유림 2』,열림원, 2005., 242.